国之重器出版工程

国防现代化建设

复杂体系工程系列丛书

面向任务的体系效能评估

Mission Oriented Effectiveness
Evaluation and Optimization of
System of Systems

燕雪峰　张德平　黄晓冬　韦正现　著

电子工业出版社

Publishing House of Electronics Industry

北京·BEIJING

内 容 简 介

本书基于理论与实践相结合的方法，从体系效能评估与优化的概念、方法及应用三个方面，针对复杂系统面向任务的系统效能评估与优化问题进行了深入剖析。基于武器装备体系效能评估与优化的基本分析流程，重点从指标体系构建与选择到指标建模、系统效能与体系效能评估，从灵敏度分析到体系贡献度分析与体系评估优化等方面进行介绍。

本书可供从事武器装备试验与评估的科技人员、军队各级机关进行系统分析和决策时参考使用，也可作为高等院校相关专业师生的参考书。

图书在版编目（CIP）数据

面向任务的体系效能评估 / 燕雪峰等著 .— 北京：电子工业出版社，2020.12（2023.1 重印）
（复杂体系工程系列丛书）
ISBN 978-7-121-40102-2

Ⅰ.①面… Ⅱ.①燕… Ⅲ.①武器装备—系统性能—性能分析 Ⅳ.① E145

中国版本图书馆 CIP 数据核字（2020）第 238783 号

责任编辑：张正梅　特约编辑：郭　伟
印　　刷：固安县铭成印刷有限公司
装　　订：固安县铭成印刷有限公司
出版发行：电子工业出版社
　　　　　北京市海淀区万寿路 173 信箱　　邮编 100036
开　　本：720×1 000　1/16　印张：23.5　字数：410 千字
版　　次：2020 年 12 月第 1 版
印　　次：2023 年 1 月第 7 次印刷
定　　价：128.00 元

凡所购买电子工业出版社图书有缺损问题者，请向购买书店调换。若书店售缺，请与本社发行部联系，联系及邮购电话：（010）88254888、88258888。

质量投诉请发电子邮件至 zlts@phei.com.cn，盗版侵权举报请发电子邮件至 dbqq@phei.com.cn。

本书咨询联系方式：（010）88254757。

专家委员会委员（按姓氏笔画排列）：

于　全	中国工程院院士
王　越	中国科学院院士、中国工程院院士
王小谟	中国工程院院士
王少萍	"长江学者奖励计划"特聘教授
王建民	清华大学软件学院院长
王哲荣	中国工程院院士
尤肖虎	"长江学者奖励计划"特聘教授
邓玉林	国际宇航科学院院士
邓宗全	中国工程院院士
甘晓华	中国工程院院士
叶培建	人民科学家、中国科学院院士
朱英富	中国工程院院士
朵英贤	中国工程院院士
邬贺铨	中国工程院院士
刘大响	中国工程院院士
刘辛军	"长江学者奖励计划"特聘教授
刘怡昕	中国工程院院士
刘韵洁	中国工程院院士
孙逢春	中国工程院院士
苏东林	中国工程院院士
苏彦庆	"长江学者奖励计划"特聘教授
苏哲子	中国工程院院士
李寿平	国际宇航科学院院士

李伯虎	中国工程院院士
李应红	中国科学院院士
李春明	中国兵器工业集团首席专家
李莹辉	国际宇航科学院院士
李得天	国际宇航科学院院士
李新亚	国家制造强国建设战略咨询委员会委员、 中国机械工业联合会副会长
杨绍卿	中国工程院院士
杨德森	中国工程院院士
吴伟仁	中国工程院院士
宋爱国	国家杰出青年科学基金获得者
张　彦	电气电子工程师学会会士、英国工程技术 学会会士
张宏科	北京交通大学下一代互联网互联设备国家 工程实验室主任
陆　军	中国工程院院士
陆建勋	中国工程院院士
陆燕荪	国家制造强国建设战略咨询委员会委员、 原机械工业部副部长
陈　谋	国家杰出青年科学基金获得者
陈一坚	中国工程院院士
陈懋章	中国工程院院士
金东寒	中国工程院院士
周立伟	中国工程院院士

郑纬民	中国工程院院士
郑建华	中国科学院院士
屈贤明	国家制造强国建设战略咨询委员会委员、工业和信息化部智能制造专家咨询委员会副主任
项昌乐	中国工程院院士
赵沁平	中国工程院院士
郝　跃	中国科学院院士
柳百成	中国工程院院士
段海滨	"长江学者奖励计划"特聘教授
侯增广	国家杰出青年科学基金获得者
闻雪友	中国工程院院士
姜会林	中国工程院院士
徐德民	中国工程院院士
唐长红	中国工程院院士
黄　维	中国科学院院士
黄卫东	"长江学者奖励计划"特聘教授
黄先祥	中国工程院院士
康　锐	"长江学者奖励计划"特聘教授
董景辰	工业和信息化部智能制造专家咨询委员会委员
焦宗夏	"长江学者奖励计划"特聘教授
谭春林	航天系统开发总师

丛书推荐序

当今世界随着经济、科技、政治、军事、文化和社会等的高速发展，各类复杂系统比以往任何时候的规模更大，内涵更加丰富，边界更加模糊，复杂程度更高。为了更好地理解、描述、处理与运用当今人类面临的复杂性，体系和体系工程应运而生。体系是复杂系统发展的必然趋势，具有难以分解还原的复杂性、难以描述预测的不确定性，以及难以调控的跨时空演化性和非线性、涌现性等行为表现。历史证明，工程技术常常超前甚至引领科学发展。人类在不了解或不掌握武器装备体系本质特征、行为表现和外在属性复杂关系的条件下，在具有频繁的调控 → 平衡 → 演化失衡 → 再调控 → 再平衡 → ⋯ 的武器装备体系工程实践中取得了很大成功。这就要求将武器装备体系工程实践的问题思考、知识积累和经验教训等进行归纳总结，形成对体系本质特征、行为特性的科学认识，丰富完善体系工程理论模型与方法，以期推动系统科学、复杂性科学和工程技术等的发展。

《复杂体系工程系列丛书》实现了"从实践到理论再到实践"，既是对体系及体系工程原理规律的探索性成果，也是体系工程方法的创造性成果，又是复杂性科学研究的新成果。丛书主题突出，内容丰富，层次分明，深入浅出地阐明复杂体系原理以及工程方法的内涵、本质和特征，通过清晰的理论模型和案例分析，将体系工程过程模型和工程实施方法呈现出来。期望该丛书的出版对深入研究复杂性科学和丰富系统科学内涵有重要作用，能

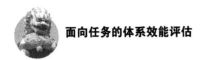

够推动装备体系与国家战略、经济规模、技术发展和后勤保障等的协调发展，能够有助于国家治理能力的提升。

中国科学院院士

2019 年 11 月

前　言

随着信息技术的发展和高新技术的广泛应用，复杂系统信息化、智能化、一体化的趋势越来越明显。各种复杂系统互相促进、互相制约，形成一个相互作用、相互影响、具有涌现性的有机整体。这些复杂系统的最终目的是在非常复杂和不确定性的环境中完成复杂的任务，并获得最优的结果。我们往往用系统效能来衡量复杂系统建设的能力，它代表复杂系统在特定条件下执行规定任务时所达到的水平，能够全面反映体系的综合能力。为了对复杂系统的优化设计过程进行有效的指导，提高复杂系统设计质量，降低设计周期，并最终提升复杂系统的整体能力，需要利用科学的方法综合评估装备体系的系统效能，并进行优化设计。

目前，虽然评估系统效能的方法有许多种，但是评估的对象主要是单个装备或由装备构成的子系统。复杂系统规模庞大、关系复杂、任务多样、不确定性强等特点，导致这类系统效能评估具有典型的特征，实现综合评估比较困难。直接采用已有的简单方法对其进行评估效果不佳。鉴于当今评估方法研究难以满足当前复杂系统效能综合评估的迫切需求，急需研究与现实需求相适应的装备体系效能综合评估与优化的方法。

本书介绍面向任务的系统效能评估与优化技术的基础理论及应用实践。全书由 9 章组成，主要内容如下。首先概述国内外的研究现状、目前存在的主要问题和发展方向，并阐述效能评估的作用与意义。然后介绍系统效能及效能评估基本概念，包括效能度量、效能的概念、效能度量分析、作战效能与作战能力之间的关系、系统效能指标和效能评估过程及方法。接着讨论了效能评估指标体系构建技术，包括评估指标选取原则，指标体系构建方法、模式、优化与完善。在此基础上讨论了体系效能评估指标体系构建方法和各层面效能指标间的关联分析，并从作战任务剖面构建入手，描述了面向任务的效能评估指标体系的构建方法。指标体系构建好以后，进行效能评估指标选择，包括基于复相关分析、基于灵敏度分析的动态指标选择、基于主成分分析的指标选择。基于建好的指标体系进行效能指标的数学建模和分析，"分析"主要介绍了基础指标度量方法、指标无量纲化方法和指标聚合方法，"建模"主要介绍了系统能力指标建模、系统效能指标建模和体系网络化效能评估指标数学建模方法。在介绍几种典型的效能评估分析技术的基础上，对基于机器学习的综合效能智能评估方法进行了探索，进而提出了面向任务的效能评估方法，并基于机器学习进行作战效能灵敏度分析和体系效能贡献度分析。最后提出了完整的面向任务基于效能的复杂系统设计评估优化框架，基于面向任务的模型驱动的复杂系统工程方法实现了相应的复杂系统建模工具，探讨了面向任务的复杂系统设计优化方法。同时，每一章都有实际的案例分析。

本书内容较为翔实完整，涵盖了系统效能、体系效能评估分析的全流程，从指标体系构建与选择到指标建模、系统效能与体系效能评估，从灵敏度分析到体系贡献度分析与体系评估优化等核心内容。各章节之间逻辑关系紧密，能够帮助读者由浅入深地了解该领域的知识和技能。本书具有较强的实用性，基于各类方法的基础理论，提供充实的案例分析，读者在学习理论的基础上通过对案例的理解，可应用于效能评估实践，能很快掌握和提高应用实践的技能。同时本书也兼顾了最新的技术发展，以典型复杂系统的效能评估为主线，着重突出效能评估的新理论、新方法，这对于促进效能评估新理论、新方法在国内的发展应用能够起到一定的推动作用。

本书获得了装发预研基金项目（41401020401）资助。在书稿编撰过程中，燕雪峰、张德平对全书进行了统一修改和定稿，周勇、康达周对文稿做了大量审校工作。

由于时间、能力有限，书中还有许多不足之处，恳请广大读者批评指正。

作者
2020 年 11 月

目 录

第 1 章

绪言

效能理论是随着航空科学技术的发展而逐步成熟起来的一门多体系交叉的学科, 在这方面研究和应用比较深入的是美国和俄罗斯。1940 年, 苏联专家 Ttyiaueb 的著作《空中射击》的问世标志着空中射击效能理论的诞生。20 世纪 60 年代, 现代武器系统效能分析的理论基础初步形成, 与此同时, 空对空单目标、多目标射击效能理论和空对地点目标、面目标、群目标射击效能理论趋于成熟。60 年代初期, 美国、苏联等国家相继成立了专门的作战效能分析研究机构, 效能分析理论也随之发展起来。航空武器系统效能分析理论逐步形成体系, 空中射击和轰炸的效能理论进一步完善, 空战效能理论得到更加深入的研究, 这一时期取得了许多效能分析研究成果。他们对系统效能分析量化方法的理论研究基本上可以归结为半经验理论 (包括性能对比法、经验公式法、专家评估法) 和严格理论 (主要包括概率统计法、几何规划法等), 在近几年已形成了基于模糊技术的方法, 包括层次分析法、模糊综合评价法、灰色评估及分析法等。

武器装备系统的作战效能是研制及使用该武器系统所追求的总目标, 武器装备系统作战效能的好坏, 直接影响该武器装备系统在战争中所发挥的作用, 只有效能较高的武器装备系统才能在现代战争中处于主动地位, 发挥最佳的作战能力, 在强敌可能参与的作战形势下, 赢得战争的最后胜利。

我国的效能分析研究起步比较晚, 较系统地进行武器效能分析是 20 世纪 80 年代后期才开始的, 历史虽然不长, 但发展较快, 许多国防工业专家和军事专家进行了卓有成效的工作, 其中最有代表性的是 1993 年由航空工业

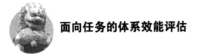

出版社出版的《作战飞机效能评估》和由军事科学出版社出版的《军事运筹学》。从 80 年代后期开始，我国国防科技界逐渐重视航空电子系统的性能评估问题，并且在性能分析的理论上有了重要的突破，对传统的分析方法做了诸多改进，而且也提出了一些适合我国国情的新的理论。

随着现代智能计算方法的发展，运用智能计算方法来评价系统的效能得到了广泛的重视，遗传算法、神经网络、Petri 网及各种融合算法正逐渐在军事系统中得到应用。目前国内外的发展趋势是将科学理论、经验和判断有机结合，应用模糊数学、专家系统、系统工程、系统仿真、大数据分析和人工智能等分析方法和技术，探索研究武器装备作战效能分析方法。

近年来，随着装备技术、仿真技术、虚拟技术、大数据分析技术和人工智能技术的不断提高和发展，武器装备系统的作战效能评估开始受到广泛关注，并逐渐成为武器装备系统设计、采办、论证和作战使用领域的一项重要研究内容。对武器装备系统进行作战效能评估可以为武器装备发展论证、型号方案论证、技术改造论证提供定量分析的依据。同时，结合特定的作战背景对武器装备系统的作战效能进行分析也是确定武器系统作战使用的重要依据。

武器系统作战效能评估分析不仅能为装备发展政策提供定量的根据，而且为作战指导思想、战术、战法的研究奠定了可靠的基础，对改进训练方法、提高训练效果也有重要作用。因此，目前武器装备效能评估已成为军事学术界和装备发展部门的一个"炙手可热"的课题。

1.1 国内外研究现状

系统效能主要用来在宏观上评价武器装备作用和能力的大小，其评估过程不针对敌情，不考虑复杂的战场环境及敌人的对抗情况，其研究相对来说较为容易实现，目前已有许多模型和方法可以借鉴。

国外进行专门的武器系统作战效能分析研究是从第二次世界大战以后开始的。从 20 世纪 60 年代中期开始，美国对效能评估问题开展了大量的研究，提出了各种类型的效能评估模型，并用于评估多种类型的武器装备。比较典型的是美国工业界武器系统效能咨询委员会为美国空军提出的系统效能模型——ADC 模型、杜佩的理论杀伤力指数及武器指数等。苏联比较典型的研究成果是 C. H. 佩图霍夫和 A. H. 斯捷潘诺夫著的《防空导弹武器系统的效能》和 A. A. 切尔沃纳等所著的《评定武器效能的概率法》。

近年来, 对武器装备效能评估的研究日趋深入, 研究范围不断扩大, 效能评估研究的对象已涉及各种类型武器装备及其研制、生产、使用的各个环节, 而且系统性课题研究增多。所谓系统性课题有两种含义: 一是以武器系统总体为对象, 从完成作战任务出发, 对涉及的各种类型的设备从总体上进行系统分析; 二是从宏观方面对全军诸兵种合成或一个军种的武器装备整体作战能力进行评估。

我国对武器装备效能评估研究主要是在 20 世纪 70 年代中期以后开始, 80 年代广泛开展。朱宝鎏、朱荣昌等著《作战飞机效能评估》一书, 系统地归纳总结了作战飞机效能评估的主要方法, 提出了快速简易评估作战飞机空战能力的效能指数法, 并对双机空战模拟进行了探索。徐瑞恩在海军武器装备效能评估中做了许多深入的研究, 所应用的指数法对空军武器装备也是适用的。此外, 许多大专院校及科研机构也都在不同程度、不同角度上对武器装备的系统效能进行了研究, 所采用的方法主要有层次分析法、多目标决策法、神经网络法、模糊综合评判法、灰色评判法等。但是, 现有的这些研究成果大部分针对的是单件武器装备的效能, 比如某型地空导弹的效能。对于多种武器装备所构成的武器系统, 则主要进行单个作战单位系统效能的研究, 而对于包含一定数量作战单位的装备系统, 其数量参数对体系效能的影响, 目前尚缺乏成熟的研究成果。

国内, 对于武器装备作战效能的评估起步较晚, 大多是通过消化吸收国外的研究成果来进一步完善和发展的。20 世纪 80 年代后期和 90 年代初期, 用作战模拟法评估空战武器装备效能在国内比较活跃, 研究热点集中在歼击机一对一空战、双机空战、多机空战模拟。甄涛等著的《地地导弹武器作战效能评估方法》, 用动态研究和系统论的方法, 提出了作战效能评估理论、评估指标体系、评估方法体系, 研制了评估系统, 实现了理论、方法和工程一体化研究。近来, 许多有关体系效能评估的文献也开始从不同层次、不同角度, 对体系作战效能评估的概念、方法进行了探讨和分析。

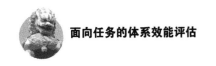

1.2 目前存在的主要问题和发展方向

综上所述,武器装备体系的效能评估研究已经取得了较大的进展,对武器装备体系包括武器装备的设计选型、效费分析、作战运用、优化配置等各个方面发挥了重要作用,但是仍然存在以下一些问题:

1. 效能数据处理

用于武器装备体系效能分析的原始数据相当分散,很难收集,处理起来也相对困难。这也是提高武器装备系统作战效能评估可靠性的一大障碍。

2. 效能评估模型

目前武器装备系统效能评估方法基本上都属于静态分析,并且主要基于装备系统,不能实时地反映体系效能的动态变化过程,特别是基于作战任务过程的效能评估模型目前还与武器装备在真实对抗条件下效能的真实效果有一定误差。

3. 针对性和作战环境

武器装备系统作战效能分析方法的针对性和环境适应性均需加强,主要表现在效能指标不能完整地体现武器装备系统作战效能与作战任务及作战环境间的量化关系。

4. 新数学理论

传统的研究不确定性仅用概率统计的方法来描述显然是不完善的。模糊数学理论的引入,是近年来武器装备效能评估方法发展的趋势。灰色系统认为事物的不确定性不仅是随机性、不清晰性,还有一些关键信息的缺乏。现代武器装备系统的性能日益提高,使得影响其效能的因素繁多,概率统计方法要求数据越多越好,以便建立统计规律。灰色理论的引入,是近年来武器装备系统效能评估方法发展的又一趋势。

5. 智能科学发展

随着智能控制科学的快速发展,各种智能控制理论如雨后春笋般涌现出来,如模糊控制、神经网络、遗传算法等新的智能控制方法应用于武器装备系统作战效能评估中,提高了作战效能的可靠性。

6. 信息化发展需求

从国内外武器装备系统作战效能的发展来看,为适应未来信息化战争复杂多变的需求,提高整体作战效能,应朝着信息化的方向发展。因此结合实时信息化作战要求,武器装备系统的作战效能评估方法也将是发展大趋势。

7. 多学科信息融合技术

多学科设计优化 (Multidisciplinary Design Optimization, MDO) 作为一种新的工程学科和设计思想, 已经得到了多个行业的认同, 但在武器装备效能评估分析领域的应用起步较晚。当前武器装备系统作战效能评估方法的研究成果较多, 但是优化的研究成果较少, 导致最优武器装备系统效能评估方法有待进一步提升。

1.3　体系效能评估的作用与意义

体系作战效能是指在特定条件下, 武器装备体系被用来执行特定作战任务所能达到预期目标的有效程度, 这是一个动态的概念。作战效能评估是武器装备体系论证不可或缺的环节, 它是确定武器装备体系战技指标和作战使用方式的重要依据, 提高武器装备作战效能评估和分析能力是提高武器装备体系论证决策水平的关键。武器装备体系作战效能评估主要在以下三个方面为武器装备论证提供支持。

1. 武器装备体系作战效能评估服务于体系作战方案的优选决策

武器装备体系作战效能评估的最终结果是作战方案所对应的效能值, 效能值的大小直接影响决策者进行决策, 方案的效能值的大小是决策者对作战方案做出选择的重要依据。

2. 武器装备体系作战效能评估服务于作战效能的关键影响因素分析

影响武器装备体系作战效能的因素集是由多类因素构成的, 在这些众多的因素中必然有主次之分, 从中找出对作战效能影响较大的那些因素, 然后在方案的设计过程中对其进行重点考虑, 这是一步极为关键的工作。作战效能评估也应该能够对这些关键影响因素进行辨识。

3. 武器装备体系作战效能评估服务于作战方案的优化

决策者在对武器装备进行作战效能评估之前, 会对作战方案有期望的效能值, 如果通过评估得到的效能值不能满足决策者的期望时, 评估应该为决策者提供方案改进的信息, 以便对方案进行的优化。

由此可见, 武器装备体系论证对武器装备体系作战效能评估的需求呈现出多样化的特点。要满足以上的这些需求, 在效能评估分析过程中, 就需要具备能力回答以下问题:

(1) 当给定一个方案时, 该方案的作战效能有多大? 我们称这种问题为正向问题。

(2) 如果一个方案无法达到期望的作战效能, 那么该方案应该如何调整才能接近于期望的作战效能? 我们称这种问题为逆向问题。

(3) 装备体系所能达到的作战效能与实际的战场态势相关, 由于实际作战过程中武器装备的状态或者战场态势往往处于不确定的状态, 所以需要回答 "对于这些不确定因素的可能变化, 哪个方案能够达到最优的效能"? 我们称这种问题为灵敏度分析问题。

(4) 如果能够保证作战过程中的某个因素达到一个特定的水平, 那么在这个条件下装备体系的作战效能能够达到什么水平? 我们称这种问题为中间干涉问题。

武器装备体系作战效能评估方法主要由两部分构成——评估模型及评估模型的应用模式。作战效能评估模型是以所考查的影响因素为输入, 以所关注的作战效能指标为输出的可计算模型。简单来讲, 就是确定了下层指标值和上层指标值之间的映射关系。作战效能评估模型的主要作用是通过调整可控因子的水平, 考查所对应的效能指标的水平, 主要应用于武器装备体系方案对比及方案的优化设计。

现有的武器装备体系作战效能评估方法都是从不同角度来完全回答上面所提的四类问题, 因此对作战效能评估方法进行研究, 使其能够满足日益复杂和多样化的应用需求具有重大的实际意义。

第2章

系统效能及效能评估基本概念

2.1　效能度量

　　武器系统的效能度量是评价武器系统最"恰当"的定量指标, 武器系统效能分析的重要任务之一就是确定效能度量。效能度量确定得是否合理, 直接影响决策的准确性。根据作战任务的要求, 正确、合理地选择与确定武器系统的作战效能指标即效能度量, 对于正确地进行武器系统分析, 提供可靠的决策依据是非常重要的。做好系统效能评价的关键一环, 是适当地选择效能度量, 但选定一个好的效能度量不是一件容易的事情。事实上, 效能度量常常是一种主观判断或"价值"判断, 因此, 建立一套系统的效能度量分析方法, 对于武器装备采办和使用都具有十分重要的意义。

2.1.1　效能的概念

　　效能 (Effectiveness) 是一个经常用到的概念, 词典的解释是"事物在一定条件下所起的作用", "事物所具有的功能"或"事物所蕴藏的有利的作用"等。系统效能描述的是系统在一定条件下实现预定功能达成预定目标的程度, 是完成其规定任务的总体能力或程度, 也称有效性度量。系统效能一般用于描述系统完成其任务的总体能力。对系统效能进行评估, 必须要定义衡量指标。

　　在 GJB 1364 — 92 中, 对武器装备效能的定义为: 在规定的条件下达到

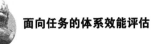

规定使用目标的能力。"规定的条件"指的是作战环境条件、作战时间、参战人员及使用方法等因素，"规定使用目标"指的是所要达到的作战目的，"能力"则是指达到目标的定量或定性程度。从概率的角度而言，武器效能是指武器系统在规定的工作条件下和规定的时间内能够满足作战任务要求的概率。

效能一般可分为单项效能、系统效能和作战效能。

单项效能是指运用装备系统时，达到单一使用目标的程度，如防空武器装备系统的射击效能、探测效能、指挥控制通信效能等。单项效能对应的作战行动是目标单一的行动，如侦察、干扰、布雷、射击等火力运用与火力保障中的各个基本环节。

系统效能，又称综合效能，是指装备系统在一定条件下，满足一组特定任务要求的可能程度。它是对武器装备系统效能的综合评价，又称为综合效能。系统效能是在型号论证时主要考虑的效能参数。美国武器装备系统效能咨询委员会认为：系统效能是衡量一个系统满足一组特定任务要求的程度的度量，是系统的可用性、可信赖性和能力的函数。该委员会不仅对武器装备的系统效能下了较为科学的定义，而且给出了评估（计算）系统效能的基本模型框架，即系统效能由系统的可用性、可信赖性和能力三个方面共同构成。

作战效能有时称为兵力效能，指在规定的作战环境条件下，运用武器装备系统及其相应的兵力执行规定的作战任务时所能达到的预期目标的程度。这里，执行作战任务应覆盖武器装备系统在实际作战种可能承担的各种主要作战任务，且涉及整个作战过程。因此作战效能是任何武器装备系统的最终效能和根本质量特征。

以潜艇作战系统为例，其作战效能主要依赖于以下几个方面：一是潜艇必须具备反舰作战的能力，也是其最主要的任务之一。潜艇对海作战效能主要取决于潜艇上的各种对海攻击能力，比如各种对海攻击导弹和反水面舰船鱼雷系统的作战能力。二是必须具备反潜作战的能力，也是潜艇的又一大任务。潜艇反潜作战能力主要取决于潜艇上反潜鱼雷系统的性能和数量。三是必须具备对来自空中、水面、水下各种威胁的早期预警和获取目标信息的能力，但由于潜艇长期处于水下活动，因此更应强调声呐探测效能。四是必须具备运用水声对抗器材对敌方探测、制导武器系统实施干扰和欺骗的能力。五是潜艇在海上作战时所能适应的作战环境与系统保障的能力。

根据已有研究, 可将武器装备效能评估指标因素分为四类: 系统参数、系统性能指标、系统效能指标和作战效能指标。各种效能指标因素的层次关系如图 2.1 所示。

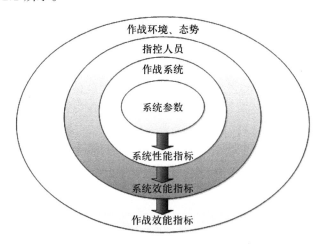

图 2.1　各种效能指标因素的层次关系

图 2.1 中各项效能评估指标因素具体描述如下:

(1) 系统参数 (Dimensional Parameter, DP): 表示系统固有的属性或特征, 其值表示系统的结构和行为, 如材料、尺寸、重量、干扰功率等。

(2) 系统性能指标 (Measures of Performance, MOP): 系统行为属性的定量化描述, 或系统单个因素或属性对于整体能力贡献的数量化描述, 如潜艇航行速度、潜艇的生存能力、声呐系统的探测区域。这个指标一般不考虑环境的影响。

(3) 系统效能指标 (Measures of Effectiveness, MOE): 系统完成其功能程度的定量化描述或者系统以最佳方式及预期结果完成使命的能力的定量化描述。

(4) 作战效能指标 (Measures of Force Effectiveness, MOFE): 也称兵力效能指标, 是衡量系统在作战环境中完成任务的程度。作战行动是由一定军事力量 (包括人和武器系统) 在一定环境条件下按一定行动方案进行的, 所以作战效能在一定条件下可表示军事力量或行动方案的效能。

由此可见, 系统参数和性能度量是对系统内部具有的特征和能力的描述; 而效能度量、作战效能度量是系统在外部环境中表现的特征和能力的描述。MOE 度量系统在作战环境中如何执行其功能或影响其他实体。它是对

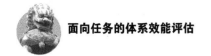

系统达到规定目标程度的定量表示, 是对系统进行分析比较的一种基本标准。MOE 与一些标准有关, 这些标准通常以理想系统为参考。MOE 描述了系统在作战环境下实现其总体功能的情况。特别地, MOE 依赖于特定的想定。

MOP 表示一个物理实体的内在性质或特征。从某方面说, 它度量的是系统的行为属性, 即系统的物理和结构上的行为参数和任务要求参数, 或者说 "性能是系统按照执行某行动的要求执行这一行动效能的度量"。发现概率、虚警率、信噪比、波特率、吞吐量及频率范围等都是性能度量。MOP 反映被分析系统的内在特征, 与想定无关。它是建立指标体系的基本元素之一。系统效能高并不意味着其作战效能也高。例如, 一个通信系统能够及时传输一个情报, 但指挥人员并没有很好地利用此情报, 尽管可认为这个通信系统效能比较高, 但其此时的作战效能很低。

这四类指标有一定的联系, 系统效能度量依赖于系统性能和人的因素, 体现系统与其他系统和人的因素结合后所具有能力的度量; 而系统作战效能度量依赖于系统效能度量和环境因素, 体现系统与其他系统和人结合后在实际作战环境中完成任务程度的度量。

2.1.2 效能度量分析

为了有效地评估系统效能, 必须建立合理的需求 (指标), 这种需求的描述要与系统的性能度量 (MOP) 相匹配, 也就是说, 不能超出系统的能力范围。效能度量是通过系统的性能度量和需求的比较而得到的, 即效能度量是性能度量和需求的函数。由上可知, 要度量一个系统的效能必须首先明确需求。需求一般是由武器装备采办人员或者使用人员提出和确定的。

需求的定义过程是: 首先, 定义一个对达成任务目标有意义的某一方面属性; 然后, 定义一个指标 (变量) 来衡量此需求; 最后, 通过定义一个度量 (依赖于一些参数公式或算法) 来量化这个指标。例如对导弹而言, 使用人员可能定义导弹完成作战任务成功率是 90%, 这就是一个具体的需求。当然有的需求不是很具体, 但在具体的操作过程中, 我们也必须根据实际情况来抽象, 最终量化这个需求。

系统性能度量的定义过程是: 首先, 定义一个与系统性能相关的指标 (概念), 如精度、时限、数据处理速率、易损性、生存能力和可靠性; 然后, 利用已有度量指标或新定义一个或多个度量指标 (变量), 并采用某一具体公式形式来表示这个指标。性能度量指标的结果可能是一个数值, 如概率或期望值、一个数量区间或一个多维数量空间。

效能度量是衡量一个系统性能满足需求的程度, 对其定义的基本过程与性能度量类似: 定义一个衡量满足需求程度的指标; 通过定义标准、公式或算法来量化此指标; 确保性能度量和需求指标 (变量) 相称; 效能度量的值最终依赖于在性能度量公式中的可观测、可测量的量、表达需求的参数和进行比较的方法。

系统参数空间、性能空间、需求空间和效能空间的关系可用图 2.2 来表示。

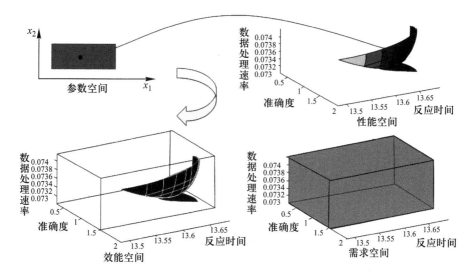

图 2.2 系统参数空间、性能空间、需求空间和效能空间的关系

如图 2.2 所示, 参数空间到性能空间的映射产生了性能度量 (作战能力) 轨迹。性能需求表示为需求空间。如果性能度量轨迹完全在需求空间之内, 则所有的系统行为都满足需求, 那么其效能为 1.0; 如果性能度量轨迹完全在需求空间之外, 则没有一个系统行为满足需求, 那么其效能为 0.0。

记 E_t 表示装备研制总要求规定的装备性能完成规定作战任务需求的结果空间子集, E_c 表示装备在实际作战条件下遂行规定任务需求所能达到的结果空间子集。用 $f(X)$ 表示 X 集合的映射, 当 X 为点集时, $f(X)$ 表示 X 集合中的点数, 假设装备工作状态正常且遂行任务时完全发挥所具有

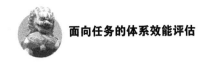

的战术技术性能, 则可以定义武器装备的作战效能为

$$\text{Efficiency} = \frac{f(E_c \cap E_t)}{f(E_t)} \tag{2.1}$$

若 E_c 与 E_t 不相交, 则有

$$\text{Efficiency} = \frac{f(E_c \cap E_t)}{f(E_t)} = \frac{f(\phi)}{f(E_t)} = 0 \tag{2.2}$$

若 $E_c \supseteq E_t$, 表示装备完全具备在规定的作战环境下遂行规定任务达到规定目标的能力, 并能够完全发挥, 则有 $f(E_c \cap E_t) = f(E_t)$, 于是有

$$\text{Efficiency} = \frac{f(E_c \cap E_t)}{f(E_t)} = \frac{f(E_t)}{f(E_t)} = 1 \tag{2.3}$$

所以有武器装备的作战效能满足 $0 \leqslant \text{Efficiency} \leqslant 1$。

式 (2.1) 说明武器装备作战效能的大小既取决于所具备的系统性能, 还取决于作战能力发挥所面临的实际条件。因此, 一般来讲, 系统性能的评估不依赖具体军事想定, 作战效能的评估则取决于具体的军事想定。

在明确了效能度量分析原理的基础上, 这里给出了制定 MOE 的具体过程, 如图 2.3 所示。

由图 2.3 可知, 在有了具体的 MOE 制定需求后, 我们首先要有明确的观点和任务, 这些是制定 MOE 的基础, 通常这些内容是通过与用户的反复交互而得到的。例如, 在装备研制过程中, 通常研制任务书及研制合同等文件中列出的、用户所提出的战术技术性能指标和使用要求就是这里的明确的观点和任务。但是, 通常我们不仅要确定装备是否达到了这个指标和要求, 而且需要回答装备采办决策者所关心的议题。

议题是指装备采办决策时需要回答的问题, 例如导弹的突防能力、射程、重量、全弹长及射击精度等。关键议题是指为了评价装备的使用、技术、保障和其他能力而必须研究回答的问题。关键议题是评价装备整体价值的基础, 是装备采办管理里程碑决策的重要依据, 例如反舰导弹的最大射程、航路规划导航点的数量、抗箔条干扰能力等。通常我们要明确与装备使用相关的关键议题, 即关键使用议题 (Critical Operational Issues, COI), 这也是前面计算公式中的需求。在明确需求的基础上可以初步制定 MOE, 然

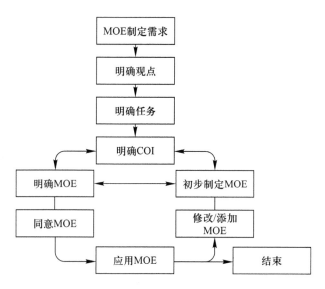

图 2.3　制定 MOE 的具体过程

后按照上面的分析方法来评估 MOE, 通过那些达到用户需求的 MOE, 对于没有达到要求的则需要重新制定。对于初步同意的 MOE 还需要具体应用它, 在实际应用过程中, 如果 MOE 已经达到用户的需要, 则结束; 否则, 还需要对 MOE 进行修改或者添加。

2.2　系统作战能力

2.2.1　作战能力的定义与描述

作战能力是武器装备在规定的作战环境下遂行规定任务达到规定目标的本领, 可以通过装备的作战性能 (或功能) 具体体现出来。装备的作战性能主要包括装备战术技术性能和装备作战使用性能。其中, 装备战术技术性能是由设计、制造等因素所决定的武器装备的特性和功能, 包括军事使用特性和技术性能参数, 如机动性、可靠性、环境适应性, 以及质量参数、尺寸参数、使用寿命和储存寿命 (年限) 等; 装备作战使用性能是装备满足作战使用、技术性能、综合保障要求的特性和功能。可以看出, 装备作战能力实际上是一种 “综合性能”, 由相关的多个单一战术技术性能确定。

上述 “装备作战能力” 定义有三层含义。

(1) 作战能力是装备的内在属性, 取决于装备的结构、组成要素的数量与质量及装备的运用方式。

(2) 作战能力针对规定的使命任务、规定的作战环境和规定的作战目标。将装备的作战性能和规定的使命任务及作战环境等相结合, 就使得装备具备了作战能力。

(3) 装备的作战能力作为固有属性, 因装备内因而随时间变化, 也可以受外部环境影响而发生改变。

C_t 表示装备遂行规定任务的规定目标结果空间子集, C_c 表示装备在规定的作战条件下遂行规定任务所能达到的目标结果空间子集。C_c' 为 C_c 的子集, 其代表的装备作战能力为 C_c 所代表作战能力的子能力。记 $f(X)$ 表示 X 集合的映射, 当 X 为点集时, $f(X)$ 表示 X 集合中的点数, 则武器装备的作战能力定义为

$$\text{Capability} = f(C_c \cap C_t) \tag{2.4}$$

Capability 是 C_c 与 C_t 的交集的映射, 即装备作战能力大小可用装备遂行任务达到的目标在结果空间的映射来度量。若 C_c' 与 C_t 无交集, 表示武器装备不具备在规定的作战条件下遂行规定任务而达到规定目标的所需能力, 则有

$$\text{Capability} = f(C_c' \cap C_t) = f(\phi) = 0 \tag{2.5}$$

以上表示该装备不具备在规定的作战条件下遂行规定任务的本领, 相对这种作战任务要求的装备作战能力为零。

为了评价武器装备的作战能力大小, 必须采用某种定量尺度对作战能力进行数量计算, 这种度量作战能力大小的尺度称为能力指标。结合作战能力的定义, 可以将度量装备在规定作战环境下遂行规定任务所能达到目标结果的尺度称为作战能力指标。根据作战能力指标的定义, 作战能力指标可以是装备完成规定任务的概率, 也可以是装备的战术指标。如果装备遂行规定任务有多个目标要求时, 则可以用一组能力指标变量构成的向量来描述武器装备的作战能力。

2.2.2　作战效能与作战能力的关系

由作战能力的定义与描述可以看出, 装备的作战能力是装备遂行规定任务达到规定目标的 "本领", 装备的作战效能是利用这些 "本领" 达到规定目标的程度。装备的作战能力与作战效能是既有联系又有区别的两个概念, 两者是密切相关的。其主要的联系与区别体现在:

(1) 武器装备的作战能力是作战效能的基础, 作战效能是装备作战能力发挥的终极状态。装备作战能力只是表示了装备遂行规定任务达到规定目标所需要的基本主观条件, 是对装备自身性能的一种描述。例如, 某通信干扰装备可以基于梳状谱样式进行多目标压制, 多目标干扰就是该装备的 "本领"; 该 "本领" 可以使用一些性能指标加以描述, 如干扰距离 10 km、多目标数量为 3 等, 这些数值也都反映了该装备的作战能力。使用这些作战能力去完成某地域的多目标干扰压制任务, 完成任务的程度如何, 就需要用作战效能来描述。例如, 使用上述通信干扰装备对某地域的 3 个抄报电台进行多目标压制, 电台的报文抄收平均正确率为 5%, 则该通信干扰装备的作战效能为 0.95。可见, 没有多目标干扰这个 "本领", 就无法完成 3 个抄报电台的多目标压制任务, 也无法达到 0.95 的作战效能。

(2) 装备作战能力和作战效能都与遂行规定任务相关, 作战能力是针对某一类 (组) 任务而言, 任务的 "质" (任务类型) 必须与其能力相适应。例如, 上述通信干扰装备的多目标干扰只是针对定频通信对象而言, 只有对基于定频方式的多目标进行干扰压制才能将其能力体现出来。如果需要对基于跳频方式的作战对象进行压制, 对于该装备就不是合适的任务, 仍然让该装备去遂行这种类型的任务, 其多目标干扰的作战能力就发挥不出来。而作战效能则要通过所能完成的任务和需要完成的任务的符合程度来表现, 即不仅要求完成任务的 "质" 与能力相适应, 还要求所能完成的任务的 "量", 即:

$$\text{Efficiency} = \min\left\{\frac{N_\text{f}}{N_\text{w}}, 1\right\} \tag{2.6}$$

式中: N_f 表示所能完成的任务数; N_w 表示需要完成的任务数。

式 (2.6) 中的比值是一种广义的除法, 有可能是算数意义上的除法, 也有可能是两个向量对应分量相除。

从理论上讲, 装备所能完成任务的程度是由装备的现有作战能力所决定的, 即所能完成任务的程度是现有作战能力的函数。作战能力越大所能完成任务的程度越大, 可近似认为所能完成任务的程度与现有作战能力是成正比的线性关系。同理, 完成任务所需要的作战能力是客观存在的, 需要完成任务的程度与需要的作战能力也是成正比的线性关系。所以,

$$\text{Efficiency} \approx \frac{C_r}{C_n} \times R_s \times R_a \tag{2.7}$$

式中: C_r 表示现有作战能力; C_n 表示需要的作战能力; R_s 表示系统可靠性; R_a 表示系统可用性。

(3) 装备作战能力的度量与本身的能力值有关, 作战效能的度量与本身能力的发挥程度有关。任何可区分装备本身能力大小的数值都可作为作战能力的度量结果, 没有 0 ~ 1 的限制。如上述的通信干扰装备多目标干扰能力可以用干扰距离 10 km、多目标数量为 3 等数值或这些数值的集合来描述; 而作战效能是完成任务的程度, 其结果必然是 0 ~ 1 中的某个数值。如上述通信干扰装备在一定的作战条件下, 有效降低了敌通信电台的报文抄收正确率, 通信干扰装备作战能力发挥程度为 95%, 其作战效能为 0.95。

(4) 作战能力是相对静态的概念, 作战效能是相对动态的概念。作战能力是装备的固有属性, 由装备组成、战技术性能和使用性能等决定; 但是作战能力也不是一成不变的, 其本身也会随装备性能等参数的变化而改变, 如上述通信干扰装备的多目标干扰能力, 当装备的发射功率变大时, 其作战能力也会相应地增强。而作战效能反映的是装备遂行任务的效果, 不但与作战能力有关, 还与作战过程有关, 与作战能力的运用、作战对象情况及系统整体有关。相同的装备, 遂行不同的作战任务, 或者在不同作战环境下遂行同一作战任务, 发挥的效能可能完全不同。如上述通信干扰装备对基于定频方式的多目标通信专向进行干扰压制, 当通信方的发射功率变化时, 通信干扰装备的干扰效果也会随之发生改变, 反映出的通信干扰装备的作战效能也会发生变化。

(5) 装备作战能力和作战效能都与装备战术技术性能有关。作战能力和作战效能都是基于遂行规定任务来表现的, 而装备能用来遂行规定任务必须基于该装备的战术技术性能或功能的支持, 这三者之间的结构关系如图 2.4 所示。

与效能相关的其他几个重要概念还包括固有能力、作战效果、作战适

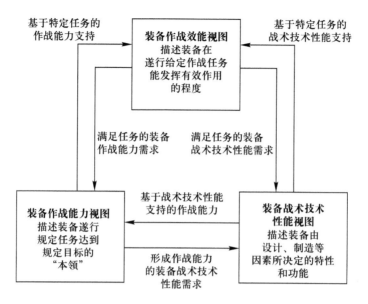

图 2.4　作战效能、作战能力与战术技术性能之间的结构关系

宜性、系统性能及尺度参数。

　　① 固有能力是指系统在给定条件下按自身特点可以完成任务的能力。

　　② 作战效果是武器系统在一定的作战使用环境下完成规定作战使命任务的结果或达到的战果。

　　③ 作战适宜性是可靠性、维修性、测试性、保障性、可用性、安全性、兼容性、互用性等非作战能力因素的综合反映。

　　④ 系统性能主要从物理参数的角度 (如火炮射程、射速等) 来描述系统的特点。

　　⑤ 尺度参数主要是对系统的物理几何外部特征的描述。

2.3　系统效能指标

　　武器系统的效能指标是衡量武器系统在特定的一组条件下完成任务的尺度。从这个意义上讲, 有效准则与目标函数相对应, 效能准则的具体表达式是同任务本身的特点和完成任务的条件有联系的。作战效能指标是由作战中诸作战因素综合作用决定的, 并随这些因素的变化而变化。但作战效能指标与这些因素之间的相依关系是错综复杂的, 通常不能用简单的函数关

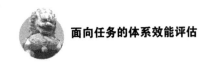

系来表示。决定作战效能指标，可根据实战统计资料、类比、估计，也可进行理论计算。如果战斗任务和活动目的明显，并且可以具体表达出来，则准则可用达到既定目的的成功程度的量来表示。由于武器系统本身的复杂性及在作战过程中运用的多样性，其效能往往也是由多项指标来评价的。

一般来说，对于作战任务为摧毁特定目标的武器系统，选用概率类效能指标比较适当。对于作战任务为消灭多种目标或非特定目标的武器系统，选用期望值类效能指标较适当。对于要求连续重复某种作战行动的武器系统，选用速率类效能指标比较适当。但不管选用哪一类效能指标，所建立的模型必须与所选定的效能指标相匹配，能够按照所选定的效能指标给出定量的答案。

① 完成战斗任务或达到既定结果的概率：作战行动的效能指标是获得预定结果的概率或者完成战斗任务的概率。

② 损失的具体数量：对使敌方直接遭受军事损失的武器，可用敌方战斗单位损失的数量作为评定有效的准则，如被击落的敌机数、被拦截的导弹数量等。

③ 战斗过程中数值指标的数学期望（平均值）：在每个具体情况下，每个战斗活动的实体结果都具有随机的性质，故效能分析时必须注意属于随机现象的特性和数值。若在相同条件下重复多次同样活动，每一活动的实际平均结果应与其数学期望值近似相等。

④ 相对指标：在实际效能分析中，常用一些相对值作为效能评估指标。

⑤ 类比指标：是把研究对象的参数折算到基准对象而成的。

⑥ 综合指标：用概率或数学期望作为有效性评价指标时，可以人为建立综合指标。

⑦ 比值：分数式指标。

⑧ 加权和式指标：将指标表示为某个和式，对其中最主要的分项指标加最大权，对那些越增大越不利的指标则加负权。

⑨ 矢量指标：当只有一个指标不足以评价系统时，常用矢量指标。规定矢量指标为 $C = C_j(N_1, N_2, \cdots, N_m)$，其中，$j = 1, 2, \cdots, m$ 表示指标序号的下标。对多指标问题，常用折中方法将其变成一个或几个单指标问题。

⑩ 效能指标矩阵：若行动并不是在某一种规定的条件下进行，而是在各种条件所构成的一个范围内使用，那么在条件可以变化的情况下假设。对几种可能的解决方案 $A_1, A_2, \cdots, A_m$，按某个效能指标在各种条件下进行比

较，可用 $B_1, B_2, \cdots, B_n$ 表示各种可能出现的条件，E_{ij} 表示用方案 A_i 在条件 B_j 下所获得的效能指标值，可以将效能指标值列成矩阵，即效能矩阵 $\boldsymbol{E} = (E_{ij})_{m \times n}$。

理论计算作战效能指标大致可分为模拟法与解析法两类。从实兵演习、沙盘作业基础上发展起来的作战模拟，通常在计算机上仿真战斗过程来计算作战效能指标，这是国内外普遍采用的有效方法。这种方法实施起来比较麻烦，而解析法有时只需要一些解析计算就可得出结果，简便易行，特别适合临战指挥时使用。

例如，在武器装备作战效能模拟模型中，总体指标的选择侧重于双方的作战毁伤上。常用的指标可区分为以下三类：

① 损失，即毁伤情况，各种武器装备被毁件数或百分数；

② 战果，即各主战装备毁伤对方各种武器装备件数或百分数；

③ 战损比，又称交换比，即主战装备的战果与损伤之比。

2.4 系统效能评估过程

对整个武器系统的作战效能评估分析，也是对全武器系统的综合评估分析。它是建立在各个子系统分析和全武器系统单项性能评估的基础之上，即通过分析各子系统和各单项性能之后，取得了输出数据和约束条件，才有可能进行全武器系统的作战效能分析。武器装备系统效能评估的过程如图 2.5 所示。

进行武器装备系统效能评估分析，首先，要确定评估对象，明确其作战使命、作战任务与评估目标。

其次，要根据评估对象的特点及评估目标确定评估总体框架和模型架构，包括是采用经典的层次分析框架还是网络层次分析框架，是采用经典效能评估模型如 AHP、ADC，还是采用大数据分析、智能分析模型等。

再次，通过对待评估系统的构成和功能进行分析，其目的是确定子系统的组成结构、功能，在完成作战任务中的作用、地位，进而对子系统的性能进行精度分析、可靠性分析等。在此基础上，分析各指标的相关性，提炼出与评估目标相关的指标，构建初始指标体系，并对指标体系进行检验，经过多次修正，构建出效能评估的指标体系。

最后，建立评估模型与评估方法，主要包括单项性能分析与系统效能综

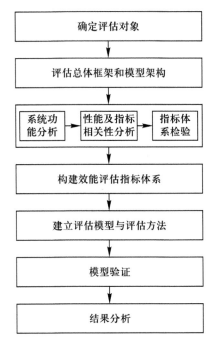

图 2.5　武器装备系统效能评估的过程

合评估模型。

　　单项性能分析是指对武器系统性能进行评估时,根据评定目的,选定单项指标作为评价依据,并将其结果作为效能评估模型的输入。例如,单条鱼雷的命中概率分析,作为武器装备系统武器攻击能力特性的评定指标。所以在系统效能评估之前,都要进行单项指标的性能评估。

　　建立系统效能综合评估模型,是对武器系统进行作战效能分析的关键。模型是否准确直接影响整个评估的效果,因此需要结合系统使用实际对模型进行验证。在建立系统效能分析模型时,考虑的因素多、性能全面,自然分析结果的准确度就高,但是这也会给计算带来不便。

　　因此,模型的建立既要能反映武器系统在规定条件下完成作战任务并达到目的这一本质,同时又要尽可能简洁,便于计算分析。建立模型的过程中,应对系统的各种状态进行描述,并在武器系统的作战过程中,对状态变化及可能发生的状态转移详细描述。有了模型之后,就可以利用系统效能评估方法计算及分析效能评估结果。

2.5 系统效能评估方法

作战系统效能评估一直备受各国军方的关注，早在 20 世纪 60 年代初期，美国、苏联等国家就相继成立了专门的作战效能分析与评估研究机构。我国较系统地进行作战效能分析与评估则要晚一些，研究的方法一般是参与国外的研究成果，并进一步完善和发展。系统效能评估方法经过几十年的研究与探索，形成了包括概率法、指数法等在内的经典效能评估方法和以探索性分析、数据挖掘、人工智能技术为代表的效能评估新方法。

2.5.1 经典效能评估方法

经典效能评估方法主要有概率法、指数法、ADC 法等多种方法，具体描述如下：

1. 概率法

概率法是利用概率的基本原理和方法，对武器装备在现代战争中使用的效果进行分析和预测，是当前在武器装备论证及作战效能评估中常用的方法。一般来说，凡是涉及处理不确定因素的问题都可采用概率法。概率法的优点是方法科学，实用性强；不足是数据大部分来源于靶场实验，收集困难。

2. 指数法

指数法是将参与作战的各种武器系统的参数按照一定的算法转换成可比较的值，然后将这些参数值按照一定的算法进行计算，最后得到一个用以表示武器效能的值。目前，国内外应用较多的指数法主要有杜派指数法、邓尼根指数法、相对指数法及幂指数法等。

3. ADC 法

ADC 法是 WSEIAC 于 20 世纪 60 年代为美国空军提出的系统效能指标计算模型 $E = A \times D \times C$，规定系统效能是武器系统可用度、任务可信度和作战能力的函数。其中，E 为系统效能指标向量；A 为可用度或有效性向量，是系统在执行任务开始时刻可用程度的度量，反映武器系统的使用准备程度；D 为任务可信度，表示系统在使用过程中完成规定功能的概率；C 为系统运行或作战的能力。

4. 蒙特卡罗法

蒙特卡罗 (Monte Carlo) 法是模拟战斗过程随机因素作用的标准方法，

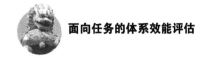

又称统计实验法。该方法的基本思想是: 为了求解问题, 首先建立一个概率模型或随机过程, 使它的参数或数字特征等于问题的解; 然后通过对模型或过程的观察或抽样试验来计算此参数或数字特征; 最后给出所求解的近似值, 解的精确度则用估计值的标准误差来表示。蒙特卡罗法的一个不足是基本状态变量的巨额维数, 同时该方法无法描述信息的处理与认知过程。

5. Lanchester 方程法

该法于 1914 年由英国汽车工程师 Lanchester 创立, 是一组战场作战系统状态的微分方程, 描述了作战双方军事力量的消长。根据假定条件不同, 经典 Lanchester 方程分为第一线性律、第二线性律和平方律。平方律揭示了集中兵力的重要作用, 尤其受到人们的关注。自从 Lanchester 方程创立以来, 它成为广泛用于研究战争、分析战争的重要的定量工具。此方法的缺点是难以加入与信息的获取和传递有关的内容。

6. 系统动力学方法

系统动力学 (System Dynamics, SD) 方法是一种研究系统动态行为的计算机仿真技术, 由美国麻省理工学院福雷斯特教授提出。它综合应用控制论、信息论和决策论等理论和方法来建立系统动力学模型, 并以计算机为工具进行仿真试验。系统动力学能做长期的、动态的、战略的定量分析研究, 特别适用于处理高阶次、非线性、多重反馈的复杂时变系统。

7. 系统有效性分析方法

系统有效性分析 (System Effectiveness Analysis, SEA) 方法是由 A. H. Levis 等人提出的。SEA 方法的特点可以概括为: 研究部件特性、系统结构、操作方法与系统可用性及性能之间的关系, 系统有效性的度量是通过使命要求的能力与系统提供的能力比较给出的。SEA 方法对系统与使命的建模有一定的主观性, 模型的准确程度直接影响评估结果。

8. 影响图建模与分析方法

影响图建模与分析方法是美国麻省理工学院的 James R. Burns 于 20 世纪 70 年代提出的一种复杂系统的规范化建模方法。该方法首先通过分析所要研究的复杂系统, 找出表征系统运行过程所必需的系统参量; 其次分析系统各参量之间的相互影响关系画出系统的影响图; 最后根据影响图与系统参量的实际物理意义, 运用一定的建模算法, 得出系统的状态方程。方法体现了定性与定量相结合的思想, 缺点是系统规模较大时, 影响图变得复杂甚至难以建立。

9. 层次分析法

层次分析法 (Analytic Hierarchy Process, AHP) 是美国著名运筹学家 Thomes L. Seaty 于 20 世纪 70 年代提出的一种决策方法。该方法首先把复杂问题分解成各个组成要素，并将这些要素按支配关系进行分组以形成有序的递阶层次结构；然后通过两两对比判断的方式确定每一层次中各要素的相对重要性程度；最后在递阶层次结构内进行合成，得到决策因素相对于目标层重要性程度的总排序。AHP 将人的主观判断用数量形式进行表达和处理，是一种定性与定量相结合的多准则评估方法。

10. Petri 网方法

Petri 网既有直观的图形表示，又能作严格的数学分析，具有描述并发、同步、资源竞争等特性的能力，且自身含有执行控制机制，这正好适合研究复杂系统的分布并发特性。但 Petri 网方法也存在一些不足，如不能进行数据处理、没有层次化的设计思想、无法描述系统内的时序关系等。

11. 模糊综合评判法

借助于模糊推理的方法对多种属性的事物或者总体优劣受多种因素影响的事物，该做出一个能合理地综合这些属性或因素的总体评判。该方法无须知道对象的数学模型，是一种反映人类智慧思维的智能活动，同时也是一种定量与定性相结合的评判方法。

12. 模拟仿真法

模拟仿真法是一种比较理想的系统效能评估方法，也是本书重点研究的方法。该方法的优点是能够比较真实地动态反映实际情况，具有较高的可信度；缺点是建模费用高、周期长，同时对设计、使用人员要求比较高。

13. 定性到定量综合集成法

定性到定量综合集成法是我国著名科学家钱学森于 1989 年提出的开放的复杂巨系统及方法论，后来又发展为从定性到定量综合集成研讨厅 (Hall for Work Shop of Meta synthetic Engineering, HWSME)，包括定性定量相结合、专家研讨、多媒体及虚拟现实、信息融合、模糊决策及定性推理技术和分布式交互网络环境等，是系统效能评估的有效途径。

2.5.2　系统效能评估新方法

随着计算机、网络及通信技术的发展，并行计算、分布计算及网格计算等大型模拟计算方法日益成熟，一些新的体系效能评估方法也应运而生。

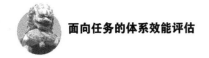

1. 计算实验方法

计算实验方法把"仿真"结果作为现实的一个替代版本,或一种可能出现的现实;同时把实际系统也作为可能出现的现实中的一种,与同仿真结果"等价",实现从计算仿真走向计算实验的思想转变。在计算实验方法中,传统的计算模拟变成了"计算实验室"里的"实验"过程,成为"生长培育"各类复杂系统的手段,而实际系统只是这个"计算实验"的一种可能结果而已。对于复杂系统评估,计算实验方法是很具生命力的一种方法,至少是一种有益的尝试。

2. 探索性分析方法

探索性分析 (Exploratory Analysis, EA) 方法是目前研究国内外战争复杂系统的热点方法之一。简单来说,EA 方法就是对各种不确定性要素所对应的结果进行整体研究。与综合方法相反,EA 方法采用的是自顶向下、从宏观到微观的模式。EA 方法的思路是首先确定顶层作战目标,然后根据作战目标来确定相关的要素,最后在要素空间中进行探索计算。EA 方法的目标是理解不确定性要素对于所研究问题的影响,同时探索可以完成相应任务需求的系统各种能力与策略,从而全面地把握各种关键要素,获得灵活高效且适应性强的问题解决方案,达到进行能力规划和方案寻优的目的。

3. 数据耕种与数据挖掘技术

与探索性分析方法类似,数据耕种技术是复杂系统研究领域的另一项热点技术。数据耕种技术由美国海军陆战队作战开发司令部 (Marine Corps Combat Development Command, MCCDC) 首席科学家 Alfred G. Brandstein 博士与 MITRE 公司的首席科学家 Gary E. Horne 博士于 1996 年联合提出。在两位科学家的报告中,数据耕种被誉为 21 世纪研究问题的元技术 (Meta-technique)。数据耕种技术从提出到现在,已经引起了各国军方广泛的关注并形成了一大批研究成果。相对而言,数据挖掘技术则是一种理论与应用都比较成熟,同时也是目前流行的海量数据处理方法。

4. 基于仿真大数据的智能分析技术

基于仿真大数据的智能分析技术通过大型仿真推演与实验得到仿真大数据,内容涵盖了海、陆、空、天多维战场空间的全过程推演产生的全样本时空数据,仿真实体规模庞大,为挖掘武器装备体系结构提供了可能;记录了仿真推演中种类繁多、数据庞大的实体及其之间的复杂交互关系的数据,为效能评估指标体系的相关性分析提供了可能;完整记录了仿真推演的过程和结果数据, 为展现不确定性和涌现性提供了可能。为此, 基于仿真大数据的智能分析技术为武器装备体系效能评估提供了新的思路。

第 3 章

效能评估指标体系构建技术

效能评估指标体系是指在武器装备效能评估活动中, 由一系列相互关联的本质属性指标构成的有机整体。效能评估指标体系即评估的标准和内容, 是评估目的的具体化, 确定了具体的评估方向。它描述了武器装备作战能力的主要性能参数, 是武器装备战术技术性能、质量和保障特性的综合权衡。

在效能评估中经常遇到多种指标度量效能的情况。事实上, 实践中几乎不可能找到一个对所有指标来说都是最优的方案。这就需要找到多指标的综合评估, 按这个综合评估选择的方案, 对每一单独效能指标来说可能并不是最优的, 但对综合效能评估来说是值得采取的。实际评估问题很少是单指标的情况。正是由于对指标带来方案间的冲突, 才使应用各种评估方法进行科学有效评估决策成为必要。

多指标评估是指评估主题根据自己的偏好信息, 对评估对象的多项指标的信息加以汇集, 而从整体上认识评估对象在一定标准下的优劣状况。其基本思想是要反映评估对象的全貌, 把多个单项指标组织起来, 形成一个包含各个侧面的综合指标, 而这个综合指标正是由综合指标体系来表示的。

综合指标体系是指在评估活动中, 由一系列指标构成的有机整体, 是综合测量评估对象的尺度集。众所周知, 用指标体系方法对系统进行综合评判是在社会、经济和管理科学等领域内进行系统分析时广为采用的一种方法。如果对于所评估的系统能够建立可以客观全面反映所要评估的系统的各项目标要求, 即评估指标体系, 就可以对各种方案和项目进行对比评估, 选择科学合理的方案。

在现实评估问题中, 评估体系常具有层次结构, 包含总目标和准则两类, 形成多层次的评估体系。评估体系的最上层的总目标一般只有一个 (如作战方案的优劣等), 一般比较含糊、笼统、抽象, 不便于量化、测算、比较、判断, 为此要将总目标分解为各级准则、子准则, 直到相当具体、直观, 并可以直接或间接地应用备选方案本身的指标属性性能、参数来表征的层次为止。在层次结构中, 下层准则比上层准则更加明确具体便于比较、判断和测算, 它们可作为达到上层准则的某种手段。下层子准则集合一定要保证上层准则的实现, 子准则之间可能一致, 也可能相互矛盾, 但要与总目标相协调, 并尽量减少冗余。

3.1 评估指标选取原则

评估指标的选取直接关系到综合评估的结论, 任何一项指标都是从一个侧面反映评估对象的某些信息, 决定选取多少、选取何种指标是评估工作最重要的一环。根据系统工程、运筹学的基本理论和研究工作的实践, 在建立作战系统综合集成水平评估指标体系时, 应遵循的原则是:

(1) 完备性。应从满足我军打赢信息化条件下的战争及武器装备系统作战系统建设近、中、远期规划下的军事需求出发, 对作战系统综合集成的各个方面进行综合考虑, 以便能全面反映综合作战效能水平。

(2) 客观性。确定的各个评估指标能真实地反映作战系统综合集成对系统能力影响的本质特性。

(3) 科学性。由于影响综合集成建设水平的因素有许多, 应分清主次, 抓住主要因素, 忽略次要因素, 使得评估指标体系既相对简单, 又不影响对作战效能评估的实质。

(4) 系统性原则。指标体系应按照系统论观点, 把指标体系作为一个有机的整体, 从各个层次、各个角度反映被测评对象的特征和状况, 体现对象的变化趋势, 反映对象的发展动态。

(5) 实用性原则。应充分考虑指标量化的难易程度和可靠性, 并以计算数据作为基础。理论上再全面、再精致的指标体系, 若没有实用性也等于形同虚设。

指标体系的建立是一个复杂的过程, 基本要求有以下几点:

（1）指标设计要能涵盖对作战系统综合集成效应有影响的主要相关因素，并能够与作战系统的主要性能参数密切相关。

（2）指标设计要适用，达到定量化、部门化和行业化，尽量以定量指标为主，对定性指标尽量使其定量化。

（3）指标体系中各个指标之间一般不允许相互重叠、相互包含。

（4）指标设计要有效反映评估对象的本质特征。

（5）指标体系应尽可能简单，各个指标值便于计算。

3.2 指标体系构建方法

评估指标体系的制定是一项很困难的工作。一般说来，指标范围越宽，指标数量越多，则方案之间的差异越明显，越有利于判断和评估。同时，确定指标的内容和指标的重要程度也越困难，处理和建模过程也越复杂，因而歪曲方案本质的可能性也越大。评估指标体系要全面地反映出所要评估的系统的各项目标要求，尽可能做到科学、合理，且符合实际情况，并基本上能为有关人员和部门所接受。为此，制定评估指标体系需要在全面分析系统的基础上，首先拟订招标草案，经过广泛征求专家和有关部门的意见，反复交换信息，统计处理和综合归纳等，最后确定评估指标体系。

指标体系构建的总体思路遵循"具体—抽象—具体"的过程，其构建是一个反复深入的过程。其构建过程大致如图 3.1 所示。

其中，指标体系初建主要包括如下步骤：

（1）目标分析。目标分析是建立评估指标的前提，确定系统的目标层次结构是建立评估指标体系层次结构的基础。所谓目标，就是评估系统所要达到的目的，是要求评估系统达到的期望状态。对作战系统的要求和期望是多方面的，这些要求和期望反映在作战的目标上。

（2）系统分析。系统分析就是采用系统的观点和方法，对作战仿真结果进行分析，弄清影响作战的因素，澄清各因素之间的关系。

（3）特征属性分析。特征属性分析就是对各组成要素的特点进行分析，建立与之相适应的指标，弄清各指标的本质属性，为建立数学模型、获取评估数据奠定基础。指标属性是指每个指标是定性的还是定量的，是静态的还是动态的。定性指标是指不可用数量描述的指标；定量指标是指可以通过分析、计算得到具体数量描述的指标；静态指标是指不随时间、环境条件等

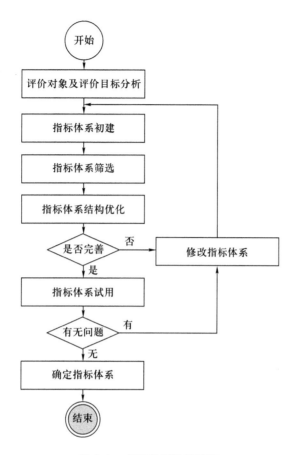

图 3.1　指标体系构建流程

因素变化而变化的指标; 动态指标是指随时间、场合等条件变化而变化的指标。

(4) 结构分析。不同的目标结构会带来不同的评估指标体系的结构形式, 常见的评估指标体系的结构形式有两种。一种是层次型评估指标体系。根据评估指标体系的目的需要, 通过分析系统的功能层次、结构层次和逻辑层次建立相应的评估指标体系。另一种是网络型评估指标体系。在结构比较复杂的系统中, 若出现评估指标难于分离或系统评估模型本身尚未确定的情况, 应使用或部分使用网络状的评估指标体系。

(5) 信息来源分析。指标信息的来源通常包括有关数据库、统计分析、专家咨询和主观统计。

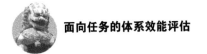

(6) 权重分析。权重是要素对目的上层目标的贡献程度的度量。通过权重分析,可以得到各个指标在综合评估中的地位和影响程度。

(7) 归一化分析。归一化是指标间相互比较的基础,是进行综合评估的前提。

(8) 形成初步的评估指标体系。上述各项工作完成后,便可以形成一个初步的、可供实际操作的评估指标体系。向专家咨询、在实践中检验形成初步破坏指标体系后,需要广泛征求专家、业务机关和有关人员的意见和建议,在实践中检验,以得到满意的综合评估指标体系。

指标体系的构建通常是进行体系效能评估的基础和前提,目前很多构建指标体系的方法是在传统的层次分析法基础上改进而来的,但随着网络化体系作战带来的新特点和大数据时代带来数据和评估方法的新变革,传统方法面临着一场挑战,主要体现在如下几个方面:

首先,随着对指标体系认识的不断深化,研究人员提出的原则已部分体现了指标体系的基本特征和体系作战新的变化,但仍需要进一步探索能体现网络化体系特点的更具指导性的原则。

其次,近年来,大数据的应用,使得人们在作战训练和装备研究中已经积累了大量丰富的数据,但目前研究方法的基础更多还是小数据模式和专家定性判断。

再次,现有的大部分方法仍然是以层次分析法为基础的静态分析方法,指标间的相关性,层次之间的聚合关系,指标的全面性等基础特征问题仍没有很好的解决方法。

最后,现有方法构建的指标体系,还只能满足静态条件下对单方的评估,而不能满足动态、整体、对抗条件的评估需要。

3.3　效能评估指标体系构建方法

指标体系构建的方法有多种,既可以自顶向下由总目标细化到基础参数指标,也以自下而上由基础指标聚合为总目标,还可以同时从两个方向进行。可以借鉴构造系统的方式来构造一个综合评价指标体系。这个系统的构造一方面包括核心元素的选择方法,另一方面也包括整体框架的规划设计。因此,综合评价指标体系的构建离不开具体指标的选择和指标体系整体框架的设计。

3.3.1　效能评估指标体系构建模式

　　作战效能评估指标体系往往是以一定的效能结构为基点展开的, 因而要构建抽象的效能评估指标体系, 就有必要对作战效能的结构要素进行分析与归纳。

　　分析武器装备效能结构要素, 一般从效能度量相关概念入手。由图 2.1 给出的各类指标因素之间的层级关系, 以及效能度量与作战能力、作战适宜性等指标因素之间的关系, 结合系统具有预期的使命, 系统在预期的使用条件下执行任务, 对系统完成任务的能力进行适当的度量, 可以将效能进一步定义为: 作战效能是武器装备在作战环境下所具备的作战能力、作战适宜性以及由此而获得的作战效果的统一表达。

　　基于此, 结合树形层级评估结构, 可得由这些指标因素组合而成的武器装备作战效能结构如图 3.2 所示。

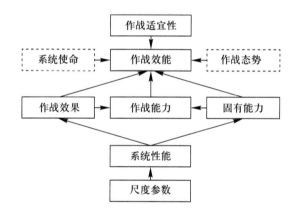

图 3.2　武器装备作战效能结构图

　　结合上述武器装备作战效能结构进行分析, 可以发现其涵盖了目前武器装备作战效能评估指标的主要选取方向, 即效能评估指标体系构建模式。由作战效能结构图可知, 与作战效能关联的指标有作战效果、固有能力、作战能力、作战适宜性、作战态势与系统性能指标因素, 由此可构建出以下六种独立的评估指标选取方向, 如图 3.3 所示。

　　下面分析这六类作战效能评估指标体系构建模式。

　　(P1) 基于作战效果的构建模式

　　该类构建模式是基于作战效果的作战效能评估, 通过该类模式可得到

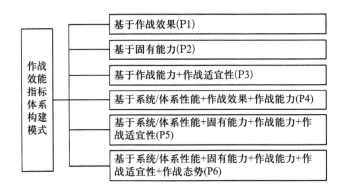

图 3.3　效能评估指标体系构建模式

作战效能的绝对值或根据效果数据得到的评估效用值。一般武器装备的作战仿真方法、演习试验方法采用的指标体系通常属于这一类模式。此类模式的优点在于评估指标容易理解，能让评估结论直接与作战效果对应；评估数据容易采用武器装备攻防对抗仿真方法或演习试验手段获取。不足点是面向效果的指标体系构建不够全面，通常表现为主要获取特定想定下的较综合的作战效果指标。

(P2) 基于固有能力的构建模式

该类构建模式通过固有能力分析作战效能，它主要得到作战效能的相对程度值或满意概率值。该类模式的效能评估指标常采用专家评定法、基于多方案对比的综合评估法及基于专家的模糊评判法等方法进行解算。该类模式的优点是指标综合性好、简单快捷。缺点是主观性稍多、客观性稍差，评估结果主要依赖于专家的经验判断和推测估计。

(P3) 基于作战能力和作战适宜性的构建模式

该类构建模式包含了作战能力因素和作战适宜性因素，得到的是系统作战效能的综合值。该类模式的优点是全面性好，既可兼顾作战能力要素，又可兼顾非作战能力要素。事实上，采用此模式指标体系可适用于可用性、依赖性与能力模型 (Availability, Dependability and Capability, ADC) 及其相应的改进型，这时，可以把作战适宜性看成 A、D、C 的作战能力。而 ADC 法的优点是简单易懂、物理意义清楚；缺点是作战适宜性的计算复杂程度会随着作战状态的节点增加急剧增大，ADC 矩阵的连乘结果使累计误差放大。

(P4) 基于系统性能、作战效果和作战能力的构建模式该类构建模式根据系统性能与作战效果指标分别分析作战能力及作战效能,重点研究作战效能与作战能力之间的影响关系,剖析影响武器装备作战效能的关键因素。单项作战能力是综合效能的支持因素。采用该类模式的效能评估指标体系不仅可用于计算作战效能,也可用于计算作战能力值。此外,也有助于研究作战效能 — 作战能力 — 系统性能之间影响因素的因果追溯关系。

(P5) 基于系统性能、固有能力、作战能力和作战适宜性的构建模式

该类构建模式旨在研究系统性能、固有能力、作战能力、作战效能及敌我作战态势之间的影响链路。分析系统性能对固有能力的影响、固有能力对作战能力的影响、固有能力对作战效能的影响及单项作战能力对作战效能的影响。该类模式的指标体系强调从武器装备自身的物理特性入手,结合对武器装备潜在能力的预测,对比分析武器装备的作战效能。该模式具有专家评定、对抗仿真试验混合评估和多层次评估的特点。对系统性能指标可采用物理试验方法求取,对作战能力可以采用仿真方法与专家方法进行评估,最后利用多种数据源融合的方法评估综合作战效能。

(P6) 基于系统性能、固有能力、作战适宜性、作战态势和作战能力的构建模式

该类构建模式旨在研究系统性能、固有能力、作战能力和作战效能之间的影响链路。在敌我态势同步变化的条件下,分析系统性能对固有能力的影响、固有能力对作战能力的影响、固有能力对作战效能的影响及单项作战能力对作战效能的影响。该模式充分结合作战效能逻辑结构、作战流程,从动态、静态两方面综合考虑,构建综合指标评价体系。

评估指标体系构建模式是具体指标体系的抽象类,是细化的指标体系所遵循的基本框架。在上述几种类型的构建模式中,选择合适的构建模式类型对于不同背景下的评估指标体系构建是十分重要的。

3.3.2 效能评估指标体系构建模式选择

作战效能评估指标体系的构建,除了面临合理性问题,还面临指标构建的时效性问题。为了快速合理地制定一套可靠的评估指标体系,首先要选准一套合理的评估指标体系构建模式,再以该模式为基本框架展开细化得到符合要求的评估指标体系。

效能评估指标体系构建模式的选择方法是,将相同或相近的武器装备

效能评估条件与各类评估指标体系构建模式建立联系，在某条件下对某武器装备对象要采用何种评估指标体系指导模式的问题，正是评估指标体系构建模式选择的问题。因各军兵种用户面临的武器装备系统种类繁多、条件复杂，要对它们进行效能评估，需要根据其自身特点及评估目标，结合评估数据、评估模型预判各个作战效能评估指标体系构建模式的成熟度，以此进行作战效能评估指标体系构建模式的选择，进而指导指标体系的细化。

对任意武器装备的作战效能评估，先根据其自身特点，输入该类装备的特点与作战使命要求及需要的评估成熟度，便可以与相应的评估指标体系构建模式相匹配，一般地可以根据如下经验进行效能评估指标体系构建模式的选择，具体地描述如下：

首先，如果直接利用作战效果分析作战效能，可不必了解武器装备的具体性能与单项能力，直接按照最后的作战战果数据反映作战效能。

其次，如果评估者主要考查某武器的作战效果，可选择评估指标体系构建模式 P1；如果需要考查装备固有能力的结果，可以考虑采用评估指标体系构建模式 P2；如果需要考查武器装备的作战过程及作战适应性，可以考虑评估指标体系构建模式 P3；如果需要考查武器装备的作战效果、作战能力及作战适应性，可考虑评估指标体系构建模式 P4；如果要综合考虑武器装备的作战效果、作战适应性及作战能力的影响因素分析，可考虑评估指标体系构建模式 P5；如果要综合考虑作战态势、武器装备的作战效果、作战适应性及作战能力的影响因素分析，可考虑评估指标体系构建模式 P6。

最后，如果存在其他考虑，其模式可以在上述基本构建模式上进行适当的调整。

按构建模式进行实例化分解的过程可以参考系统工程的层次结构展开形式，即从评估系统的需求或指标体系构建模式入手，层层推进引导分解出相应的效能评估指标。系统工程通常包含一组自顶向下和自底向上的方法来分解系统层次。

系统工程层次化结构分解通常从全局视图 (World View，以下用 V 表示) 开始细化所关注的特定兴趣领域。在特定的兴趣领域内，对目标系统元素 (如数据) 进行分析后再将功能分解下去。于是，对层次结构展开图做形式化描述为：

全局视图 V 包括一组领域 D_i，而 D_i 本身也可为一个子系统，表达

如下:

$$V = \{D_1, D_2, \cdots, D_i, \cdots, D_n\}, \quad i = 1, 2, \cdots, n \qquad (3.1)$$

而每个领域 D_i 又由特定的元素 $\{E_{ij}\}$ 构成, 每个元素承担完成领域目标的作用:

$$D_i = \{E_{i1}, E_{i2}, \cdots, E_{ij}, \cdots, E_{im}\}, \quad j = 1, 2, \cdots, m \qquad (3.2)$$

每个元素 E_{ij} 由可完成该元素的必要功能的技术构件 (C_{ijk}) 来实现:

$$E_{ij} = \{C_{ij1}, C_{ij2}, \cdots, C_{ijk}, \cdots, C_{ijl}\}, \quad k = 1, 2, \cdots, l \qquad (3.3)$$

借鉴系统工程层次化结构逐层分解思想, 根据作战效能评估指标体系构建模式, 结合系统工程方法进行效能评估指标体系的细化 (也称为实例化), 过程如图 3.4 所示。通过逐层分解得到的指标体系, 一般具有分层及树状的形式。

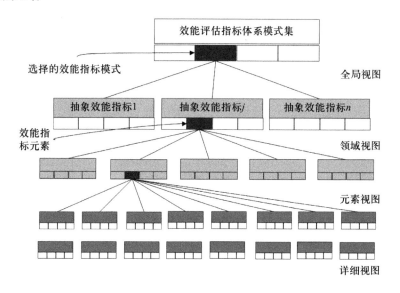

图 3.4　效能评估指标体系的细化过程

具体地, 在实际评估过程中, 依据评估对象和评估目的的不同, 选择相应的指标体系构建模式, 根据选择指标体系构建模式中关注的作战效能的

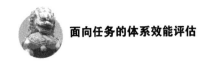

因素指标中的一个或几个来表示装备效能。这里以指标体系构建模式 P3 为例，采用"作战能力"和"作战适宜性"来作为装备效能的综合指标。实际上，模式 3 采用这两个综合指标来构建装备效能评估指标体系是借鉴了 ADC 模型的思想，其中，作战能力就是 ADC 模型中的 C，作战适用性就是 ADC 模型中的 A 和 D。

1. 作战能力指标分解

武器装备的作战能力，是指武器装备在一定的作战使用环境条件下所表现出的"本领"或"潜力"。一个武器系统通常具有"侦、打、指、生、抗"五种能力，或者五种能力中的某几项。

"侦"就是武器装备对目标的"侦察"能力，通常包括发现、识别、跟踪、测量目标的能力。

"打"就是武器装备对目标的"打击"能力或"毁伤"能力，通常以毁伤效能来作为度量指标，包括目标控制能力、命中精度、目标易损性、打击可靠度等。

"指"就是武器装备的"指挥控制"能力，通常包括信息获取能力、信息处理能力、信息监控能力、信息传输能力等。

"生"就是武器装备在敌方威胁下的"生存"能力，通常包括机动能力、反应能力、反侦察能力、抗毁能力等。

"抗"就是武器装备的"电子对抗"能力，通常包括电子干扰能力和抗电子干扰能力。

综上，可以得到如图 3.5 所示的作战能力指标分解图。

2. 作战适宜性指标分解

美国国防采办大学出版的《试验与评价管理指南》对作战适宜性的定义是："在考虑可用性、兼容性、运输性、互用性、可靠性、战时使用率、维修性、安全性、人因、可居住性、人力、后勤保障性、自然环境效应与影响、文件及训练要求的情况下，系统令人满意地投入外场使用并维持的程度。"国内学者对作战适宜性大多引用了该定义，或者在此基础上重新进行了定义。

概括来讲，作战适宜性是装备在实际使用环境下满足部队训练和作战使用要求的程度，包括环境适用性和使用适用性两方面：

① 环境适用性，就是作战环境的适用性，通常包括自然环境适用性、电磁环境适用性、运输环境适用性、人机环境适用性等。

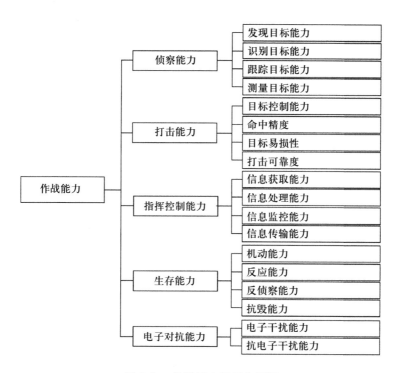

图 3.5　作战能力指标分解图

② 使用适用性, 就是装备在作战环境下是否 "好用" 的程度, 通常包括装备可靠性、装备维修性、装备测试性、装备保障性、装备标准性、装备安全性等。

综上, 可以得到如图 3.6 所示的作战适宜性指标分解图。

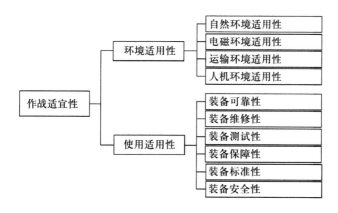

图 3.6　作战适宜性指标分解图

3.3.3 指标体系的优化与完善

指标的设计者往往片面追求指标体系的全面性, 企图使指标体系包含所有的因素, 其结果是由于评价指标过多, 一方面引起评价者判断上的错觉和混乱, 另一方面导致其他指标的权重减小, 造成评价结果失真。对同一评价目标可以从不同的角度设计出不同的指标体系, 究竟采用其中哪一种指标体系评价更加有效, 研究者往往根据经验来进行选择, 缺乏科学性和严密性。对同一评价指标体系由于评价专家对评价指标的理解不同, 会导致采用同一指标体系评价同一目标, 其评价结果相差较大, 即指标体系缺乏稳定性和可靠性。以上问题解决与否, 会影响最终评价结果。可以想象如果一个评价指标体系设置不合理, 即使其评价方法再科学、先进, 其评价结果也会失真。因此, 指标体系设计完成后, 有必要对指标体系进行优化与完善。本节将讨论指标体系的筛选问题及其有效性和可靠性的评估。

1. 评价指标体系的筛选

在实际应用中, 并非评价指标越多越好, 关键在于评价指标在评价中能否反映评价问题的本质。一般原则应是以尽量少的 "主要" 的评价指标运用于实际评价。但是在评价指标集中也存在着一些 "次要" 的评价指标, 这时就需要按合理性判断的原则进行筛选, 分清主次, 合理地组成评价指标集。具体可采用权数判断法。我们可以根据指标权数的大小决定指标的取舍, 剔除一些权数较小的指标, 一方面有利于决策问题简化, 另一方面也避免由于指标体系因素过多, 引起评价者在判断上的失误和混乱。其具体步骤如下:

设同层指标集 $\{I_1, I_2, \cdots, I_n\}$, 综合考虑每一指标的重要性后, 确定各指标的权重得到相应的权数集 $\{w_1, w_2, \cdots, w_n\}$, 其中 $w_i \in [0,1], i = 1, 2, \cdots, n$, 设取舍权数 $w_k, w_k \in [0,1]$。当 $w_i \leqslant w_k$ 时, 则筛选掉指标 I_i, 当 $w_i > w_k$ 时, 则保留该指标 I_i。

指标权数取舍的大小标准取决于评价者及评价目标的复杂程度。评价目标涉及因素多, 其取舍权数取小一些; 如果涉及因素少, 其取舍权数大一些。评价者也可以客观地利用评价权数来简化评价指标体系。

2. 评价指标体系的有效性的判断

在实际评价过程中, 对同一评价目标采用同一评价指标体系评价时, 由于专家认识的差异性, 会得出不同的数据。当专家组评价得出的评价数据差异较大时, 我们就认为该评价指标体系不能真实地反映评价目标, 应予以剔除。同样在评价指标体系的设计过程往往会涉及设计某一指标对评价结果真实性的效用如何, 能否真实反映评价事实。对以上问题, 我们采用效度系数来解决。

设评价指标体系为 $\{I_1, I_2, \cdots, I_n\}$, 参加评价的专家人数为 S, 专家 j 对评价目标的评分集为 $X_j = \{x_{1j}, x_{2j}, \cdots, x_{nj}\}, j = 1, 2, \cdots, S$, 定义指标 I_i 的效度系数为

$$V_i = \sum_{j=1}^{S} \frac{|\bar{x}_i - x_{ij}|}{S} \times M \tag{3.4}$$

式中: M 为指标 I_i 的评语集中评分最优值; $\bar{x}_i$ 是评价指标 I_i 的评分的平均值, 即

$$\bar{x}_i = \sum_{j=1}^{S} x_{ij}/S \tag{3.5}$$

则定义评价指标体系的效度系数为

$$V = \frac{1}{n} \sum_{i=1}^{n} V_i \tag{3.6}$$

效度系数指标的统计学含义在于它提供了衡量人们用某一评价指标评价评价目标时产生认识的偏离程度。该指标绝对数越小, 表明各专家采用该评价指标评价目标时对该问题认识越趋向一致, 该评价指标体系或指标的有效性就越高, 反之亦然。

3. 指标体系的稳定性和可靠性分析

假设存在一组评价数据可以完全、真实反映评价目标的本质, 采用设计的指标体系得出的评价数据与该组数据越 "相似", 可以认为该评价指标体系得出的评价数据越接近于反映评价目标的本质, 该评价指标体系的稳定性和可靠性就越高。基于这种思想, 本书采用数理统计学中相关系数作为评价指标体系的可靠性系数, 反映评价指标体系的可靠性和稳定性。

设专家组评分的平均数据组为 $Y = \{y_1, y_2, \cdots, y_n\}, y_j = \sum_{i=1}^{S} x_{ij}/S$, 则

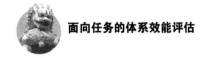

评价指标体系可靠性系数为

$$\rho = \frac{1}{S} \sum_{j=1}^{S} \rho_j \qquad (3.7)$$

其中,

$$\rho_j = \frac{\sum\limits_{i=1}^{n}(x_{ij} - \bar{x}_j)(y_i - \bar{y})}{\sqrt{\sum\limits_{i=1}^{n}(x_{ij} - \bar{x}_j)^2 \sum\limits_{i=1}^{n}(y_{ij} - \bar{y}_j)^2}}, \quad j = 1, 2, \cdots, s \qquad (3.8)$$

并且有 $\bar{x}_j = \frac{1}{n}\sum\limits_{i=1}^{n} x_{ij}, \bar{y} = \frac{1}{n}\sum\limits_{i=1}^{n} y_i$。

以评价指标 I_i 的 S 次评价结果的均值作为理想值, 计算 S 次评价数据与其平均值的差异程度, 可以反映出采用同一评价指标体系 S 次评价数据的差异性。ρ 越大, 表明采用该评价指标体系评价出的评价数据的差异性越小, 该指标体系的可靠性越高。可靠性系数是对评价指标体系评价结果的可靠性和稳定性的分析。如果 ρ 较小, 表明各专家采用该评价指标体系对于同一评价对象得出评价数据差异较大, 即用该评价指标体系各专家对同一评价目标其评价分歧较大, 其可靠性较差, 不适宜采用该评价指标体系。

3.3.4　案例分析

本节以航空母舰 (简称航母) 编队防空作战效能评估为例, 说明提出的效能评估指标体系构建方法的应用合理性。

1. 提出现有的效能评估准备条件

准备的评估条件有评估对象为航母编队装备体系, 如航母、巡洋舰、驱护舰、潜艇等, 评估目的为得到一个可比较的航母编队防空作战效能综合评估结果。航母编队防空作战任务有打击、威慑和拦截, 但其根本任务是通过杀伤来袭空中目标以保卫本编队或防空区域内其他水面舰艇的安全。

2. 基于评估条件选择对应评估指标体系构建模式

要研究的对象是航母编队防空作战效能, 航母编队体系庞大、系统复杂, 其防空效能评估指标体系的构建不能采用单一的作战效能逻辑, 应使用综合指标体系的构建方法, 要充分结合作战效能逻辑结构、航母编队防空作除。同样在评价指标体系的设计过程往往会涉及设计某一指标对评价结果真实性的效用如何, 能否真实反映评价事实。对以上问题, 我们采用效度系数来解决。

设评价指标体系为 $\{I_1, I_2, \cdots, I_n\}$, 参加评价的专家人数为 S, 专家 j 对评价目标的评分集为 $X_j = \{x_{1j}, x_{2j}, \cdots, x_{nj}\}, j = 1, 2, \cdots, S$, 定义指标 I_i 的效度系数为

$$V_i = \sum_{j=1}^{S} \frac{|\bar{x}_i - x_{ij}|}{S} \times M \tag{3.4}$$

式中: M 为指标 I_i 的评语集中评分最优值; $\bar{x}_i$ 是评价指标 I_i 的评分的平均值, 即

$$\bar{x}_i = \sum_{j=1}^{S} x_{ij}/S \tag{3.5}$$

则定义评价指标体系的效度系数为

$$V = \frac{1}{n} \sum_{i=1}^{n} V_i \tag{3.6}$$

效度系数指标的统计学含义在于它提供了衡量人们用某一评价指标评价评价目标时产生认识的偏离程度。该指标绝对数越小, 表明各专家采用该评价指标评价目标时对该问题认识越趋向一致, 该评价指标体系或指标的有效性就越高, 反之亦然。

3. 指标体系的稳定性和可靠性分析

假设存在一组评价数据可以完全、真实反映评价目标的本质, 采用设计的指标体系得出的评价数据与该组数据越 "相似", 可以认为该评价指标体系得出的评价数据越接近于反映评价目标的本质, 该评价指标体系的稳定性和可靠性就越高。基于这种思想, 本书采用数理统计学中相关系数作为评价指标体系的可靠性系数, 反映评价指标体系的可靠性和稳定性。

设专家组评分的平均数据组为 $Y = \{y_1, y_2, \cdots, y_n\}, y_j = \sum_{i=1}^{S} x_{ij}/S$, 则

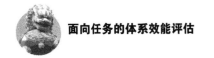
评价指标体系可靠性系数为

$$\rho = \frac{1}{S}\sum_{j=1}^{S}\rho_j \tag{3.7}$$

其中,

$$\rho_j = \frac{\sum\limits_{i=1}^{n}(x_{ij}-\bar{x}_j)(y_i-\bar{y})}{\sqrt{\sum\limits_{i=1}^{n}(x_{ij}-\bar{x}_j)^2\sum\limits_{i=1}^{n}(y_{ij}-\bar{y}_j)^2}}, \quad j=1,2,\cdots,s \tag{3.8}$$

并且有 $\bar{x}_j = \frac{1}{n}\sum\limits_{i=1}^{n}x_{ij}, \bar{y} = \frac{1}{n}\sum\limits_{i=1}^{n}y_i$。

以评价指标 I_i 的 S 次评价结果的均值作为理想值,计算 S 次评价数据与其平均值的差异程度,可以反映出采用同一评价指标体系 S 次评价数据的差异性。ρ 越大,表明采用该评价指标体系评价出的评价数据的差异性越小,该指标体系的可靠性越高。可靠性系数是对评价指标体系评价结果的可靠性和稳定性的分析。如果 ρ 较小,表明各专家采用该评价指标体系对于同一评价对象得出评价数据差异较大,即用该评价指标体系各专家对同一评价目标其评价分歧较大,其可靠性较差,不适宜采用该评价指标体系。

3.3.4 案例分析

本节以航空母舰 (简称航母) 编队防空作战效能评估为例,说明提出的效能评估指标体系构建方法的应用合理性。

1. 提出现有的效能评估准备条件

准备的评估条件有评估对象为航母编队装备体系,如航母、巡洋舰、驱护舰、潜艇等,评估目的为得到一个可比较的航母编队防空作战效能综合评估结果。航母编队防空作战任务有打击、威慑和拦截,但其根本任务是通过杀伤来袭空中目标以保卫本编队或防空区域内其他水面舰艇的安全。

2. 基于评估条件选择对应评估指标体系构建模式

要研究的对象是航母编队防空作战效能,航母编队体系庞大、系统复杂,其防空效能评估指标体系的构建不能采用单一的作战效能逻辑,应使用综合指标体系的构建方法,要充分结合作战效能逻辑结构、航母编队防空作战流程, 从动态、静态两方面综合考虑, 构建航母编队防空综合指标评价体系, 通过分析选择得到效能评估指标体系模式 P6, 即基于系统性能、固有能力、作战能力、作战适宜性和作战态势的指标体系模式来分析航母编队防空作战效能。

3. 根据得到的效能评估指标体系模式, 进行实例化操作

一般来说, 航母编队的作战效能评估指标构建可以按照编队组成、功能、使命过程等多种方式来划分, 这里按照作战使命过程的阶段进行指标细化。因为这样能够满足效能定义中 "给定的作战使命" 的描述, 同时还能剖析作战过程, 分析航母编队防空作战在各个作战阶段的战况战果, 还有利于仿真试验设计的开展及评估数据的采集。具体地描述如下:

根据航母编队对空防御作战使命任务和作战特点, 其作战效能体现在与来袭空中目标的攻防对抗过程中, 包括侦察预警能力、指挥控制能力、火力打击能力和电子战能力。航母编队防空作战能力能否正常发挥, 是以作战流程是否稳定顺畅地运转为前提的。作战流程是包括信息流、控制流、能量流等综合形成的流程, 如图 3.7 所示。

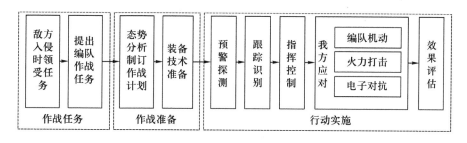

图 3.7 航母编队作战流程

根据图 3.7, 航母编队防空作战过程描述分为三个阶段: 作战任务、作战准备和行动实施。作战任务阶段是指当敌方目标入侵时, 受领上级作战任务, 正确领会上级的作战意图, 研究提出航母编队的作战任务, 分析判断情况, 定下初步决心的一系列事件。作战准备阶段是指受领作战任务后, 通过对作战态势分析, 根据作战任务要求、首长作战意图, 制订航母编队作战行动的计划及作战想定预案。作战计划下达后进行各项作战准备工作, 包括行动方案与措施、装备技术准备、后勤保障准备等一系列活动。行动实施是指侦察预警、跟踪识别、编队机动、火力打击 (如舰载机拦截、舰载武器拦截)、电子对抗战和作战效果评估等一系列行动。

4. 拟定出细化的评估指标体系

根据评估指标体系构建模式 P6, 对图 3.7 的作战流程进行补充并细化作战效能参数, 其中, 作战态势分析包括敌飞机攻击与敌舰艇攻击; 作战准备体现航母编队的固有能力, 包括战备完好性、可靠性及编队生存能力; 预警探测和跟踪识别检验的是编队对空、对超低空、对特殊目标的探测识别能力; 指挥控制检验的是编队信息处理与决策能力; 我方应对措施包括了编队舰艇机动能力、火力打击能力、电子战能力, 编队舰艇机动能力考验的是编队在进攻和防御时队形保持与变换的机动能力, 它是评价航母编队防空效能的一个重要参数。考虑到机动能力考验的编队舰艇自身的机动能力与协调能力, 所以可以将其认为是编队的固有能力。

综合以上分析, 航母编队防空作战效能评估指标体系层次结构如图 3.8 所示。

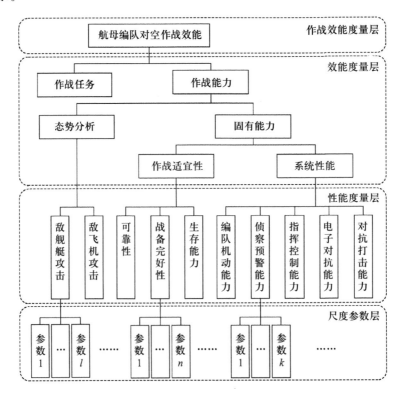

图 3.8　航母编队防空作战效能评估指标体系层次结构

基于航母编队防空作战效能评估指标体系层次结构图, 再按照系统工

程的层次分解法依次细化上层指标, 并通过优化完善, 得到航母编队防空作战效能评估指标体系, 具体如下:

1) 作战态势

作战态势主要包括敌机攻击态势、敌舰艇攻击态势和综合态势更新能力三个方面, 影响作战态势的指标因素主要包括敌机/舰的来袭方向、攻击批次、攻击间隔、发射导弹距离和一次攻击发射导弹数等。综合态势更新能力的影响因素包括综合态势生成时间和更新时间两个方面。作战态势指标构成具体如图 3.9 所示。

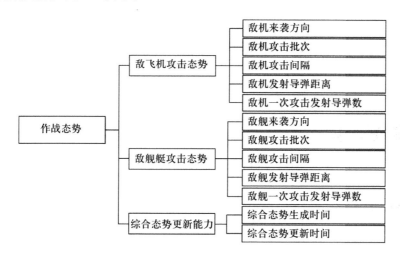

图 3.9　作战态势指标构成

2) 作战适宜性

根据航母编队对空作战的特点, 作战适宜性主要考虑装备的可靠性、战备完好性和生存能力三个方面, 其中装备可靠性重点考虑装备的平均故障间隔时间、平均故障修复时间和无故障连续工作时间; 战备完好性则考虑技术准备完好率和待机准备完好率; 生存能力主要考虑编队自身的防护能力、反侦察能力和抗毁能力等。作战适宜性指标构成具体如图 3.10 所示。

3) 编队机动能力

编队机动能力主要受航母机动性和编队机动性两方面因素影响, 航母机动性的影响因素为航母的最大航速、船体重量、重心高度与最大转向角等; 编队机动性的影响因素为编队保持队形的容易度、适应作战环境变化的效果、限制敌机机动能力的效果等。编队机动能力指标构成具体如图 3.11

所示。

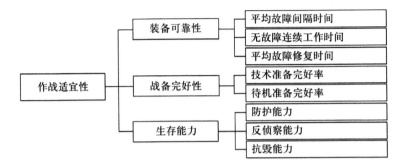

图 3.10　作战适宜性指标构成

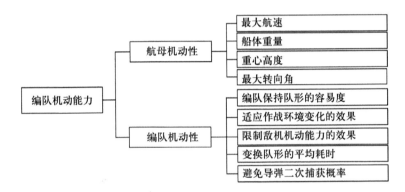

图 3.11　编队机动能力指标构成

4) 侦察预警能力

侦察预警能力包括预警探测能力和跟踪识别能力两个方面。其中,预警探测能力的影响因素为预警机阵位、探测距离、抗干扰能力,以及防空警戒舰的阵位、雷达探测距离、雷达抗干扰能力等;跟踪识别能力的影响因素为预警机的目标处理能力、指挥引导能力和抗干扰能力,以及防空警戒舰的雷达跟踪距离、雷达目标处理能力和雷达抗干扰能力等。侦察预警能力指标构成具体如图 3.12 所示。

5) 指挥控制能力

指挥控制能力重点考查编队的控制决策能力、指控响应能力和辅助决策能力三个方面。其中,控制决策能力的影响因素有作战计划生成时间、决策响应时间和决策者能力水平;指控响应能力的影响因素包括越级指控命

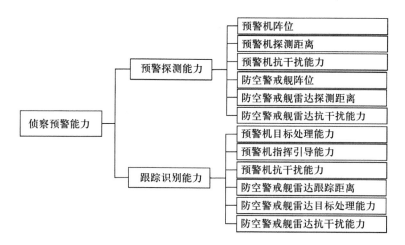

图 3.12　侦察预警能力指标构成

令下达时间、合成指控命令下达时间和紧急指控下达时间等; 辅助决策能力的主要影响因素有情报处理能力、网络通信能力和辅助决策正确性等。指挥控制能力的子指标构成具体如图 3.13 所示。

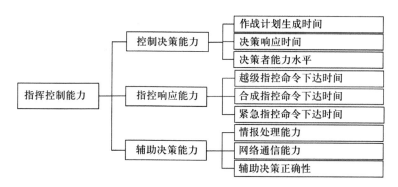

图 3.13　指挥控制能力指标构成

6) 电子对抗能力

电子对抗能力主要从三个角度来分析, 包括电子侦察能力、电子干扰能力和电子防御能力。其中, 电子侦察能力的主要影响因素有信息侦获能力、信息传输能力和信息识别能力; 电子干扰能力的影响因素有信息压制能力、信息欺骗能力、雷达有源/无源干扰效果等; 电子防御能力则包含威胁告警能力、自卫干扰能力和信息系统抗毁能力等。电子对抗能力指标构成具体如图 3.14 所示。

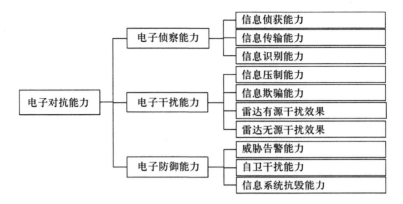

图 3.14   电子对抗能力指标构成

7) 对抗打击能力

对抗打击能力主要包含舰载机拦截能力和舰载武器拦截能力两个方面，影响作战效能的指标因素主要包括舰载机、空空导弹、飞航导弹和防空火炮等武器的对抗打击能力。对抗打击能力指标构成具体如图 3.15 所示。

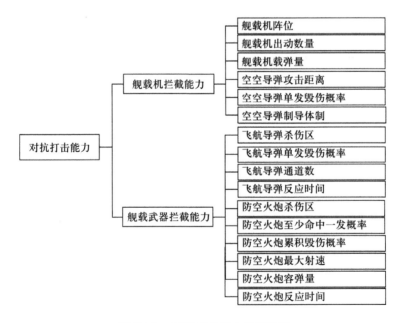

图 3.15   对抗打击能力指标构成

3.4 体系效能评估指标体系构建方法

3.4.1 体系效能评估的特点

目前, 面向体系效能评估指标体系的构建与筛选, 大多基于传统 "分解可加" 的还原论的思想, 没有充分考虑到作战体系的复杂性特征, 因此, 在选择原则、选择范围、选择方法上都存在一些不足。

在选择原则上, 传统因素与指标筛选原则要求客观性、完备性、独立性、敏感性, 但是体系具有动态对抗、不断演化、效能涌现、状态混沌等特点, 传统的选择原则已经不能满足体系效能评估的需求。

在选择基础上, 传统的评估通常基于自底向上层层聚合的树状递阶层次评估指标体系框架, 但由于复杂系统不可分解, 也没有 "可加性", 分解会导致某些性质的丧失, 考虑局部得不出整体性质, 因此, 基于树状结构的评估指标体系框架不能满足对体系的整体评估的要求。

在选择范围上, 传统的因素和指标筛选范围局限于作战组分系统的性能、行动、效能等传统参量空间, 对导致体系涌现性产生的关键要素 (系统的网络性质、网络结构和网络演化等) 考虑不多, 存在范围不全、选择面过窄的问题。

作战体系的复杂性特点决定了面向体系效能评估必须充分考虑体系整体性效果产生机理, 突出复杂系统的特点, 在 "动态、整体、对抗" 的条件下进行因素与指标选择。

1. 突出效能涌现性的特点

体系特别强调 "整体" 和 "涌现", 涌现性反映了体系在演化过程中的整体性效果, 是体系形成的标志。作战体系的整体性效果, 是在复杂网络的支撑下, 各种装备、各作战单元、各作战能力相互联结、相互作用而形成的整体作战能力, 而不是单件武器装备、单个作战单元、单项作战系统能力的简单相加。因此, 在因素的选择上, 需要从分析体系整体性效果产生的机理出发, 特别关注会引起体系涌现性效能产生的因素; 在指标的选取上, 也要特别关注能代表作战体系的整体效能的指标。

2. 突出结构演化性的特点

作战体系是 "活" 的系统, 具有适应性和进化性, 体系的结构、功能和性质动态可变, 因此体系能力也不是静态的, 而是在对抗过程中动态变化的。

因此，在因素与指标的选取上，要特别注意动态性和静态性相结合。不仅要考虑作战体系静态因素的变化，如武器射程、飞行速度等，还要考虑动态因素的变化，尤其是网络结构的动态变化，如网络结构、网络覆盖率等。不仅要考虑静态指标，如总拦截率、总拦截数量等，还要考虑动态指标，如 OODA 环时长、网络活动节点数量等。

3. 突出能力相对性的特点

作战体系能力是通过对抗展现的，对手不同，其能力也不同。作战体系能力是在某种条件下"某一时刻""某一对手"的能力水平。因此，在因素选取时，要特别营造出能力对比的条件，例如，面向不同对手不同武器的变化；在指标选取时，要特别注意挑选出反映能力相对性特点的指标，例如，面对不同对手的体系抗毁性、脆弱性等。

3.4.2　体系效能评估指标体系框架与指标构建

1. 体系效能评估指标体系框架

体系是典型的复杂系统，从体系涌现性形成的机理角度来看，体系涌现性主要源于组成体系的组分系统、组分结构以及组分之间的交互。对体系整体能力的评估必然要基于组分系统，但仅仅通过评估组分系统又无法获得对体系整体能力的有效度量，因为整体涌现性效果是由组分效能与网络化效能共同作用产生的。本书以体系环境下的组分系统效能评估为基础，以体系完成使命任务情况测度为牵引，以体系的整体涌现性能力评估为重点，以体系的"网络化"结构评价为关键，建立了网络化体系能力评估框架，并给出了体系能力评估的参考指标。

网络化体系能力评估建模框架主要包括组分系统性能评估 (Measures of Component Performance, MOCP)、组分系统效能评估 (Measures of Component Effectiveness, MOCE)、网络化效能评估 (Measures of SOS Networked Effectiveness, MONE)、涌现性效能评估 (Measures of SOS Emergence Effectiveness, MOEE) 和体系使命任务效能评估 (Measures of SOS Task Effectiveness, MOTE)。

图 3.16 中采用不同形状表示了各个层次的多个评估指标，其中虚线表示该层各指标之间相互关联，指标间不具有独立性，体现了"指标网"的特点；实线表示不同层次间效能指标的映射关系。

组分系统性能指标层指的就是组分系统的性能指标，例如某型导弹的

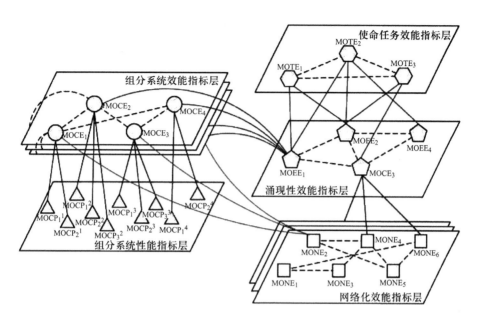

图 3.16 网络化体系能力评估建模框架

火力范围、命中精度、杀爆范围等。组分系统效能指标层旨在度量系统单元在体系中的效能发挥, 例如火力系统的发射成功率、成爆率、命中率、生存力等。网络化效能指标用于评估体系演化过程中组分系统间产生网络化交互的程度。这些指标包括网络的度分布、平均距离、集聚系数、介数等。网状结构的评估指标框架决定了对体系能力的评估不再是自底向上的层层聚合, 因此, 通常不选择以上指标作为体系能力评估指标, 而是在实验分析过程中关注它们之间的关联关系。

对体系效能的评估应着重从两方面进行度量, 即使命任务效能评估 (MOTE) 和涌现性效能评估 (MOEE)。使命任务效能评估旨在对体系实现最终目标的程度进行度量, 评估的是体系完成使命任务的整体情况, 是体系能力整体涌现性最直接、最根本的体现, 是体系优化的根本准则, 也是体系的决策者最为关心的内容。它描述的是体系在特定条件下完成使命任务的整体情况, 一些传统作战效能评估中使用的典型指标, 在研究体系使命任务效能评估时仍然非常重要。该层指标主要包括: 战果、战损、任务完成度、战损比、推进速度、作战时间、使命任务完成率。

涌现性效能指标层衡量的是体系的整体涌现性, 特别强调体系演化过程中在结构、功能和行为等方面所涌现出的整体特性, 例如体系结构的鲁棒性和脆弱性、组分系统功能耦合所产生的新能力、体系的自适应和同步行为等。该层指标主要包括: 传感协同能力、攻击协同能力、体系抗毁性、体系脆性、体系重心、体系适应性、体系作战同步和体系对抗 OODA 环效能。

涌现性效能指标层是从机理层面对体系能力的深度分析, 反映的是体系对抗机理和能力生成机制, 是对体系完成使命任务情况的深层次原因的探寻。对这两层指标都进行度量, 可得到对体系整体能力比较全面的评估。在实际的实验过程中, 也可根据评估目的, 仅关注某一层指标。例如, 关注体系的鲁棒性、寻找体系的重心, 可能仅从体系涌现性效能指标层寻找指标来进行能力评估。

2. 组分系统级效能评估指标

体系虽然不具有还原性, 但是各个组分系统的能力是体系涌现不可或缺的有机组成。针对组分系统的效能评估分为两个层次: 组分系统性能评估 (MOCP) 和组分系统效能评估 (MOCE)。

对于体系来说, 组分系统的性能是体系能力评估所需考虑的最小元素成分。MOCP 对单个系统的所有组成性能进行分析建模。性能指标反映的是系统单元的某一属性, 一般与体系环境无关。图 3.16 中的每个圆形对应着某系统单元的一个 MOCP 指标, 例如对于作战体系中的传感器系统, 性能指标包括探测范围、定位精度、方位距离分辨率等。MOCE 是对组成体系的各个系统单元在体系环境中功能的发挥情况进行度量。图 3.16 中的三角形对应着体系中的一个组分系统, 一般由多个效能指标来度量, 例如传感器系统的效能指标可以是探测效能、信息处理效能、抗干扰效能、生存效能等。即对于任意组分系统 s_i 所具有的系统效能指标 $MOCE^i$ 有:

$$MOCE^i = \{MOCE_1^i, MOCE_2^i, \cdots, MOCE_j^i\} \tag{3.9}$$

式中: j 表示 $MOCE^i$ 所包含的维。对于每一个具体的系统效能维, 其相应的效能评估指标为

$$MOCE_j^i = f_{i,j}(MOCP^i) = f_{i,j}(MOCP_1^i, MOCP_2^i, \cdots, MOCP_k^i) \tag{3.10}$$

式中: $MOCP_k^i$ 表示系统单元 s_i 的第 k 个性能指标。

式 (3.10) 说明体系中组分系统的效能仅依赖于本身的系统性能, 而与

体系中其他组分系统的性能无关。

在体系环境中, 组分系统的各个效能指标 MOCE_j^i 是相互关联的, 例如, 传感器系统的抗干扰能力越强, 其探测效能就越高; 不同组分系统的效能指标 MOCE^i 也是相互关联的, 例如, 对于防空反导体系, 预警探测系统的探测效能直接影响火力拦截系统对导弹的拦截效能。

3. 体系使命任务效能评估指标

体系使命任务效能是指体系在规定条件下完成其使命任务的程度。MOTE 旨在对体系实现最终目标的程度进行度量, 评估的是体系完成使命任务的整体情况。图 3.16 中的六边形对应体系使命任务的各个方面的内容。体系使命任务效能是体系能力整体涌现性最直接、最根本的体现, 是体系优化的根本准则, 也是体系的决策者最为关心的内容。任何关于体系能力的评估结果都要归结到体系完成使命任务的效果上来。MOTE 为其他各个层面评估指标的合理性和正确性建立了准则, 即从任何层面、任何角度评估体系能力所获得的结论都应该与体系使命任务效能挂钩。脱离体系使命任务进行体系效能评估, 所得到的结论一定是不完全的和没有说服力的。

效能效果层面的评估主要针对任务达成的效能进行评估, 如通信阻塞率、主动/被动防御率、使命任务完成概率、达成任务所需时间等。效能效果指标由体系的类型和功能决定, 不同的体系类别对应不同的效能效果评估项, 如感知类效能效果包括定位准确率、目标规模、漏洞发现率、关键节点发现率等; 攻击类指标包括突防率、干扰率、阻塞率及容量、有效控制量等; 防御类指标包括主动/被动防御率、关键系统及服务恢复时间等。

以作战体系为例, MOTE 可以采用战果、战损、战损比或交换比、推进速度、作战时间等常用的典型指标。而在多数情况下, 体系使命任务效能不能简单地采用上述行动效果类的指标来衡量, 而要根据体系目标及最终的体系对抗态势来判定, 如使命任务完成度和使命任务完成概率可以作为一般意义上的两个体系使命任务效能指标。

MOTE 指标构建方法的核心思想是选取能够反映作战全局状态的描述分量作为指标, 对体系作战效能从宏观上进行描述, 一般不作指标合成。这种分析方法有以下特点。

(1) 选取整体的指标。往往是作战实验结果所观察到的、对战场形势具有决定作用的敌我双方战果数据的集合。

(2) 行动过程与任务完成情况效能是评估的重点。根据美军所提出的战

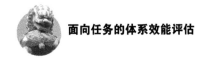

场优势的理论, 即抗击效能、保护效能、行动优势和任务完成情况, 评估的重点是获取行动优势的能力和完成任务的能力。

(3) 评估指标一般不作合成。获取评估指标结果的主要方法是统计分析, 对评估指标一般不进行加权综合。

(4) 定性与定量相结合。为了描述方便, 可以选取一些定性的指标, 这些指标的确定需要评估人员根据经验, 采用定性与定量相结合的方法。

(5) 数据来源有两个: 最终的战场态势和作战过程。战场态势图是获取定性数据的重要来源, 评估专家可以依据战争过程态势和战争最终的态势得出一些定性的结论, 而这些定性的结论没办法用定量的数据描述, 或用下级指标不好合成, 如武器装备体系的适应能力。

4. 体系涌现性效能评估

体系涌现性效能是指体系在演化过程中产生整体涌现性效果的程度, 这种整体涌现性效果体现在体系的结构、功能和行为等方面。MOEE 衡量的是体系演化过程中在结构、功能和行为等方面所涌现出的整体特性, 例如体系结构的鲁棒性和脆弱性、体系的自适应和同步行为等。图 3.16 中的五边形表示网络化体系的各种涌现性质。MOEE 从机理层面对体系效能的深度分析, 反映的是体系对抗机理和能力生成机制, 因此可以认为, 体系涌现性效能是 "因", 体系使命任务效能是 "果", 体系涌现性效能事实上决定了体系完成使命任务的最终效果。如图 3.16 所示, MOTE 是 MOEE 的函数; 这两类指标都具有整体性特点, 无法通过其他层面的指标聚合得到, 也不作指标合成。

作战体系作为一个由多个系统构成的复杂大系统, 由于组成体系的各个系统既是独立运行又是相互交联的, 在体系的发展演化中, 必然呈现出高强的涌现特征。合理分析、定量评价这些涌现特性, 可以描述出体系的涌现性与体系作战能力之间的关系, 为优化航母编队内部各种作战资源, 有效提高体系作战能提供必要的指导原则和决策依据。

体系的涌现性主要体现在体系作战能力的涌现行为上, 因此可以通过涌现出的体系级作战能力来评价体系的涌现性。所谓作战能力是指武器装备遂行作战任务的能力, 由作战装备、人员的数量、性能、组织管理、指挥控制和管理能力的水平以及各种后勤保障能力综合决定, 也与地形或海况、气象及其他客观条件有关。

从涌现性角度来分析作战体系的作战能力时, 主要考虑武器装备、编制体制、战场信息等因素，以及预警探测跟踪、指挥决策、火力打击等一系列动态过程。因此，系统级作战能力主要包括预警探测能力、指挥控制能力和火力打击能力。系统级作战能力继续往子系统级分解可以用子系统级能力指标来描述，而体系级作战能力是体系内部各组成单元之间相互作用、相互影响从而最终涌现出来的结果，主要包括：一类是继承类涌现指标，如预警协同能力、协同指挥能力、火力打击协同能力，它们继承了系统级作战能力，却是几个相关系统综合作用的结果，因此虽然功能上和系统级作战能力相似，却不是相关系统作战能力指标的简单线性叠加；另一类是非继承类涌现性指标，包括战场态势推理能力、体系生存能力和体系适应能力，它们是体系内组成单元之间的综合作用的结果，单个系统并不能独立具备这些能力，因此是体系层次上涌现出来的新作战能力指标。继承类和非继承类指标就是评价体系涌现性的依据，涌现出的体系级作战能力指标越好，说明体系的涌现性效果就越佳。

5. 体系网络化效能评估指标

考虑到体系的网络化特点，体系涌现性效能来源于体系内部以及体系之间产生复杂的网络化交互，因此 MOEE 需要特别关注体系各个组分系统之间基于网络的耦合交互作用。为此，引入了 MONE。体系网络化效能代表体系演化过程中体系组分系统间产生网络化交互的程度，可以充分借鉴复杂网络理论与方法进行评估。

基于复杂网络的体系网络化效能评估，就是将体系抽象为由要素和关系构成的复杂网络模型，然后运用复杂网络理论和方法分析体系网络所具有的特殊性质，包括网络结构性质和传播、同步、控制、博弈等动力学性质。这些性质对应体系的某种特性，具有实际的物理意义，是体系网络化效能的体现；描述这些性质的特征参量就是网络化效能指标。

MONE 包括两方面内容：一是体系复杂网络建模；二是基于体系网络模型的网络化效能指标构建，即

$$\text{MONE} = (G^{\text{SOS}}, M) \tag{3.11}$$

式中：G^{SOS} 表示体系网络模型；$M = \{\text{Metric}_1, \text{Metric}_2, \cdots, \text{Metric}_n\}$ 表示网络化效能指标集合，且有

$$\text{Metric}_i = f_i(G^{\text{SOS}}) \tag{3.12}$$

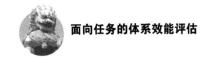

图 3.16 中的正方形对应式 (3.11) 的二元组, 表示可以根据研究目标和需求, 构建多个体系网络模型及其对应的网络化效能指标。

体系网络化效能指标描述的是体系网络模型的性质, 可以借鉴图论和复杂网络的典型统计特征变量, 如度分布、特征路径长度、网络效率、聚集系数、介数、中心性等进行设计。应根据体系网络模型本身的物理含义, 选用、设计和构建与网络模型相对应的评价指标。在传统复杂网络参数不足以描述模型特定性质的情况下, 需要设计新的网络化效能指标。尤其对于异质网络模型, 传统复杂网络参数的含义可能不再明确, 因此需要设计描述异质网络性质的合适指标。

3.4.3　各层面效能指标间关联分析

网络化体系 "两级五层" 效能评估建模框架要求将各层面效能指标之间关联关系的考查结果作为体系效能评估的关键。

1. 考查 MOTE 指标和 MOEE 指标之间的关联关系

对于科学合理的 MOEE 指标, 其变化必然会在体系使命任务层面的某些效能指标上得以体现, 比如更高的决策和行动的同步程度必然会取得更好的作战效果。因此, 可以通过考查这种关联关系, 一方面验证 MOEE 指标的合理性, 另一方面可以通过优化体系涌现性效能达到优化体系整体能力的效果。

2. 考查 MOEE 指标和 MONE 指标之间的关联关系

MOEE 是体系能力评估的重点也是难点问题, 目前尚没有形成统一的理论和方法。MONE 的提出为研究 MOEE 提供了可行的思路和方法。二者之间的关联关系研究有两种方式:

(1) 直接通过 MONE 指标对 MOEE 指标进行 (数学) 建模。

(2) 对实际的或仿真的体系运行状态进行 "测量", 直接获取某些 MOEE 指标实际 "测量值", 如体系作战 OODA 循环周期; 同时构建并计算相关的 MONE 指标, 通过数据分析考查哪些 MONE 指标和 MOEE 指标具有密切的关联关系, 从而选择得到有效的 MONE 指标。

另外, MOEE 指标与 MOCE 指标同样具有密切关系, 但由于不是简单的聚合关系, 因此难以直接考查, 可通过体系网络建模, 将 MOCE 指标纳入 MONE 指标设计中, 通过考查 MONE 指标和 MOEE 指标的关系来实现。因此可以说, MONE 指标搭建起了 MOCE 指标和 MOEE 指标之间的

"桥梁"。

3.4.4　案例分析

航母编队体系效能能力指标是度量航母编队在完成作战任务过程中所能支配的资源和所具备的运用资源手段和效果的工具,是航母编队作战能力评估的基础。本节以航母编队反潜作战任务为研究对象,基于作战环思想构建网络作战模型,根据参与反潜活动的装备能力要素指标、系统级能力指标、体系结构特征、体系网络化特征指标和体系涌现性指标,利用指标时间序列相关性分析构建动态指标网,在此基础上利用社团分析和聚类的关键指标挖掘构建航母编队反潜网络化作战效能评估指标体系。其构建过程如图 3.17 所示。

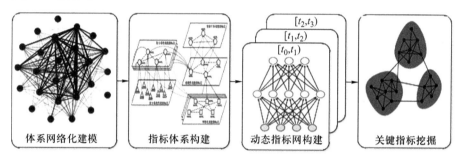

| 体系网络化建模 | 指标体系构建 | 动态指标网构建 | 关键指标挖掘 |

图 3.17　航母编队反潜效能评估指标体系构建过程

3.4.4.1　编队反潜网络化作战模型建模

航母编队的作战编成一般根据使命任务和威胁环境确定。一个同时具有较高作战效能和较强生存能力的航母战斗群需具备反舰、反潜、防空和对岸攻击等作战能力。现某航母编队执行反潜任务,是一个以一艘航母为核心的战斗群 (单航母战斗群),配备 1 艘滨海战斗舰、1 架反潜机、2 架反潜直升机、2 艘攻击型核潜艇,对敌方的 4 艘攻击型核潜艇实施打击。为及时发现敌方潜艇,有效展开反潜活动,需部署一张由 1 艘无人水面航行器、1 艘无人水下航行器、1 艘侦察船、1 艘海洋监视船、1 个分布式网络系统及 1 个海洋监视卫星组成的侦察网。侦察网及时侦察发现敌潜艇的踪迹,并通过 2 个通信卫星将敌方信息远距离传输至航母,航母指控打击装备对敌方潜艇及时打击。航母编队反潜战兵力包括反潜机、潜艇、反潜直升机和滨海战斗舰,分别部署于外、中、内层反潜监视区内,构成纵深、立体、多层次的反潜防护体系。图 3.18 给出了航母编队反潜作战网络示意图。

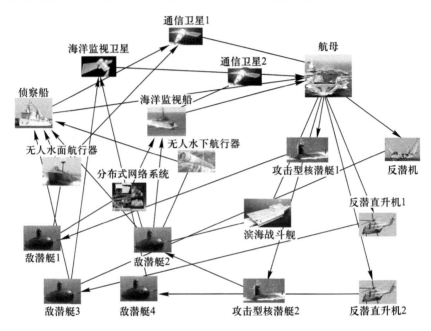

图 3.18　航母编队反潜作战网络示意图

从图 3.18 可以看到, 侦察类装备发现敌潜艇, 将探测信息上传至同为侦察类装备的通信卫星, 从而实现远距离传输, 将探测信息上传至距离较远的指挥类装备航母, 然后航母根据探测信息做出决策, 将命令下达至打击类装备, 最后对敌潜艇实施有效的打击。该反潜活动中的装备交织成一个复杂的作战网络。那么, 如何全面有效地评价该反潜作战的综合打击效能是急需解决的问题。

根据参与反潜活动的装备及装备之间的连接关系, 结合复杂网络的特点, 将参战的武器装备体系抽象为网络模型。武器装备体系 (Weapon System-of-Systems, WSoS) 功能作战网络可表示为 $G = (E, V)$, 其中 V 为功能作战网络中的元功能节点, E 为功能作战网络中连接元功能节点的功能边。下面从节点建模、边建模两个方面对反潜作战网络进行详细建模阐述。

节点建模: 分析作战网络节点, 该节点集包含侦察类、指挥类、打击类及目标类 4 类节点, 即 $V = S \cap D \cap I \cap T$。我方侦察类 (S)、指挥类 (D) 和打击类 (I) 节点通过数据链进行信息上传与指令下达, 对目标类 (T) 节点进行方位侦察和火力打击。反潜作战网络装备节点信息如表 3.1 所示。

表 3.1　反潜作战网络装备节点信息表

节点类型	装备
侦察类	无人水面航行器、无人水下航行器、侦察船、海洋监视船、分布式网络系统、海洋监视卫星、通信卫星
指挥类	航母
打击类	反潜机、攻击型核潜艇、反潜直升机、滨海战斗舰
目标类	敌潜艇

边建模: 作战装备间的密切配合是信息化作战的必要条件及显著特点。侦察类装备可以通过数据链向航母上传侦察信息, 航母指挥部进一步使用电磁信号对打击类装备下达指令信息, 对目标实施火力打击、电磁扰乱等, 这些物质、能量及信息流形成武器装备体系网络中的边。

反潜作战网络装备体系作战网络中 4 类实体之间共有 16 种不同组合方式, 排除 $S \to I, S \to T, D \to S, D \to D, D \to T, I \to S, I \to D, I \to I, T \to D, T \to I, T \to T$ 这 11 类在反潜活动中未出现的边。因此, 反潜作战网络边类型如表 3.2 所示。

表 3.2　反潜作战网络边类型

边类型	S	D	I	T
S	$S \to S$	$S \to D$		
D			$D \to I$	
I				$I \to T$
T	$T \to S$			

各链路具体含义为:

$T \to S$: 探测链路;

$S \to D(S \to S \to D)$: 情报上传链路;

$D \to I$: 决策链路;

$I \to T$: 影响链路。

3.4.4.2　体系作战效能指标体系构建

基于航母编队反潜装备体系的作战过程, 立足于反潜作战任务与作战能力, 按照体系作战能力的层次化模型构建要求, 从体系的角度, 全面地构建了反潜装备体系作战能力的多层次评价模型，为航母编队反潜作战效能评估奠定基础。

1. 组分级系统效能指标体系构建

结合航母编队体系作战能力的分解，对航母编队反潜装备体系作战能力的多层次指标体系的构建分为探测链路、情报上传链路、决策链路、影响链路，从作战复杂网络的网络链路的角度分析航母编队反潜装备的指标体系，以得出航母编队反潜活动针对敌方潜艇的效能评估。

1) 探测链路效能评估指标体系

航母编队反潜装备体系作战任务中由海洋监视卫星、海洋监视船、侦察船、无人水面航行器、无人水下航行器、分布式网络系统等装备系统组成侦察类节点，主要任务是针对敌方潜艇的搜索与发现，及时探测到敌方潜艇的活动迹象与位置。反潜装备体系中探测链路的探测能力由上述侦察类装备能力支撑，现以海洋监视卫星系统效能指标体系的构建为例讲解，如图 3.19 所示。

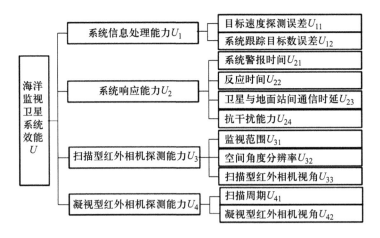

图 3.19　探测链路效能评估指标体系

海洋监视卫星系统效能 U 主要包括系统信息处理能力 U_1、系统响应能力 U_2、扫描型红外相机探测能力 U_3、凝视型红外相机探测能力 U_4。每项能力均由相应的子能力支撑，以评价系统响应能力 U_2 为例，应从系统警报时间 U_{21}、反应时间 U_{22}、卫星与地面站间通信时延 U_{23} 及抗干扰能力 U_{24} 这几个角度才能较为全面地评价海洋监视卫星系统的系统响应能力。

2) 情报上传链路效能评估指标体系

反潜装备体系作战任务中由通信卫星组成通信类节点, 主要任务是将探测装备系统关于敌方潜艇的位置、数量、型号等信息通过覆盖面广的通信卫星中转, 上传给指挥类装备, 以提高反潜作战的通信能力, 扩大反潜作战的通信覆盖范围, 增强反潜作战能力。反潜装备体系中情报上传链路的通信能力主要由通信卫星能力支撑, 其效能评估指标体系如图 3.20 所示。

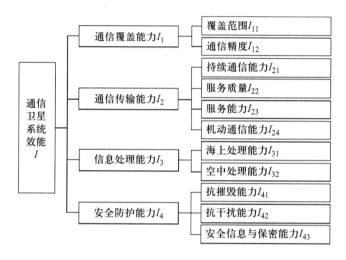

图 3.20　情报上传链路效能评估指标体系

通信卫星系统效能 I 主要包括通信覆盖能力 I_1、通信传输能力 I_2、信息处理能力 I_3、安全防护能力 I_4。每项能力均由相应的子能力支撑, 以评价通信传输能力 I_2 为例, 应从持续通信能力 I_{21}、服务质量 I_{22}、服务能力 I_{23}、机动通信能力 I_{24} 等角度, 来全面评估通信卫星系统的通信传输能力。

3) 决策链路效能评估指标体系

反潜装备体系作战任务中由航母组成指挥类节点, 主要任务是基于探测链路与通信上传链路发现的关于敌方潜艇的位置、数量、型号等信息, 根据自身装备能力水平制订作战方案, 及时有效地针对敌方潜艇做出火力打击策略, 将指挥命令下达至火力打击装备, 消灭敌方有生作战力量。决策链路是有效实施反潜作战的关键环节, 决策链路的作战管理与指挥控制能力是确保反潜作战完成的重要能力。反潜装备体系中决策链路的作战管理与指挥控制能力由航母系统的能力支撑, 其效能评估指标体系如图 3.21 所示。

航母系统效能 C 主要包括控制决策能力 C_1、指控响应能力 C_2、网络

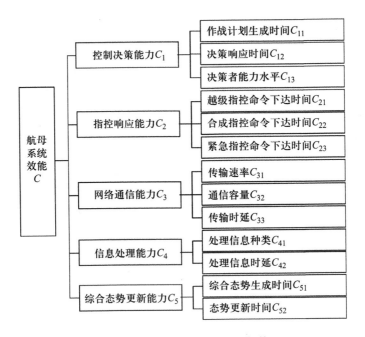

图 3.21　决策链路效能评估指标体系

通信能力 C_3、信息处理能力 C_4、综合态势更新能力 C_5。每项能力均由相应的子能力支撑，以控制决策能力 C_1 为例，应从作战计划生成时间 C_{11}、决策响应时间 C_{12}、决策者能力水平 C_{13} 3 个方面来评估航母指挥控制系统的控制决策能力。

4) 影响链路效能评估指标体系

在反潜装备体系作战任务中，由攻击核潜艇、反潜机、滨海战斗舰、反潜直升机等装备系统构建的打击类节点，主要任务是接收航母系统下达的作战命令，对敌方潜艇及时有效地进行火力打击，完成反潜作战活动的最后一个环节。反潜装备体系中影响链路的打击能力由上述装备系统能力支撑，现以反潜机系统效能指标体系的构建为例讲解，如图 3.22 所示。

反潜机系统效能 T 主要包括航空反潜平台作战能力 T_1、搜潜能力 T_2、攻潜能力 T_3、指挥系统作战能力 T_4。每项能力均由相应的子能力支撑，以搜潜能力 T_2 为例，应从声呐搜潜能力 T_{21}、磁探仪搜索能力 T_{22}、雷达搜潜能力 T_{23}、红外搜潜能力 T_{24} 4 个角度来评估反潜机的搜潜能力。

2. 体系使命任务效能指标构建

航母编队反潜作战基于整体作战效果分析的指标构成如图 3.23 所示，

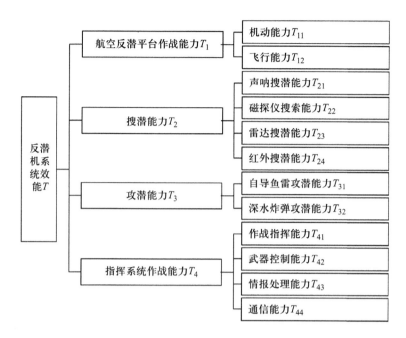

图 3.22　影响链路效能评估指标体系

行动效能和作战任务完成能力虽然作为二级指标, 但并不从下级指标综合而来, 仅是表明下层指标的归属或分类。三级指标, 即行动效能和作战任务完成能力的下一级指标均为描述性指标, 如果没有明确的数据来源还可进一步分解或采取定性的方法, 即评估专家对整个作战态势的分析得出定性的结论。

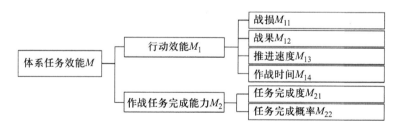

图 3.23　基于整体作战效果分析的指标构成

行动效能主要包括战损、战果、推进速度和作战时间。战损表示体系作战中的武器装备损失、人员损失数; 战果是指在作战过程中摧毁敌方目标的数目; 推进速度表示作战进程的推进速度; 作战时间是指行动活动时间, 编队或装备直接用于遂行作战活动任务的时间。

作战任务完成能力用来描述武器装备体系完成特定作战任务的整体情况，分析的目的是得出武器装备体系作战效能的整体性结论。这种方法根据作战目标及最终的作战态势来判断任务完成情况，仅靠定量手段难以得出结论，有时需要借助评估人员的定性判断。

作战任务完成能力的主要内容包括两项：任务完成度及任务完成概率。任务完成度描述武器装备体系针对某一特定任务而进行单次仿真或演习所完成任务的情况。任务完成概率描述武器装备体系针对某一特定任务而进行多次仿真或演习所完成任务的情况。

3. 体系网络结构特征指标体系构建

航母编队体系是由超大规模的传感器、指挥控制、通信等实体或系统由各种有线或无线方式连接而成的复杂系统。由于超网模型或复杂网络模型与体系具有天然的结构类似性，因而利用超网或复杂网络对武器装备体系进行建模与评估已成为该领域的研究热点。在构建航母编队的加权网络或复杂网络模型后，整个航母编队体系的网络结构特征指标如表 3.3 所示。

表 3.3　网络结构特征指标

指标名称	指标内容
活动节点数量	活动节点数量
度	节点度、平均度、最大度、度分布
层级	平均层级、最大层级
功能重心	指挥中心数量及互联情况、指挥中心脆弱性指标、作战中心数量及互联情况、作战中心脆弱性指标
连通度	网络自然连通度
链路节点比	边数量/节点数量
介数	介数最大的 m 个节点的互联情况、介数分布、介数中心脆弱性指标
中立率	(边数 − 节点数 +1)/节点数
集群	集群数量、集群规模
散度	节点分散度

以表 3.3 给出的网络特征指标为基础，根据 J. Cares 对分布式网络化部队基本作战能力指标的描述，结合航母编队反潜作战特点，确定航母编队体系网络化效能度量指标为：体系的抗毁性 R_1、重组性 R_2、分散性 R_3、

隐蔽性 R_4、邻近性 R_5、灵活性 R_6、适应性 R_7 和高效性 R_8 等能力的评估, 如图 3.24 所示。

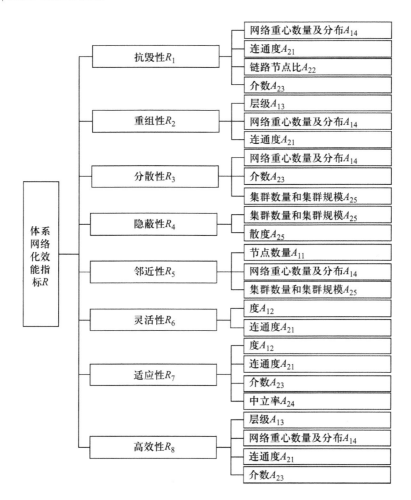

图 3.24 体系网络化作战效果指标构成

其中, 体系网络化效能度量指标描述如下:

抗毁性 R_1 是指体系结构被破坏的难易程度, 即网络在遭受破坏时保持一定连通状态的性能。

重组性 R_2 是迅速重新部署或集结各要素的能力, 自适应地演变成一定数量的节点、连接拓扑以及产生有价值的自适应行为的多尺度性能。

分散性 R_3 是指空间、信息、逻辑的分散程度, 避免具有中心结构。

隐蔽性 R_4 是指节点的隐蔽能力, 通过较小的单元组合来提高凝聚能力, 降低被发现的概率。

邻近性 R_5 是指网络结构在信息和逻辑上的完备能力, 突出大量较小的隐蔽目标在信息上和逻辑上对作战能力的贡献。

灵活性 R_6 是指互操作能力, 适应激烈竞争和环境剧变, 这是从重组性独立出来的。

适应性 R_7 是指网络的自适应能力。

高效性 R_8 是指体系的效率、瓶颈情况等。

4. 体系涌现性指标构建

从涌现性角度来分析航母编队作战体系的作战能力时主要考虑武器装备、编制体制、战场信息等因素, 以及预警探测跟踪、指挥决策、火力打击等一系列动态过程。因此, 系统级作战能力应当主要包括 3 类指标, 即预警探测能力、指挥控制能力和火力打击能力。系统级作战能力继续往子系统级分解可以用子系统级能力指标来描述, 而体系作战能力是体系内部各组成单元之间相互作用、相互影响从而最终涌现出来的结果, 主要包括继承类涌现指标和非继承类涌现指标, 如图 3.25 所示。

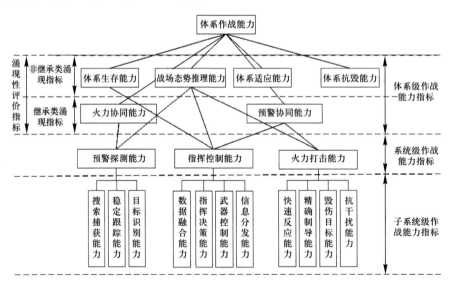

图 3.25   航母编队体系涌现性指标构成

在图 3.25 中, 继承类涌现指标包括预警协同能力和火力协同能力, 它们继承了系统级作战能力, 是两个相关系统综合作用的结果, 因此虽然功能上和系统级作战能力相似, 却不是相关系统作战能力指标的简单线性叠加; 非继承类涌现指标包括战场态势推理能力、体系生存能力、体系抗毁能力和体系适应能力, 它们是体系内组成单元之间的综合作用的结果, 单个系统并不能独立具备这些能力, 因此是体系层次上涌现出来的新作战能力指标。继承类和非继承类指标就是评价体系涌现性的依据, 涌现出的体系级作战能力指标越好, 说明体系的涌现性效果就越佳。

协同攻击能力是衡量一个作战体系总体攻击效能大小的指标。在当今作战领域中, 对攻击能力指标的选取决定了战斗体本身是否能取得胜利的硬杀伤能力, 该指标与生存力、协同攻击的作战时效性、武器效能指数和损伤评估能力有关。

体系适应能力的作战环境特指作战空间中的电磁环境与自然环境, 主要体现在防空体系通过网络化作战提高了对电磁环境与自然环境的适应能力, 例如, 网络化可以提高对隐身目标、干扰目标的探测能力, 可以克服地形遮蔽对探测的影响。体系适应能力是一项综合指标, 与抗击效能、目标特性有密切的关系, 根据网络化作战要求, 可用抗干扰能力、反巡航能力、反隐身能力衡量。

抗毁性是系统结构异质性、网络关联性、动态自适应性和固有防护性的综合体现, 也是体系整体涌现的结果, 是体系演化过程中的新特性。其评估思想由传统还原论假设可分离的相互独立指标转, 变为复杂网络理论的整体关联的网状指标。可以从空间尺度、时间尺度、整体防护性和指挥有效程度 4 个方面反映系统的抗毁能力, 其影响因素指标包括连通性、时效性、防护性和指挥链完整性 4 个抗毁性评估指标。

在本案例中, 航母编队体系生成的海量数据以各个分组系统指标参数的形式记录下来, 指标参数大体可分为搜索探测类指标 (如防空体系探测识别敌潜艇数量、距离、时间等)、情报处理类指标 (如航母编队的情报收集、处理、分发时间等)、火力打击类指标 (如航空编队水下、海上、空中战损装备数量、打击潜艇数量等)、电磁对抗类指标 (如航母编队受干扰的各类装备数量及性能变化等) 和通信类指标 (如航母编队的通信网数量、通信量等) 等, 同时考虑一些典型的体系能力状态指标 (如各类子系统武器数、各类武器装备火力的性能对比等) 和网络结构类指标 (如网络效率、可达性、不同网络模体数量、网络聚集系数、平均时间效率等), 共选取 283 个指标, 其中确定敌潜艇是否被探测到并且被摧毁作为航母编队反潜的使命任务指标 (Y), 其

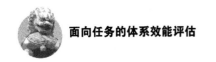

余 282 个指标作为初始指标集, 构建数据样本集 $T = \{X_1, X_2, \cdots, X_{282}\}$。

3.4.4.3　基于指标时间序列相关性分析构建动态指标网

指标关联性分析的任务是发现指标和关联关系的演化规律。传统的评估指标体系由指标值和关联关系构成, 关联关系描述的是因果关系, 而动态网络化的指标体系中指标和关联关系均来源于实际作战数据, 关联关系仅仅描述指标之间的相关性。一是对指标进行时间演化分析。分析各类各层次指标随时间演化的特征参数, 进而为发现体系在不同作战阶段的演化规律提供参考。二是对多类指标进行相关性分析。因为指标间的关联关系事先未知, 可能是线性或非线性, 还可能包括时间延迟, 且随时间在不断变化, 因此假设所有指标之间都是相关的, 选取适当的窗口数和相关性分析方法, 对所有的指标时间序列进行移动窗口相关性分析, 得到任意两个指标之间关联关系的演化规律, 最终得到一个全连通的随时间演化的动态指标网, 其中的指标值和关联关系都随着时间在不断演化。

网络化的作战体系决定了各指标之间网络化的关联关系, 而这种关联关系往往具有非线性、不确定性。为此, 这里采用最大信息交互算法对初始指标之间的关联关系进行分析。相对于 Pearson、Spearman 等相关性算法, 最大信息交互算法无预设参数, 具有通用性 (对任意关系类型都有较强适用性) 和均匀性 (对噪声的鲁棒性) 两大重要性质。其基本思路是: 如果指标对 $(X_i; X_j)$ 之间存在相关性, 使所有的数据点分布在该网格的单元格中, 通过不断增加分辨率, 比较每种网格划分下所有网格的互信息值, 再对互信息值进行标准化, 其中最大的互信息标准化值即最大信息交互系数 (Maximal Information Coefficient, MIC), 其算法可分为以下三步。

(1) 如果两个指标之间存在着关联关系, 那么在此指标对的散点图上存在一个 "最合适" 的网格划分, 使指标对的大多数数据点集中在该网格的几个单元格中。因此对于划分指标对 $(X_i; X_j)$ 坐标平面的一种 x 行 $\times y$ 列网格 g, 定义单元格的概率密度 $p(x, y)$ 为其中样本点数量占此指标对样本总数量的比例。为了衡量指标对样本的集中程度, 定义网格 g 的交互信息值:

$$I(X_i; Y_j) = \int \int p(x, y) \lg \left(\frac{p(x, y)}{p(x)p(y)} \right) \mathrm{d}x \mathrm{d}y \qquad (3.13)$$

式中: $I(X_i; X_j)$ 即网格 g 划分条件下指标对之间的关联强度。

(2) 由于网格不必等宽划分, 对于相同 x 和相同 y 的网格有多种划分方

法 $G\{g_1, g_2, \cdots\}$，因此定义 G 交互信息特征值为

$$\mathrm{MI}(X, Y) = \frac{\max(I_G)}{\log(\min(x, y))} \tag{3.14}$$

式中：$\max(I_G)$ 对应的网格即 "最合适" 的 x 行 $\times y$ 列网格划分方式。由此，遍历所有可能的 x 行 $\times y$ 列网格，划分 n 组数据 $T_{ij} = \{(X_i; X_j); (i \neq j)\}$ 的散点图，其中网格划分的最大分辨率满足 $3 < xy < n^{0.6}$，可以得到指标对 $(X_i; X_j)$ 的特征值矩阵 $\boldsymbol{M}(X_i; X_j) = (\mathrm{MI}(x; y))$。

(3) 计算最大信息系数 MIC，指标对 $(X_i; X_j)$ 最大信息系数即特征值矩阵中的最大值

$$\mathrm{MIC} = \max\{\mathrm{MI}(X, Y)\} \tag{3.15}$$

式中：$\mathrm{MIC} \in [0; 1]$，数值越趋近于 1，则表明指标间的关联关系越强。

由此，可以计算每对指标参数之间的关联关系强度，在此基础上构建出的初始指标网络 $F = (V; E)$，其中节点为 $V = (X_1, X_2, \cdots, X_k)$，连边权重为 $E = (\mathrm{MIC}_{ij})_{k \times k}$，反映航母编队体系中初始指标之间复杂的关联映射关系，具体如表 3.4 所示。

表 3.4　指标间最大交互信息强度值表

指标变量	X_1	X_2	X_3	X_4	X_5	$\cdots$
X_2	0.312					$\cdots$
X_3	0.281	0.566				$\cdots$
X_4	0.187	0.721	0.815			$\cdots$
$\vdots$	$\vdots$	$\vdots$	$\vdots$	$\vdots$	$\vdots$	

3.4.4.4　基于社团分析和聚类的关键指标挖掘

航母编队作战中一套完整的作战数据往往包括多个作战阶段的数据，在同一个作战阶段，指标网的社团结构一般相对稳定。在不同的作战阶段，指标网的社团结构可能差异很大，因此关键指标也可能完全不同，需要针对不同的作战阶段进行关键指标挖掘，基本过程如下：

首先，在全连通指标网的基础上，通过设定阈值 (不考虑相关性太小的情况) 和分析时间延迟特征，构建有效指标网；其次，对不同时刻指标网进行

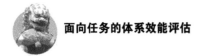

社团挖掘; 再次, 采用主成分分析和中心性分析等方法提取各时刻社团特征指标作为该时刻特征指标; 最后, 将各时刻特征指标聚合即可得到整个作战阶段的关键指标。

1. 基于最短路径特征的社团算法

复杂网络往往由若干社团组成, 每个社团内部的节点之间连接相对紧密, 而各社团之间的连接相对稀疏。初始指标网络是度量体系能力的基础, 初始指标网络的社团可以认为是作战体系围绕特定使命任务涌现的功能属性。将社团所代表的功能属性定义为体系的功能指标, 因此初始指标网络有几个功能社团就可以聚合出几个高层次的体系功能指标。这里功能社团的划分方法基于最短路径特征进行聚类, 其基本原理如下:

首先, 根据最短路径数目的特征计算每个节点的中介系数从而获取社团中心, 并由其长度的特征计算节点之间的相似度值。其次, 取所有节点的平均相似度值作为划分社团的阈值, 构成类似于聚类的模型。最后, 每次取出中介系数值最大的节点作为聚类中心, 将剩余节点相识度值与阈值进行比较的结果作为聚类的条件, 每次聚类完成后删除该聚类中心所对应的节点。据此过程进行循环聚类, 直至划分完成。

基于最短路径特征的启发, 这里定义两种不同的概念: 一种是最短路径的数目 (N_{sp}) 特征; 另一种是最短路径的长度 (L_{sp}) 特征。图 3.26 表示复杂网络中简单的拓扑图, 用于阐明上述两种不同的概念。

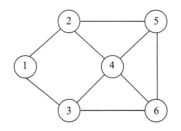

图 3.26　复杂网络中简单的拓扑图

下面以节点 1 至节点 6 的路径作为研究对象进行描述。

(1) 最短路径数目特征。根据图 3.26, 节点 1 至节点 6 的最短路径数目只有一条, 即 1—3—6, 记最短路径数目 $N_{sp} = 1$, 该特征应用于计算中介

系数:

$$B_i = \frac{\sum\limits_{i \neq j \neq k} q_{jk}^i / p_{jk}}{(n-1)(n-2)/2} \qquad (3.16)$$

式中: 节点 j 与节点 k 之间的 N_{sp} 用 p_{jk} 表示; $C_{n-1}^2 = (n-1)(n-2)/2$ 表示所有网络节点对的最短路径中可能经过节点 i 的 N_{sp} 最大值; 节点 j 与节点 k 之间的 p_{jk} 条最短路径中经过节点 i 的 N_{sp} 用 q_{jk}^i 表示; $\sum\limits_{i \neq j \neq k} q_{jk}^i / p_{jk}$ 表示网络节点集内每对节点的最短路径中实际经过节点 i 的 N_{sp}。

(2) 最短路径长度特征。根据图 3.26, 确定节点 1 至节点 6 的最短路径有且只有一条, 即 1—3—6, 根据最短路径的性质确定该路径的长度为 2 (2 条边), 记最短路径的长度 $L_{\mathrm{sp}} = 2$, 该特征应用于获取节点的相似度:

$$S_{(j,k)} = \frac{1}{1 + \sqrt{\sum\limits_{i \neq j \neq k} (d_{ji} - d_{ki})^2}} \qquad (3.17)$$

式中: d_{ji}, d_{ki} 为节点 j, k 到节点 i 的 L_{sp}; $S_{(j,k)}$ 的值域为 $(0, 1]$。

(3) 定义社团结构划分的阈值为

$$\lambda = \frac{\sum\limits_{j \neq k} S_{(j,k)}}{n(n-1)/2} \qquad (3.18)$$

式中: $C_n^2 = n(n-1)/2$ 表示全部节点对的数目; (j, k) 表示某一节点对。

基于最短路径特征进行社团节点聚类划分, 是用网络任意节点对的最短路径数目中并经由某个节点的路径数目来描述该节点在网络拓扑结构中的重要性和影响力, 据此来获取每一个节点的中介系数, 并由大到小进行排序。通过比较网络中任意两个节点到剩余其他某一个节点的最短路径长度差值, 来判断该节点对的相似度, 并将全部节点对的相似度平均值作为划分的阈值, 按照聚类的思想, 进行社团节点的聚类划分。

算法主要步骤如算法 3.1 所示。

利用算法 3.1, 通过不断将节点从社团的节点集中移除 (网络中边介数最大的连边), 直到网络中不再存在节点。本案例中最终形成的航母编队社团划分结果, 如图 3.27 所示。

算法 3.1　基于最短路径的社团聚类算法

① 由式 (3.16) 计算网络中每个节点的中介系数值 B_i，并降序排列存储于一维数组 B 中。

② 根据式 (3.17) 获得所有节点对的相似度值 $S_{(j,j)}$，并依次存入相似度矩阵 S 中。

③ 按照式 (3.18) 求出社团结构的划分阈值 λ。

④ 取一维数组 B 中最大元素所对应的节点作为社团中心。

⑤ 依照划分规则，将节点 (不包括已确定为社团中心的节点) 的相似度值与阈值进行比较，对超过阈值的节点进行聚类划分，并从节点集中删除已划分的节点。

⑥ 判断网络节点集是否非空，若非空，则重复步骤 ④ ～ 步骤 ⑥；否则，聚类划分完成，算法结束。

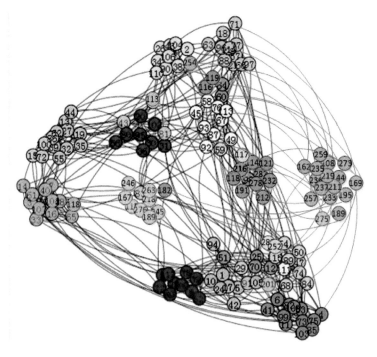

图 3.27　航母编队社团划分结果

2. 基于主成分分析的特征指标集确定

根据社团划分算法，社团所包含的初始指标之间具有强关联性，为更清晰地描述社团指标与其涌现的体系功能指标之间的聚合关系，降低初始指标之间的耦合性，我们在社团功能指标与初始指标之间构建社团特征指标，更紧致地表示两者之间的聚合关系。社团特征指标定义为每个社团的特征向量, 通过主成分分析法 (Principal Component Analysis, PCA) 计算, 其主要思想是通过线性变换, 用数量相对较少的线性无关的向量来表示原始数据中较多的向量, 但是不减少原始数据中包含的主要信息, 也是一种指标聚合方式。PCA 方法能够将高维空间的问题转换为低维空间的问题, 降低了问题维度, 而且得到的特征指标之间线性无关, 又能提供原始数据的绝大部分信息, 避免了主观判断。按照以下步骤进行计算。

(1) 通过最大信息交互算法得到 k 个指标的相关系数矩阵

$$\boldsymbol{R} = \begin{bmatrix} r_{11} & r_{12} & \cdots & r_{1n} \\ r_{21} & r_{22} & \cdots & r_{2n} \\ \vdots & \vdots & \ddots & \vdots \\ r_{n1} & r_{n2} & \cdots & r_{nn} \end{bmatrix} \tag{3.19}$$

(2) 对相关系数矩阵进行分解得到特征值和特征向量。求特征方程 $|\lambda \boldsymbol{I} - \boldsymbol{R}| = 0$ 的特征根, 将特征根从大到小排列得

$$\lambda_1 > \lambda_2 > \cdots > \lambda_n \tag{3.20}$$

λ_j 对应的特征向量为 $\boldsymbol{C}_j = (C_{1j}, C_{2j}, \cdots, C_{nj})^{\mathrm{T}}$。

(3) 计算主成分。由特征向量组成的主成分为

$$B_j = C_{1j}X_1 + C_{2j}X_2 + \cdots + C_{nj}X_n, j = 1, 2, \cdots, n \tag{3.21}$$

n 个主成分之间是线性无关的, 且方差是逐渐减小的。

(4) 选取主成分。选取前 $p(1 \leqslant p \leqslant n)$ 个主成分为该社团的特征指标, p 值的选择将会对评估产生直接影响。如果 p 过大, 数据的压缩比就很低, 如果 p 过小, 则数据特征信息丢失可能会较多, 通常用主成分的累计贡献率 (前 p 个主成分对应的方差之和占 n 个方差和的比例) 来判定, 即

$$w_p = \frac{\sum\limits_{j=1}^{p} \lambda_j}{\sum\limits_{j=1}^{n} \lambda_j} \tag{3.22}$$

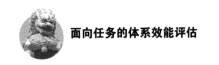

一般要求 $B_1, B_2, \cdots, B_n$ 的方差之和占全部方差比例达到 85% 以上，这样原有的 n 个指标就转换为 p 个指标。

按照以上步骤，在具体使命任务指标牵引下，通过对初始指标集的分析、抽取社团特征指标、定义涌现的体系功能指标，得到分层网络化指标体系结构模型。其可形式化表示为

$$H = (V, E) \tag{3.23}$$

式中：节点 $V = (X, B, C, Y)$；连边 $E = (E_X, E_{XB}, E_{BC}, E_{CY})$，$X$ 表示初始指标层，B 表示特征指标层，C 表示体系功能指标层，Y 表示使命任务指标层，E_X 为初始指标层连边，E_{XB}, E_{BC}, E_{CY} 分别为各层间指标之间的连接关系。

体系指标网络结构模型 H 不仅表现了体系初始指标之间的复杂关联关系，同时反映了初始指标到社团特征指标，再到体系功能指标，最后到使命任务指标的级联涌现关系，为体系效能评估和体系涌现性机理研究提供了模型基础。

3.5 面向任务的效能评估指标体系构建方法

3.5.1 作战任务剖面构建方法

1. 作战任务剖面的基本概念

1) 任务剖面

任务剖面是指武器装备在规定的任务时间内的各个任务阶段完成的各个层次的主要基本事件及其基本时序关系，以及其他可能出现的所有基本事件及时序关系的总体描述，包括阶段任务或基本事件的任务成功性说明。

这个定义包含了 3 个基本要素：各个任务阶段的各个层次的主要基本事件及其他所有可能出现的基本事件 (包括环境)；事件的基本时序关系 (包括环境)；阶段任务或基本事件的任务成功性说明。

2) 元任务

为了便于作战任务流程的分析与建模，下面给出元任务的概念。

元任务是指作战任务执行过程中系统 (设备) 对应关系相对固定，能实

现一定任务目标或达到一定的目的, 相互独立、互不包含的最小任务单元。

从元任务的定义, 可知元任务具有以下性质:

(1) 有限性。独立成功遂行该单元任务后, 能达成有限的任务目标。

(2) 独立性。元任务之间没有包含关系、从属关系或上下层关系。

(3) 原子性。元任务所对应的系统 (设备) 功能是相对固定的, 任务目标相对明确, 元任务执行的状态也能完全确定, 即要么成功, 要么失败。

2. 任务流程建模

武器装备作战过程非常复杂, 一般按照武器装备的战术规则把武器装备的作战过程离散为各个不同的阶段, 然后逐步分解, 直到合适的粒度。例如潜艇鱼雷攻击过程, 按照战术规则把潜艇鱼雷攻击过程离散化为目标搜索识别阶段、目标要素解算阶段、占位射击阶段和规避撤离阶段。作战任务流程如图 3.28 所示。

图 3.28　作战任务流程

通过分析各阶段武器装备系统的主要动作, 可以获得相对应的元任务。与一般基于战术规则的武器装备作战任务建模不同, 用于任务剖面构建的武器装备作战任务建模不需要研究具体的战术细节, 而只需要考虑执行战术动作的元任务, 以及不同元任务之间的时序关系和逻辑关系等。由于作战阶段具有极大的随机性和不确定性, 为了描述这种不确定性, 这里采用基于 IDEF3 的作战阶段任务剖面构建方法。

首先, 采用形式化方法描述了作战任务、作战行动及作战行动之间的相互关系。作战行动之间的相互关系可定义为

$$TR = \{SeqR, CndR, AndR, OrR, ConqR, SynR, CycR\}$$
$$\subset \mathrm{TA} \times \mathrm{TA} \tag{3.24}$$

假定 $\mathrm{TA} = \{\mathrm{TA}_1, \mathrm{TA}_2, \cdots, \mathrm{TA}_n\}$ 是某一作战任务中作战行动的集合。作战行动之间的相互关系包含顺序关系 ($SeqR$)、条件关系 ($CndR$)、与关系 ($AndR$)、或关系 (OrR)、并发关系 ($ConcR$)、同步关系 ($SynR$) 和循环关系 ($CycR$) 七种基本逻辑关系。由于关系具有可传播性, 经过关系的推理, 可在作战行动之间形成各种各样新的关系, 以此作为推断作战行动间的

关系正确性的一种方法。

其次，分析作战阶段流程的主要目的和内容，包括作战任务的总目标、所要满足的需求、需要解决的问题等。

最后，根据武器装备系统的作战任务剖面和元任务定义，按照 IDEF3 模型的构建流程，建立基于元任务的作战任务流程模型。比如，根据 IDEF3 模型可构建出潜艇鱼雷反潜作战任务的流程模型如图 3.29 所示。

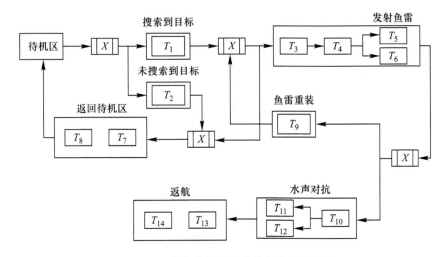

图 3.29　潜艇鱼雷反潜作战任务流程模型

图 3.29 中 T_i 表示元任务 i，其中 T_1 和 T_2 均表示元任务 1。

3.5.2　基于过程中心法的任务效能评估指标体系构建

过程中心法 (Process-Focused Thinking, PFT) 是以过程为中心建立综合效能评估模型的方法，其中过程是指系统执行规定任务的完整流程。PFT 是针对具有明显过程系统的综合效能评估问题而提出的方法。通过分析目标系统执行规定任务的流程剖面图，将复杂的任务执行过程表示为若干个功能单一、相对独立模块的有序工作，是 PFT 的基本思想之一。也就是说，PFT 将目标任务完成程度转化为支持该任务的相关模块性能的综合度量。流程上端模块的性能将影响流程下端模块的输入数据质量，从而影响系统的最终输出。用下端模块所包含底层指标的设计要求约束相关联的上端模块的指标取值范围，为底层指标属性值向效用值的转化提供度量标准，是 PFT 的另一基本思想。

首先, 指标是基于任务剖面的。被评估的对象, 或者是武器装备或者是软件模块, 往往具有多方面的能力, 从而可以衍生出多方面的指标。指标体系模型中的指标在某一时刻反映的是某作战任务的剖面, 并不涉及被评估模块的与该任务无关的其他指标。比如, 某战车既可在海上航行, 又可完成抢滩登陆作战。如果当前的作战任务是水面巡逻, 那么在构建评估指标体系时, 和抢滩登陆有关的指标如火力压制能力就不应该出现。

从构建的过程看, 它可以指导系统的设计与分析, 将系统所需达到的整体能力合理分解、逐层分配, 最终将具体能力要求落实到组成系统的各个模块实体上, 从而保证整个系统能够达到指定的效能要求。而系统分析的第一步就是系统环境和系统目标的分析, 即作战场景和作战任务的分析。从前面介绍的系统设计过程可以看出, 系统是围绕作战任务展开分析的。为完成某个作战任务对系统提出要求, 逐层分析得到支持该任务的功能模块, 功能模块的分析过程也是指标体系的构建过程, 最终将多个任务下分析得到的功能模块进行汇总整理, 设计构件组装系统。可见, 指标体系的构建也是以作战任务为主线的, 因此指标体系中的指标应该只反映该任务的剖面。

另外, 指标体系可以用来进行方案决策, 即对每套方案进行分析、综合、评估得到结果, 再引入评估主体的标号信息选定的决策规则, 排列各备选方案的顺序, 由评估主体选择满意方案付诸实施。这里的方案是指达到同一战略或战术目的的作战方案, 即作战任务。因此从评估的角度看, 指标也应当只反映当前任务的剖面, 否则难以保证不同方案之间的可比性。

基于 PFT 作战效能评估的指标体系构建是针对系统执行作战任务的完整流程以进行指标选取以及体系构建, 该分析方法的思想包括 "分解" "转换" "约束" 和 "聚合" 四个方面, 如图 3.30 所示。

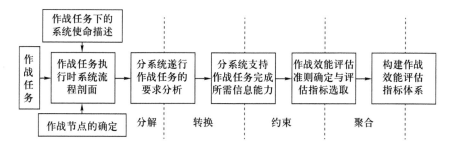

图 3.30　基于 PFT 作战效能的指标体系构建流程

(1)"分解" 的思想。面向该系统执行作战任务的完整过程, 通过分析武

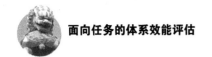

器装备系统执行特定作战任务的流程剖面, 将任务执行的复杂过程在时间轴上隔离分区, 转换为多个功能单一、相对独立分系统的有序工作, 为后续效能的分解量化奠定基础。

(2)"转换" 的思想。武器装备系统作战效能, 本质上是基于信息能力、面向作战任务时系统效能的综合描述, 将分解后的分系统的作战效能转化为系统在执行相应任务时的信息能力, 从而将系统对特定作战任务的完成程度转化为完成任务的相关分系统性能的综合度量。

(3)"约束" 的思想。作战前期的信息获取能力、通信中枢的信息传输能力直接影响处理终端的输入侦察数据的质量, 进而对情报生产与分发产生影响。武器装备系统各分系统间的因果关联性, 造成流程前端分系统对流程后端分系统效能发挥的约束, 这种约束实质上是各分系统对整体作战效能的约束。

(4)"聚合" 的思想。通过对武器装备系统效能的分解、转换及约束, 能得到各分系统效能的指标与其获取和量化方法。构建层次化的指标体系, 系统作战效能可以由相关分系统信息能力的聚合得出。

3.5.3　案例分析

本节以潜艇鱼雷反潜作战任务为例, 说明基于 PFT 的潜艇鱼雷反潜作战任务作战效能评估指标建模过程。

1. 反潜任务分析

反潜任务是潜艇隐蔽搜索敌潜艇, 完成水声探测, 发现目标, 制订攻击方案, 解算目标要素, 发射并引导鱼雷以及隐蔽撤离的过程。反潜任务的目的就是在特定海域威慑和消灭敌潜艇兵力。反潜作战中, 本艇与敌方潜艇的探测手段主要依靠声呐, 而且往往是遭遇战, 即双方的反应时间均比较短, 因此需要作战系统能够快速反应, 进行鱼雷攻击或水声对抗防御。在对潜防御过程中, 还需要密切防范敌方反潜潜艇发射的线导或自导鱼雷的攻击, 同时做好对鱼雷的防御准备工作。

1) 海区水文条件

潜艇装备系统的作战海区选择包括我潜艇作战半径内允许的全部海区, 可以选取某一作战海域。水文条件根据不同的季节有所不同。为了分析方便, 可以取特定的季节, 也可以将不同季节的水文条件进行综合。

2) 初始态势

即潜艇阵地搜索形式, 潜艇在指定一块区域, 海域长度和宽度已知, 我方潜艇的速度、航向已知, 敌方潜艇进入区域的速度和方向未知, 假定敌方的传感器探测距离已知, 我方潜艇声呐全时监视, 战术上采用弓形搜索, 在保证我方潜艇安全的条件下, 发现敌潜艇并消灭之。

3) 潜艇行动规则

搜索: 潜艇在作战海区使用综合声呐搜索敌潜艇, 在指定作战区域潜至安全深度, 使用声呐采用弓形搜索方式进行搜索。

接敌: 发现目标后, 指控系统应进行水声环境分析, 噪声估距, 解算目标运动要素, 同时进行威胁判断和可攻性判断。如果目标为强威胁以上时, 应立即转入防御或撤离。若为中等威胁以下时, 在解算目标运动要素后根据可攻击性判断转入攻击或撤离。

攻击: 判断为可攻后, 则要根据所载鱼雷性能及本艇性能而进行占位机动。解算鱼雷射击诸元, 发射鱼雷, 发射后应保持阵位 (若是线导雷应进行线导导引), 观察设计效果, 准备在攻击或撤离。

撤离: 潜艇尽快与目标拉开距离至威胁中级以下。

2. 典型任务场景

反潜任务主要包含三个典型任务场景: 为水面舰艇编队护航反潜、为弹道导弹核潜艇护航反潜以及单艇在特定区域反潜。

为编队护航反潜时, 潜艇作为编队的一员, 在编队指挥舰艇的指挥下, 结合其他舰艇, 利用其他平台的外部战术信息及本艇的探测信息, 对敌潜艇实施鱼雷攻击, 同时对作战海域实施警戒监视、对空、对海防御。

为弹道导弹核潜艇护航反潜时, 为保证弹道导弹核潜艇的隐蔽性, 潜艇参与其他作战平台的协同, 进行对潜警戒、攻击任务, 潜艇位于弹道导弹核潜艇航路前方或待机区外围海域, 对敌潜艇实施警戒搜索, 根据情况采取规避和实施鱼雷攻击, 保证弹道导弹核潜艇的安全。

单艇在特定区域反潜时, 独立执行对潜警戒、攻击任务, 主要利用本艇声呐探测设备, 在特定海域警戒搜索, 一旦发现目标, 需要快速反应, 进行鱼雷或水声对抗防御。

任务成功准则应是在保障本艇安全的情况下, 消灭对方潜艇。

3. 作战活动分析

反潜作战主要依靠本艇探测能力在指定的目标海域对可能出现的敌方

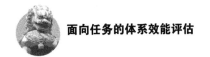

潜艇进行搜索与攻击,消灭对方。如果在编队体系指挥下,可能获得敌潜艇的活动大致区域,由于潜艇的隐蔽特性和不易分辨性,一般认为,在指定的有限反潜区域不会同时出现两艘以上的敌方潜艇。潜艇反潜作战任务包括航渡、搜索、机动占位、攻击、反潜、水声对抗和防御。其中攻击和防御要视战场态势而定。其作战活动如图 3.31 所示。

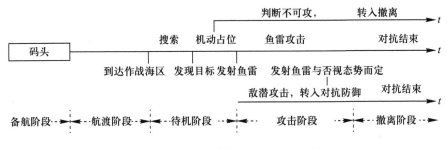

图 3.31　潜艇鱼雷反潜任务作战活动图

航渡阶段: 探测系统工作, 指控系统不工作, 发射系统不工作, 鱼雷不工作;

搜索阶段: 探测系统工作, 指控系统不工作, 发射系统不工作, 鱼雷不工作;

机动占位: 探测系统工作, 指控系统工作, 发射系统工作, 鱼雷不工作;

攻击阶段: 探测系统工作, 指控系统工作, 发射系统不工作, 鱼雷工作;

对抗防御: 探测系统工作, 指控系统工作, 发射系统与鱼雷工作与否视态势而定;

撤离阶段: 探测系统工作, 指控系统工作, 发射系统不工作, 鱼雷不工作。

4. 基于 PFT 作战效能指标体系构建

基于 PFT 作战效能指标体系构建流程,潜艇鱼雷反潜以成功完成反潜的概率为系统效能,基于各阶段作战活动,采用 "分解" "转换" "约束" 和 "聚合" 等方式对潜艇鱼雷反潜作战效能评估分析指标体系建模描述如下。

1) 备航阶段

备航阶段主要在码头进行,不作为潜艇执行的典型作战任务。这个阶段的作战效能指标可用潜艇的可用性来度量,一般有,

$$A_{\text{sub}} = a \times P_{\text{k}} \tag{3.25}$$

式中: a 表示在航率, 在航率指潜艇在服役期间内备航状态的度量, 即一艘潜艇一年内处于正常工作状态的时间比率; P_k 为可出航概率, 指潜艇在风浪条件下出港、下潜并能安全正常地进行通气管航渡的概率。

成功完成备航阶段任务的效能评估指标如图 3.32 所示。

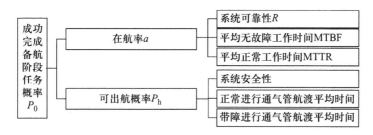

图 3.32　成功完成备航阶段任务的效能评估指标

2) 航渡阶段

航渡阶段需要执行巡航值更任务, 如果使命任务的作战海区处于远海海区, 还需要执行突破岛链封锁任务。为编队、弹道导弹核潜艇护航时, 按照作战计划对航路进行隐蔽侦察, 搜索敌威胁目标, 特别是敌方潜艇。

要完成潜艇在航渡阶段的任务, 潜艇需要有成功突破敌方防御体系的能力, 以及在航路中成功搜索敌潜艇的能力, 因此, 潜艇作战效能指标主要包括潜艇突防能力和探测系统发现目标能力, 这里分别采用突防概率 P_{en} 和搜索发现目标的概率 P_{rob} 来描述, 如图 3.33 所示。

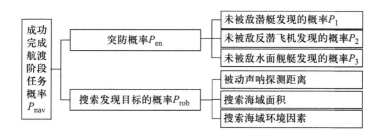

图 3.33　成功完成航渡阶段任务的效能评估指标

潜艇在指定一块海域进行搜索, 海域长度和宽度已知, 我方潜艇的速度、航向已知, 敌方潜艇进入区域的速度和方向未知, 假定敌方的传感器探测距离已知, 我方潜艇声呐全时监视, 战术上采用弓形搜索。因为敌我双方潜艇的发现距离不同, 所以潜艇的行动方法也截然不同。根据反潜潜艇发现

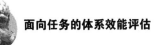

目标的距离与目标开始规避反潜潜艇的距离的不同对比, 分以下两种情况建立潜艇对潜搜索模型。

第一种情况: 反潜潜艇发现目标的距离大于目标开始规避反潜潜艇的距离。

第二种情况: 反潜潜艇发现目标的距离小于等于目标开始规避反潜潜艇的距离。

分别针对这两种情况进行建模分析, 可以得到影响潜艇搜索发现目标概率 P_{rob} 的因素指标, 如被动声呐探测距离、搜索海域面积等。

潜艇的突防能力采用潜艇的突防概率 P_{en} 描述, 它是指潜艇航渡阶段执行突破封锁任务中, 突破敌方远程防御体系 (包括敌潜艇、敌反潜飞机和敌水面舰) 的概率, 其概率计算由下式给出:

$$P_{\mathrm{en}} = P_1 \times P_2 \times P_3 \tag{3.26}$$

式中: P_1 是潜艇未被敌潜艇发现的概率; P_2 是潜艇未被敌反潜飞机发现的概率; P_3 是潜艇未被敌水面舰艇发现的概率。P_1, P_2, P_3 的计算由下式给出:

$$\begin{cases} P_1 = 1 - P_{11}P_{12} \\ P_2 = 1 - P_{21}P_{22} \\ P_3 = 1 - P_{31}P_{32} \end{cases} \tag{3.27}$$

式中: P_{12}, P_{22}, P_{32} 分别是敌潜艇、反潜直升机、水面舰艇在封锁区内的海峡搜索到突破潜艇的概率, 由突破海域的宽度、敌潜艇声呐作用距离及敌兵力搜索方式等要素估算。由此可确定突防能力的影响因素, 如封锁区数目, 敌潜艇、反潜飞机、水面舰艇的总数 (此数量可根据情报确定), 用在封锁区反潜封锁的敌潜艇、反潜飞机、水面舰艇占各兵力总数的比例等。P_{11}, P_{21}, P_{31} 分别是敌潜艇、反潜飞机、水面舰艇在我方潜艇计划突破的海域进行反潜搜索的概率, 此概率取决于封锁区的数量、敌反潜兵力数量、敌用于封锁区反潜兵力所占比例及敌对各海域反潜的重视度。

3) 待机阶段

待机阶段一般需要执行隐蔽侦察任务, 发现敌兵力后, 艇长根据任务目标和当前敌我态势, 选择规避摆脱, 或者准备对敌进行攻击行动, 进入作战阶段。待机阶段主要包括艇长根据任务目标和当前敌我态势进行指挥决策等活动。要使待机阶段这些任务能成功执行，潜艇需具有正确的指挥决策能力，命令下达后，潜艇的机动占位能力以及在机动占位过程中潜艇的生存能力，分别用指控系统的正确决策概率、与敌潜艇遭遇概率、占领有利发射阵位概率以及潜艇生存概率描述。成功完成待机阶段任务的效能评估指标如图 3.34 所示。

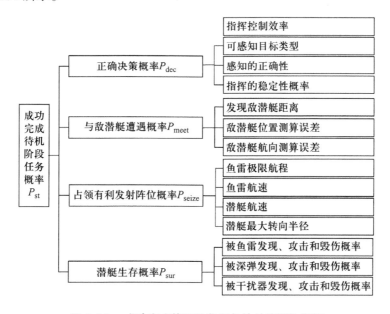

图 3.34 成功完成待机阶段任务的效能评估指标

潜艇在实施反潜作战行动中，潜艇的作战指挥决策能力表现为对所属指挥平台作战指挥能力的潜力发挥程度，并最终通过潜艇综合作战效果来体现。因此，潜艇的作战指挥决策能力可用各种因素对作战效率的影响程度作为其评估方法。指挥员的能力，指挥信息的获取、融合与处理，指挥系统的有效运用等，在潜艇反潜作战指挥正确决策的产生和释放中起着关键性作用。根据潜艇作战指挥流程和指挥结构特点，影响指挥系统决策能力的主要因素包括指挥稳定性、指挥决策的连续性、指挥决策的隐蔽性、指挥决策的正确性与指挥决策的控制能力，可用潜艇探测系统的可感知目标类型、感知的正确性、指挥的稳定性概率及指挥控制效率来度量。

与敌潜艇遭遇概率主要与发现敌潜艇距离、敌潜艇位置测算误差及敌潜艇航向测算误差相关，所以与敌潜艇遭遇的概率可由发现敌潜艇距离、敌潜艇位置测算误差和敌潜艇航向测算误差这三个因素来度量。

占领有利发射阵位概率指在潜艇上的探测装置发现目标后，能够通过火控系统解算出最佳发射阵位，并且通过平台的机动及时占领该阵位的概率。在给定目标运动要素和保证鱼雷具有给定的较高命中概率 (如 $\geqslant 0.8$) 条件下，不考虑目标对鱼雷发射平台占位过程中的对抗武器威胁，只考虑因受鱼雷极限航程和航速的约束的条件下潜艇转向航速等因素影响下的潜艇占领有利发射阵位的概率。

潜艇生存概率是指潜艇在发现目标到接敌占领发射阵位过程中，遭受目标对抗武器火力威胁而生存的概率。该概率要根据目标反击武器的类型与性能，单独分析计算。一般情况下，目标的反击武器主要包括鱼雷与制导深弹、火箭深弹等。

4) 作战阶段

在评估潜艇鱼雷反潜任务下的作战阶段的作战效能时，潜艇打击敌潜艇是一个动态的、对抗的过程。潜艇展开到作战海域有可能遭受对方反潜兵力的打击，在作战时，是潜艇与敌潜艇对抗与反对抗的过程。因此，在构建潜艇鱼雷反潜任务下的作战阶段的效能评估指标时应考虑采用 ADC 方法来评估作战过程的效能。潜艇鱼雷反潜任务下的作战阶段的作战效能评估指标主要由鱼雷的可用性 A、可信性 D 及鱼雷的作战能力 C 构成，如图 3.35 所示。

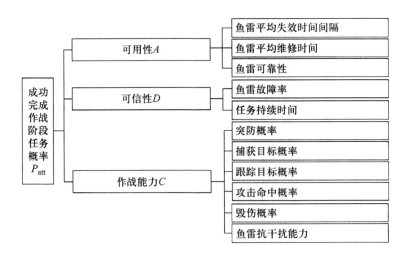

图 3.35　成功完成作战阶段任务的效能评估指标

在潜艇鱼雷反潜任务下的作战阶段，鱼雷要成功完成在作战阶段中的作战任务，首先要保证能够正常工作，并且能在攻击过程中具有突破目标防御鱼雷的各种对抗措施的能力，能正解捕获和跟踪目标的能力，以及能够命中目标并毁伤目标的能力。当目标发现鱼雷来袭后，进行机动规避，施放水声干扰器材，还应具有抗击干扰的能力。这里分别采用突防概率、捕获目标概率、跟踪目标概率、攻击命中概率、毁伤概率及鱼雷抗干扰能力来描述。

5) 返航阶段

返航阶段执行的典型作战任务同航渡阶段。要完成潜艇在航渡阶段的任务，潜艇需要有成功突破敌方防御体系的能力，因此，潜艇作战效能指标主要包括潜艇突防能力，这里分别采用突防概率来描述，具体的影响因素指标同航渡阶段的突防概率。

3.6　效能评估指标选择方法

3.6.1　基于复相关分析的指标选择

基于复相关分析的指标选择方法，建立合理的指标体系是系统效能评估的关键。从作战效能和系统性能的角度，通过系统效能评估指标体系构建出系统海选评估指标体系，运用复相关系数分析的方法剔除同一准则层中复相关系数较大的指标，以相对离散系数作为指标的信息含量，通过累计信息灵敏度分析剔除信息含量偏小的指标，以确定效能评估指标的优选目标。

1. 复相关系数指标循环筛选方法

复相关系数是度量复相关程度的指标，它可利用单相关系数和偏相关系数求得。复相关系数越大，表明要素或变量之间的线性相关程度越密切。多重相关的实质就是 Y 的实际观察值与由 p 个自变量预测的值的相关。

复相关系数是测量一个变量与其他多个变量之间线性相关程度的指标。它不能直接测算，只能采取一定的方法进行间接测算。测定一个变量 y 与其他多个变量 $x_1, x_2, \cdots, x_k$ 之间的相关系数。$x_1, x_2, \cdots, x_k$ 不能直接测算，可以考虑构造一个关于 $x_1, x_2, \cdots, x_k$ 的线性组合，计算得出该线性组合与 y 之间的简单相关系数，并将此作为变量 y 与 $x_1, x_2, \cdots, x_k$ 之间的复相关系数。

具体过程如下：

第一步，用 y 对 $x_1, x_2, \cdots, x_k$ 作回归，得 $\hat{y} = \beta_0 + \beta_1 \hat{x}_1 + \beta_2 \hat{x}_2 + \cdots +$

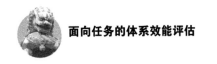

$\beta_k \hat{x}_k$。

第二步, 计算简单相关系数, 即 y 对 $x_1, x_2, \cdots, x_k$ 之间的复相关系数:

$$R = \frac{\sum (y - \bar{y})(\hat{y} - \bar{y})}{\sqrt{\sum (y - \bar{y})^2 \sum (\hat{y} - \bar{y})^2}} \tag{3.28}$$

复相关系数与简单相关系数的区别是, 简单相关系数的取值范围是 $[-1, 1]$, 而复相关系数的取值范围是 $[0, 1]$。这是因为, 在两个变量的情况下, 回归系数有正负之分, 所以在研究相关时, 也有正相关和负相关之分; 但在多个变量时, 偏回归系数有两个或两个以上, 其符号有正有负, 不能按正负来区别, 所以复相关系数也就只取正值。

复相关系数关注的是单个指标与多个指标间的关联程度, 这种方法较 Pearson 相关系数和偏相关系数有较大的优势。复相关系数越小, 说明与其余指标所反映信息的重叠程度越小, 指标应当保留。在实际筛选过程中, 将同一准则层内指标的复相关系数最大值与给定的临界值进行比较。若最大值大于临界值, 则剔除该指标; 对剩余指标按照上述过程循环筛选, 当复相关系数的最大值小于给定的临界值时筛选停止。

复相关系数指标循环筛选方法的步骤如算法 3.2 所示。

算法 3.2　复相关系数指标循环筛选算法

---

① 数据标准化处理, 常采用最大–最小归一化算法:

$$x_{ij} = \frac{x_{ij} - \min\limits_{1 \leqslant j \leqslant n} x_{ij}}{\max\limits_{1 \leqslant j \leqslant n} x_{ij} - \min\limits_{1 \leqslant j \leqslant n} x_{ij}} \tag{3.29}$$

② 复相关系数临界值 e 的界定。若复相关系数大于 0.9, 则认为指标间相关性很强, 一般可选取复相关系数临界值 $e = 0.9$。
③ 分别计算同准则层内的指标的复相关系数。
④ 指标筛选。假设某一准则层内所有指标复相关系数最大值为 $\rho_{\max}$, 若 $\rho_{\max} > e$, 则表明最大值对应的指标与同准则层内其他指标存在信息重叠, $\rho_{\max}$ 对应的指标应当被剔除。对剩余的指标循环 ③ 和 ④, 当复相关系数最大值小于临界值 e 时, 停止循环, 筛选结束。

---

2. 基于变异系数的指标筛选方法

在统计分析中, 当进行两个或多个变量指标变异程度的比较时, 如果指标的度量单位与平均数相同, 可以直接利用标准差来比较。如果指标的单位和平均数不同时, 比较其变异程度就不能采用标准差, 而需采用标准差与平均数的比值 (相对值) 来比较, 即变异系数 (Coefficient of Variance, CV):

$$CV = \sigma/\mu \tag{3.29}$$

式中: μ 和 σ 分别为变量 X 均值和标准方差。在实际应用中, 常用样本均值 $\bar{x} = \frac{1}{n}\sum\limits_{i=1}^{n} x_i$ 和样本标准方差 $s = \sqrt{\frac{1}{n-1}\sum\limits_{i=1}^{n}(x_i - \bar{x})^2}$ 来近似计算。因此, 变异系数可采用下式近似计算:

$$\widehat{CV} = \frac{s}{\bar{x}} \tag{3.30}$$

变异系数可以消除单位和 (或) 平均数不同对两个或多个变量变异程度比较的影响, 用来反映单位均值上的离散程度, 常用在两个总体均值不等的离散程度的比较上。一组数据的标准差与其相应的均值之比, 是测度数据离散程度的相对指标, 其作用主要是比较不同组别数据的离散程度。

借助于主成分分析的思想, 变异系数也可看作变量 x_i 对整个样本 x 变异程度的贡献度大小, 因此, 在效能评估指标筛选中, 可以把变异系数定义为指标变量的信息含量。基于累计信息灵敏度的指标筛选方法主要是针对同上层指标有关联关系的指标中, 筛选信息贡献度较小的指标, 即通过定义指标数据的标准差与均值的比值即相对离散系数表示指标的信息含量。信息含量排序靠前的 p 个指标的信息含量之和与全部指标信息含量之和的比值为累计信息灵敏度。当前 p 个指标的累计信息灵敏度达到一定标准时, 则认为这 p 个指标对综合评价结果具有显著影响, 应予以保留。

基于变异系数的指标筛选算法如算法 3.3 所示。

在主成分分析中, 为保证组合后的变量能够反映原始变量的大部分信息, 在筛选时, 一般保留累计方差贡献率达到 85% 以上的主成分。这里借鉴这种思想, 选定累计信息灵敏度临界值 r_0 为 85%, 即当 $r_p \geqslant 85\%$, 则认为选定的 p 个指标能够反映初选指标集的大部分信息, 构建的指标体系具有合理性。

算法 3.3　基于变异系数的指标筛选算法

---
① 利用式 (3.1) 计算指标 X_i 的信息含量 CV_i。

② 按照信息含量大小对指标进行降序排列。n 个原始指标 $X_1, X_2, \cdots, X_n$ 按照信息含量大小降序排列后的序列为 $X_{(1)}, X_{(2)}, \cdots, X_{(n)}$, 即其对应的信息含量满足:

$$\mathrm{CV}_{(1)} \geqslant \mathrm{CV}_{(2)} \geqslant \cdots \geqslant \mathrm{CV}_{(n)}$$

③ 计算累计信息灵敏度 r_p。信息灵敏度 r_p 表示 ② 中按信息含量降序排列之后的前 p 个指标占全部指标信息含量总和的比重, 其计算公式为

$$r_p = \sum_{i=1}^{p} \mathrm{CV}_{(i)} / \sum_{i=1}^{n} \mathrm{CV}_i \tag{3.32}$$

④ 指标筛选。对于给定的阈值 r_0, 若 $r_p \geqslant r_0 \leqslant r_{p-1}$, 则保留信息含量较大的前 p 个指标, 剔除其余指标。

3.6.2　基于灵敏度分析的动态指标选择

灵敏度分析方法主要包括解析求解方法和仿真试验方法。对于解析关系明确的指标, 开展数学解析分析 (通常称为局部灵敏度分析); 对解析关系难于获取或强非线性模型的指标, 通过数字仿真进行灵敏度分析 (通常称为全局灵敏度分析)。

考虑到武器装备系统的复杂性, 同时更准确全面反映各实战要素与评估指标的关系, 一般可采用仿真试验法进行灵敏度分析。具体做法为: 在武器装备系统仿真模型或者基于代理模型 (如支持向量回归机、GMDH 算法) 的基础上, 加入外部实战条件, 进行大量的蒙特卡罗仿真实验, 对仿真实验结果进行统计分析。

实验设计方法本质上是在实验范围内挑选代表点以减少实验次数、提高效率的方法。实验设计的方法很多, 如单因素实验、双因素实验、随机区组实验、不完全区组实验、拉丁方实验、正交实验、最优化实验、稳健实验、均匀实验等。鉴于实战条件、相控阵雷达作战过程和环节复杂, 存在多个实验因素和多个水平取值, 因此对单因素的灵敏度分析采取拉偏实验的方式。

对于单因素实验结果的分析, 采用曲线图形和灵敏度系数两种方式。曲线图以因素水平为横轴, 考核指标作为纵轴, 曲线趋势反映灵敏度试验结果, 以验证关联关系的正确性。在仿真得到的一定数据的基础上, 通过单因

素分析得到外部不同实战条件对某一指标要素输入进行微小扰动, 同时固定其他参数取值, 进行系统仿真, 得到相应系统输出, 然后采用差分计算得到敏感度大小。灵敏度 S 的计算公式为

$$S = \frac{\Delta I}{\Delta C} \tag{3.31}$$

式中: ΔI 为改变某实战要素值引起的能力指标的增量; ΔC 为某实战要素的改变值。

考虑到各个实战因素的量纲相差甚大, 可以采用相对变化的灵敏度计算:

$$S_{\mathrm{r}} = \frac{\Delta I}{\frac{I_1 + I_2}{2} \Delta C} \tag{3.32}$$

式中: ΔI 为改变某实战要素值引起的能力指标的增量; ΔC 为某实战要素的改变值; I_1 为能力指标原值; I_2 为能力指标新值。

基于灵敏度分析的动态指标选取方法的基本思路:

(1) 根据作战任务的特点, 构建出考虑到所有影响评价结果的效能评估指标, 建立一个比较完备的指标体系;

(2) 基于这个指标体系, 评价出系统的效能值;

(3) 采用灵敏度分析方法, 计算单个指标对效能值的影响程度;

(4) 剔除掉对效能值影响很小的指标, 构成评价现阶段某系统的评价指标体系。

3.6.3　基于核主成分分析的指标选择

在介绍核主成分分析的指标选择前, 先介绍基于主成分分析的指标选择。基于主成分分析的指标选择的方法就是将众多线性相关指标转换为少数线性无关指标的有效方法。其基本思想是, 把复杂相关指标转化为较少的几个综合指标, 将反映系统中最重要信息的综合指标作为第一主成分, 其次为第二主成分……主成分的个数一般按所需反映信息量的百分比来决定, 各个主成分线性无关, 从而将多变量的高维空间问题化简成低维的综合指标问题。

设 E 为 n 维空间 $\boldsymbol{R}^n$ 中所有单位向量的集合, $X_1, X_2, \cdots, X_n$ 是线性

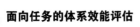

相关的 m 维列随机变量。构造 $X_1, X_2, \cdots, X_n$ 的线性组合 $\boldsymbol{Z} = \boldsymbol{A}\boldsymbol{X}^{\mathrm{T}}$，其中，$X_{m \times n} = (X_1, X_2, \cdots, X_n), \boldsymbol{A} \in E$。

若 Z_1 是方差最大的随机变量，即 $\mathrm{Var}(Z_1) = \max\{\mathrm{Var}(Z)\}$，则称 Z_1 为向量组 $\boldsymbol{X}$ 的第一主成分，记为 $Z_1 = \beta_1\boldsymbol{X}^{\mathrm{T}}, \beta_1 \in E$；在 $\boldsymbol{Z} = \boldsymbol{A}\boldsymbol{X}^{\mathrm{T}}$ 中，与 Z_1 线性无关并且方差达到最大者，称为 $\boldsymbol{X}$ 的第二主成分，记为 $Z_2 = \beta_2\boldsymbol{X}$，$\beta_2 \in E$；类似地，可以定义其他若干等级的主成分。

假定通过 m 个样本得到 n 项指标的取值 $\boldsymbol{X}_1 = (y_{11}, y_{21}, \cdots, y_{m1})^{\mathrm{T}}$，$\boldsymbol{X}_2 = (y_{12}, y_{22}, \cdots, y_{m2})^{\mathrm{T}}, \cdots, \boldsymbol{X}_n = (y_{1n}, y_{2n}, \cdots, y_{mn})^{\mathrm{T}}$，主成分分析法的步骤如下：

第一步，原始数据标准化。主要包括指标性质的调整和数据的标准化，其中数据标准化主要是无量纲化并满足 $E(\boldsymbol{X}) = 0$。

令 $x_{ij} = \frac{y_{ij} - \bar{y}_j}{S_j}, i = 1, 2, \cdots, m; j = 1, 2, \cdots, n$，其中，$\bar{y}_j = \frac{1}{m}\sum\limits_{i=1}^{m} y_{ij}, s_j^2 = \frac{1}{m-1}\sum\limits_{i=1}^{m}(y_{ij} - \bar{y}_j)^2$，由此得到标准化矩阵 $\boldsymbol{X}$：

$$\boldsymbol{X} = \begin{bmatrix} x_{11} & x_{12} & \cdots & x_{1n} \\ x_{21} & x_{22} & \cdots & x_{2n} \\ \vdots & \vdots & \ddots & \vdots \\ x_{m1} & x_{m2} & \cdots & x_{mn} \end{bmatrix} \tag{3.33}$$

第二步，计算相关系数，得到相关系数矩阵 $\boldsymbol{R}$，$\boldsymbol{R}$ 为实对称矩阵：

$$\boldsymbol{R} = \frac{1}{m-1}\boldsymbol{X}^{\mathrm{T}}\boldsymbol{X} = \begin{bmatrix} 1 & r_{12} & \cdots & r_{1n} \\ r_{21} & 1 & \cdots & r_{2n} \\ \vdots & \vdots & \ddots & \vdots \\ r_{m1} & r_{m2} & \cdots & r_{mn} \end{bmatrix} \tag{3.34}$$

第三步，解特征方程 $|\lambda\boldsymbol{I} - \boldsymbol{R}| = 0$，求 $\boldsymbol{R}$ 的特征值 $\lambda_1, \lambda_2, \cdots, \lambda_n (\lambda_1 \geqslant \lambda_2 \geqslant \cdots \geqslant \lambda_n \geqslant 0)$ 和对应的 n 个线性无关的单位化特征向量 $\boldsymbol{A}_i =$

$(a_{i1}, a_{i2}, \cdots, a_{in}), i = 1, 2, \cdots, n,$ 构成一个正交矩阵 $\boldsymbol{A}$:

$$\boldsymbol{A} = \begin{bmatrix} a_{11} & a_{12} & \cdots & a_{1n} \\ a_{21} & a_{22} & \cdots & a_{2n} \\ \vdots & \vdots & \ddots & \vdots \\ a_{n1} & a_{n2} & \cdots & a_{nn} \end{bmatrix} \tag{3.35}$$

第四步, 计算主成分:

$$\begin{bmatrix} z_{11} & z_{12} & \cdots & z_{1n} \\ z_{21} & z_{22} & \cdots & z_{2n} \\ \vdots & \vdots & \ddots & \vdots \\ z_{m1} & z_{m2} & \cdots & z_{mn} \end{bmatrix} = \begin{bmatrix} x_{11} & x_{12} & \cdots & x_{1n} \\ x_{21} & x_{22} & \cdots & x_{2n} \\ \vdots & \vdots & \ddots & \vdots \\ x_{m1} & x_{m2} & \cdots & x_{mn} \end{bmatrix} \begin{bmatrix} a_{11} & a_{12} & \cdots & a_{1n} \\ a_{21} & a_{22} & \cdots & a_{2n} \\ \vdots & \vdots & \ddots & \vdots \\ a_{n1} & a_{n2} & \cdots & a_{nn} \end{bmatrix} \tag{3.36}$$

若 $\boldsymbol{Z}_j = (z_{1j}, z_{2j}, \cdots, z_{mj})^{\mathrm{T}}$ 表示第 j 个主成分, 令 $\boldsymbol{Z} = (Z_1, Z_2, \cdots, Z_n)$, 则有 $\boldsymbol{Z} = \boldsymbol{X}\boldsymbol{A}^{\mathrm{T}}$。

第五步, 样本主成分选择, 计算各主成分的贡献率和累积贡献率。

第 j 个主成分 Z_j 的贡献率

$$p_j = \lambda_j / \sum_{i=1}^{n} \lambda_i$$

则前 r 个主成分的累积贡献率为

$$\sum_{j=1}^{r} p_j = \sum_{j=1}^{r} \lambda_j / \sum_{i=1}^{n} \lambda_i \tag{3.37}$$

累积贡献率表明了前 r 个主成分能够反映原样本信息量的程度, 当其达到一定水平时就可用前 r 个主成分来表示原样本所包含的信息。

在 PCA 中一般假定特征根的大小决定了我们感兴趣信息的多少, 即小特征根往往代表了噪声, 而实际中, 向小一点的特征值方向投影也有可能包括我们感兴趣的数据; 而且, PCA 中要求特征向量的方向是互相正交的, 这种正交性使得 PCA 容易受到异常点的影响。

核主成分分析 (KPCA) 是对 PCA 算法的非线性扩展, 可解决主成分

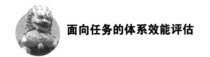

分析对非线性问题特征提取的不足。基于核函数的主成分分析和主成分分析的步骤是一样的, 只不过用核函数替代了原来的数据。KPCA 具有两点创新:

(1) 为了更好地处理非线性数据, 引入非线性映射函数 $\phi(\cdot)$, 将原空间中的数据映射到高维空间, $\phi(\cdot)$ 是隐性的, 具体形式未知。

(2) 引入了一个定理: 空间中的任一向量 (哪怕是基向量), 都可以由该空间中的所有样本线性表示。

对于线性不可分的数据集, 引入非线性映射函数 $\phi(\cdot)$, 可以将其映射到高维上, 再进行划分, 即

$$C = \frac{1}{N-1}\sum_{i=1}^{N}\phi(x_i)\phi(x_i)^{\mathrm{T}} = \frac{1}{N}[\phi(x_1),\cdots,\phi(x_N)]\begin{bmatrix}\phi(x_1)^{\mathrm{T}}\\ \cdots \\ \phi(x_N)^{\mathrm{T}}\end{bmatrix} \quad (3.38)$$

令 $\boldsymbol{X}^{\mathrm{T}} = [\phi(x_1),\cdots,\phi(x_N)]$, 则

$$C = \frac{1}{N-1}\boldsymbol{X}^{\mathrm{T}}\boldsymbol{X} \quad (3.39)$$

其中, $\phi(x)$ 未知, 上式无法求解。即便 $\phi(x)$ 已知, 其计算成本也太大。故引入核函数, 由核函数理论有

$$\begin{aligned}\boldsymbol{K} = \boldsymbol{X}\boldsymbol{X}^{\mathrm{T}} &= \begin{bmatrix}\phi(x_1)^{\mathrm{T}}\\ \cdots \\ \phi(x_N)^{\mathrm{T}}\end{bmatrix}[\phi(x_1),\cdots,\phi(x_N)]\\ &= \begin{bmatrix}\kappa(x_1,x_1) & \cdots & \kappa(x_1,x_N)\\ \vdots & \ddots & \vdots \\ \kappa(x_N,x_1) & \cdots & \kappa(x_N,x_N)\end{bmatrix}\end{aligned} \quad (3.40)$$

上述的 $\boldsymbol{K}$ 可根据核函数性质计算出, 下面重点研究 $\boldsymbol{K}$ 和 $\boldsymbol{C}$ 之间的关系。如果要求 $\boldsymbol{K}$ 的特征值和特征向量, 则有:

$$(\boldsymbol{X}\boldsymbol{X}^{\mathrm{T}})\boldsymbol{u} = \lambda\boldsymbol{u} \quad (3.41)$$

式中: $\boldsymbol{u}$ 为矩阵 $\boldsymbol{K}$ 的特征向量; λ 为矩阵 $\boldsymbol{K}$ 的特征值。

对式 (3.43) 两边同时乘以 $\boldsymbol{X}^{\mathrm{T}}$, 有

$$\boldsymbol{X}^{\mathrm{T}}(\boldsymbol{X}\boldsymbol{X}^{\mathrm{T}})\boldsymbol{u} = \lambda \boldsymbol{X}^{\mathrm{T}}\boldsymbol{u} \tag{3.42}$$

即 $(\boldsymbol{X}^{\mathrm{T}}\boldsymbol{X})(\boldsymbol{X}^{\mathrm{T}}\boldsymbol{u}) = \lambda(\boldsymbol{X}^{\mathrm{T}}\boldsymbol{u})$。

又由于 $(N-1)\cdot\boldsymbol{C} = \boldsymbol{X}^{\mathrm{T}}\boldsymbol{X}$, 所以我们发现矩阵 $\boldsymbol{K}$ 和 $\boldsymbol{C}$ 的特征值是相同的, 都为 λ; $\boldsymbol{C}$ 的特征向量为 $\boldsymbol{X}^{\mathrm{T}}\boldsymbol{u}$。由于我们希望特征向量是单位向量, 所以对其做单位化:

$$
\begin{aligned}
\boldsymbol{v} &= \frac{1}{||\boldsymbol{X}^{\mathrm{T}}\boldsymbol{u}||}\boldsymbol{X}^{\mathrm{T}}\boldsymbol{u} = \frac{1}{\sqrt{\boldsymbol{u}^{\mathrm{T}}\boldsymbol{X}\boldsymbol{X}^{\mathrm{T}}\boldsymbol{u}}}\boldsymbol{X}^{\mathrm{T}}\boldsymbol{u} = \frac{1}{\sqrt{\boldsymbol{u}^{\mathrm{T}}\boldsymbol{K}\boldsymbol{u}}}\boldsymbol{X}^{\mathrm{T}}\boldsymbol{u} \\
&= \frac{1}{\sqrt{\boldsymbol{u}^{\mathrm{T}}\lambda\boldsymbol{u}}}\boldsymbol{X}^{\mathrm{T}}\boldsymbol{u} = \frac{1}{\sqrt{\lambda}}\boldsymbol{X}^{\mathrm{T}}\boldsymbol{u}
\end{aligned}
\tag{3.43}
$$

在上式中, λ 和 $\boldsymbol{u}$ 可以通过矩阵 $\boldsymbol{K}$ 求得, 但是 $\boldsymbol{X}^{\mathrm{T}}$ 依然不可求解, 则 $\boldsymbol{C}$ 的特征向量还是无法计算。实际上, 只需求解出 $\boldsymbol{x}$ 在 $\boldsymbol{v}$ 上的投影即可。由

$$
\begin{aligned}
\boldsymbol{v}^{\mathrm{T}}\phi(x_j) &= \left(\frac{1}{\sqrt{\lambda}}\boldsymbol{X}^{\mathrm{T}}\boldsymbol{u}\right)^{\mathrm{T}}\phi(x_j) = \frac{1}{\sqrt{\lambda}}\boldsymbol{u}^{\mathrm{T}}\boldsymbol{X}\phi(x_j) \\
&= \frac{1}{\sqrt{\lambda}}\boldsymbol{u}^{\mathrm{T}}\begin{bmatrix}\phi(x_1)^{\mathrm{T}} \\ \vdots \\ \phi(x_N)^{\mathrm{T}}\end{bmatrix}\phi(x_j) = \frac{1}{\sqrt{\lambda}}\boldsymbol{u}^{\mathrm{T}}\begin{bmatrix}\kappa(x_1, x_j) \\ \vdots \\ \kappa(x_N, x_j)\end{bmatrix}
\end{aligned}
\tag{3.44}
$$

可知, 上式中所有的量都是可以求得的, 即在没有求出特征向量的情况下, 直接算出了样本在特征向量上的投影。

KPCA 处理流程如下:

利用 (核) 主成分进行效能评估指标选择, 所选择出的主成分可以看作武器装备 (体系) 的涌现性指标。在进行综合效能评估中, 利用各个主成分的贡献率作为该涌现性指标的权重, 聚合成综合效能指标值。

注: 利用 (核) 主成分进行效能评估指标选择并进行综合效能评估, 可以避免采用 AHP、ANP 进行综合评估时的主观性 (各指标的权重需根据专家意见进行确定)。

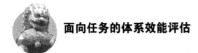

算法 3.4　核主成分分析算法

---

① 将所获得的 n 个指标 (每一指标有 d 个样本) 的一批数据 X 写成一个 $d \times n$ 的数据矩阵。

② 计算核矩阵, 先确定高斯径向核函数中的参数, 再由式 $k(x_i, x_i) = \phi^{\mathrm{T}}(x_i) \cdot \phi(x_i)$, 计算核矩阵 K。

③ 计算 K 的特征值 $(\lambda_1, \lambda_2, \cdots, \lambda_n)$, 以及对应特征向量 $(u_1, u_2, \cdots, u_n)$。

④ 特征值按降序排序 (通过选择排序), 并对特征向量进行相应调整。

⑤ 通过施密特正交化方法用单位正交化得到特征向量 $(u_1, u_2, \cdots, u_n)$。

⑥ 计算各个特征的贡献率和累积贡献率。

⑦ 选择前 p 个主成分, 使其累积贡献率 $\geqslant 85\%$。

第 4 章

效能指标数学建模与分析技术

4.1 基础指标度量方法

4.1.1 基于效用函数的指标无量纲化方法

在效能评估中涉及两个概念,一是各指标的实际值,即指标属性值;另一个是各指标的评价值,即指标值。武器装备系统各个指标的物理含义不同,量纲上的差异造成不同的指标属性值数值大小和范围差异较大,同一个指标的不同属性值相对大小不明确。对指标无量纲化处理是解决这一问题的主要手段。无量纲化,是一种通过数学变换来消除原始变量量纲影响的方法,包括基于效用函数和基于隶属度函数的无量化方法两种。

在武器装备系统中,由于系统底层指标属性值是单调的,因此采用效用函数对系统底层指标进行无量纲化处理。在曲线形无量纲化方法中,当函数值域为 [0,1] 且函数满足单调条件时,称该曲线型无量纲化函数为效用函数。

1. 基本效用函数

基本效用函数在多属性决策中,效用函数是将属性值转换为目标效用测度的映射关系,也称为属性值函数,或者属性转换函数。在武器装备系统效能评价中,效用函数将评价指标值转换为武器装备作战效能值,称为评价指标效用函数。不同类型和不同性质的指标可以选择不同的效用函数。常用的效用函数有 Sigmoid 函数、线性函数、高斯函数等形式,常用的效用函数形式如图 4.1 所示。

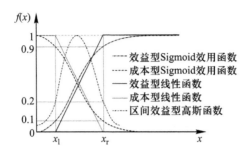

图 4.1　常用的效用函数形式

为了准确表达作战效能评估的意图, 首先确定效用区间 $[x_l, x_r]$, 并根据效用区间确定效用函数的参数。效用函数在效用区间上可能会出现显著的变化。根据评价指标的性质和数值类型, 可以确定采用哪类效用函数更为合适, 同时确定函数的参数。由图 4.1 可知, 效益型 Sigmoid 效用函数对应效益型指标, 且是单调递增函数。在 $[x_l, x_r]$ 上, $0.1 \leqslant f(x) \leqslant 0.9$。效益型线性效用函数对应效益型指标, 单调递增, 在 $[x_l, x_r]$ 上, $0 \leqslant f(x) \leqslant 1$。成本型 Sigmoid 效用函数对应成本型指标, 单调递减函数, 在 $[x_l, x_r]$ 上, $0.1 \leqslant f(x) \leqslant 0.9$。成本型线性效用函数对应成本型指标, 单调递减, 在 $[x_l, x_r]$ 上, $0 \leqslant f(x) \leqslant 1$。区间效益型高斯函数对应区间效益型指标, 非单调, 在 $[x_l, x_r]$ 上, $0.2 \leqslant f(x) \leqslant 1$。

Sigmoid 效用函数的通用表达式为

$$f_{\text{s}}(x) = \frac{1}{1 + \exp(-a(x-b))} \tag{4.1}$$

式中: 参数 a 和 b 可以由效用区间来确定, $b = \frac{1}{2}(x_l + x_r)$。设 $f_{\text{s}}(x_1) = 0.1$, 则由式 (4.1) 确定 $a = \frac{2\ln 9}{x_r - x_1}$。$f_{\text{s}}(x)$ 可直接作为效益型指标的效用函数, 而 $(1 - f_{\text{s}}(x))$ 作为成本型指标的效用函数。

线性效用函数的通用表达式为

$$f_{\text{l}}(x) = \begin{cases} 0, x < a, \\ (x-a)/(b-a), a \leqslant x \leqslant b, \\ 1, b < x \end{cases} \tag{4.2}$$

式中: $a = x_l, b = x_r$。效益型指标用 $f_l(x)$ 作为效用函数; 成本型指标用 $(1 - f_l(x))$ 作为效用函数。

高斯效用函数的通用表达式为

$$f_g(x) = \exp\left(-\frac{(x - b)^2}{2a^2}\right) \tag{4.3}$$

式中: 参数 a 和 b 可以由效用区间来确定, $b = \frac{1}{2}(x_l + x_r)$, 设 $f_g(x_l) = 0.2$, 由式 (4.3) 确定 $a = \frac{b - x_l}{\sqrt{-2\ln 0.2}}$。效益型指标用 $f_g(x)$ 作为效用函数; 成本型指标用 $(1 - f_g(x))$ 作为效用函数。

2. 指标分类效用函数

将评价指标初步分为 5 种类型, 分别是成功类、失败类、比例类、时间类及利用率类。针对 5 类指标的数值类型分别设计指标分类效用函数。

1) 任务成功类指标效用函数

任务成功类指标是指利用完成作战任务能力测度表示的指标, 用来表征武器装备完成作战任务的能力。此类指标一般属于效益类指标, 其取值一般越大越好。例如, "声呐目标搜索能力" "导弹导引头识别概率" 等指标的取值可能为 0.99, 0.999 或 0.999 9 等。任务成功类指标的取值特点是一般具有非线性变化规律, 宜采用 Sigmoid 效用函数表示。

首先对指标值进行对数函数 $n_r = -\lg(1 - x)$ 变换, 然后再将其代入基本效用函数中。任务成功类指标的 Sigmoid 效用函数为

$$f_r(n_r) = \frac{1}{1 + \exp(-a(n_r - b))} \tag{4.4}$$

式中: n_r 为指标值 x 经对数变换后的结果; a 和 b 为待定参数, 由效用区间来确定。

2) 任务失败类指标效用函数

任务失败类指标是指利用不能成功完成任务作战任务能力测度表示的指标, 用来表征武器装备任务无法完成的概率。此类指标一般属于成本型类指标, 其取值一般越小越好。例如, "武器装备的故障率" "通信设备的误码率" 等指标的取值可能为 0.01, 0.001 或 0.000 1 等。任务失败类指标也具有非线性特点, 宜采用 Sigmoid 效用函数表示。

首先对指标值进行对数函数 $n_f = -\lg(x)$ 变换, 然后将 n_f 作为变量, 并

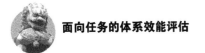

确定效用函数的参数。这样, 指标由成本型变换成了效益型。任务失败类指标效用函数的基本形式为

$$f_f(n_f) = \frac{1}{1 + \exp(-a(n_f - b))} \tag{4.5}$$

式中: n_f 为指标值 x 经对数变换后的结果; a 和 b 为待定参数, 由效用区间来确定。

3) 比例类指标效用函数

比例类指标是指按占有比例统计结果得到的指标。例如, 水声信号连通率、数据吞吐率、信噪比等。此类指标的取值范围为 $[0,1]$, 具有线性变化规律, 且多为效益增长型, 采用线性效用函数表达为

$$f_b(x) = \begin{cases} 0, & x < x_l, \\ (x - x_l)/(x_r - x_l), & x_l \leqslant x \leqslant x_r, \\ 1, & x_t < x \end{cases} \tag{4.6}$$

式中: x_l 和 x_r 为效用区间的上限值和下限值。

4) 时间类指标效用函数

时间类指标利用时间测度表示武器装备完成作战任务的质量。例如, "决策过程时延" 表示为针对典型作战任务的指挥决策时间时延。时延越短, 决策能力越强, 否则, 决策能力越差。"节点间通信时延" 是在指作战体系通信过程中, 各个网络节点间信息通信的时延, 持续时间越短, 信息通信及时性越好。时间类指标属于成本型指标, 取值范围为 $[0, +\infty]$, 其 Sigmoid 效用函数表示为

$$f_t(x) = 1 - \frac{1}{1 + \exp(-a(x - b))} \tag{4.7}$$

式中: a 和 b 由效用区间确定。

5) 利用率类指标效用函数

利用率类指标采用百分比表示武器装备的作战资源的使用情况。例如, 武器装备使用可用度、武器装备执行任务率 MCR、出动架次率 SGR、保障装备利用率、保障设备满足率、备件利用率、备件满足率、端口使用率、通道容量利用率等。该类指标的取值范围为 $[0,1]$。资源利用率太小, 武器

装备资源使用效率太低; 资源利用率过大, 武器装备的性价比太低。为了兼顾两者间的平衡, 根据武器装备顶层规划设计原则, 资源利用率一般取值在一个合适的区间之内。由此可见, 利用率类指标属于区间效益型, 指标值在某个范围内表现出良好的效用, 而在范围之外表现出较差的效用。因此, 利用率类指标的高斯效用函数表达为

$$f_{\mathrm{u}}(x) = \exp\left(-\frac{(x-b)^2}{2a^2}\right) \tag{4.8}$$

设利用率类指标的效用区间为 $[x_{\mathrm{l}}, x_{\mathrm{r}}]$。参数值取决于指标本身的性质, 不同的指标具有不同的参数。

4.1.2　基于隶属度的指标无量纲化方法

隶属度理论是模糊数学的核心。模糊综合评价法是一种基于模糊数学的综合评价方法。该综合评价法根据模糊数学的隶属度理论把定性评价转化为定量评价, 即用模糊数学对受到多种因素制约的事物或对象做出一个总体的评价。它具有结果清晰、系统性强的特点, 能较好地解决模糊的、难以量化的问题, 适于解决各种非确定性问题。在综合评价中, 指标一般分为定性指标和定量指标两大类, 采用模糊数学进行评价时, 首先需要对这些指标进行隶属度确定。具体如下:

1. 定性指标隶属度的确定方法

定性指标是指人们在判断一个事物时无法用定量的方法表达出来, 而通常采用一些具有模糊意义的表述, 如很合理、较合理、一般、较差、很差等, 选项由正向到负向, 这种顺序标度的量表称为 Likert 量表。Likert 量表是用一个编制好的量表来测量人们对产品或服务等对象的态度, 该量表允许被调查者就每一个调查项目给出不同程度的回答。定性指标选项可以设计为 5 级 Likert 量表, 常用的百分比统计法是直接将专家的评价结果进行百分比统计, 并将结果作为该指标的隶属度。

2. 定量指标隶属度的确定方法

该方法首先在一个连续的区间上确定一系列具有分界点作用的值, 然后将实际指标值通过线性内插公式进行处理, 即可得该指标值对应的隶属度。该方法的另一种变形是人为地在所有指标值中选择具有明显分界点位置的值, 然后将所有的指标值与该指标值相除, 将所得到的值进行归一化处

理, 即可认为是各个指标值所对应的隶属度。假定某指标值为 x, 隶属度函数为 $u(x)$, 则该因子在 $L+1$ 级区间的隶属度 $u_1(x), u_2(x), \cdots, u_{L+1}(x)$ 为

$$u_1(x) = \begin{cases} 1, & x \leqslant s_1 \\ (s_2 - x)/(s_2 - s_1), & s_1 \leqslant x \leqslant s_2 \\ 0, & x \geqslant s_2 \end{cases} \tag{4.9}$$

$$u_2(x) = \begin{cases} 1, & x \leqslant s_1 \\ (s_2 - x)/(s_2 - s_1), & s_1 \leqslant x \leqslant s_2 \\ 0, & x \geqslant s_2 \end{cases} \tag{4.10}$$

$$\cdots \tag{4.11}$$

$$u_{L+1}(x) = \begin{cases} 0, & x \leqslant s_L \\ 1 - u_L(x), & s_L \leqslant x \leqslant s_{L+1} \\ 1, & x \geqslant s_{L+1} \end{cases} \tag{4.12}$$

该方法的另一种变形是: 假设对于评价指标 $u_i, i = 1, 2, \cdots, m$ 而言, 有不同的量化值, 在这些量化值中选择最大的值, 然后将各个量化值与最大值进行相除, 就可以认为是相对应指标值的隶属度。当然, 此时要注意 "正指标" 与 "负指标" 会有所不同。

由于各指标之间可能存在量纲的不同, 所以在进行数据分析之前, 要对所采集的数据进行无量纲化处理, 目的是使得不同单位和不同方向的指标间可以进行比较。在无量纲化处理方法中广泛采用的一种方法是借助模糊数学中隶属函数的概念分别对正指标和负指标进行模糊量化。

1) 正指标类的模糊量化处理过程

正指标类是指该类指标对总目标的贡献率随着评价结果的增大而增大, 正指标类的模糊量化处理过程如下:

$$R_i(x) = \begin{cases} \dfrac{1}{2} + \dfrac{1}{2} \sin\left[\dfrac{\pi}{x_{i\max} - x_{i\min}} \left(x_i - \dfrac{x_{i\max} + x_{i\min}}{2} \right) \right], & x_{i\min} \leqslant x_{i\max} \\ 0, & x_i \leqslant x_{i\min} \text{ 或 } x_i \geqslant x_{i\max} \end{cases}$$

$$\tag{4.13}$$

式中: R_i 为第 i 项评价指标无量纲化处理后的评价值; x_i 为第 i 项评价指标的原始评分值; $x_{i\max}$ 为在对第 i 项评价指标评价时, 评分值中的最大值;

$x_{i\min}$ 为在对第 i 项评价指标评价时, 评分值中的最小值。

2) 负指标类的模糊量化处理过程

负指标类是指该类指标对总目标的贡献率随着评价结果的增大而减小, 负指标类的模糊量化处理过程如下:

$$R_i(x) = \begin{cases} \dfrac{1}{2} - \dfrac{1}{2}\sin\left[\dfrac{\pi}{x_{i\max} - x_{i\min}}\left(x_i - \dfrac{x_{i\max} + x_{i\min}}{2}\right)\right], & x_{i\min} \leqslant x_{i\max} \\ 0, & x_i \leqslant x_{i\min} \text{ 或 } x_i \geqslant x_{i\max} \end{cases}$$

(4.14)

其中各符号的意义同正指标类的模糊量化处理过程。

3) 适度指标的模糊化模型

与正/负指标不同, 适度指标要求数值以适中为宜。当指标数值低于适度值时, 函数单调递增; 大于适度值时, 函数单调递减。

$$R_i(x) = \begin{cases} \dfrac{1}{2} + \dfrac{1}{2}\sin\left[\dfrac{\pi}{x_{i\max} - x_{i\min}}\left(x_i - \dfrac{x_{i\max} + x_{i\min}}{2}\right)\right], & x_{i\min} \leqslant x_{i\mathrm{mod}} \\ \dfrac{1}{2} - \dfrac{1}{2}\sin\left[\dfrac{\pi}{x_{i\max} - x_{i\min}}\left(x_i - \dfrac{x_{i\max} + x_{i\min}}{2}\right)\right], & x_{i\mathrm{mod}} \leqslant x_{i\max} \\ 0, & x_i \leqslant x_{i\min} \text{ 或 } x_i \geqslant x_{i\max} \end{cases}$$

(4.15)

式中: $x_{i\mathrm{mod}}$ 为第 i 项评价指标评价的最适度值, 其他各符号的意义同正指标类的模糊量化处理过程。

按照上述模型进行处理后, 评价指标均在 $[0,1]$, 和权重系数相乘后, 评价的结果也应该在 $[0,1]$, 可以直接进行比较。

4.2　系统效能指标数学建模方法

4.2.1　系统能力指标建模

系统能力指标的计算方法一直是军事研究领域的热门课题之一, 对武器装备的系统能力进行定性或定量的评价可以为指挥信息系统和武器装备系统提供能力输入, 也可以为作战部署和配置优化提供决策支持。作战能力

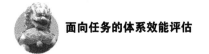

的计算在不同情况下有不同的计算方法, 主要有公式法、指标聚合法和预测法等。

1. 公式法

部分武器装备的作战能力有明确的数据标准定义, 作为算法规范直接套用即可, 如飞机起降能力 TL 的计算公式为

$$
\begin{aligned}
\mathrm{TL} &= f(R_1, R_2, \cdots, R_5) \\
&= k(\omega_1 \mathrm{e}^{\theta_1} + \omega_2 \mathrm{e}^{\theta_2} + \cdots + \omega_5 \mathrm{e}^{\theta_5})
\end{aligned}
\tag{4.16}
$$

式中: $\omega_i \geqslant 0, i \in [1, 5]$ 为各输入分量的权值, 且 $\sum\limits_{i=1}^{5} \omega_i = 1$; $\theta_i, i \in [1, 5]$ 为调整因子; $R_1 \sim R_5$ 为武器装备性能参数; k 为总体调节参数。

2. 指标聚合方法

武器装备系统的战役 (战斗) 目标 (功能、任务) 具有层次性, 因而其作战能力指标也呈现出层次特性, 并且系统级作战能力指标由单件武器装备作战能力指标与数量聚合而成, 单件武器装备作战能力由武器装备的战技指标聚合而成。

指标聚合的本质是对多个指标进行降维, 按照降维方式的不同可以分为基于模型的聚合与基于数据的聚合。基于模型的聚合按照模型的类型不同又分为解析模型聚合和综合评价模型聚合两类。数学解析法是基于解析模型的指标聚合方法, 计算机仿真评估方法是对基于模型的聚合方法的扩展。综合评价模型的聚合与指标体系的结构紧密相关, 对于层次结构而言, 无论是树状结构还是网状结构, 指标聚合的方法通常采用自下而上逐层聚合的方式进行。典型的聚合方法包括和方法、积方法、比例方法、指数法、线性及非线性回归方法、惩罚函数、逻辑运算等, 其中线性加权因为便于操作、逻辑简单, 是使用较多的一种方法。美军进行联合作战评估和武器装备体系测试均采用线性加权的方法。

当前使用解析法评估武器装备作战能力 (作战效能) 时多采用层次分析法进行指标聚合。这种方法可以将复杂的问题分解成递阶分层的有序结构, 起到了化繁为简的作用, 其用专家评分或调查的办法构造判断矩阵来确定权重的, 既有效地综合了专家的经验, 也体现了定性和定量相结合的特点, 因此层次分析法的总体思想对装备系统作战能力聚合是适用的。但是其主要缺陷是过分简化了体系各层次之间的聚合关系, 指标聚合方式太过单一。

因此, 在实际的武器装备效能评估中, 一般采用非线性聚合方法进行聚合。非线性聚合方法的基础为加权和聚合法与加权积聚合法两种。

1) 加权和聚合法

加权和聚合法是指下层指标按照各自的权重以合作、互补的方式聚合到上层指标中, 对应于逻辑门中的 "或" 门。每一个下层指标都是上层指标的组成部分, 同级指标间是相对平等、独立的关系。具体描述如下:

记 g 为非线性聚合函数, $\hat{x}_i$ 为上层指标值, $\hat{x}_{i1}, \hat{x}_{i2}, \cdots, \hat{x}_{im}$ 为下层指标值, $w_{i1}, w_{i2}, \cdots, w_{im}$ 为下层指标对应的权重, 则加权和聚合原理可表示为

$$\hat{x}_i = g(\hat{x}_{i1}, \hat{x}_{i2}, \cdots, \hat{x}_{im}; w_{i1}, w_{i2}, \cdots, w_{im}) \tag{4.17}$$

加权和聚合法是指下层指标按照各自的权重以合作、互补的方式聚合到上层指标中, 对应于逻辑门中的 "或" 门。每一个下层指标都是上层指标的组成部分, 同级指标间是相对平等、独立的关系。具体描述如下:

$$\hat{x}_i = \sum_{j=1}^{m} w_{ij} \hat{x}_{ij} \tag{4.18}$$

其中, 权重 w_{ij} 满足 $\sum\limits_{j=1}^{m} w_{ij} = 1$。

例如, 指挥信息系统的辅助决策能力包括决策响应时间、辅助决策程度和辅助决策质量, 相互之间相对平等、独立, 缺少任何一个都不会对系统效能产生决定性的影响。这 3 种能力都属于指挥信息系统辅助决策能力, 以加权和的方式聚合到上层指标。

另外, 在加权和聚合法中, 所有下层指标都采用线性加权和的方式聚合到上层指标中, 忽略了个别下层指标对上层指标具有决定性影响的作用, 不能够如实反映评估对象的实际情况。一些作战能力指标的聚合并不能用层次分析法中采用的加权求和的方式来进行。例如, 某些下层作战能力指标以 "与" 的关系聚合作为上层作战能力指标, 即对于上层作战能力指标而言, 每个下层作战能力指标都是关键因素, 只要其中一个为零, 则上层作战能力为零。如图 4.2 所示, 对于空空导弹的超视距打击能力, 空空导弹的杀伤能力、机动能力和制导能力都是其关键因素, 只要某型空空导弹不具备三者中任何一项, 该型号导弹就不具备超视距打击能力。加权和模型显然不能描述这

种"与"关系, 因此需要引入加权积聚合法。

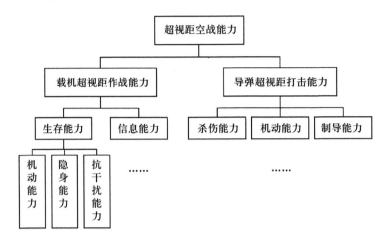

图 4.2 空空导弹的超视距空战能力指标示意图 (部分)

2) 加权积聚合法

加权积聚合法又称幂函数法, 适用于下层指标重要性不同、权重各异, 但对于上层指标都是不可或缺的场合中。同级指标之间相互依赖性较大, 任何一个下层指标数值为 0, 都将导致所对应的上层指标为 0。该聚合法对应于逻辑门中的"与"门, 原理可用下列函数表达式予以描述:

$$\hat{x}_i = \prod_{j=1}^{m} \hat{x}_{ij}^{w_{ij}} \tag{4.19}$$

其中, 权重 w_{ij} 满足 $\sum_{j=1}^{m} w_{ij} = 1$。

例如, 指挥信息系统效能中的指挥质量由作战方案生成时间和引导成功概率组成, 相互依赖性较大, 缺失任意一个都会导致整个信息支援能力失效。这三种能力都是信息支援能力中不可或缺的一部分, 并以加权积的方式聚合其中。

加权积聚合法要求各指标值大小具有一致性, 突出了评价指标值虽小但重要性较大指标的作用, 适用于各指标间有较强关联的场合。该方法对指标权重凸显的作用不如加权和聚合法明显, 方法相对复杂且计算量较大。

3) 指标体系的非线性聚合方法

目前, 评估指标体系大多采用层次化结构, 下层指标往往通过简单的线性加权和聚合法聚合到上层指标中。此种单一的聚合方式忽略了下层指标间的重要性差异，致使评估指标体系不能够客观地反映评估对象的实际情况，所得评价结果对实践的指导意义略显不足。相比而言，非线性聚合法可以克服指标之间过于简单的从属关系，突出了指标的重要性差异，描述了指标体系中各下层指标对上层指标的聚合关系，体现不同类型指标对总体的贡献程度，便于进行指标聚合运算。

设 "⊕" 代表下层指标以加权和聚合法的方式聚合到上层指标，"⊙" 代表下层指标以加权积聚合法的方式聚合到上层指标。经过领域内相关专家评定，判定各个指标之间的从属关系，得到非线性聚合后的综合评估指标体系如图 4.3 所示。

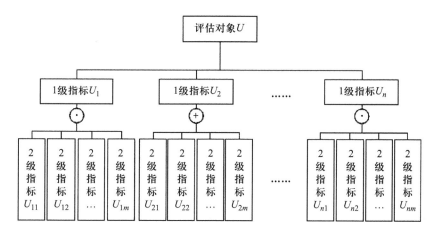

图 4.3　基于非线性聚合的综合评估指标体系

3. 预测法

武器装备的作战能力由具体的作战任务驱动，并与环境等客观因素密切相关，这种情况下需要采用具有自学习和自适应性的预测模型来计算武器装备的能力值。面对某一作战任务，分析作战能力和要素，构建能力计算模型，基于从各类关系型数据库、XML 文档、非结构化数据库、传感器的流文件、日志等抽取的数据，通过清洗、转换、去重、集成、加载等预处理，形成便于分析的多维数据集，根据不同的能力值输出要求，模型完成基本的能力预测计算，并将计算结果保存在一组能力集合中，最后根据特定的作战任务所需要的不同能力，预测武器装备的任务能力。系统能力预测模型架构如图 4.4 所示。

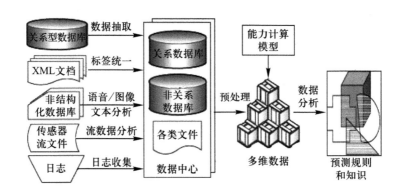

图 4.4　系统能力预测模型架构

作战能力预测模型可采用神经网络、支持向量机、Adaboost 等算法，这些预测模型具有很强的计算能力和抽象能力，可处理非线性问题，具有并行计算和分布式存储的特性，易与多种智能优化算法相结合以提高自身精确度。

4.2.2　系统效能指标建模

武器装备作战效能是指在战争中武器装备使其所作用对象改变运动状态的能力，是创造者赋予武器的"本领"。系统效能评估一般包括两种方法，一种是针对武器装备系统的综合评估，这类方法一般不考虑人、作战环境与作战态态势在作战过程中的动态变化对系统效能的影响；另一种是面向任务的系统效能评估，该方法考虑人在回路，以及作战环境、作战态势随作战流程的变化而变化，并对武器装备的效能产生影响。因此，系统效能指标建模一般包括两个方面，即系统综合效能评估和面向任务的作战效能评估。对于综合效能评估指标建模，系统能力指标建模方法同样适用，如常见的公式法、预测法和指标聚合方法 (AHP、ANP、指数评估法、ADC 等) 都属于综合效能评估方法，这里不再详述。

下面重点描述面向任务的作战效能评估指标建模方法。

武器装备的任务模型主要用于描述武器装备作战任务的层次结构及其时序关系。由于武器装备的作战任务较为复杂，需要根据武器装备的作战方案中对作战任务剖面的描述，将各任务剖面分别细化为不同的任务阶段和任务单元，形成逐步细化、深入的"任务剖面 → 任务阶段 → 任务单元"三级递进关系。其中: 任务剖面是从宏观的角度描述武器装备在一定时间段内的总体任务要求, 以及武器装备在任务中所需经历的事件和环境及参战人员; 任务阶段是对任务剖面的展开, 具体描述武器装备为了完成任务在特定时间段内需运行的工况或具备的功能; 任务单元则是构成舰船任务的基本组成元素, 详细描述参与任务的装备名称、数量和使用方式。在每个任务单元中, 参与任务的装备和装备的使用方式是唯一的。武器装备任务模型的建模过程如下:

(1) 将任务剖面细化到各任务阶段。分析武器装备的任务剖面, 根据任务剖面的描述 (武器装备在不同时间段内所需具备的不同功能要求), 以此为基础将任务剖面细化到各任务阶段, 并明确各任务阶段的起始和终止时间。

(2) 将任务阶段细化到各任务单元。分析武器装备执行各功能所需参与任务的装备及装备的使用方式, 以此为基础将任务阶段细化到各任务单元, 并明确各任务单元的起始和终止时间。在各任务单元中, 一旦影响任务执行的装备发生故障, 将启动维修事件。需要说明的是, 维修事件的发生不得使任务单元超出规定的终止时间, 否则将判定该任务单元失败。

武器装备的任务模型如图 4.5 所示。

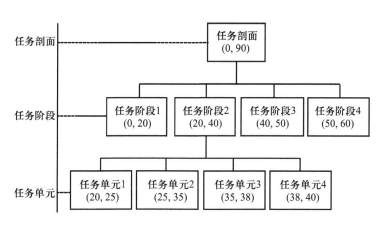

图 4.5　武器装备的任务模型

理论上, 考虑到武器装备的作战任务是典型的多阶段任务, 取系统的作战效能 E 为完成 T 个阶段任务的概率, 即

$$E = Pr\{s(1) = 1, s(2) = 1, \cdots, s(T) = 1\} \tag{4.20}$$

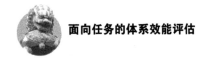

令事件 $s(t) = 1$ 表示系统完成 t 阶段任务 M_t, $s(t) = 0$ 表示系统没有完成 t 阶段任务。下面根据系统在各个阶段的任务关系来具体建立武器装备体系作战效能模型:

第一种关系: 对于任意 $t_1, t_2 \in \{1, 2, \cdots, T\}$, M_{t_1}, M_{t_2} 相互独立, 这种形式相当于系统把一组相互独立的作战任务分配到 T 个阶段中去完成, 因此有

$$
\begin{aligned}
E &= Pr\{s(1) = 1, s(2) = 1, \cdots, s(T) = 1\} \\
&= \prod_{t=1}^{T} Pr\{s(t) = 1\} = \prod_{t=1}^{T} E(t)
\end{aligned} \tag{4.21}
$$

第二种关系: 对于任意 $t \in \{1, 2, \cdots, T\}$, 各阶段任务具有马尔可夫性, 系统完成某一阶段的任务仅与前一阶段任务的完成与否有关, 即

$$
\begin{aligned}
&Pr\{s(t) = i | s(t-1) = i_1, s(t-2) = i_2, \cdots, s(1) = i_{t-1}\} \\
&= Pr\{s(t) = i | s(t-1) = i_1\}, \quad i_1, i_2, \cdots, i_{t-1} \in \{0, 1\}
\end{aligned} \tag{4.22}
$$

并且 $Pr\{s(t) = 1 | s(t-1) = 0\} = 0$, 即系统完成某一阶段任务的前提是必须完成前一阶段的任务, 因此有

$$
\begin{aligned}
E &= Pr\{s(1) = 1, s(2) = 1, \cdots, s(T) = 1\} \\
&= \sum_{i_1 \in \{0,1\}} Pr\{s(1) = i_1\} \cdot Pr\{s(2) = 1 | s(1) = i_1\} \cdot Pr\{s(3) = 1 | s(2) = 1\} \\
&\quad \cdots Pr\{s(T) = 1 | s(T-1) = 1\} \\
&= Pr\{s(T) = 1 | s(T-1) = 1\}
\end{aligned} \tag{4.23}
$$

各阶段任务完成情况分析的主要内容包括两项: 各阶段任务完成度及各阶段任务完成概率。任务完成度是描述武器装备体系针对某一特定任务而进行单次仿真或演习所完成任务的情况。任务完成概率是描述武器装备体系针对某一特定任务而进行多次仿真或演习所完成任务的情况。

任务完成度分析主要分为以下几步:

(1) 定义任务成功的标准。根据作战想定, 确定任务成功的标准, 具体方法为将任务细化为一系列作战目标, 并定义每个作战目标成功的标准。

(2) 量化成功标准。对提出的每个作战目标的成功标准进行量化。

(3) 采集相关数据。根据定义的每个作战目标成功的标准, 采集相关的数据或收集相关证据。

(4) 得出评估结论。依据采集的数据, 对作战目标的完成情况进行分析, 如果有些作战目标完成情况没有定量数据或难以定量, 评估人员可根据作战态势和作战过程进行定性判断。在作战目标完成情况分析的基础上, 得出任务完成度。

任务完成度的计算方法:

$$T_{\text{success}} = \sum_{i=1}^{n} w_i O_i \tag{4.24}$$

式中: T_{success} 表示任务完成度; w_i 表示第 i 个任务的权重; O_i 表示第 i 个目标完成情况; n 为任务数。

任务完成概率是在大量仿真的基础上, 基于古典概型, 利用频率估计概率的方法计算:

$$P_{T_j} = \frac{N_{T_j}}{N} \tag{4.25}$$

式中: P_{T_j} 表示任务完成度为 T_j 的任务完成概率; N_{T_j} 表示任务完成度为 T_j 的仿真次数; N 为总的仿真次数。

4.3 体系效能指标数学建模方法

网络化是体系形成的基础, 武器装备体系是指在信息系统的支撑下, 集成了各种信息网络 (包括物理网络和逻辑网络)、具有显著的网络化特征的战争复杂体系, 称为网络化体系。网络化体系可以看成各类信息网络的综合集成, 这些网络体现的是组分系统间复杂的交互作用关系, 正是体系能力的源泉。体系效能评估应该以网络为重点, 特别关注基于网络的耦合交互作用效果, 以及由此产生的体系整体效能。

对体系效能的评估应着重从两方面进行度量, 即体系使命任务效能评估 MOTE 和体系涌现性效能评估 MOEE。MOTE 旨在对体系实现最终目标的程度进行度量, 评估的是体系完成使命任务的整体情况, 是体系能力整体涌现性最直接、最根本的体现, 是体系优化的根本准则, 也是体系的决策者最为关心的内容。它描述的是体系在特定条件下完成使命任务的整体情况, 一些传统作战效能评估中使用的典型指标, 在研究体系使命任务效能评估时仍然非常重要。该层指标主要包括: 战果、战损、任务完成度、战损比、推进速度、作战时间、使命任务完成率。MOEE 衡量的是体系的整体涌现性, 特别强调体系演化过程中在结构、功能和行为等方面所涌现出的整体特性, 例如体系结构的鲁棒性和脆弱性、组分系统功能耦合所产生的新能力、体系的自适应和同步行为等。

4.3.1 体系网络化效能评估指标建模

体系效能的各项指标之间实质上是相互关联的网状结构而非树状关系, 各指标之间存在复杂的关联关系而非彼此独立, 某些指标的提高可能引起其他相关指标下降, 这正体现了体系的 "非还原" 性质。应当正视体系效能指标间的复杂关联关系, 建立网状指标体系, 研究基于网状指标体系的效能评估方法。

基础评估指标反映的是武器装备体系的整体性能, 拟通过加权超网模型的特征参数进行基础评估指标的构建, 这些指标又可以分为个体行为评价指标和体系整体行为评价指标, 如图 4.6 所示。

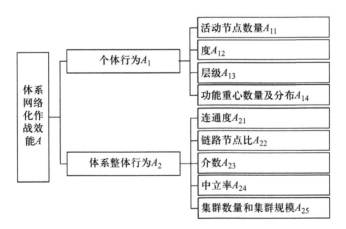

图 4.6 基础评估指标

其中, 个体行为评价指标主要的评价对象是武器装备体系中个体及其交互行为构成的结构和行为特性, 拟确定的指标包括: 活动节点数量、度、层级、功能重心数量及分布和介数。体系整体行为评价指标主要的评价对象是体系整体行为特性及整体结构特性，拟确定的指标包括连通度、链路节点比、中立率以及集群数量和集群规模。下面分别对这些指标进行介绍。

由体系对抗网络模型的物理意义可知，λ_{WPFE} 反映了网络模型中"环"的情况，也就是 OODA 作战循环正常运转的程度。值越大，表示体系 OODA 环鲁棒性越强，理论上对目标的攻击 (毁伤) 效果就越好。二者之间的关联关系可以通过仿真方法进行研究验证，通过仿真实验研究了这二者之间的关联关系，显示 λ_{WPFE} 的变动将导致作战效能指标值的明显变化，并呈现显著的正相关关系，由此也验证了 λ_{WPFE} 指标的有效性。

定义武器装备体系网络中 v_i 为第 $i(i = 1, 2, 3, \cdots, N)$ 个节点，$V = \{v_1, v_2, \cdots, v_N\}$ 为节点集合，其中 N 为武器装备体系中处于活动状态的节点数量。定义武器装备体系网络之中相互连接关系 e_l 为第 $l(l = 1, 2, 3, \cdots, M)$ 条边，$E = \{e_1, e_2, \cdots, e_N\}$ 为体系网络边集合，其中 M 为连接边数。

□ **节点度**　v_i 为网络 G 中的一个节点，v_i 的度是所有与其相连边的数目值，记为 K_i'。节点度包括体系中节点的入度、出度、平均度、最大度、度分布指标。其中，度分布是复杂网络最重要的结构属性。通常情况下，一个节点度越大意味着该节点在网络中的作用就越大。指控组织网络中节点的度也可以用度分布函数 $P(k)$ 来表示，其含义为随机选择一个节点恰有 k 条边的概率，也表示网络中度数为 k 的节点的个数占总节点数的比例。

所谓节点的度是指该节点连接的边数，平均度就是所有节点度的平均值，其数学表达式为

$$\overline{K} = \frac{1}{N} \sum_{i=1}^{N} K_i' \tag{4.26}$$

在有向网络中，其每个节点的度是根据链路在通过该节点时指向的方向进行划分，即可以划分为出度 (Out-Degree, 表示为 K_{out}) 和入度 (In-Degree, 表示为 K_{in})。其中节点的出度是指从该节点 i 指向其他节点的链路的数量，而一个节点的入度则是指其他节点指向该节点 i 的有向链路的数量。

□ **邻度**　v_i 为网络 G 中的一个节点，v_i 的所有邻居节点的度之和为 v_i 的邻度，记为 K_i''。

□ **合度**　v_i 的邻度 K_i'' 与该节点的度值 K_i' 的代数加和称为 v_i 的合

度, 记为 K_i, 即

$$K_i = K_i' + K_i'' \tag{4.27}$$

合度 K_i 是考虑到其邻居节点的重要性大小对该节点造成的影响, 从而进一步区分节点的重要性。例如, 两个度值相同的节点 a (邻居节点为 c) 和节点 b (邻居节点为 d), 并且节点 c 的度值大于节点 d 的度值。如果采用度值进行比较, 那么节点 a 和节点 b 重要性相同; 但如果采用合度指标进行比较, 那么节点 a 较节点 b 重要。

□ **介数**　介数是表征信息和资源经过某节点多少的一种体现, 是一种 "桥" 属性。

$$C_B(v_i) = \sum_{s<t} \frac{\sigma(v_s, v_t | v_i)}{\sigma(v_s, v_t)} \tag{4.28}$$

式中: $C_B(v_i)$ 为节点 v_i 的介数值; $\sigma(v_s, v_t | v_i)$ 为节点 v_s 和节点 v_t 之间最短路径经过 v_i 的条数; $\sigma(v_s, v_t)$ 为节点 v_s 和节点 v_t 之间最短路径条数。

□ **接近度**　某一节点的接近度值是指该节点到网络其他所有节点距离加和的倒数, 表征某节点与网络中心节点的接近程度, 计算公式为

$$C_C(v_i) = \frac{N-1}{\sum\limits_{v_j \in V} d_{ij}} \tag{4.29}$$

式中: $C_C(v_i)$ 为节点 v_i 的接近度值; d_{ij} 为节点 v_i 和节点 v_j 之间的距离。

□ **特征向量中心性**　特征向量中心性是节点在网络中影响大小的一种度量。

$$C_T(v_i) = \lambda^{-1} \sum_{j=1}^{N} w_{ij} t_j \tag{4.30}$$

式中: λ 为 W_G 的特征值; $(t_1, t_2, \cdots, t_N)$ 为特征向量, $W_G = (w_{ij})_{N \times N}$。

□ **层级**　武器装备体系节点之间关系的平均层级数、最大层级数。指挥层级指的是指挥信息流从一个作战实体到另一个作战实体必须流经的实体数。指挥层级可以用复杂网络的平均路径长度来表示。

□ **功能重心数量及分布**　武器装备体系的功能重心情况。对于静态网

络, 最大网络中心节点就是网络中总度数最大的节点, 该节点在整个网络中十分重要, 根据网络的拓扑结构, 可以认为它 (们) 是网络重心。

在此基础上, 通过测量各指标的动态演化过程, 充分挖掘各指标之间的网络化关联关系, 构建基础评估指标与效能度量指标之间的关联关系, 并通过因子分析或者海量仿真数据对各指标展开基于动态测量的相关性分析, 挖掘出它们之间的关联性, 形成具体、完整的相互关联的网络化效能指标体系。

□ **连通度**　武器装备体系的连通度, 指武器装备体系的各组成系统向体系内部的其他系统寻求、获取、提供信息和服务的能力。评价复杂网络连通度可以选定谱范数。

□ **链路节点比**　武器装备体系的链路节点比, 可用于衡量体系的脆弱性和自适应性等, 指的是网络中的链路总数和网络节点总数的比值。

□ **平均路径长度**　网络的平均路径长度定义为网络中任意一对节点之间的最短距离的平均值, 数学表达式为

$$L = \frac{2}{N(N-1)} \sum_{v_i \neq v_j \in V} d_{ij} \tag{4.31}$$

平均路径长度表示两个节点进行信息传递所经过的步长。在指控组织网络中, 平均路径长度越大, 说明指控层级越多, 网络中信息的流动、共享与同步将会越慢, 也就使得网络快速、准确、有效地做出决策, 进而实现作战效能的协同和同步越困难。

□ **聚集系数**　某个节点的聚集系数定义为它所有相邻节点之间连边的数目占可能的最大连边数目的比例, 网络的聚集系数则是所有节点聚集系数的平均值。其数学表达式为

$$C = \frac{1}{N} \sum_{i=1}^{N} C_i \tag{4.32}$$

式中: N 为网络中节点个数; C_i 表示节点 i 的聚集系数, 其数学表达式为

$$C_i = \frac{2e_i}{k_i(k_i-1)} \tag{4.33}$$

式中: k_i 表示该节点的度; e_i 表示该节点邻居之间实际存在的边数。

1. 网络自然连通度

体系网络的信息从态势信息到状态信息传输过程中, 经过了一个信息的收集、处理、使用和产生效果的全过程。若暂不考虑同类节点之间的信息交互, 则体系内一个完整的信息传输是体系内信息经过 "收集–处理–使用–产生效果" 的全过程。由此, 给出信息传输链的定义: 根据信息在作战网络中的传输方向、状态和效果, 定义信息在收集 (C)、处理 (P)、使用 (U) 和使其产生效果 (E) 这四类用户节点之间的不含回路的传输路径为信息传输链 (Information Transfer Chain, ITC), 简称 CPUE 链。可见, 一条完整的 CPUE 链由若干信息着色链组成, 如图 4.7 所示。

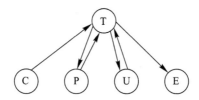

图 4.7 CPUE 链示意

由此可知, 武器装备体系内的网络抗毁性就是指网络在遭到敌方有意破坏或攻击的情况下, 体系网络内 CPUE 链保持连通的能力。链数目代表了装备体系连通性能, CPUE 链数目越多, 信息传输的方式就越多, 网络抗毁性就越高。因此, 可以用 CPUE 链数目衡量装备体系抗毁性。为了更加简便地计算出 CPUE 链的数目, 可以利用网络自然连通度对装备体系抗毁性进行评估。网络自然连通度可从超网络内部拓扑结构出发, 通过计算 CPUE 链数目的加权和来描述网络内替代途径的冗余性, 其数学上可以从网络邻接矩阵的特征谱直接导出, 记为 λ, 即

$$\lambda = \ln\left(\frac{1}{N}\sum_{i=1}^{N}\mathrm{e}^{\lambda_i}\right) \tag{4.34}$$

式中: N 为超网络节点个数; λ_i 为超网络邻接矩阵的第 i 个特征根。

考虑到体系超网络邻接矩阵为实非对称矩阵, 其特征值可能存在复数。但是由于矩阵的复特征根两两共轭, 则计算结果仍为实数。

2. 分类度与分类度分布

超网络中分类度是指与某节点直接连接的不同类节点数目, 包括同类

度和异类度。分类度可以表示出该类型节点在网络中的重要程度。分类度分布为某节点异类度为 k 的概率表示。分类度与分类度分布可以反映出超网内各子网的特性。

3. 子网聚类系数

聚类系数 C 为相邻节点的实际链路数与可能链路数之比, 该参数反映节点间的紧密程度。假设网络中的某一个节点 i 有 k_i 个相邻节点与其相连, 则这 k_i 个节点之间实际存在的边数与总可能边数之比定义为节点的聚类系统, 记为 C_i, 即

$$C_i = \frac{E}{k_i(k_i - 1)/2} \tag{4.35}$$

式中: E 为 k_i 个节点之间实际存在的边数; $k_i(k_i - 1)/2$ 为 k_i 个节点之间最多可有的边数。子网聚类系数 C 就是子网络内所有节点聚类系数的平均值, 即

$$C = \frac{1}{N} \sum_{i=1}^{N} C_i \tag{4.36}$$

式中: N 为子网内节点个数。

□ **中立率**　武器装备体系的中立率, 主要用于衡量体系的自适应性。对于一个节点数为 N 的网络, 用链路的数量 L 减去网络的大小 $N - 1$, 然后再用网络规模 N 进行归一化。

□ **集群数量和集群规模**　武器装备体系结构中的连通片数量、每个连通片内的节点数量、每个集群的重心情况。

除了上述指标, 还有其他描述体系网络的特征参量, 例如连通子图、聚类系数、网络结构熵、特征谱等。选取何种特征参量作为体系的网络化效能评估指标, 取决于体系网络模型的实际含义。根据 J. Cares 对分布式网络化部队基本作战能力指标的描述, 结合体系网络化作战特点, 拟确定网络化效能度量指标为自适应能力、重组能力、抗毁性、分散性、隐蔽能力、灵活性、高效性。下面分别对上述效能度量指标和基础评估指标进行介绍:

□ **抗毁性**　抗毁性 R_1 是指体系结构被破坏的难易程度, 即网络在遭受破坏时保持一定连通状态的性能, 由此可以看出, 它与网络重心分布及数量、连通度、链路节点比和介数四类单项指标具有聚合关系, 这四类指标项

的单项度量结果将直接影响作战体系的抗毁性能力效果。

□ **重组性**　迅速重新部署或集结各要素的能力，自适应地演变成一定数量的节点、连接拓扑以及产生有价值的自适应行为的多尺度性能。重组性与网络的层级、网络的重心分布及数量以及网络的连通度等单项指标具有聚合关系，这些指标项的度量结果直接影响作战体系的重组性。

□ **分散性**　空间、信息、逻辑的分散程度，避免具有中心结构。它与网络的重心分布及数量、介数，集群规模与集群数量等有较大的关联性，可以通过聚合模型来进行度量。

□ **隐蔽性**　节点的隐蔽能力，通过较小的单元组合来提高凝聚能力，降低被发现的概率。隐蔽性主要由集群规模与集群数量和网络的散度等单项指标的性能决定，可通过指标聚合模型来建模度量。

□ **邻近性**　网络结构在信息和逻辑上的完备能力，突出大量较小的隐蔽目标在信息上和逻辑上对作战能力的贡献，由此可以看出，它与网络的节点数量、网络重心分布及数量、集群规模与集群数量等单项指标具有聚合关系，这些指标项的单项度量结果将直接影响作战体系的邻近性能力效果。

□ **灵活性**　互操作能力，适应激烈竞争和环境剧变，这是从重组性独立出来的，由此可以看出，网络灵活性主要受体系网络的度 (入度、出度、邻近度、平均度) 和连通度等单项指标影响，可以由这些指标通过聚合模型构建，这些指标项的单项度量结果将直接影响作战体系的灵活性能力效果。

□ **适应性**　网络的自适应能力，主要受体系网络的度 (入度、出度、邻近度、平均度)、连通度、介数与中立率等单项指标取值的影响，通过聚合模型构建，这些指标项的单项度量结果将直接影响作战体系的适应性能力效果。

□ **高效性**　体系的效率、瓶颈情况等，它与网络的层级、网络重心分布及数量、连通性及介数等单项指标具有聚合关系，这些指标项的单项度量结果将直接影响作战体系的高效性能力效果。

□ **谱半径**　谱半径 $\rho(G)$ 是 $\det[\boldsymbol{A}(G) - \lambda\boldsymbol{I}] = 0$ 的最大平凡特征值，这里 $\boldsymbol{A}$ 为网络模型的邻接矩阵，特征值是 $\lambda\boldsymbol{I}$ 的对角线 $\lambda_1, \lambda_2, \cdots, \lambda_n$。其中，链接矩阵 $\boldsymbol{A}$ 定义如下：设体系对抗网络共有 n 个节点，其中包含 d 个决策节点、s 个传感节点、a 个攻击节点和 1 个目标节点，其邻接矩阵

$\boldsymbol{A} = \{m_{ij}\}_{n\times n}$ 可表示为

$$
\boldsymbol{A} =
\begin{array}{c}
\begin{array}{ccccccccccc}
D_1 & \cdots & D_d & S_1 & \cdots & S_s & A_1 & \cdots & A_a & T
\end{array} \\
\left[
\begin{array}{cccccccccc}
0 & \cdots & m_{1d} & 0 & \cdots & 0 & m_{1(d+s+1)} & \cdots & m_{1(n-1)} & 0 \\
\vdots & 0 & \vdots & \vdots & \vdots & \vdots & \vdots & \vdots & \vdots & 0 \\
m_{d1} & \cdots & 0 & 0 & \cdots & 0 & m_{d(d+s+1)} & \cdots & m_{d(n-1)} & 0 \\
m_{(d+1)1} & \cdots & m_{(d+1)d} & 0 & \cdots & 0 & 0 & \cdots & 0 & 0 \\
\vdots & 0 & \vdots & \vdots & \vdots & \vdots & \vdots & \vdots & \vdots & 0 \\
m_{(d+s)1} & \cdots & m_{(d+s)d} & 0 & \cdots & 0 & 0 & \cdots & 0 & 0 \\
0 & \cdots & 0 & 0 & \cdots & 0 & 0 & \cdots & 0 & m_{(d+s+1)n} \\
0 & \vdots & 0 & 0 & \vdots & 0 & 0 & \vdots & 0 & 0 \\
0 & \cdots & 0 & 0 & \cdots & 0 & 0 & \cdots & 0 & m_{(n-1)n} \\
0 & \cdots & 0 & m_{n(d+1)} & \cdots & m_{n(d+s)} & 0 & \cdots & 0 & 0
\end{array}
\right]
\end{array}
$$

式中: m_{ij} 表示为节点 v_i 到 v_j 有向边的边权。指标谱半径 $\rho(G)$ 衡量的是整个网络的总效能, 系数值越高, 网络总效能越高。

□ **节点平均网络化效能系数**　衡量的是平均每个节点参与的作战环的数量, 用于比较不同节点规模的网络效能潜力, 节点平均网络化效能系数是网络邻接矩阵的谱半径用网络链路总数归一化后得到, 假设的邻接矩阵的谱半径为 $\rho(G)$, 则定义 $\gamma(G) = \frac{\rho(G)}{N}$, 为网络 G 的节点平均网络化效能系数。该指标衡量的是平均每个节点参与的环的数量, 用于比较不同节点数量的网络效能, 指标值与网络效能成正比。

□ **链路平均网络化效能系数**　衡量的是平均每条链路参与的作战环的数量, 用于比较不同链路总数网络的效能潜力, 链路平均网络化效能系数是网络邻接矩阵的谱半径用网络链路总数归一化后得到, 定义:

$$
\eta(G) = \frac{\rho(G)}{\|\boldsymbol{A}\|} = \frac{\rho(G)}{\sum\limits_{i=1}^{n}\sum\limits_{j=1}^{n}|a_{ij}|} \tag{4.37}
$$

该指标衡量的是平均每条链路参与的环的数量, 用于比较不同链路数量的网络的效能, 指标值与网络效能成正比。

全网性能是网络整体连接情况的指标, 可体现防空体系对点攻击的耐

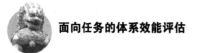

受度。全网性能 $E(G)$ 可用防空体系网络中任意两点间链路 a_{ij} 的倒数和网络最大链路数表示。

$$E(G) = \frac{1}{n(n-1)} \sum_{i \neq j \in G} \frac{1}{a_{ij}} \tag{4.38}$$

连通系数是表示网络连通分支情况的测度,可评价防空体系生存能力受边攻击的影响。连通系数为

$$C = \left(\omega \sum_{i=1}^{\omega} \frac{n_i}{n} l_i \right)^{-1} \tag{4.39}$$

式中: ω 为连通分支数; l_i 为防空体系网络结构中各连通分支的平均最短路径。连通系数 C 越大,体系网络的连通性越好,生存能力越大,当全网连通 $\omega = 1$ 且 $l = 1$ 时, C 取最大值 1。

节点连通度 D_i 是衡量节点与其他节点联系的指标,可体现武器系统间的协同能力。节点连通度以节点与其他节点连通的数量为指标,连通数量越大,连通度越大。假定与节点 v_i 相连接节点集合 S_i 为

$$S_i = \{v_j | v_j \in V, a_{ij} = 1, j = 1, 2, \cdots, n\} \tag{4.40}$$

节点 v_i 的连通度 D_i 为

$$D_i = \frac{|S_i|}{\sum\limits_{i=1}^{n} |S_i|} = \frac{\sum\limits_{v_j \in S_i} a_{ij}}{\sum\limits_{i=1}^{n} \sum\limits_{v_j \in S_i} a_{ij}} \tag{4.41}$$

体系的连通度 D 为

$$D = \frac{1}{n} \sum_{i=1}^{n} D_i \tag{4.42}$$

作战环是由传感器单元、指控决策单元及打击单元组成的环形网络。作战环连通度 R 是指在一次攻防对抗后,体系保持组成作战环的单元间连通的概率。作战环连通度反映的是组成作战环的武器系统间能量、信息的交互情况。假定体系中原有作战环的数量为 r,经敌打击后作战环数量

为 r', 则

$$R = \frac{r'}{r} \tag{4.43}$$

网络抗毁性能: 平均最短路径比 L 可用来衡量敌方的攻击效果。假定体系网络受到攻击前平均最短路径为 l, 遭到攻击后平均最短路径为 l', 则

$$L = \frac{l'}{l} \tag{4.44}$$

平均最短路径 L 为

$$L = \langle d(v_i, v_j) \rangle = \frac{1}{(n-1)} \sum_{v_j \in V} \sum_{i \neq j \in V} d(v_i, v_j) \tag{4.45}$$

若 $L > 1$, 说明体系生存能力强; 反之, $L < 1$, 说明体系生存能力弱。

平均聚集系数比 F 是衡量体系网络可靠性的指标。假定节点 v_i 连通度为 D_i, 节点 v_i 与相连接的 D_i 个节点构成一子网络。子网络中边的数量为 E_i, 则节点 v_i 的聚集系数

$$f_i = 2E_i / D_i(D_i - 1) \tag{4.46}$$

平均聚集系数 f 是网络上所有节点聚集系数 f_i 的平均值。f 表示体系受攻击前的平均聚集系数, f' 表示体系受攻击后的平均聚集系数, 则平均聚集系数比 F 为

$$F = \frac{f'}{f} \tag{4.47}$$

若 $F > 1$, 说明体系的网络结构可靠性强; 反之 $F < 1$, 说明体系的网络结构可靠性弱。

□ **作战体系网络结构稳定性**　自然连通度定义如下:

$$\lambda = \ln \left(\frac{1}{N} \sum_{i=1}^{N} e^{\lambda_i} \right) \tag{4.48}$$

式中: λ_i 为网络 G 所对应的邻接矩阵 $\boldsymbol{A}(G)$ 的特征值。自然连通度描述了

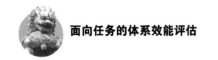

网络内部结构之间的连接关系, 可以在一定程度上反映网络结构稳定性大小。为此, 本节中使用网络受到攻击后的自然连通度与初始自然连通度的相对值来表示网络结构稳定性 (H_i) 大小, 即

$$H_1 = \frac{\lambda}{\lambda_0} \tag{4.49}$$

式中: λ 为网络受到攻击后的自然连通度; λ_0 为网络的初始自然连通度; $H_1 \in [0,1]$。显然 H_1 越大, 说明作战体系网络对此次攻击的抗打击性能越强, 表明作战体系网络的结构稳定性就越强。

作战体系网络的功能可用性可以通过作战链完整性的数量来衡量, 即作战体系网络受到攻击后, 作战链完整性数量越多, 作战体系网络功能可用性越强。为此, 作战体系网络的功能可用性 (H_2) 的大小可以通过如下公式来评估:

$$H_2 = k_1 \frac{B}{B_0} + k_2 \frac{G}{G_0} \tag{4.50}$$

式中: B_0、B 分别为作战体系网络初始标准作战链完整性数量和受到打击后的标准作战链完整性数量; G_0、G 分别为作战体系网络初始广义作战链完整性数量和受到打击后的数量; k_1、k_2 分别为标准作战链和广义作战链在作战体系网络中所占的比重。

4.3.2　体系涌现性评估指标建模

涌现性是当代前沿的复杂性科学的一个重要概念, 其定量评价尤为困难。而武器装备体系作为一个由多个系统构成的复杂适应大系统, 由于组成体系的各个系统既是独立运行又是相互交联的, 在体系的发展演化中, 必然呈现出高强的涌现特性, 合理地分析、定量地评价这些涌现特性, 可以描述出武器装备体系的涌现性与体系作战能力之间的关系, 为优化体系内部各种作战资源, 有效提高体系的作战能力提供必要的指导原则和决策依据。

武器装备体系的涌现性主要体现在体系作战能力的涌现行为上, 因此可以通过涌现出的体系级作战能力来评价体系的涌现性。武器装备体系的作战能力主要考虑武器装备、编制体制、战场信息等因素以及预警跟踪、指挥决策、火力打击等一系列动态过程。因此, 系统级作战能力应当主要包括三类指标, 即预警探测能力、指挥控制能力和火力打击能力。系统级作战能力继续往子系统级分解可以进一步用子系统的作战能力指标来描述, 而体系级作战能力是体系内部各组成单元之间的相互作用、相互影响从而最终涌现出的结果, 主要包括两类: 一类是继承类涌现性指标, 包括预警协同能力和火力协同能力, 它们继承于系统级作战能力, 但却是两个相关系统的综合作用的结果, 因此, 虽然功能上与系统级作战能力相似, 却并不再是相关系统的作战能力指标的简单线性叠加; 另一类是非继承类涌现性指标, 包括战场态势推理能力、体系生存能力和体系适应能力等, 它们是体系内组成单元之间综合作用的结果, 单个系统并不能独立具备这些能力, 因此是体系层次上涌现出的新的作战能力指标。继承类和非继承类指标就是评价体系涌现性的依据, 涌现出的体系级作战能力指标越好, 说明体系的涌现性效果就越佳。

体系涌现性的判断, 需要从体系作战能力的特点, 根据能力是否从各组成系统继承而来进行判定。

1. 继承类涌现性的判定

由于武器装备体系的作战功能主要由各个分系统实现, 如预警探测系统、指挥控制系统及火力打击系统等, 因而体系级作战能力必然包括从各组成系统继承过来的指标, 但由于各组成系统之间的信息交换与共享以及各组成系统内部子系统的组网优化, 体系的相关能力指标与单个系统对应的能力指标必然有着很大程度上的差异。

对于这种由继承关系引发的体系涌现性, 一般采用如下原则进行判定: 如果体系某项作战能力源于体系的某个组成系统的作战能力, 并且该项作战能力的指标不是该组成系统子系统相关能力之和, 这种体系继承组成系统的作战能力, 并且呈现出非线性的整体作战能力的改变, 这就是武器装备体系的继承类涌现性。

2. 非继承类涌现性的判定

武器装备体系作为一个复杂大系统, 在体系形成及自组织演化过程中, 体系整体层面上将会涌现出一些体系各组成系统所不具备的作战能力, 对于此类体系涌现性的判定, 一般采用如下规则: 如果体系具备某项作战能力, 并且该项作战能力是单个的体系组成系统所不具备的, 这种非继承关系的体系整体作战能力的出现就是体系的非继承类涌现性。

涌现性效能指标层是从机理层面对体系能力的深度分析, 反映的是体系对抗机理和能力生成机制，是对体系完成使命任务情况的深层次原因的探寻。通过探索体系效能"微观–宏观"之间的联系，体系具有其组分及其组分之和所没有的新能力。这种能力虽然在离散的组分系统累加中无法获得，但各类组分系统之间的"微观–宏观"联系，隐含着体系能力涌现的内部机制。体系效能评估就是要探寻组分系统之间的相互作用关系与体系整体性效果之间的关联关系，进而揭示体系效能涌现性的生成机理。从指标角度看，就是要探寻组分系统的效能指标以及描述网络化效应的指标与体系层面效能指标之间的关联关系。对这两层指标都进行度量，可得到对体系整体能力比较全面的评估；但在实际的实验过程中，也可根据评估目的，仅关注某一层指标。例如，关注体系的鲁棒性、寻找体系的重心，可能仅从体系涌现性效能指标层寻找指标来进行能力评估。该层指标主要包括体系网络连通性、体系抗毁性、作战体系弹性、体系适应能力、战场态势推理能力、体系预警协同能力、攻击协同能力、体系生存能力等。

□ **体系网络连通性** 体系网络连通性是指网络遭受攻击后仍是一个连通图的概率，对于一个具有 n 个节点的通信网络，假定由 N 个节点，b 条通信链路组成的网络 $G(N,b)$ 中，其节点可靠度为 1，各个链路相互独立，以概率 p 失效，则网络连通性可用下式表达：

$$P_1(G) = \sum_{i=n-1}^{b} A_i (1-p)^i p^{b-i} \tag{4.51}$$

式中：A_i 为由 i 条边组成的 N 个节点连通网（G 的子网）的数目。同理，对于一个具有 n 个节点的复杂网络，假定由 N 个节点、b 条链路组成的网络 $G(N,b)$ 中，其节点可靠度为 1，各个链路相互独立，以概率 $q(=1-p)$ 失效，则网络连通性可表示为

$$P_1(G) = 1 - \sum_{i=n-1}^{b} N_i q^i (1-q)^{n-i} \tag{4.52}$$

式中：N_i 为去掉 i 节点之后产生的不连通图的数目。

□ **体系抗毁性** 抗毁性评估指标是抗毁性优化的重要依据。指挥信息系统结构抗毁性评估指标是系统结构异质性、网络关联性、动态自适应性和固有防护性的综合体现，也是体系整体涌现的结果，是体系演化过程中的

新特性。其评估思想由传统还原论假设可分离的相互独立指标转变为复杂网络理论的整体关联的网状指标。本书为了从空间尺度、时间尺度、整体防护性和指挥有效程度 4 个方面反映系统的抗毁能力,提出连通性、时效性、防护性和指挥链完整性 4 个抗毁性评估指标。

定义局部度相关系数为图 G 所有长度不超过 $k(k > 1)$ 的路径中,节点 v 的度在每条路径中占比值的总和记为 $T_k(v)$,其值由下式确定。

$$T_k(v) = \sum_{s,t \in V, d(s,t) \leqslant k} \sum_{l \in L(s,t|v)} \frac{d_v}{d_j} \tag{4.53}$$

式中: d_v 表示节点 v 的度值; $L(s,t|v)$ 表示以节点 s 与节点 t 为两端点并经过节点 v 的路径集合; l 表示其中一条路径。

局部介–度中心性指标: 令 $p(v)$ 表示图 G 中通过节点 v 的所有长度不超过 k 的路径条数, $\sigma(s,t)$ 表示从节点 s 到节点 t 的最短路径数量, $\sigma(s,t|v)$ 表示从节点 s 通过节点 v 后到达节点 t 的最短路径数量,则图 G 中节点 v 的局部介–度中心性指标值由下式确定:

$$C_k(v) = \frac{T_k(v)}{p(v)} \sum_{s,t \in V, d(s,t) \leqslant k} \frac{\sigma(s,t|v)}{\sigma(s,t)} \tag{4.54}$$

定义节点抗毁性为网络中节点 v 的毁坏与整个网络毁坏的关联程度,记为 $S(v)$,其值越大,则该节点的毁坏越易导致整个网络的毁坏。计算方法如下:

$$S(v) = CL_v \frac{C_k(v)}{\sum_{i \in V} C_k(i)} \tag{4.55}$$

式中: CL_v 表示节点 v 的聚集系数; $C_k(v)$ 为节点 v 的局部介–度中心性指标。

节点抗毁性指标的准确性与最长距离约束 k 的取值直接相关,为了准确地描述出节点 v 在局部范围内的介数中心性,最大距离约束 k 随着网络的规模增加而增大。而现实网络具有小世界性质,通过实验分析和理论依据,在网络规模较大时,取 $k = 6$ 是一个可以取得较准确计算结果的值。随着 k 值的取值增大,由最大距离约束 k 所确定的局部范围也会随之增加,直到 k 增大到某一阈值时,节点 v 的局部介数中心性计算会退化为对全局介数中心性的计算。以 v 为局部中心点的局部最短路径求解范围也会转化为对网络全局最短路径的计算。节点抗毁性指标体现出网络中的单个节点抵御攻击能力的强弱, 在此基础上可以定义网络抗毁性度量, 衡量整个网络的抗打击能力。

□ **作战体系弹性** 设抗毁性为 R_b, 它表示作战体系在遭受敌方攻击后, 体系能力保持的程度。作战初始时刻为 t_0, 在 t_a 时刻遭到敌方攻击, 体系能力开始下降, 到 t_d 时刻体系能力下降到最低点, 到 r_t 时刻体系能力开始逐步恢复, 到 t_s 体系能力恢复结束。$P(t)$ 表示在 t 时刻的体系能力值。用体系能力降低程度 $b = [P(t_a) - P(t_d)]/P(t_0)$ 和降级速度 $v_b = (t_s - t_a)/(t_d - t_a)$ 的指数函数来表示抗毁性, 即

$$R_b = \mathrm{e}^{-bv_b} \tag{4.56}$$

设恢复性为 R_r, 它表示作战体系通过冗余备份、体系重组等策略后体系能力可恢复的程度。这里用体系能力恢复程度 $r = [P(t_s) - P(t_r)]/P(t_0)$ 和能力恢复速度 $v_r = (t_s - t_a)/(t_s - t_r)$ 的指数函数来表示:

$$R_r = \mathrm{e}^{r \cdot v_r} \tag{4.57}$$

由于作战体系能力可由多种指标进行度量, 定义体系某一能力的弹性为 R_i, 表示为

$$R_i = R_a \cdot R_r \tag{4.58}$$

体系弹性 R 可以用作战体系弹性 R_i 的集合来表示。通过对体系能力的动态监测, 可以获得体系能力的变化, 进而可以得到体系能力弹性的综合评估, 即得到体系弹性:

$$R = f(R_1, R_2, \cdots, R_N) \tag{4.59}$$

同样, 对体系结构弹性进行分析, 首先需要确定体系结构弹性指标, 然后对指标进行度量, 最后根据作战体系弹性度量方法得到体系结构弹性。

□ **体系适应能力** 武器装备作战体系在复杂条件下正常工作的概率可以反映体系的适应能力。因此, 体系适应能力指标 E_2 可以通过在一定作战条件下的体系无故障工作概率来描述。假设体系针对 M 类反导作战环境下的 N 类来袭目标有 L 类反导作战样式, 而对于第 i 类作战环境下的第

j 类来袭目标采取第 k 类反导作战样式时, 体系无故障工作概率为 P_{ijk}, 所以, 体系适应能力可以表示为

$$E_2 = \sum_{i=1}^{M} \phi_i \sum_{j=1}^{N} \phi_{ij} \sum_{k=1}^{L} (\eta_{ijk} P_{ijk}) \tag{4.60}$$

式中: ϕ_i 为第 i 类反导作战环境出现的概率; ϕ_{ij} 为第 i 类反导作战环境下第 j 类目标出现的概率; η_{ijk} 为第 i 类反导作战环境下第 j 类目标出现时采取第 k 类反导作战样式的概率。E_2 值越大, 说明体系的适应能力越强, 反映在体系涌现性中的体系战场适应特性就越明显。

　　□ **战场态势推理能力**　战场态势推理必须满足准确性、完备性和时效性要求, 因此, 战场态势推理能力指标 E_5 可以通过战场态势推理的准确率 P_a、战场态势推理的完备率 P_c 以及战场态势信息的处理效率 P_t 来描述, 即

$$E_5 = \omega_a P_a \omega_c P_c + \omega_t P_t \tag{4.61}$$

式中: $\omega_a, \omega_c, \omega_t$ 分别为 P_a, P_c, P_t 的权重。E_5 值越大, 说明体系的战场态势推理能力越强, 反映在体系涌现性中的体系战场态势感知与推理特性就越明显。战场态势推理的准确率 P_a 是指在规定反导任务区域内战场态势推理获得的敌方导弹目标的特征与其真实目标特性相吻合的程度。设 $u_j(-1 \leqslant u_j \leqslant 0)$ 为虚假目标信息影响的权重系数, $s_j(0 < s_j < 1)$ 为目标特征对性能指标影响的权重系数, o_{ij} 为第 i 个目标的第 j 个客观特征值, r_{ij} 为第 i 个目标的第 j 个感知推理特征值, 则经过战场态势推理后, 第 i 个目标的感知推理特征值与客观特征值的平均偏离程度为

$$V_i = \sum_{j=1}^{n} \frac{|r_{ij} - o_{ij}|(u_j + s_j)}{o_{ij}} \tag{4.62}$$

所以, 对于 N 个已发现的来袭目标, 设它们的权重系数分别为 $\omega_1, \omega_2, \cdots, \omega_N$, 并且 $\sum_{i=1}^{N} \omega_i = 1$, 则战场态势推理的准确率 P_a 可以表示为

$$P_a = \sum_{i=1}^{N} \omega_i(1 - V_j) \tag{4.63}$$

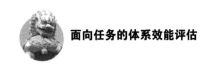

战场态势推理的完备率 P_c 是指在规定反导任务区域内战场态势感知及推理获得的目标的种类及数量与战场环境相吻合的程度。设 P_{c1} 和 P_{c2} 分别为目标种类完备率和目标数量完备率, P_{c3} 为探测范围完备率, 则有

$$P_c = P_{c1}P_{c2}(1 - \exp(-P_{c3})) \tag{4.64}$$

式中: P_{c1} 为战场态势感知与推理后已正确发现的目标种类数/战场环境中实际的目标种类数; P_{c2} 为战场态势感知与推理后已正确发现的目标数/战场环境中实际的目标数; P_{c3} 为战场态势感知与推理中传感器的探测范围/战场环境中传感器实际的探测范围。

战场态势信息的处理效率 P_t 指的是单位时间间隔内所能正确推理出其状态信息的目标数量与目标总数的比值, 即

$$P_t = \frac{N_0(T)}{TN(T)} \tag{4.65}$$

式中: T 为一指定时间间隔; $N_0(T)$ 为时间间隔 T 内所能正确推理出其状态信息的目标数量; $N(T)$ 为时间间隔 T 内来袭的目标总数。

□ **体系预警协同能力** 武器装备作战作战体系成功获取、有效处理并畅通传输目标信息的概率可以反映体系预警协同能力。因此, 武器装备作战体系预警协同能力指标 E_3 可以通过综合发现目标概率 P_f, 综合目标信息融合处理概率 P_r 以及目标信息传输概率 $P_l(i,j)$ 来描述, 即

$$E_3 = P_f P_r P_l(i,j) \tag{4.66}$$

E_3 值越大, 说明体系预警协同能力越强, 反映在体系涌现性中的体系预警协同特性就越明显。P_f 是天基卫星、空基预警平台及地基雷达等发现目标概率的综合。P_r 可以表示为以下形式:

$$P_r = 1 - \prod_{i=1}^{n}(1 - P_{ri}(t)) \tag{4.67}$$

式中: $P_{ri}(t)$ 为 n 个预警信息源中第 i 个信息源的信息被融合处理的概率。

$$P_{ri}(t) = \alpha_i + \beta_i(1 - \exp(-\omega_i t)) \tag{4.68}$$

式中: α_i 为信息处理与融合系统对第 i 个预警信息源送来的数据的处理能力; ω_i 为信息处理与融合系统处理第 i 个预警信息源信息的准确度; $0 < \alpha_i + \beta_i \leqslant 1$ 为信息处理与融合系统对第 i 个预警信息源信息处理能力的最大值。$P_l(i,j)$ 可以通过终端对连通率来表征, 即网络遭受攻击后, 两个指定节点之间至少存在 1 条路由的概率。设在由 N 个节点和 b 条链路组成的网络中, 每一链路独立地以概率 P 被毁, 每一节点独立地以概率 Q 被毁, $P_l(i,j)$ 为网络中任何两节点 i,j 之间的连通概率, 则当 $P \gg Q$ 时,

$$P_l(i,j) = \sum_{k=1}^{b} A_{i,j}^e(k)(1-P)^k P^{b-k} \tag{4.69}$$

当 $A \gg P$ 时,

$$P_l(i,j) = \sum_{k=0}^{n-2} A_{i,j}^n(k)(1-Q)^k Q^{n-2-k} \tag{4.70}$$

式中: $A_{i,j}^e(k)$ 表示 k 条链路组成的满足下列条件的集合数: 当每一集合中的 k 条链路正常, 而 $b-k$ 条链路被毁时, i,j 之间仍存在至少 1 条通路。同样, $A_{i,j}^n(k)$ 表示由 k 个节点组成的满足下列条件的集合数: 当每一集合中的 k 个节点工作, 而其余 $n-2-k$ 个节点不工作时, i,j 之间仍存在至少 1 条通路。

□ **攻击协同能力**　体系攻击指令畅通传输、满足攻击条件并能有效杀伤目标的概率可以反映体系的攻击协同能力。因此, 体系攻击协同能力指标 E_4 可以通过攻击指令传输概率 $P_l'(i,j)$、目标可攻击概率 P_s 及目标被毁伤概率 P_k 来描述, 即

$$E_4 = P_l'(i,j)P_s P_k \tag{4.71}$$

E_4 值越大, 说明体系的攻击协同能力越强, 反映在体系涌现性中的体系攻击协同特性就越明显。$P_l'(i,j)$ 实际上反映的是网络遭受攻击后, 两个指定节点之间至少存在 1 条路由的概率, 因此, 同样可以通过终端对连通率来表征, 评价模型的建立可以参照建立目标信息传输概率 $P_l(i,j)$ 评价模型的方法。P_s 与来袭目标的数量以及火力单元目标通道数量等因素有关, 指的是目标进入反导体系的火力范围内遇到反导体系拦截的概率, 可以由反导体

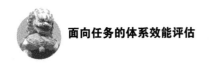

系的火力单元至少 1 个目标通道未被占用的概率来确定。当满足射击条件,用 n 发导弹射击来袭目标时,目标被毁伤概率 P_k 可以表示为

$$P_k = 1 - \prod_{i=1}^{n}(1 - P_{ki}) \tag{4.72}$$

式中: P_{ki} 为第 i 发拦截弹对来袭目标的杀伤概率。

□ **体系生存能力** 体系在战场的生存概率可以反映体系的生存能力。因此,体系生存能力指标 E_1 可以通过体系伪装成功概率 P_h、体系网络抗毁概率 P_{rd} 及体系网络连通性 $P_1(G)$ 来描述,即

$$E_1 = P_h + (1 - P_h)P_{rd} + (1 - P_h)(1 - P_{rd})P_1(G) \tag{4.73}$$

E_1 值越大,说明体系的生存能力越强,反映在体系涌现性中的体系战场生存特性就越明显。P_h 主要通过阵地伪装成功概率、电磁欺骗成功概率等进行衡量。P_{rd} 可以通过体系网络的抗硬毁伤概率和抗软毁伤概率进行衡量。

第 5 章

经典效能评估分析技术

5.1 基于 AHP 的综合效能评估方法

层次分析法 (Analytic Hierarchy Process, AHP) 是一种多目标决策方法, 于 20 世纪 70 年代由美国运筹学家 T. L. Saaty 提出, 是一种定性与定量分析相结合的多目标决策分析方法论。吸收利用行为科学的特点, 对决策者的经验判断给予量化, 对目标 (因素) 结构复杂而且缺乏必要的数据情况下, 采用此方法较为实用, 是系统科学中常用的一种系统分析方法, 因而成为系统分析的数学工具之一。

5.1.1 AHP 基本原理

层次分析法的基本思路是将所要分析的问题层次化; 根据问题的性质和所要达成的总目标, 将问题分解为不同的组成因素, 并按照这些因素的关联影响及其隶属关系, 将因素按不同层次凝聚组合, 形成一个多层次分析结构模型; 最后, 对问题进行优劣比较并排列。下面介绍层次分析法的步骤。

1. 建立层次结构模型

层次分析法是将决策的目标、考虑的因素 (决策准则) 和决策对象按照它们之间的相互关系分为最高层、中间层和最低层, 绘出层次结构图, 如图 5.1 所示。

其中, 将决策解分解为 3 个层次, 最高层为目标层, 是决策的目的、要

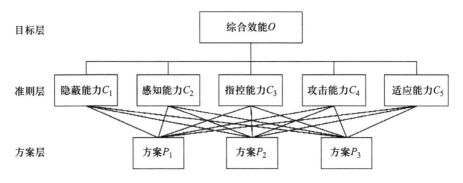

图 5.1　AHP 层次结构模型

解决的问题, 如: 决策的目标为综合效能。中间层为准则层, 是考虑的因素、决策的准则, 如: 隐蔽能力、感知能力、指控能力、攻击能力和适应能力 5 个准则。最底层为方案层, 是决策时的备选方案, 如: 方案 P_1、方案 P_2 和方案 P_3。

　　层次分析法所要解决的问题是关于最底层对最高层的相对权重的问题, 按此相对权重可以对最底层中的各种方案、措施进行排序, 从而在不同的方案中做出选择或形成选择方案的原则。

　　2. 构造判断矩阵

　　确定各层次各因素之间的权重时, 如果只是定性的结果, 则常常不易被别人接受, 因而 Saaty 等人提出一致矩阵法, 即: ① 不把所有因素放在一起比较, 而是两两相互比较; ② 对此时采用相对尺度, 以尽可能减少性质不同的诸因素相互比较的困难, 提高准确度。

　　判断矩阵构造一般采用成对比较矩阵法, 其目的是要比较某一层 n 个因素 $C_1, C_2, \cdots, C_n$ 对上一层因素 O 的影响 (例如: 综合效能评估决策解中, 比较隐蔽能力等 5 个准则在评估综合效能这个目标中的重要性)。采用的方法是: 每次取两个因素 C_i 和 C_j 比较其对目标因素 O 的影响, 并用 a_{ij} 表示, 全部比较的结果用成对比较矩阵表示, 即

$$A = (a_{ij})_{n \times n}, a_{ij} > 0, a_{ji} = 1/a_{ij} \tag{5.1}$$

判断矩阵元素 a_{ij} 的标度方法如表 5.1 所列。

　　例如, 在综合效能评估问题中, 根据专家经验, 确定准则层各准则对于

表 5.1　判断矩阵元素 a_{ij} 的标度方法

标度	含义
1	表示两个因素相比, 具有同样重要性
3	表示两个因素相比, 一个因素比另一个因素稍微重要
5	表示两个因素相比, 一个因素比另一个因素明显重要
7	表示两个因素相比, 一个因素比另一个因素强烈重要
9	表示两个因素相比, 一个因素比另一个因素极端重要
2,4,6,8	上述两相邻判断的中值
倒数	因素 i 与 j 比较的判断 a_{ij}, 则因素 j 与 i 比较的判断 $a_{ji} = 1/a_{ij}$

目标 O 的重要性后, 可计算出判断矩阵各元素。

$$a_{12} = \frac{C_1}{C_2} = \frac{1}{2} \tag{5.2}$$

表示 C_1 对目标 O 的重要性为 1, C_2 对目标 O 的重要性为 2。

类似地, 利用成对比较矩阵法可得判断矩阵:

$$\boldsymbol{A} = \begin{bmatrix} 1 & 1/2 & 4 & 3 & 3 \\ 2 & 1 & 7 & 5 & 5 \\ 1/4 & 1/7 & 1 & 1/2 & 1/3 \\ 1/3 & 1/5 & 2 & 1 & 1 \\ 1/3 & 1/5 & 3 & 1 & 1 \end{bmatrix} \tag{5.3}$$

上述成对比较矩阵中存在的问题:

(1) 存在有各元素的不一致性, 例如:

$$a_{12} = \frac{C_1}{C_2} = 1/2, \quad a_{21} = \frac{1}{a_{12}} = 2 \tag{5.4}$$

$$a_{13} = \frac{C_1}{C_3} = 4, \quad a_{31} = \frac{1}{a_{13}} = 1/4 \tag{5.5}$$

则可以推导出:

$$a_{23} = \frac{C_2}{C_3} = \frac{a_{21}}{a_{31}} = \frac{C_2/C_1}{C_3/C_1} = 8 \tag{5.6}$$

与矩阵 $\boldsymbol{A}$ 中的 $a_{23} = 7$ 不一致。

(2) 成对比较矩阵比较的次数要求太多, n 个元素比较次数为: $C_n^2 = n(n-1)/2!$ 次。对此 Saaty 提出了: 在成对比较出现不一致情况下, 计算各因素对因素 (上层因素) O 的权重方法, 并确定了这种不一致的容许误差范围。

3. 层次单排序及其一致性检验

若式 (5.1) 描述的成对比较矩阵 $\boldsymbol{A}$ 满足:

(1) 正互反性, 即 $a_{ij} > 0, a_{ji} = 1/a_{ij}$;

(2) 一致性, 即 $a_{ij} = \dfrac{C_i}{C_j} = \dfrac{a_{ih}}{a_{jh}}, (i, j, h = 1, 2, \cdots, n)$。

则称满足上述条件的正互反对称矩阵 $\boldsymbol{A}$ 为一致性矩阵, 简称一致阵。

直观上, 一致阵可理解为给定 n 件物体 $M_1, M_2, \cdots, M_n$, 它们重量分别为 $W_1, W_2, \cdots, W_n$, 将它们两两比较重量, 其比值构成一致阵 $\boldsymbol{A}$, 若用重量向量 $\boldsymbol{W} = (W_1, W_2, \cdots, W_n)^{\mathrm{T}}$ 右乘 $\boldsymbol{A}$, 则 $\boldsymbol{A}$ 的特征根为 n, 以 n 为特征根的特征向量为重量向量 $\boldsymbol{W} = (W_1, W_2, \cdots, W_n)^{\mathrm{T}}$, 若进行归一化处理, 有

$$\boldsymbol{W} = (W_1, W_2, \cdots, W_n)^{\mathrm{T}}, \text{满足}: \sum_{i=1}^{n} W_i = 1 \tag{5.7}$$

式 (5.7) 中的 $\boldsymbol{W} = (W_1, W_2, \cdots, W_n)^{\mathrm{T}}$ 表示诸因素 $C_1, C_2, \cdots, C_n$ 对上层目标 O 的权重, 即权重量, 这一过程称为层次单排序。此种用特征向量求权重量的方法称为特征根法。

层次分析法的基本思路是计算上层每个元素对下一层次各元素的权向量 (即最大特征根 $\lambda_{\max}$ 对应的特征向量 $\boldsymbol{W} = (W_1, W_2, \cdots, W_n)^{\mathrm{T}}$, 以及组合权向量及一致性检验问题。

计算判断矩阵最大特征根和对应阵向量, 并不需要追求较高的精确度, 这是因为判断矩阵本身有相当的误差范围。而且优先排序的数值也是定性概念的表达, 故从应用性来考虑也希望使用较为简单的近似算法。常用的求特征根的近似求法有 "和法" "根法" "幂法", 这里重点介绍幂法求解判断矩阵的方法, 因为幂法求解使用迭代方法, 更利于在计算机上实现。

设 $\boldsymbol{A} = (a_{ij})_{m \times m}, \boldsymbol{A} > 0$, 则有

$$\lim_{k \to \infty} \frac{\boldsymbol{A}^k \cdot \boldsymbol{E}}{\boldsymbol{E}^{\mathrm{T}} \cdot \boldsymbol{A}^k \cdot \boldsymbol{E}} = C\boldsymbol{W} \tag{5.8}$$

式中: C 为常数。

第 1 步, $k = 0$ 时, 取任意初始正向量 $\boldsymbol{X}^{(0)} = (x_1^{(0)}, x_2^{(0)}, \cdots, x_m^{(0)})^{\mathrm{T}}$, $m_0 = \max\limits_i\{x_i(0)\}$, $Y^{(0)} = \frac{X^{(0)}}{m_0}$。

第 2 步, 迭代计算, $\boldsymbol{X}^{(1)} = \boldsymbol{A} \cdot \boldsymbol{Y}^{(0)}$, $m_1 = \max\limits_i\{x_i^{(1)}\}$, $Y^{(1)} = \frac{X^{(1)}}{m_1}$。

第 3 步, 重复步骤 2, 直至第 $(k+1)$ 步迭代计算: $\boldsymbol{X}^{(k+1)} = \boldsymbol{A} \cdot \boldsymbol{Y}^{(k)}$, $m_{k+1} = \max\limits_i\{x_i^{(k+1)}\}$, $Y^{(k+1)} = \frac{X^{(k+1)}}{m_{k+1}}$。每次迭代计算时, 进行精度检查, 当 $M_{k+1} - M_k < \varepsilon$ 时, 进入下一步求取特征值; 否则, 继续迭代。特征值求取公式:

$$
\begin{cases}
\lambda_{\max} = m_{k+1} \\
\boldsymbol{W} = \dfrac{Y^{(k+1)}}{\sum\limits_{i=1}^{m} y_i^{(k+1)}}
\end{cases}
\tag{5.9}
$$

求取相应的特征值与特征向量, 特征向量作为效能评估各参数评估权重。在给定权重下, 综合数值越大, 方案越优。

若重量向量 $\boldsymbol{W} = (W_1, W_2, \cdots, W_n)^{\mathrm{T}}$ 未知时, 则可由决策者对物体 $M_1, M_2, \cdots, M_n$ 之间两两相比关系, 主观做出比值的判断, 或用德尔菲 (Delphi) 法 (调查法) 来确定这些比值, 使矩阵 $\boldsymbol{A}$ (不一定有一致性) 为已知的, 并记此主观判断的矩阵为 (主观) 判断矩阵 $\bar{\boldsymbol{A}}$, 并且此 $\bar{\boldsymbol{A}}$ 在不一致的容许范围内, 再依据 $\boldsymbol{A}$ 的特征根 λ 或和特征向量 $\boldsymbol{W}$ 连续地依赖于矩阵的元素 a_{ij}, 即当 a_{ij} 离一致性的要求不太远时, $\bar{\boldsymbol{A}}$ 的特征根 i 和特征向量 $\bar{\boldsymbol{W}}$ 与一致阵 $\boldsymbol{A}$ 的特征根 λ 和特征向量 $\boldsymbol{W}$ 也相差不大的道理, 由特征向量 $\boldsymbol{W}$ 求权向量 $\boldsymbol{W}$ 的方法即特征向量法, 并由此引出一致性检查的方法。

4. 随机一致性检验指标

当人们对复杂事件的各因素, 采用两两比较时, 所得到的主观判断矩阵 $\bar{\boldsymbol{A}}$, 一般不可直接保证正互反矩阵 $\bar{\boldsymbol{A}}$ 就是一致正互反矩阵 $\boldsymbol{A}$, 因而存在误差 (及误差估计问题)。这种误差, 必然导致特征值和特征向量之间的误差 ($|(\bar{\lambda} - \lambda)|$ 与 $|(\bar{\boldsymbol{W}} - \boldsymbol{W})|$)。此时就导致问题 $\bar{\boldsymbol{A}}\bar{\boldsymbol{W}} = \lambda_{\max}\bar{\boldsymbol{W}}$ 与问题 $\boldsymbol{A}\boldsymbol{W} = n\boldsymbol{W}$ 之间的差别 (上述问题中 $\lambda_{\max}$ 是主观判断矩阵 $\bar{\boldsymbol{A}}$ 的最大特征值, $\bar{\boldsymbol{W}}$ 是带有偏差的相对权向量)。这是由判断矩阵不一致性所引起的。因此, 为了避免误差太大, 就要衡量主观判断矩阵 $\bar{\boldsymbol{A}}$ 的一致性。

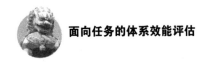

(1) 当主观判断矩阵 $\bar{A}$ 为一致阵 A 时, 就有

$$\sum_{k=1}^{n} \bar{\lambda}_k = \sum_{k=1}^{n} \lambda_k = \sum_{k=1}^{n} a_{kk} = \sum_{k=1}^{n} 1 = n \tag{5.10}$$

A 为一致阵时有 $a_{ii} = 1$, 此时存在唯一的 $\lambda = \lambda_{\max} = n$。

(2) 当主观判断矩阵 $\bar{A}$ 不是一致阵时, 一般有 $\lambda_{\max} \geqslant n$, 此时, 应有

$$\lambda_{\max} + \sum_{k \neq \max} \lambda_k = \sum_{i=1}^{n} a_{ii} = n \tag{5.11}$$

即

$$\lambda_{\max} - n = - \sum_{k \neq \max} \lambda_k \tag{5.12}$$

所以, 可以取其平均值作为检验主观判断矩阵的准则, 一致性的指标为:

$$\mathrm{CI} = \frac{\lambda_{\max} - n}{n-1} = \frac{- \sum\limits_{k \neq \max} \lambda_k}{n-1} \tag{5.13}$$

当 $\mathrm{CI} = 0$, 有完全的一致性; 当 CI 接近于 0, 有满意的一致性; CI 越大, 不一致越严重。

实际操作时发现: 主观判断矩阵 $\bar{A}$ 的维数越大, 判断的一致性越差, 故应放宽对高维矩阵的一致性要求。于是引入修正值 RI 来校正一致性检验指标, 定义其取值如表 5.2 所列。

表 5.2　随机一致性指标 RI

n	1	2	3	4	5	6	7	8	9	10	11
RI	0	0	0.58	0.90	1.12	1.24	1.32	1.41	1.45	1.49	1.51

并定义新的一致性检验指标 CR 为

$$\mathrm{CR} = \frac{\mathrm{CI}}{\mathrm{RI}} \tag{5.14}$$

一般认为一致性比率 $\mathrm{CR} < 0.1$ 时, A 的不一致程度在容许范围之内,

有满意的一致性, 通过一致性检验。可用其归一化特征向量作为权向量, 否则要重新构造成对比较矩阵 $\boldsymbol{A}$, 对 a_{ij} 加以调整。

5. 层次总排序及其一致性检验

(1) 计算某一层次所有因素对于最高层 (总目标) 相对重要性的权值, 称为层次总排序。

(2) 这一过程是从最高层次到最低层次依次进行的。

例如, 图 5.2 所示层次结构。

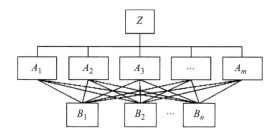

图 5.2　AHP 层次结构模型

A 层 m 个因素 $A_1, A_2, \cdots, A_m$, 对总目标 Z 的排序为 $a_1, a_2, \cdots, a_m$。B 层 n 个因素对上层 A 中因素为 A_j 的层次单排序为 $b_{1j}, b_{2j}, \cdots, b_{nj}(j = 1, 2, 3, \cdots, m)$。

B 层的层次总排序 (即 B 层第 i 个因素对总目标的权值为 $B_i = \sum_{j=1}^{m} a_j b_{ij}, (i = 1, 2, \cdots, n)$, 即

$$\begin{cases} B_1 : a_1 b_{11} + a_2 b_{12} + \cdots + a_m b_{1m} \\ B_2 : a_1 b_{21} + a_2 b_{22} + \cdots + a_m b_{2m} \\ \quad\quad \cdots \\ B_n : a_1 b_{n1} + a_2 b_{n2} + \cdots + a_m b_{nm} \end{cases} \tag{5.15}$$

层次总排序的一致性比率为

$$\mathrm{CR} = \frac{a_1 \mathrm{CI}_1 + a_2 \mathrm{CI}_2 + \cdots + a_m \mathrm{CI}_m}{a_1 \mathrm{RI}_1 + a_2 \mathrm{RI}_2 + \cdots + a_m \mathrm{RI}_m} \tag{5.16}$$

当 $\mathrm{CR} < 0.1$ 时, 认为层次总排序通过一致性检验。

5.1.2 基于 AHP 效能评估方法

层次分析法是效能评估的一种基本方法,其基本思想是:首先建立清晰的层次结构把复杂的问题进行分解,其次引入测度理论,通过两两比较,用相对标度将人的判断标量化并逐层建立判断矩阵,然后求解判断矩阵的权重,如图 5.3 所示。

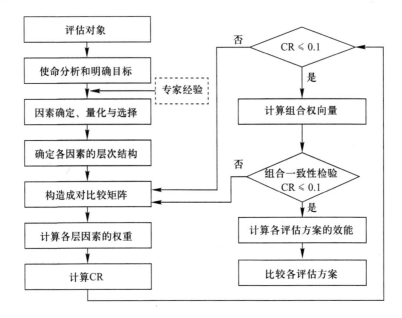

图 5.3 基于 AHP 的综合效能评估流程

具体步骤如下:

(1) 明确评估对象。明确评估对象,并对评估对象进行使命分析,这一步要明确评估对象的使用环境、评估目的等,为下一步工作打下基础。

(2) 初拟系统效能评估指标集。通过对评估对象及使用环境的分析,按照指标体系建立构建原则,找出影响系统效能的指标,并对指标进行量化处理,同时通过对指标进行相关性分析,初拟出效能评估指标集。因为一个大型系统的影响因素较多,在初拟指标集时要做到全面考虑,特别是要考虑使用环境,环境不同,考虑的因素也不同。

(3) 确定评估专家。确定系统评估对象后,根据其所涉及的专业知识寻找相关专业的专家。邀请的专家需要具有雄厚的理论基础、丰富的实践及评估经验等。该步骤是建立系统评估指标体系的关键步骤,正确选择相关专家, 才能确保指标体系的科学合理性。

向每位邀请的领域专家发放 1 份咨询表, 咨询表包含指标可行性、指标的权重。专家通过其专业知识及以往评估经验, 对咨询表中的内容进行填写。若当专家认为指标集不够完备, 可以添加指标, 并给出该指标的权重。

针对反馈信息进行统计处理、归纳总结, 删除多数专家认为可行性低的指标, 添加合理的专家建议指标, 并将整理后的指标集发给云探测领域专家进行咨询。经过多轮的咨询及筛选, 当领域专家意见大体一致时, 形成最终的指标体系。

(4) 确定各因素的层次结构, 构建层次结构模型, 建立层次结构。构造合理简洁的层次结构模型, 是 AHP 的关键。使用层次分析法时, 首先要确定目标, 梳理层次, 建立结构模型。根据专家意见建立的系统评估指标体系, 构建适用于系统效能评估的结构模型。

构造准则为结构模型中的元素仅属于 1 个层次, 无须每一个元素与下层元素都有联系。层次分析法的层次划分不宜过多, 每 1 组元素一般不超过 9 个。心理学相关理论表明, 多数人对不超过 9 个的 1 组事物的属性判断较为清楚, 过多元素会给主观判断带来困难, 出现逻辑错误, 造成模型的不准确。若需要多元素, 可以通过增加层数的方法来减少该层层数。

(5) 使用成对比较矩阵法将各层次中的元素进行两两比较, 构造判断矩阵。判断矩阵的构建是层次分析法的关键步骤。在确立层次结构模型后, 各元素的从属关系就确定了。从目标层开始, 以其为基准, 对其所关联的下层元素进行两两比较, 进行重要性判断, 由上至下层层比较, 构成判断矩阵。元素的重要性判断方法为成对比较矩阵法, 使用数字 $1 \sim 9$ 的自然数及其倒数作为两两比较之后的重要程度赋值, 如表 5.1 给出的衡量标准。这样对于 n 个元素就可以通过两两比较形成一个判断矩阵 $\boldsymbol{A}$。因为是两两互相比较, 所以判断矩阵为互反矩阵, 是用成对比较矩阵法构建的判断矩阵。

(6) 对判断矩阵进行一致性检测, 并进行判断, 若通过一致性检测, 则进入第 (7) 步, 若不通过, 则返回第 (5) 步对判断矩阵进行修改, 直至通过一致性检测。

在构建好判断矩阵之后, 不能直接进行应用, 需要对两两比较的矩阵进行一致性检验, 经过一致性检验后计算出的层次单排序结果才是合理的。检验矩阵具有一致性的充分必要条件是 $\lambda_{\max} = m$, 希望最大特征值 $\lambda_{\max}$ 略大于基数 m, 其余特征值接近于 0, 避免不一致的情况发生, 满足该情况, 称之

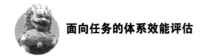

为满意的一致性。

(7) 计算各元素的相对目标的重要程度, 即权重。求取相应的特征值与特征向量, 特征向量作为效能评估各参数评估权重。

(8) 计算方案的重要程度, 得出该指标体系下的评估结果。在给定权重下, 综合数值越大, 方案越优。

5.1.3 案例分析

这里以潜艇鱼雷武器系统效能评估为例, 说明 AHP 的使用方法。潜艇鱼雷武器系统由潜艇探测系统、火控系统、发射系统和鱼雷 4 部分组成, 如图 5.4 所示。

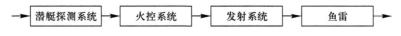

图 5.4 潜艇鱼雷武器系统构成

根据潜艇鱼雷武器系统的构成及评估目标, 这里选用指标体系构建模式 P2, 基于固有能力确定其评估指标体系, 通过指标选择最终可得效能评估指标体系如图 5.5 所示。

由专家组成员对各指标的重要性进行判断与评价, 构造出相应的判断矩阵。如图 5.5 所示, 相对于各个上层元素, 我们采用 $1 \sim 9$ 标度的专家赋值法对同一层中的各元素进行两两比较、判断确定下层元素对上层某一元素的相对重要性, 分别构造两两比较的判断矩阵 $A, B_1, B_2, B_3, B_4, B_5$。判断矩阵 A 见表 5.3, 其他判断矩阵同理可得。

表 5.3 判断矩阵 A

A	B_1	B_2	B_3	B_4	B_5
B_1	1	1/2	3	2	3
B_2	2	1	5	4	5
B_3	1/3	1/5	1	1/2	1
B_4	1/2	1/4	2	1	1/2
B_5	1/3	1/5	1	2	1

由计算判断矩阵 A 中每行所有元素的几何平均值, 通过归一化处理, 得到所求特征向量的近似值 $W = (W_1, W_2, \cdots, W_5)^{\mathrm{T}}$, 这也是各元素的相

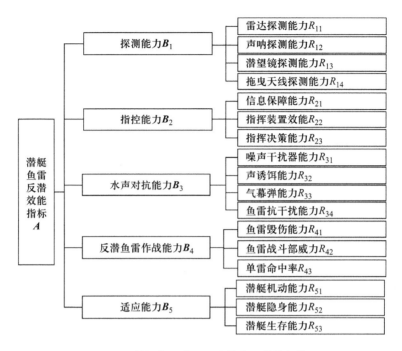

图 5.5　潜艇鱼雷武器系统效能评估指标体系

对权重, 即有

$$\boldsymbol{W} = (0.2474, 0.4601, 0.0808, 0.1052, 0.1066)^{\mathrm{T}}$$

判断矩阵的最大特征值 $\lambda_{\max}$ 计算如下:

$$\boldsymbol{AW}^{\mathrm{T}} = \begin{bmatrix} 1 & 1/2 & 3 & 2 & 3 \\ 2 & 1 & 5 & 4 & 5 \\ 1/3 & 1/5 & 1 & 1/2 & 1 \\ 1/2 & 1/4 & 2 & 1 & 1/2 \\ 1/3 & 1/5 & 1 & 2 & 1 \end{bmatrix} \begin{bmatrix} 0.2474 \\ 0.4601 \\ 0.0808 \\ 0.1052 \\ 0.1066 \end{bmatrix} = \begin{bmatrix} 1.2498 \\ 2.3123 \\ 0.4144 \\ 0.5587 \\ 0.5722 \end{bmatrix} \qquad (5.17)$$

由此求解出算判断矩阵的最大特征根值:

$$\lambda_{\max} = \sum_{i=1}^{n} \frac{(\boldsymbol{AW})_i}{nW_i} = 5.172 \qquad (5.18)$$

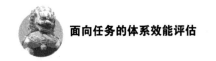

计算判断的一致性指标 CI, n 为矩阵阶数, $n > 1$, 则

$$\mathrm{CI} = \frac{\lambda_{\max} - n}{n - 1} = 0.0430 \tag{5.19}$$

进一步, 可确定平均随机一致性指标 RI, 见表 5.4。

表 5.4　平均随机一致性指标 RI

矩阵阶数	1	2	3	4	5	6
RI	0	0	0.52	0.89	1.12	1.26

计算一致性比率 CR:

$$\mathrm{CR} = \mathrm{CI}/\mathrm{RI} = 0.0430/1.12 = 0.0384 < 0.1 \tag{5.20}$$

所以判断矩阵具有令人满意的一致性指标。

用同样的方法可求得第三层各元素的权重, 并分别对其判断矩阵进行一致性检验, 这里不再重复。结果是其一致性均可以接受, 最后得到各评价指标的权重, 各指标权重见表 5.5。

表 5.5　第三层中各元素的权重

R_{11}	R_{12}	R_{13}	R_{14}	R_{21}	R_{22}
0.2431	0.0848	0.3437	0.3284	0.2970	0.1634
R_{23}	R_{31}	R_{32}	R_{33}	R_{34}	R_{41}
0.5396	0.4747	0.1630	0.2551	0.1072	0.1634
R_{42}	R_{43}	R_{51}	R_{52}	R_{53}	
0.2970	0.5396	0.6250	0.1365	0.2385	

进而, 可以求出各元素对目标的合成权重, 计算公式为

$$a_{ij} = R_{ij} \cdot W_i \tag{5.21}$$

由此可得到基于 AHP 的评价体系中各指标的权重。

根据指挥员和专家的意见, 设对方案相对于各个指标的模糊评语如表 5.6 所列。

表 5.6　效能指标等级模糊评分表

底层指标	权重 A_i	模糊评分			
		好 V_1	较好 V_2	一般 V_3	差 V_4
雷达探测能力 R_{11}	$a_{11} = 0.0601$	0.3	0.3	0.2	0.2
声呐探测能力 R_{12}	$a_{12} = 0.0210$	0.4	0.3	0.2	0.1
潜望镜探测能力 R_{13}	$a_{13} = 0.0850$	0.3	0.3	0.2	0.2
拖曳天线探测能力 R_{14}	$a_{14} = 0.0812$	0.5	0.5	0	0
信息保障能力 R_{21}	$a_{21} = 0.1366$	0.3	0.3	0.3	0.1
指挥装置效能 R_{22}	$a_{22} = 0.0752$	0.4	0.3	0.3	0
指挥决策能力 R_{23}	$a_{23} = 0.2483$	0.3	0.4	0.2	0.1
噪声干扰器能力 R_{31}	$a_{31} = 0.0384$	0.3	0.2	0.4	0.1
声诱饵能力 R_{32}	$a_{32} = 0.0132$	0.5	0.4	0.1	0
气幕弹能力 R_{33}	$a_{33} = 0.0206$	0.3	0.4	0.2	0.1
鱼雷抗干扰能力 R_{34}	$a_{34} = 0.0087$	0.3	0.3	0.2	0.2
鱼雷毁伤能力 R_{41}	$a_{41} = 0.0172$	0.4	0.4	0.1	0.1
鱼雷战斗部威力 R_{42}	$a_{42} = 0.0312$	0.3	0.3	0.2	0.2
单雷命中率 R_{43}	$a_{43} = 0.0568$	0.3	0.3	0.2	0.2
潜艇机动能力 R_{51}	$a_{51} = 0.0666$	0.3	0.2	0.3	0.2
潜艇隐身能力 R_{52}	$a_{52} = 0.0146$	0.4	0.3	0.2	0.1
潜艇生存能力 R_{53}	$a_{53} = 0.0254$	0.5	0.5	0	0

由上面计算所得指标权重向量 $\boldsymbol{A}_i = (a_{i1}, a_{i2}, \cdots, a_{ik_j})$ 和评语集合 $V = \{v_1, v_2, \cdots, v_m\}$，被评价对象相当于指标的模糊评语，即 $U_i \times V$ 上的模糊矩阵是

$$\boldsymbol{R}_i = [r_{gh}^i]_{k_j \times m} \tag{5.22}$$

进行下列模糊变换：

$$\boldsymbol{B}_i = \boldsymbol{A}_i \cdot \boldsymbol{R}_i = (b_{i1}, b_{i2}, \cdots, b_{im}) \quad (i = 1, 2, \cdots, n) \tag{5.23}$$

从而得到每个 $\boldsymbol{B}_i$ 的评价结果。根据表 5.6 所列的数据，我们计算相对于第

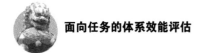

一层各个指标 A 的模糊评语 $B_i(i = 1, 2, 3, 4, 5)$:

$$B_1 = A_1 \cdot R_1$$

$$= \begin{bmatrix} 0.0601 & 0.0210 & 0.0850 & 0.0812 \end{bmatrix} \begin{bmatrix} 0.3 & 0.3 & 0.2 & 0.2 \\ 0.4 & 0.3 & 0.2 & 0.1 \\ 0.3 & 0.3 & 0.2 & 0.2 \\ 0.5 & 0.5 & 0 & 0 \end{bmatrix} \tag{5.24}$$

$$= \begin{bmatrix} 0.0922 & 0.0902 & 0.0330 & 0.0225 \end{bmatrix}$$

进行归一化处理可得: $B_1 = \begin{bmatrix} 0.3874 & 0.3790 & 0.1389 & 0.0947 \end{bmatrix}$。

同理可得 B_2, B_3, B_4, B_5 的值:

$$B_2 = \begin{bmatrix} 0.3163 & 0.3540 & 0.2460 & 0.0837 \end{bmatrix}$$

$$B_3 = \begin{bmatrix} 0.3326 & 0.2943 & 0.2786 & 0.0944 \end{bmatrix}$$

$$B_4 = \begin{bmatrix} 0.3163 & 0.3460 & 0.1837 & 0.1540 \end{bmatrix}$$

$$B_5 = \begin{bmatrix} 0.4238 & 0.2852 & 0.2148 & 0.0762 \end{bmatrix}$$

由以上结果可以看出, 该指标体系在探测能力、指控能力、水声对抗能力、反潜鱼雷作战能力和适应能力 5 项评价中对好与较好的隶属度分别为 0.7664、0.6703、0.6269、0.6623 和 0.7090, 由此可见评价结果比较合理。

此时的指标集合 $U = \{U_1, U_2, U_3, U_4, U_5\}$, B_i 是被评估问题针对指标 U_i 的模糊评语, 将各个 B_i 合成为一个 $U \times V$ 的模糊矩阵 R, 即有

$$R = \begin{bmatrix} B_1^T & B_2^T & \cdots & B_n^T \end{bmatrix}^T = (b_{ij})_{n \times m} \tag{5.25}$$

则经模糊变换得到被评价问题相对于全部指标的总的模糊评语为 (按加权型算法计算)

$$B = W \times R = (0.3467 \quad 0.3472 \quad 0.2123 \quad 0.0939)$$

$$= \frac{0.3467}{好} + \frac{0.3472}{较好} + \frac{0.2123}{一般} + \frac{0.0939}{差} \tag{5.26}$$

为了更简洁直观地显示作战效能, 则必须将综合模糊评语 B 再综合为

一个数, 可以根据行业经验和领域专家的意见给各级评语 **B** 确定一个权数 **W**, 这里令 $W_1 = 100, W_2 = 80, W_3 = 60, W_4 = 40$, 可得

$$S_w = \sum_{j=1}^{4} b_j \cdot W_j = 78.94 \tag{5.27}$$

5.2　基于 ANP 的综合效能评估方法

网络层次分析法 (ANP) 是美国匹兹堡大学的 T. L. Saaty 教授于 1996 年提出的一种适应非独立递阶层次结构的决策方法, 它是在层次分析法 (AHP) 基础上发展而形成的一种新的实用决策方法。ANP 以网络形式呈现复杂的问题, 其基本原理与层次分析法基本相同, 不同的是模型的结构, 并且网络层次分析法引入了超矩阵的应用和分析。

5.2.1　ANP 基本原理

ANP 的网络是由成分以及连接成分之间的影响组成, 成分又由组成成分的元素组成, 元素之间也可以存在相互影响, 一个成分的元素可以与另外一个成分的元素之间发生相互影响关系, 各种相互影响关系均用 "→" 来表示, 而 "$A \rightarrow B$" 表示成分 (或者元素) A 受成分 (或者元素) B 的影响, 或者成分 (或者元素) B 影响成分 (或者元素) A。其中成分本身对自己的影响关系称为反馈关系 (feedback)。

ANP 一般将系统元素划分为两大部分。第一部分称为控制元素层, 包括问题目标及决策准则。所有的决策准则均被认为是彼此独立的, 且只受目标支配。控制元素中可以没有决策准则, 但至少有一个目标。控制层中每个准则的权重均可用传统 AHP 获得。第二部分为网络层, 它是由所有受控制层支配的元素组成的, 元素之间互相依存、互相支配, 元素和层间内部不独立, 递阶层次结构中的每个准则支配的不是一个简单的内部独立的元素, 而是一个互相依存、反馈的网络结构。控制层和网络层组成为典型 ANP 层次结构。如图 5.6 所示就是一个典型的 ANP 结构。

使用 ANP 分析问题, 大体可分为 4 个步骤, 如图 5.7 所示。

步骤一: 对问题进行结构分析, 分析元素与元素之间及元素组与元素之间的相互影响关系, 描述元素关联性;

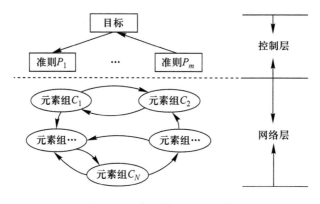

图 5.6　典型的 ANP 结构

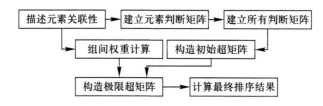

图 5.7　典型的 ANP 分析流程

步骤二: 建立元素两两比较判断矩阵, 进一步构建元素组与元素之间的判断矩阵;

步骤三: 由判断矩阵计算被比较元素的相对权重, 构建初始超矩阵;

步骤四: 计算组间权重, 构建极限超矩阵, 计算最终排序结果。

AHP 的一个重要步骤就是在一个准则下, 受支配元素进行两两比较, 由此获得判断矩阵。但在 ANP 中被比较元素之间可能不是独立的, 而且相互依存, 因而这种比较将以两种方式进行:

(1) 直接优势度: 给定一个准则, 两个元素对于该准则的重要程度进行比较。

(2) 间接优势度: 给出一个准则, 两个元素在准则下对第三个元素 (称为次准则) 的影响程度进行比较。例如要比较甲、乙两性能指标对武器搜索能力的优势度, 可通过它们对武器装备搜索发现目标能力而间接获得。

前一种比较适用于元素间互相独立的情形, 也是传统 AHP 的判断比较方式。第二种比较适用于元素间互相依存的情形, 这也正是 ANP 与 AHP 的区别所在。

1. 构造超矩阵

设 ANP 的控制层中有元素 $P_1, P_2, \cdots, P_n$, 控制层下网络层有元素组 $C_1, C_2, \cdots, C_N$, 其中 C_i 中有元素 $e_{i1}, e_{i2}, \cdots, e_{in}$ $(i = 1, 2, \cdots, N)$。以控制层元素 P_s $(s = 1, 2, \cdots, m)$ 为准则, 以 C_j 中的元素 e_{jl} $(l = 1, 2, \cdots, n_j)$ 为次准则, 元素组 C_i 中的元素按其对 e_{jl} 的影响力大小进行间接优势度比较, 使用 AHP 的评分标度, 评分标度见表 5.1。如若因素 i 与 j 比较 a_{ij}, 则因素 i 与 j 比较判断力为 $1/a_{ij}$。

(1) 根据以上标度意义两两比较, 构造判断矩阵, 如表 5.7 所列, 在 P_s 控制层准则下: 由特征根法得排序向量 $\boldsymbol{W} = (w_{i1}^{(jl)}, w_{i2}^{(jl)}, \cdots, w_{in_i}^{(jl)})^{\mathrm{T}}$。

表 5.7　两两比较判断矩阵

e_{il}	e_{i1}	e_{i2}	$\cdots$	e_{in_i}	归一化特征向量
e_{i1}					$w_{i1}^{(jl)}$
e_{i2}					$w_{i2}^{(jl)}$
$\vdots$					$\vdots$
e_{in_i}					$w_{in_i}^{(jl)}$

(2) 在判断矩阵的构造中并不要求判断具有一致性, 但要求判断有大体的一致性, 以防出现甲比乙极端重要、乙比丙极端重要而丙比甲极端重要的情况。因此, 在得到排序向量后要对其进行一致性检验。其计算步骤如下:

① 计算一致性指标 CI:

$$CI = \frac{\lambda_{\max} - n}{n - 1} \tag{5.28}$$

式中: n 为判断矩阵的阶数; $\lambda_{\max}$ 为判断矩阵的特征根。

② 平均随机一致性指标 RI:

平均随机一致性指标是多次 (500 次以上) 重复进行随机判断矩阵特征值的计算之后取算数平均数得到的。1~11 阶重复计算 1000 次的平均随机一致性指标如表 5.2 所列。

③ 计算一致性比率 CR:

$$CR = \frac{CI}{RI} \tag{5.29}$$

当 CR < 0.1 时, 一般认为判断矩阵的一致性是可以接受的。

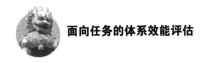

(3) 记 $\boldsymbol{W}_{ij}$ 为

$$\boldsymbol{W}_{ij} = \begin{bmatrix} w_{i1}^{(j1)} & w_{i1}^{(j2)} & \cdots & w_{i1}^{(jn_j)} \\ w_{i2}^{(j1)} & w_{i2}^{(j2)} & \cdots & w_{i2}^{(jn_j)} \\ \vdots & \vdots & \ddots & \vdots \\ w_{in_i}^{(j1)} & w_{in_i}^{(j2)} & \cdots & w_{in_i}^{(jn_j)} \end{bmatrix} \tag{5.30}$$

这里 $\boldsymbol{W}_{ij}$ 的列向量就是 C_i 中元素 $e_{i1}, e_{i2}, \cdots, e_{in_i}$ 对 C_j 中元素 $e_{j1}, e_{j2}, \cdots, e_{jn_j}$ 影响程度的排序向量。若 C_j 中元素不受 C_i 中元素影响，则 $W_{ij} = 0$。这样，最终可获得在 P_s 下，超矩阵 $\boldsymbol{W}$ 如下：

$$\begin{array}{cccc} 1, \cdots, n_1 & 1, \cdots, n_2 & \cdots & 1, \cdots, n_N \end{array} \tag{5.31}$$

$$\boldsymbol{W} = \begin{array}{c} 1 \\ \vdots \\ n_1 \\ 1 \\ \vdots \\ n_2 \\ \vdots \\ 1 \\ \vdots \\ n_N \end{array} \begin{bmatrix} W_{11} & W_{12} & \cdots & W_{1N} \\ \\ W_{21} & W_{22} & \cdots & W_{2N} \\ \\ \vdots & \vdots & \ddots & \vdots \\ \\ W_{N1} & W_{N2} & \cdots & W_{NN} \end{bmatrix} \tag{5.32}$$

上述超矩阵的构造有以下几个特点：

① 超矩阵每个子块中的每一列，都是通过两两比较的判断矩阵计算得到的同一层次中元素的排序向量。

② 不论整个系统是否可聚合成层次或元素组，超矩阵 $\boldsymbol{W}$ 都可以直接通过元素之间的两两比较导出。此时矩阵中的每一列就是以某个元素为准则的排序权重。但分组方式具有有效性、稳定性和系统性等优点，且更符合人们的思维特点，因而分组方式经常被应用。

③ 超矩阵中 (除零子块外) 每一个子块均由归一化的列向量组成，但超矩阵的任意一列其和未必归一化 (除非该列中仅有一个非零子块)。为了利

用超矩阵对复杂的系统进行排序, 需要将超矩阵的每一列归一化, 这可以用加权矩阵实现。

2. 构造加权超矩阵

使用上述方法构造的超矩阵共有 m 个, 它们都是非负矩阵, 但是由于超矩阵的子块 W_{ij} 虽是列归一化的, 但 W 却不是列归一化的。为此需要构造加权矩阵, 将超矩阵列归一化。

以 P_s 为准则, 对 P_s 下各组元素对准则 $C_j(j = 1, 2, \cdots, N)$ 的重要性进行比较。两两比较判断矩阵见表 5.8。

表 5.8　两两比较判断矩阵

C_j	C_1	$\cdots$	C_N	归一化特征向量
C_1				$(a_{11}, a_{12}, \cdots, a_{1N})^{\mathrm{T}}$
$\vdots$	$\vdots$	$j = 1, 2, \cdots, N$		$\vdots$
C_N				$(a_{N1}, a_{N2}, \cdots, a_{NN})^{\mathrm{T}}$

与 C_j 无关的元素组对应的排序向量分量为零, 由此得加权矩阵:

$$\boldsymbol{A} = \begin{pmatrix} a_{11} & a_{12} & \cdots & a_{1N} \\ a_{21} & a_{22} & \cdots & a_{2N} \\ \vdots & \vdots & \ddots & \vdots \\ a_{N1} & a_{N2} & \cdots & a_{NN} \end{pmatrix} \tag{5.33}$$

式中: $a_{ij} \in [0, 1]$, 满足 $\sum\limits_{i=1}^{N} a_{ij} = 1, (j = 1, 2, \cdots, N)$。

构造矩阵 $\bar{\boldsymbol{W}} = (\bar{W}_{ij})$, 其中元素 $\bar{W}_{ij} = a_{ij}W_{ij}$ $(i, j = 1, 2, \cdots, N)$, 这里 $\boldsymbol{W} = (W_{ij})_{N \times N}$ 为系统的超矩阵, $\boldsymbol{A} = (a_{ij})_{N \times N}$ 为系统的加权矩阵, 则称 $\bar{\boldsymbol{W}}$ 为加权超矩阵。加权超矩阵的任一列均是归一化的, 其列和为 1, 称为列随机矩阵。

3. 构造极限超矩阵

对于大多数的 ANP 系统来说, 由于系统中已不再存在或不再明显地存在起整体支配作用的单个元素或最高层次, 因此, 类似于递阶层次结构中的方案合成排序将失去意义。在这种情形下, 人们关心的是如下两类排序:

(1) 相对排序 (或影响排序)。相对排序是指所有元素对于元素 j 的影响作用排序。这时实际上是把元素 j 作为准则，其他元素对它的重要性排序。由于在 ANP 系统中元素之间的影响是交互的、循环的，例如 A 影响 B，B 影响 C，C 又影响 A，因此必须找出这种影响的极限情形，也就是要求出极限相对排序。这是个矩阵，简记为 LPI。

(2) 绝对排序。绝对排序是指在给定所有元素在系统中初始重要性排序以后，考虑系统元素间累计影响作用所得到的排序。因为这个排序是对整个系统而言，并非是对某个元素的，因而称为绝对排序。特别地要找出极限绝对排序，简记为 LAP。

设 $\boldsymbol{W}$ 是系统的超矩阵，记 $\boldsymbol{W}$ 的 k 次幂为 $\boldsymbol{W}^k = (W_{ij}^{(k)})$，则

$$W^{(1)} = W_{ij}, \quad W_{ij}^{(2)} = \sum_{m=1}^{N} W_{im}^{(1)} W_{mj}^{(1)} \tag{5.34}$$

一般地，考虑元素 i 对元素 j 的累计 k 步的影响为

$$W_{ij}^{(k)} = \sum_{m=1}^{N} W_{im}^{(1)} W_{mj}^{(k-1)} \tag{5.35}$$

因此矩阵 $\boldsymbol{W}^k$ 反映了累计 k 步的相对排序。当 $\boldsymbol{W}^k$ 在 $k \to \infty$ 时的极限存在时，就有

$$\text{LPI} = W^\infty = \lim_{k\to\infty} \boldsymbol{W}^k \tag{5.36}$$

类似地，$\boldsymbol{W}^k v^{(0)}$ 反映了超矩阵对初始绝对排序的累计 k 步的影响，当 $\boldsymbol{W}^k v^{(0)}$ 在 $k \to \infty$ 时的极限存在时，就有

$$\text{LAP} = v^\infty = W^\infty v^{(0)} = \lim_{k\to\infty} \boldsymbol{W}^k v^{(0)} \tag{5.37}$$

如果 $\boldsymbol{W}$ 是非负不可约列随机矩阵，则 $W^\infty = \lim_{k\to\infty} \boldsymbol{W}^k$ 正存在的充分必要条件是 $\boldsymbol{W}$ 为素阵，素阵是非负不可约矩阵，且满足最大特征根 (主特征根) 唯一、重数等于 1 的条件。此时，LPI 和 LAP 均存在，且 LPI 恰为 LAP 作为列组成的矩阵，即极限超矩阵。

4. ANP 模型权重确定的基本步骤

综上所述，现以典型网络结构为例，ANP 模型权重确定的基本步骤

如下：

(1) 确定元素超矩阵。根据表 5.1 中标度定义，以控制层—元素 P_s $(s = 1, 2, \cdots, m)$ 为准则，以 C_j $(j = 1, 2, \cdots, N)$ 中元素 e_{jl} $(l = 1, 2, \cdots, n_j)$ 为次准则，其他元素组 C_i $(i = 1, 2, \cdots, N)$ 中元素分别按其对 C_j $(j = 1, 2, \cdots, N)$ 的影响力大小进行优势度比较，可得 $N \times \sum\limits_{j=1}^{N} n_j$ 个判断矩阵。对每个矩阵计算其最大特征值所对应的特征向量，然后进行一致性检验。若通过检验，则将这些特征向量归一化处理，若不通过检验需要重新构造比较矩阵。将这些归一化的特征向量组成一个 $\sum\limits_{j=1}^{N} n_j$ 阶的超矩阵，且矩阵由 $N \times N$ 个块矩阵组成。

(2) 确定元素组权矩阵。以控制层—元素 P_s $(s = 1, 2, \cdots, m)$ 为准则，以 C_j $(j = 1, 2, \cdots, N)$ 一个元素组作为次准则，其他元素组相对于该准则作相对影响度比较，共构造 N 个比较矩阵，同样需要对这些判断矩阵进行一致性检验并求特征向量。将这些归一化的特征向量组成一个 N 阶的权矩阵。

(3) 确定加权超矩阵。将 (2) 中权矩阵的每个元素与 (1) 中超矩阵的块相乘，构成加权超矩阵。加权超矩阵反映了元素组对元素的控制作用与元素对元素组的反馈作用。

(4) 求解指标权重。对 (3) 中的加权超矩阵根据所属超矩阵类型，采用相应的计算方法，确定元素的相对排序向量，即 $\sum\limits_{j=1}^{N} n_j$ 个元素的权重。

(5) 元素总目标权重确定。分别以不同准则层的准则对网络层进行权重计算，即以准则 $P_1, P_2, \cdots, P_m$ 分别重复进行上述步骤。然后局部权重与相应的次准则权重相乘将各个准则下的元素权重合成，得到所有最基层元素在总目标下的权重向量。

5.2.2 基于 ANP 效能评估方法

利用 ANP 进行效能评估分析，与利用 AHP 的决策原理基本相同，唯一不同的是前者考虑了指标之间的相互影响关系和依赖关系，能够解决网络化评估指标体系问题，同时，可针对专家经验和仿真数据特点，融合多评估信息评估武器装备的作战效能，使评估结果更为合理、可信。

基于 ANP 的系统综合效能评估方法的基本框架如图 5.8 所示，一般可

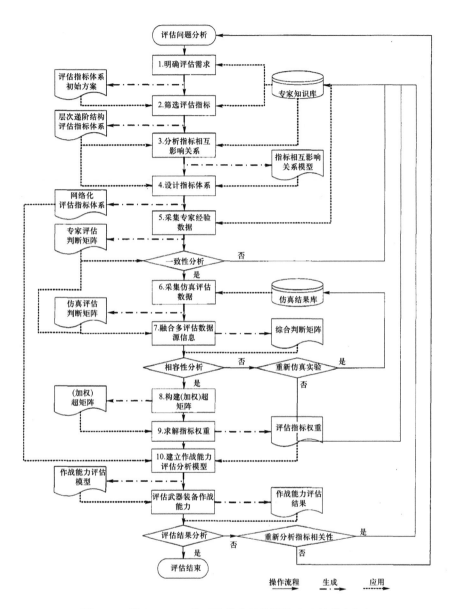

图 5.8　基于 ANP 的系统综合效能评估方法的基本框架

以分三个阶段, 即网络化指标体系构建与优选、多信息融合的 ANP 超矩阵构建以及基于指标权重的作战效能评估模型的构建。

1. 网络化指标体系构建与优选

1) 构建评估指标体系的初始方案

网络化指标体系构建与优选主要是根据所需评估的对象, 分析其作战使命, 分析评估想定、规定评估条件, 明确评估的目标, 在此基础上分析评估指标体系的构建模式, 由此构建出评估指标体系的初始方案。

2) 基于德尔菲法的指标筛选

筛选评估指标体系主要是为了进一步完善和优化评估指标体系, 避免构建出的指标体系过于复杂、冗余。一般对指标体系的筛选可以采用根据专家意见, 基于各个专家的重要度进行。通过德尔菲法可以得到指标重要性大小, 进而根据需求将那些重要性小的指标剔除, 得到层次递阶结构的评估指标体系。

3) 指标相关性分析

指标相关性分析就是确定指标之间的相互影响关系, 建立指标之间的相关性关系模型。计算各个指标之间的相关系数, 由 n 个指标两两之间的指标关联度可构成指标关联度矩阵 $\boldsymbol{R} = (r_{ij})_{n \times n}, r_{ij} \in [0, 1]$ 表示指标 I_i 对指标 I_j 的影响程度。

4) 设计指标体系

设计指标体系是指基于指标关联度矩阵将层次递阶结构的评估指标体系网络化。这里评估指标 $I_1, I_2, \cdots, I_n$ 为指标体系的底层指标, 不考虑自身的影响, 则关联度矩阵 $\boldsymbol{R}$ 中的 $r_{ii} = 0$。由于只需判断指标之间是否存在相互影响关系, 因此当 $r_{ij} \leqslant 0.5$ 时用 0 替换, 表示无影响; $r_{ij} > 0.5$ 时用 1 替换, 表示有影响。得到一个 0-1 矩阵 $\boldsymbol{R}^* = (r_{ij}^*)_{n \times n}$。

首先, 定义指标及其相关关系的图形化表示规则。在网络化指标体系图中, 称指标 I_i 为节点, 用小圆圈表示, 如图 5.9 所示。

图 5.9 指标之间的影响关系

根据指标属性将 n 个指标分为 m 组, 每组分别含有 $n_1, n_2, \cdots, n_m$ 个指标, $\sum\limits_{i=1}^{m} n_m = n$, 称这 m 组指标为 m 个指标簇, 简称为簇 $C_1, C_2, \cdots, C_m$, 用椭圆表示, 簇与节点的关系如图 5.10(a) 所示。

当 $r_{ij}^* = 1$ 时, 表示指标 I_i 对指标 I_j 有影响, 用有向连接线表示, 此时称指标 I_i 为子节点, 指标 I_j 为父节点, 箭头方向从父节点指向子节点, 如

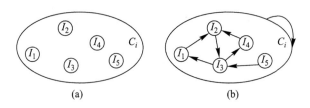

图 5.10 簇和节点之间关系

图 5.9(a) 所示; 若同时有 $r_{ji}^* = 1$, 则说明 I_j 对 I_i 有反馈影响, 如图 5.9(b) 所示。当簇以内部节点之间存在相关关系时, 称簇 C_i 存在内部依存性, 其图形化描述如图 5.10(b) 所示。当簇 C_i 内的指标和簇 C_j 内的指标之间存在相关关系时, 称簇 C_i 与簇 C_j 之间存在外部依存性, 其图形化描述如图 5.11 所示 (虚线表示指标之间的相关关系, 为了简化一般不在图中标出)。然后, 根据 r_{ij}^* 的值构建并描述网络化评估指标体系, 通过此过程建立的评估指标体系的网络结构与 ANP 的描述模型是一致的。典型的网络化评估指标体系如图 5.12 所示。

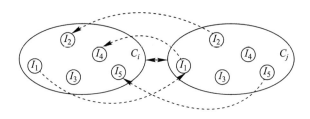

图 5.11 簇和簇之间关系

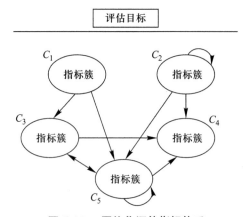

图 5.12 网络化评估指标体系

2. 多信息融合的 ANP 超矩阵构建

基于专家和仿真数据的多信息融合的 ANP 超矩阵构建主要由图 5.8 中的步骤 5~8 完成。一致性分析详见前面的相关章节,其余步骤的详细过程为:

1) 采集专家经验数据

采集专家经验数据是指构建基于专家经验的判断矩阵,设指标体系初选方案选定有 n 个评估指标 $I_1, I_2, \cdots, I_n$,专家组共有 m 个专家 $p = \{p_1, p_2, \cdots, p_m\}$,用 $M_j^{(k)}$ 表示第 k 个专家给出的指标 $I_j (j = 1, 2, \cdots, n)$ 对目标的影响大小,定义指标 I_j 的总重要度为 $v_j = \sum\limits_{k=1}^{m} M_j^{(k)}$,经过专家意见咨询并统计结果,综合专家意见的总重要度分别为 $v_1, v_2, \cdots, v_n$,对指标总重要度排序进行归一化处理 $w_j = v_j / \sum\limits_{j=1}^{n} v_j$,得到 n 个评估指标的归一化排序向量 $(w_1, w_2, \cdots, w_n)$,且 $w_1 + w_2 + \cdots + w_n = 1$。

2) 动态测量基础评估指标

动态测量基础评估指标是指通过仿真分析某些定量指标之间的关联度,构建基于仿真数据的判断矩阵。该过程首先需要根据评估指标体系,基于待评估装备系统的仿真系统,在给定的使命任务下,输入一组指标参数值,能够输出武器装备系统在完成这类作战任务过程中,由这组指标参数值所影响的上层作战效能评估指标值。

若这组指标与上层指标之间具有线性关系时,可采用回归分析法来实现。假设输入的一组指标参数值为 $X = (x_1, x_2, \cdots, x_n)$,其中 x_i 为第 $i(i = 1, 2, \cdots, n)$ 个指标的取值,这组指标参数值所影响的上层作战能力评估指标为 $y, x_j (j = 1, 2, \cdots, n)$ 为第 j 组实验指标值;y_j 为第 j 组实验对应的上层作战能力评估指标值,使用最小二乘法建立各指标值与作战能力评估指标值之间的拟合关系回归模型:

$$y = b_0 + \sum_{k=1}^{n} b_k x_k \tag{5.38}$$

进而针对 n 个指标参数求得其对 y 的影响系数向量 $\boldsymbol{B} = (b_1, b_2, \cdots, b_n)^{\mathrm{T}}$,将这些影响系数进行两两比较,可形成由相对重要度构成的判断矩阵:

$$\boldsymbol{A} = \left(\frac{b_i}{b_j}\right)_{n \times n} = (a_{ij})_{n \times n} \tag{5.39}$$

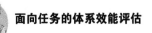

由式 (5.40) 将矩阵 $\boldsymbol{A}$ 调整为 $\boldsymbol{A}^* = (a_{ij}^*)_{n \times n}$, 符合 1~9 标度判断要求。$\lceil a_{ij} \rceil$ 是四舍五入 a_{ij} 的取整运算:

$$a_{ij}^* = \begin{cases} 9, & a_{ij} \geqslant 9 \\ \lceil a_{ij} \rceil, & 1 \leqslant a_{ij} < 9 \\ 1/\lceil a_{ij} \rceil, & 1/9 \leqslant a_{ij} < 1 \\ 1/9, & 0 < 0 < 1/9 \end{cases} \tag{5.40}$$

若指标参数之间属于非线性关系, 此时可采用数据驱动的方法, 利用机器学习或深度学习如 SVR、径向基神经网络或 DNN 算法来分析各个指标的关联性。

3) 融合多评估数据源信息

融合多评估数据源信息是指将多个专家的判断矩阵以及基于仿真的判断矩阵融合为综合判断矩阵的过程。根据 ANP 原理, ANP 超矩阵的各子列向量分别是其所对应判断矩阵的特征向量, 则可通过直接综合判断矩阵或综合各判断矩阵的排序向量融合多个判断矩阵。由于各专家 (仿真作为虚拟专家) 所处地位、知识经验和偏好的不同, 所作的评估判断重要性也可能有所不同, 这需要在综合专家意见的过程中考虑不同专家的重要性 (权重)。常见的专家权重的确定方法有 4 种。① 由 "权威专家" 确定, 这个人是统观全局、公正无私的, 但实际上这样的人很难找到, 因此这不是一种切实可行的方法; ② 自我评价; ③ 群体成员集体评价; ④ 基于过去信息评价。这里采用是基于委托过程确定权重的群体成员集体评价方法。具体描述如下:

设 $\boldsymbol{A} = (a_{ij})_{n \times n}$, $\boldsymbol{B} = (b_{ij})_{n \times n}$ 为正互反判断矩阵, 定义: $\boldsymbol{A}$ 与 $\boldsymbol{B}$ 的加法运算为 $\boldsymbol{C} = \boldsymbol{A} \oplus \boldsymbol{B}$, 其中 $\boldsymbol{C} = (c_{ij})_{n \times n}$, 满足:

$$c_{ij} = \begin{cases} a_{ij} + b_{ij}, & i \leqslant j \\ 1/c_{ij}, & i > j \end{cases} \tag{5.41}$$

定义: $\boldsymbol{A}$ 与 $\boldsymbol{B}$ 的 Hadamard 乘积为 $\boldsymbol{D} = \boldsymbol{A} \otimes \boldsymbol{B}$, 其中 $\boldsymbol{D} = (d_{ij})_{n \times n}$, $d_{ij} = a_{ij} \cdot b_{ij}$。

设评估准则为 c, 影响指标有 l 个, 分别为 $x_1, x_2, \cdots, x_l$, 第 $k\,(k = 1, 2, \cdots, m)$ 位评估专家 p_k 在准则 c 下对影响指标进行两两比较的判

断矩阵为 $A^{(k)} = (a_{ij}^{(k)})_{l \times l}$，其特征值为 $w^{(k)}$，$\lambda_1, \lambda_2, \cdots, \lambda_m$ 为各专家的权重，$\sum\limits_{i=1}^{m} \lambda_i = 1$。采用加权算术平均或加权几何平均法融合多判断矩阵，计算综合判断矩阵 $\bar{A}$ 或 $\tilde{A}$ 的公式分别为

$$\bar{A} = \lambda_1 A^{(1)} \oplus \lambda_2 A^{(2)} \oplus \cdots \oplus \lambda_m A^{(m)} \tag{5.42}$$

$$\tilde{A} = (A^{(1)})^{\lambda_1} \otimes (A^{(2)})^{\lambda_2} \otimes \cdots \otimes (A^{(m)})^{\lambda_m} \tag{5.43}$$

同理，计算综合排序向量 $\bar{w}$ 或 $\tilde{w}$ 的公式分别为

$$\bar{w} = \lambda_1 w^{(1)} \oplus \lambda_2 w^{(2)} \oplus \cdots \oplus \lambda_m w^{(m)} \tag{5.44}$$

$$\tilde{w} = (w^{(1)})^{\lambda_1} \otimes (w^{(2)})^{\lambda_2} \otimes \cdots \otimes (w^{(m)})^{\lambda_m} \tag{5.45}$$

可知，$\bar{A}$ 或 $\tilde{A}$ 的特征向量以及 $\bar{w}$ 或 $\tilde{w}$ 经调整后都可作为构成超矩阵的子列向量。

4) 构建 (加权) 超矩阵

与 AHP 不同，ANP 用超矩阵来存储模型中表示指标相关关系的数据，用权矩阵表示簇之间的相互影响程度，用加权超矩阵来存储整个模型中所有指标之间的相关关系，加权超矩阵的幂极限就是综合分析所有相互影响关系得到的指标权重。

根据网络化评估指标体系建立 ANP 模型，能得到所需建立的判断矩阵数量及其所包含的准则和指标，使用专家经验或仿真数据建立这些判断矩阵，用其特征向量可构建原始超矩阵 W。类似地，根据指标簇之间的相互影响关系，建立簇关系判断矩阵，用其特征向量构建权矩阵 A。由 ANP 原理，计算加权超矩阵 $\bar{W} = A \circ W = (a_{ij}W_{ij})$，求出极限超矩阵 $(\bar{W})^\infty$，可得武器装备作战效能评估指标体系中各评估指标的相对重要度排序，再计算出各评估指标权重。

3. 基于指标权重的作战效能评估模型的构建

基于指标权重的作战效能评估模型的构建一般采用加权和法和幂指数法等。

1) 加权和法

"加权和法"，也称为线性加权综合法或累加法，是军事领域中评价装备效能、部队固有作战能力最常用的评估方法，其原理是应用算术平均算子，

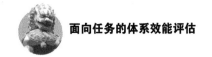

以 ANP 计算出来的指标权重与各层指标量化值相乘叠加聚合得到上层指标的作战效能 (能力) 的评估值。

2) 幂指数法

"幂指数法", 又称为加权积法, 是一种军事领域中评价装备效能、部队固有作战能力常用的评估方法, 其原理是应用几何算术平均算子, 以 ANP 计算出来的指标权重与各层指标量化值的幂指数后再相乘聚合得到上层指标的作战效能 (能力) 的评估值。

5.2.3 案例分析

这里以评估红外空空导弹系统作战能力为例, 来说明基于 ANP 的综合效能评估方法的有效性。

1. 问题背景分析

本例中红外空空导弹的论证背景是, 机载导弹作为实施精确打击和夺取制空权的关键性武器装备, 空空导弹形成红外制导和雷达制导两种互补的体制, 而近距格斗导弹几乎全部采用红外制导; 中、远距的空空导弹一般采用雷达制导, 这里以红外空空导弹近距格斗作战效能评估为例, 基于仿真实验数据进行分析, 在一定的作战态势下, 完成红外空空导弹近距格斗使命任务程度的度量。

2. 网络化评估指标体系设计

通过对红外空空导弹近距格斗使命任务分析, 基于机载导弹系统的特点, 分析其结构功能组成, 参考相关研究所提的评估指标, 对现有指标加以改进和综合, 提出红外空空导弹作战效能影响因素, 见表 5.9。

采用 ANP 综合效能评估方法, 邀请了 5 名相关领域的专家参与征询, 每次征询专家后计算专家一致性系数 CI, 经过 3 轮反馈征询计算得 CI=0.8531, 表明专家意见趋于一致。归一化并排序这 13 个指标的重要度 (数据略)。按照指标排序累加统计归一化的指标重要度, 当累加到前 11 项时 $N = \sum_{i=1}^{11} N_i = 0.9623 > 0.95$, 则选取前 11 项构建机载红外空空导弹近距格斗作战能力评估指标体系, 删除其余指标。

基于仿真数据分别对 11 个指标之间的相互影响关系进行判断, 得评估指标体系的指标关联度矩阵 $(r_{ij})_{11 \times 11}$, 采用上节中介绍的方法, 用图形表示评估指标体系中指标之间的相互影响关系, 以及簇与簇之间的关系, 建立

表 5.9　红外空空导弹系统作战效能影响因素

元素组名称	包含的元素	编号
态势感知能力 C_1	雷达侦察探测能力	C_{11}
	光电雷达侦察探测能力	C_{12}
	数据链信息支持能力	C_{13}
	飞行员目视能力	C_{14}
控制决策能力 C_2	信息处理与融合能力	C_{21}
	武器系统控制能力	C_{22}
	飞机机动性	C_{23}
	飞行员控制能力	C_{24}
火力打击能力 C_3	导弹制导能力	C_{31}
	导弹毁伤效果	C_{32}
	导弹抗干扰能力	C_{33}
电子战能力 C_4	电子信息攻击能力	C_{41}
	电子信息抗干扰能力	C_{42}

网络化机载红外空空导弹近距格斗作战能力评估指标体系, 如图 5.13 所示。

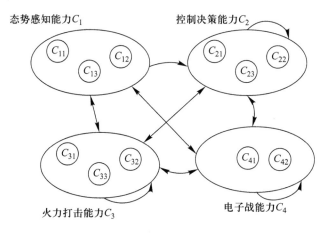

图 5.13　网络化机载红外空空导弹近距格斗作战能力评估指标体系

3. 网络化评估指标体系求解

首先构建机载红外空空导弹近距格斗作战能力评估网络模型; 然后请专家构建基于专家经验的判断矩阵; 接着建立机载红外空空导弹近距格斗

作战仿真系统, 采集仿真数据构建可定量分析指标集的判断矩阵, 融合多判断矩阵, 构建 ANP 超矩阵, 计算极限超矩阵得到各指标权重, 具体如下:

以控制层目标红外空空导弹作战效能为准则, 以网络层元素组火力打击能力 (C_3) 中的元素导弹毁伤效果 (C_{32}) 为次准则, 考虑元素组 C_1 中的元素按其对 C_{32} 的影响力大小进行间接优势度比较, 可构造如表 5.10 所列的判断矩阵。

表 5.10　C_1 元素组在 C_{32} 下的判断矩阵

C_{32}	C_{11}	C_{12}	C_{13}	归一化特征向量
C_{11}	1	1/5	1	0.14286
C_{12}	5	1	5	0.71429
C_{13}	1	1/5	1	0.14286

同理, 分别以 C_3 中元素 C_{31}、C_{33} 为次准则也可以构造判断矩阵, 这里限于篇幅, 直接给出以上 3 个判断矩阵所求得的归一化特征向量。并且构成一个在目标准则下, 元素组 C_1 对元素组 C_3 的关联矩阵:

$$W_{13} = \begin{bmatrix} 0.13153 & 0.14286 & 0.44332 \\ 0.69403 & 0.71429 & 0.16920 \\ 0.17444 & 0.14286 & 0.38748 \end{bmatrix} \tag{5.46}$$

用同样的方法, 通过考虑元素间的相互关系, 可以求得 $W_{12}, W_{14}, W_{23},$ $W_{31}, W_{32}, W_{33}, W_{34}, W_{41}, W_{42}, W_{43}$。其他没有列出的关联矩阵均为 0, 说明两个元素组之间没有关联。通过计算得出目标作战效能准则下的无权重超矩阵 W, 如表 5.11 所列。

表 5.11 中第 8 列中的前三个数值就是表 5.10 中计算得到的各元素权重 (表 5.10 中最后一列)。

由于本结构模型只考虑目标一个准则, 因此只有一个无权超矩阵, 并且这个超矩阵是非负矩阵, 超矩阵的子块 W_{ij} 是列归一化的, 但 W 却不是列归一化的。为此, 我们以目标为准则, 对目标准则下各元素组之间的重要性进行比较, 得到如表 5.12 所列的权重矩阵。

由上面得到的权重矩阵, 对超矩阵 W 的元素加权就可以得到加权超矩阵 $\bar{W}$, 如表 5.13 所列。

表 5.11　目标作战效能准则下元素间的超矩阵 W

	C_{11}	C_{12}	C_{13}	C_{21}	C_{22}	C_{23}	C_{31}	C_{32}	C_{33}	C_{41}	C_{42}
C_{11}	0.00000	0.00000	0.00000	0.18518	0.14242	0.07460	0.13153	0.14286	0.44332	0.15618	0.28083
C_{12}	0.00000	0.00000	0.00000	0.74074	0.67815	0.32360	0.69403	0.71429	0.16920	0.65865	0.13500
C_{13}	0.00000	0.00000	0.00000	0.07407	0.17943	0.60180	0.17444	0.14286	0.38748	0.18517	0.58417
C_{21}	0.00000	0.00000	0.00000	0.00000	0.00000	0.00000	0.33333	0.14286	0.33333	0.00000	0.00000
C_{22}	0.00000	0.00000	0.00000	0.00000	0.00000	0.00000	0.33333	0.71429	0.33333	0.00000	0.00000
C_{23}	0.00000	0.00000	0.00000	0.00000	0.00000	0.00000	0.33333	0.14286	0.33333	0.00000	0.00000
C_{31}	0.08096	0.10473	0.33333	0.06681	0.25828	0.14285	0.11397	0.08098	0.14992	0.07273	0.17862
C_{32}	0.18839	0.63698	0.33333	0.21851	0.63699	0.42858	0.48064	0.18841	0.10565	0.20500	0.11252
C_{33}	0.73064	0.25829	0.33333	0.71468	0.10473	0.42858	0.40538	0.73062	0.74443	0.72227	0.70886
C_{41}	0.24998	0.83333	0.24998	0.24998	0.16667	0.50000	0.50000	0.50000	0.24998	0.00000	0.00000
C_{42}	0.75002	0.16667	0.75002	0.75002	0.83333	0.50000	0.50000	0.50000	0.75002	0.00000	0.00000

表 5.12　目标准则下各元素组之间的权重矩阵

	C_1	C_2	C_3	C_4
C_1	0.000000	0.308996	0.190041	0.750000
C_2	0.000000	0.000000	0.380081	0.000000
C_3	0.166667	0.109452	0.066373	0.250000
C_4	0.833333	0.581552	0.363505	0.000000

表 5.13　目标准则下的加权超矩阵 $\bar{W}$

	C_{11}	C_{12}	C_{13}	C_{21}	C_{22}	C_{23}	C_{31}	C_{32}	C_{33}	C_{41}	C_{42}
C_{11}	0.00000	0.00000	0.00000	0.05722	0.04401	0.02305	0.02500	0.02715	0.08425	0.11714	0.21062
C_{12}	0.00000	0.00000	0.00000	0.22889	0.20955	0.09999	0.13189	0.13574	0.03216	0.49398	0.10125
C_{13}	0.00000	0.00000	0.00000	0.02289	0.05544	0.18595	0.03315	0.02715	0.07364	0.13888	0.43812
C_{21}	0.00000	0.00000	0.00000	0.00000	0.00000	0.00000	0.12669	0.05430	0.12669	0.00000	0.00000
C_{22}	0.00000	0.00000	0.00000	0.00000	0.00000	0.00000	0.12669	0.27149	0.12669	0.00000	0.00000
C_{23}	0.00000	0.00000	0.00000	0.00000	0.00000	0.00000	0.12669	0.05430	0.12669	0.00000	0.00000
C_{31}	0.01349	0.01745	0.05556	0.00731	0.02827	0.01564	0.00756	0.00537	0.00995	0.01818	0.04466
C_{32}	0.03140	0.10616	0.05556	0.02392	0.06972	0.04691	0.03190	0.01251	0.00701	0.05125	0.02813
C_{33}	0.12177	0.04305	0.05556	0.07822	0.01146	0.04691	0.02691	0.04849	0.04941	0.18057	0.17721
C_{41}	0.20832	0.69444	0.20832	0.14538	0.09692	0.29078	0.18175	0.18175	0.09087	0.00000	0.00000
C_{42}	0.62502	0.13889	0.62502	0.43617	0.48463	0.29078	0.18175	0.18175	0.27264	0.00000	0.00000

对加权超矩阵进行 $(2k+1)$ 次演化, k 趋近于无穷大。结果达到一致, 形成一个长期稳定的矩阵。这时得到的超级矩阵各行的值均相同, 如表 5.14 所列。

表 5.14　目标准则下极限超矩阵 $\bar{W}^{\infty}$

	C_{11}	C_{12}	C_{13}	C_{21}	C_{22}	C_{23}	C_{31}	C_{32}	C_{33}	C_{41}	C_{42}
C_{11}	0.08163	0.08163	0.08163	0.08163	0.08163	0.08163	0.08163	0.08163	0.08163	0.08163	0.08163
C_{12}	0.13399	0.13399	0.13399	0.13399	0.13399	0.13399	0.13399	0.13399	0.13399	0.13399	0.13399
C_{13}	0.13885	0.13885	0.13885	0.13885	0.13885	0.13885	0.13885	0.13885	0.13885	0.13885	0.13885
C_{21}	0.01930	0.01930	0.01930	0.01930	0.01930	0.01930	0.01930	0.01930	0.01930	0.01930	0.01930
C_{22}	0.02914	0.02914	0.02914	0.02914	0.02914	0.02914	0.02914	0.02914	0.02914	0.02914	0.02914
C_{23}	0.01930	0.01930	0.01930	0.01930	0.01930	0.01930	0.01930	0.01930	0.01930	0.01930	0.01930
C_{31}	0.02719	0.02719	0.02719	0.02719	0.02719	0.02719	0.02719	0.02719	0.02719	0.02719	0.02719
C_{32}	0.04532	0.04532	0.04532	0.04532	0.04532	0.04532	0.04532	0.04532	0.04532	0.04532	0.04532
C_{33}	0.10571	0.10571	0.10571	0.10571	0.10571	0.10571	0.10571	0.10571	0.10571	0.10571	0.10571
C_{41}	0.17300	0.17300	0.17300	0.17300	0.17300	0.17300	0.17300	0.17300	0.17300	0.17300	0.17300
C_{42}	0.22657	0.22657	0.22657	0.22657	0.22657	0.22657	0.22657	0.22657	0.22657	0.22657	0.22657

由于只有目标一个准则, 因此, 由上面得到的稳定极限超矩阵每一列即为各元素相对于目标的相对权重, 具体如表 5.15 所列。

表 5.15　结果分析

C_{11}	C_{12}	C_{13}	C_{21}	C_{22}	C_{23}	C_{31}	C_{32}	C_{33}	C_{41}	C_{42}
0.08163	0.13399	0.13885	0.01930	0.02914	0.01930	0.02719	0.04532	0.10571	0.17300	0.22657

4. 幂指数评估模型构建

机载红外空空导弹近距格斗作战能力幂指数评估模型中的幂指数反映了影响机载红外空空导弹近距格斗作战能力各参数的相对重要度。归一化处理 ANP 模型计算结果, 得各幂指数系数, 构建机载红外空空导弹近距格斗作战能力幂指数评估模型。

$$WQ = (C_1)^{u_1}(C_2)^{u_2}(C_3)^{u_3}(C_4)^{u_4} \tag{5.47}$$

式中: C_1, C_2, C_3 和 C_4 分别为态势感知能力、控制决策能力、火力打击能力、电子战能力; u_1, u_2, u_3, u_4 分别是它们的幂指数系数。

同理, 可建立机载红外空空导弹各单项作战能力幂指数评估模型, 受篇

幅所限, 下面仅给出机载红外空空导弹态势感知能力幂指数评估模型:

$$C_1 = (C_{11})^{u_{11}} (C_{12})^{u_{12}} (C_{13})^{u_{13}} \tag{5.48}$$

式中: C_{11} 为雷达侦察探测能力; C_{12} 为光电雷达侦察探测能力; C_{13} 为数据链信息支持能力; u_{11}, u_{12}, u_{13} 分别是 C_{11}, C_{12}, C_{13} 对机载红外空空导弹态势感知能力的影响指数。

5.3 基于因子分析的综合效能评估方法

5.3.1 因子分析的基本原理

评价指标体系的选取与建立是综合评价的重要基础, 是有效地评价系统的保证。评价指标要能涵盖被评价对象的主要属性, 能准确反映被评价对象的本质属性。评价指标体系应具有较强的逻辑完备性, 下级指标隶属于上级指标, 且全面覆盖上级指标的各项属性; 同一级指标之间相互独立, 各指标之间不相交叉, 独立反映被评价对象属性的一个方面。但通常被评价对象的属性难以严格划分, 同级指标之间难免存在各种联系, 使得评价结果之间也必然存在着一定的关联性, 不能正确、恰当地反映客观实际。

评价指标体系的建立过程实际上是一个运用系统思想分析问题的过程, 在影响因素较多的指标体系建立过程中, 如何对指标进行正确的筛选, 建立一个既 "全面" 而又不 "雷同" 的指标体系, 是常遇到而又不易解决的问题。从指标关联性的方面展开研究, 并运用因素分析的方法, 可以提高评价指标体系建立的可信度和有效性。

在综合评价系统中, 一般有定性指标和定量指标两种, 而且各个指标值的单位和量级是不相同的, 这样, 各指标之间存在着不可公度性, 因此在进行关联性分析之前, 应先将指标进行标准化处理, 将不可比的指标, 转化成为可比较的指标. 对指标进行相关分析时, 一般用相关系数表示指标之间的相关程度。

设有 n 个评价指标, 形成的指标向量为 $\boldsymbol{X} = (X_1, X_2, \cdots, X_n)^{\mathrm{T}}$, $\boldsymbol{X}$ 的均值向量为 $E[\boldsymbol{X}] = (E(X_1), E(X_2), \cdots, E(X_n))^{\mathrm{T}}$, 其协方差阵为

$$\boldsymbol{\Sigma} = \mathrm{Cov}(\boldsymbol{X}, \boldsymbol{X}) = E[(\boldsymbol{X} - E(\boldsymbol{X}))E(\boldsymbol{X} - E(\boldsymbol{X}))^{\mathrm{T}}]$$

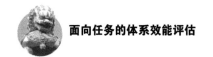

$$= \begin{bmatrix} \mathrm{Cov}(X_1, X_1) & \mathrm{Cov}(X_1, X_2) & \cdots & \mathrm{Cov}(X_1, X_n) \\ \mathrm{Cov}(X_2, X_1) & \mathrm{Cov}(X_2, X_2) & \cdots & \mathrm{Cov}(X_2, X_n) \\ \vdots & \vdots & \ddots & \vdots \\ \mathrm{Cov}(X_n, X_1) & \mathrm{Cov}(X_n, X_2) & \cdots & \mathrm{Cov}(X_n, X_n) \end{bmatrix} \tag{5.49}$$

$$= (\sigma_{ij})_{n \times n}$$

式中: $\mathrm{Cov}(X_i, X_j) = \sigma_{ij}$ 称为 $\boldsymbol{X}$ 的第 i 个分量 X_i 和第 j 个分量 X_j 的协方差; 协方差阵 $\boldsymbol{\Sigma}$ 为对称矩阵。

两个指标 X_i 与 X_j 的相关系数 r 的计算公式为

$$r_{ij} = \frac{\mathrm{Cov}(X_i, X_j)}{\sigma_i \sigma_j} \tag{5.50}$$

式中: r_{ij} 表示两个指标 X_i 与 X_j 之间的相关系数; 协方差 $\mathrm{Cov}(X_i, X_j)$ 表示两个指标的相关性强弱程度; 标准差 $\sigma_i = \sqrt{\mathrm{Var}(X_i)}$ 为指标 X_i 的标准方差, 表示指标取值的离散程度。

相关系数的值介于 -1 与 1 之间, 即 $-1 \leqslant r \leqslant 1$, 其性质如下:

当 $r > 0$ 时, 表示两变量正相关, $r < 0$ 时, 两变量为负相关。

当 $|r| = 1$ 时, 表示两变量为完全线性相关, 即为函数关系。

当 $r = 0$ 时, 表示两变量间无线性相关关系。

当 $0 < |r| < 1$ 时, 表示两变量存在一定程度的线性相关。且 $|r|$ 越接近 1, 两变量间线性关系越密切; $|r|$ 越接近于 0, 表示两变量的线性相关越弱。一般可按三级划分: $|r| < 0.4$ 为低度线性相关; $0.4 \leqslant |r| < 0.7$ 为显著性相关; $0.7 \leqslant |r| < 1$ 为高度线性相关。

对于 n 个评价指标, 可以分别计算出两两之间的相关系数, 形成相关系数阵

$$\boldsymbol{R} = \begin{bmatrix} r_{11} & r_{12} & \cdots & r_{1n} \\ r_{21} & r_{22} & \cdots & r_{2n} \\ \vdots & \vdots & \ddots & \vdots \\ r_{n1} & r_{n2} & \cdots & r_{nn} \end{bmatrix} \tag{5.51}$$

因子分析是从众多的原始变量中重构少数几个具有代表意义的因子变

量的过程。其潜在的要求: 原有变量之间要具有比较强的相关性。因此, 因子分析需要先进行相关性分析, 计算原始变量之间的相关系数矩阵。进行原始变量的相关分析之前, 需要对输入的原始数据进行标准化计算。

设有 p 个原始变量 $X_1, X_2, \cdots, X_p$, 它们可能相关, 也可能独立, 将 X_i 标准化得到新变量:

$$Z_i = \frac{X_i - E(X_i)}{\sqrt{\mathrm{Var}(X_i)}} \tag{5.52}$$

其相关系数矩阵为 $\boldsymbol{R}$, 求解相关系数阵的特征方程: $|\boldsymbol{R} - \lambda \boldsymbol{I}_n| = 0$, 得到 p 个特征值 $\lambda_1, \lambda_2, \cdots, \lambda_p$ 及其对应的特征向量 $\beta_1, \beta_2, \cdots, \beta_p$。

则可以建立因子分析模型如下:

$$Z_i = a_{i1}F_1 + a_{i2}F_2 + \cdots + a_{im}F_m + \varepsilon_i, \quad i = 1, 2, \cdots, p \tag{5.53}$$

式中: $F_j\,(j = 1, 2, \cdots, m)$ 出现在每个变量的表达式中, 称为公共因子, 它们的含义要根据具体问题来解释; $\varepsilon_i\,(i = 1, 2, \cdots, p)$ 仅与变量 Z_i 有关, 称为特殊因子; 系数 $a_{ij}\,(i = 1, 2, \cdots, m; j = 1, 2, \cdots, m)$ 称为载荷因子, $\boldsymbol{A} = (a_{ij})$ 称为载荷矩阵。

可以将式 (5.53) 表示成如下矩阵形式:

$$\boldsymbol{Z} = \boldsymbol{A}\boldsymbol{F} + \boldsymbol{\varepsilon} \tag{5.54}$$

其中: $\boldsymbol{Z} = (Z_1, Z_2, \cdots, Z_p)^{\mathrm{T}}$, $\boldsymbol{F} = (F_1, F_2, \cdots, F_m)^{\mathrm{T}}$, $\boldsymbol{\varepsilon} = (\varepsilon_1, \varepsilon_2, \cdots, \varepsilon_p)^{\mathrm{T}}$, 并且有

$$\boldsymbol{A} = (a_{ij})_{p \times m} \tag{5.55}$$

假定各特殊因子之间以及特殊因子与所有公共因子之间均相互独立, 即

$$\mathrm{Cov}(\boldsymbol{\varepsilon}, \boldsymbol{\varepsilon}) = \mathrm{diag}(\sigma_1^2, \sigma_2^2, \cdots, \sigma_p^2) \tag{5.56}$$

$$\mathrm{Cov}(\boldsymbol{F}, \boldsymbol{\varepsilon}) = 0 \tag{5.57}$$

进一步假定各公共因子都是均值为 0、方差为 1 的独立正态随机变量, 其

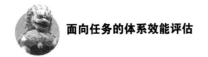

协方差阵为单位矩阵 $\boldsymbol{I}_m$, 即 $\boldsymbol{F} \sim N(0, \boldsymbol{I}_m)$。当因子 $\boldsymbol{F}$ 的各个分量相关时, $\mathrm{Cov}(\boldsymbol{F}, \boldsymbol{F})$ 不再是对角阵, 这种模型称为斜交因子模型, 这里不考虑这种模型。

计算第 i 因素贡献率及确定公共因素个数 m, 因素贡献率定义为

$$\gamma_i = \lambda_i / \sum_{i=1}^{n} \lambda_i \tag{5.58}$$

选择特征值根大于等于 1 的个数 m 为公共因素个数, 或因素贡献率大于等于 85% 确定 m。

则 m 个公共因子对第 i 个变量方差的贡献称为第 i 个共同度, 记为 h_i^2, 则

$$h_i^2 = a_{i1}^2 + a_{i2}^2 + \cdots + a_{im}^2 \tag{5.59}$$

而特殊因子的方差称为特殊方差或特殊值, 即式 (5.56) 中的 $\sigma_i^2 (i = 1, 2, \cdots, p)$, 从而第 i 个变量的方差有如下分解式:

$$\mathrm{Var}(Z_i) = h_i^2 + \sigma_i^2 \tag{5.60}$$

因子分析的一个基本问题是如何估计因子载荷, 即如何求解式 (5.53) 给出的因子模型问题。

直观上, 我们先尝试对式 (5.54) 作如下变形运算:

$$\boldsymbol{Z}^{\mathrm{T}}\boldsymbol{Z} = (\boldsymbol{A}\boldsymbol{F} + \boldsymbol{\varepsilon})^{\mathrm{T}}(\boldsymbol{A}\boldsymbol{F} + \boldsymbol{\varepsilon}) \tag{5.61}$$

先看右侧, 将非公共部分去掉, 得到

$$\boldsymbol{Z}^{\mathrm{T}}\boldsymbol{Z} \approx (\boldsymbol{A}\boldsymbol{F})^{\mathrm{T}}(\boldsymbol{A}\boldsymbol{F}) \tag{5.62}$$

注意此处的约等于不是抽取公共因子 (用少量公共因子) 之后造成的约等, 而是去掉了特殊因子造成的约等。

对 $\boldsymbol{Z}^{\mathrm{T}}\boldsymbol{Z}$ 实对称矩阵进行特征值分解

$$\boldsymbol{Z}^{\mathrm{T}}\boldsymbol{Z} = \boldsymbol{V}\boldsymbol{\Lambda}\boldsymbol{V}^{\mathrm{T}} \tag{5.63}$$

设 $\lambda_1 \geqslant \lambda_2 \geqslant \cdots \geqslant \lambda_p$ 为样本相关系数矩阵 $\boldsymbol{R}$ 的特征值, $\beta_1, \beta_2, \cdots, \beta_p$ 为相应的标准正交化特征向量. 设 $m < p$, 则

$$\boldsymbol{Z}^{\mathrm{T}}\boldsymbol{Z} = [\beta_1, \beta_2, \cdots, \beta_n] \begin{bmatrix} \lambda_1 & & & \\ & \lambda_2 & & \\ & & \cdots & \\ & & & \lambda_n \end{bmatrix} \begin{bmatrix} \beta_1 \\ \beta_2 \\ \cdots \\ \beta_n \end{bmatrix} \tag{5.64}$$

$$= \left[\sqrt{\lambda_1}\beta_1, \sqrt{\lambda_2}\beta_2, \cdots \sqrt{\lambda_n}\beta_n \right] \begin{bmatrix} \sqrt{\lambda_1}\beta_1 \\ \sqrt{\lambda_2}\beta_2 \\ \cdots \\ \sqrt{\lambda_n}\beta_n \end{bmatrix} \tag{5.65}$$

对比上面两式: $\boldsymbol{Z}^{\mathrm{T}}\boldsymbol{Z} \approx (\boldsymbol{AF})^{\mathrm{T}}(\boldsymbol{AF})$ 从形式上看是一致的, 并且符合公共因子的定义. 因此, 可以得到样本相关系数矩阵 $\boldsymbol{R}$ 因子分析的载荷矩阵为

$$\boldsymbol{A} = (\sqrt{\lambda_1}\beta_1, \sqrt{\lambda_2}\beta_2, \cdots, \sqrt{\lambda_m}\beta_m) \tag{5.66}$$

特殊因子的方差用 $\boldsymbol{R} - \boldsymbol{A}\boldsymbol{A}^{\mathrm{T}}$ 的对角元来估计, 即

$$\sigma_i^2 = 1 - \sum_{j=1}^{m} a_{ij}^2 \tag{5.67}$$

其中残差矩阵可表示为 $\boldsymbol{R} - \boldsymbol{A}\boldsymbol{A}^{\mathrm{T}} - \mathrm{Cov}(\varepsilon, \varepsilon)$, 所以 $\boldsymbol{A}\boldsymbol{A}^{\mathrm{T}} + \mathrm{Cov}(\varepsilon, \varepsilon)$ 与相关系数矩阵 $\boldsymbol{R}$ 比较接近时, 则从直观上可以认为因子模型给出了数据较好的拟合.

在因子分析中, 一般人们的重点是估计因子模型的参数, 即载荷矩阵, 有时公共因子的估计 (所谓因子得分) 也是需要的, 因子得分可以用于模型诊断, 也可以作为下一步分析的原始数据. 需要指出的是, 因子得分的计算并不是通常意义下的参数估计, 它是对不可观测的随机向量 F_i 取值的估计.

因子变量确定以后, 对于每一个样本数据, 我们希望得到它们在不同因子上的具体数据值, 即因子得分. 估计因子得分的方法主要有: 回归法、Bartlett 法等. 计算因子得分应首先将因子变量表示为原始变量的线性组

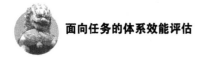

合，即

$$
\begin{cases}
F_1 = a_{11}x_1 + a_{12}x_2 + \cdots + a_{1p}x_p \\
F_2 = a_{21}x_1 + a_{22}x_2 + \cdots + a_{2p}x_p \\
\quad \cdots \\
F_m = a_{m1}x_1 + a_{m2}x_2 + \cdots + a_{mp}x_p
\end{cases}
\tag{5.68}
$$

通常可以用加权小二乘法和回归法来估计因子得分。

回归法，即 Thomson 法：因子得分是由贝叶斯 (Bayes) 思想导出的，得到的因子得分是有偏的，但计算结果误差较小。贝叶斯判别思想是根据先验概率求出后验概率，并依据后验概率分布做出统计推断。

Bartlett 法：Bartlett 因子得分是极大似然估计，也是加权最小二乘回归，得到的因子得分是无偏的，但计算结果误差较大。

上面主成分解是不唯一的，因为对 $\boldsymbol{A}$ 进行任何正交变换都不会改变原来的 $\boldsymbol{A}\boldsymbol{A}^{\mathrm{T}}$，即设 $\boldsymbol{Q}$ 为 m 阶正交矩阵，$\boldsymbol{B} = \boldsymbol{A}\boldsymbol{Q}$，则 $\boldsymbol{B}\boldsymbol{B}^{\mathrm{T}} = \boldsymbol{A}\boldsymbol{A}^{\mathrm{T}}$，载荷矩阵的这种不唯一性表面看是不利的，但我们却可以利用这种不变性，通过适当的因子变换，使变换后新的因子具有更鲜明的实际意义或可解释性，比如，我们可以通过正交变换使 $\boldsymbol{B}$ 中有尽可能多的元素等于或接近于 0，从而使因子载荷矩阵结构简单化，便于做出更有实际意义的解释。

由于正交变换是一种旋转变换，如果我们选取方差大的正交旋转，即将各个因子旋转到某个位置，使每个变量在旋转后的因子轴上的投影向大、小两极分化，从而使每个因子中的高载荷只出现在少数的变量上，在后得到的旋转因子载荷矩阵中，每列元素除几个值外，其余的均接近于 0。

以两个因子的平面正交旋转为例来说明其原理。设因子载荷矩阵为 $\boldsymbol{A} = (a_{ij}), (i = 1, 2, \cdots, p; j = 1, 2)$，取正交矩阵

$$
\boldsymbol{Q} = \begin{pmatrix} \cos\phi & -\sin\phi \\ \sin\phi & \cos\phi \end{pmatrix}
\tag{5.69}
$$

以矩阵 $\boldsymbol{Q}$ 进行旋转，是逆时针旋转，如果作顺时针旋转，只需将式 (5.69) 的次对角线上的两个元素对换即可，并记

$$
\boldsymbol{B} = \boldsymbol{A}\boldsymbol{Q} = (b_{ij}), i = 1, 2, \cdots, p; j = 1, 2
\tag{5.70}
$$

称 $\boldsymbol{B}$ 为旋转因子载荷矩阵, 此时式 (5.54) 模型变为

$$Z = B(Q^{\mathrm{T}}F) + \varepsilon \tag{5.71}$$

同时, 公共因子 $\boldsymbol{F}$ 也随之变为 $\boldsymbol{Q}^{\mathrm{T}}\boldsymbol{F}$, 希望通过旋转, 将变量分为主要由不同因子说明的两部分, 因此, 要求 $(b_{11}^2, b_{21}^2, \cdots, p1^2)$ 和 $(b_{12}^2, b_{22}^2, \cdots, b_{p2}^2)$ 这两列数据分别求得的方差尽可能地大。

下面考虑相对方差, 其计算式为

$$V_j = \frac{1}{p}\sum_{i=1}^{p}\left(\frac{b_{ij}^2}{h_i^2}\right)^2 - \left(\frac{1}{p}\sum_{i=1}^{p}\frac{b_{ij}^2}{h_i^2}\right)^2, j = 1, 2 \tag{5.72}$$

取 b_{ij}^2 是为了消除 b_{ij} 符号的影响, 除以 h_i^2 是为了消除各个变量对公共因子依赖程度不同的影响, 正交旋转的目的是为了使总方差 $V = V_1 + V_2$ 达到最大。令 $\frac{\mathrm{d}V}{\mathrm{d}\phi} = 0$, 经计算, ϕ 应满足

$$\tan(4\phi) = \frac{D_0 - 2A_0B_0/p}{C_0 - (A_0^2 - B_0^2)/p} \tag{5.73}$$

其中,

$$A_0 = \sum_{i=1}^{p} u_i, \quad B_0 = \sum_{i=1}^{p} v_i \tag{5.74}$$

$$C_0 = \sum_{i=1}^{p}(u_i^2 - v_i^2), \quad D_0 = 2\sum_{i=1}^{p} u_i v_i \tag{5.75}$$

$$u_i = \left(\frac{a_{i1}}{h_i}\right)^2 - \left(\frac{a_{i2}}{h_i}\right)^2, v_i = \frac{2a_{i1}a_{i2}}{h_i^2} \tag{5.76}$$

当 $m = 2$ 时, 还可以通过图解法, 凭直觉将坐标轴旋转一个角度 ϕ, 一般的做法是先对变量聚类, 利用这些类很容易确定新的公共因子。

当公共因子数 $m > 2$ 时, 可以每次考虑不同的两个因子的旋转, 从 m 个因子中每次选两个旋转, 共有 $C_m^2 = \frac{m(m-1)}{2}$ 种旋转, 做完这 $\frac{m(m-1)}{2}$ 次旋转就算完成了一个循环, 然后重新开始第二个循环, 每经一个循环, $\boldsymbol{A}$ 阵的各列的相对方差和 V 只会变大, 当第 k 次循环后的 $V^{(k)}$ 与上一次循环的 $V^{(k-1)}$ 比较变化不大时, 就停止旋转。

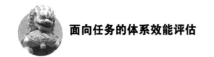

综上所述, 因子分解的算法流程如算法 5.1 所示。

算法 5.1　因子分解算法流程

---

① 将原始数据标准化, 以消除变量间在数量级和量纲上的不同。

② 求标准化数据的相关矩阵。

③ 求相关矩阵的特征值和特征向量。

④ 计算方差贡献率与累积方差贡献率。

⑤ 确定因子: 设 $F_1, F_2, \cdots, F_p$ 为 p 个因子, 其中前 m 个因子包含的数据信息总量 (其累积贡献率) 不低于 85% 时, 可取前 m 个因子来反映原评价指标。

⑥ 因子旋转: 若所得的 m 个因子无法确定或其实际意义不是很明显, 需将因子进行旋转以获得较为明显的实际意义。

⑦ 用原指标的线性组合来求得各因子得分, 采用回归估计法、Bartlett 估计法计算因子得分。

⑧ 综合得分: 以各因子的方差贡献率为权, 由各因子的线性组合得到综合评价指标函数:

$$F = \frac{\gamma_1 F_1 + \gamma_2 F_2 + \cdots + \gamma_m F_m}{\gamma_1 + \gamma_2 + \cdots + \gamma_m} = \sum_{i=1}^{m} \omega_i F_i \tag{5.77}$$

式中: ω_i 为旋转前或旋转后因子的方差贡献率。

⑨ 得分排序: 利用综合得分分析得到得分名次。

因子分析的基本原理是以变量间的线性关系为基础, 从观测变量间的相关系数矩阵和协方差矩阵把观测数据的大部分归纳为少数几个公因子, 剩余的变异作为特殊因子。因子分析一个潜在的前提条件是原始变量之间有着较强的相关关系, 这是从原始变量中综合出能够反映某些变量公共特性的公共因子所必需的条件。因此, 进行因子分析时要首先对因子分析的前提条件进行检验。通常可采用 KMO 检验、Bartlett 球形检验、变量共同度 3 种方法对原始变量进行检验。KMO 检验是以 KMO 值的大小来表示原始变量是否适合因子分析。KMO 值越接近 1, 相关性越强, 越适合做因子分析, 反之则不适合。一般情况下, KMO 大小的判断准则如表 5.16 所列。

表 5.16　**KMO 统计量判断准则**

KMO 统计量	因子分析适合性
0.90 以上	极佳的
0.80~0.90	良好的
0.70~0.80	中度的
0.60~0.70	平庸的
0.50~0.60	可悲的
0.50 以下	无法接受的

Bartlett 球形检验假设相关系数矩阵为单位矩阵。如果计算结果比较大且对应的显著性概率小于给定的显著性概率, 则拒绝原假设, 原始变量适合做因子分析。变量共同度是指原始变量变异部分能够被公共因子解释的部分, 公共因子解释能力越强, 变量共同度越大, 原始变量越适合作因子分析。变量共同度取值在 0 ~ 1, 取值越大, 越适合因子分析; 反之, 则不适合。

5.3.2　基于因子分析的效能评估方法

运用因子分析法对武器装备进行效能评估, 必须首先根据评估对象和评估目标, 确定评估指标构建模式, 选取评估指标构建武器装备效能评估指标体系。在效能评估中, 武器系统的性能、战术及效果等方面的指标很多, 因此应该选择对武器系统效能影响较大的独立指标作为评估指标体系。在获得各项评估参数之后, 为了消除各变量量纲不同的影响, 需将原始数据标准化, 并建立其相关系数矩阵 $\boldsymbol{R}$。然后, 利用因子分析法中的主成分分析原理, 以特征根大于 1 为准则求出相关系数矩阵 $\boldsymbol{R}$ 的特征根和相应的方差贡献率, 找出公因子, 进而建立因子载荷矩阵, 对因子载荷矩阵实施正交旋转。最后, 计算因子得分, 得出武器系统效能的评估结论。

5.3.3　案例分析

本节仅以巡航导弹为例进行对陆攻击巡航导弹作战效能评估, 根据巡航导弹对陆攻击的作战目标构建效能评估指标体系, 通过实例使用因子分析方法评估巡航导弹对陆攻击的作战效能。选取 4 种常见的巡航导弹: 美国 AGM-129 隐身巡航导弹、俄罗斯 3M-54 巡航导弹、欧洲 "风暴阴影" 巡航导弹以及英国、法国、意大利联合研制的 "斯卡普 EG" 巡航导弹, 进行实例分析, 通过查阅相关资料, 得到其性能参数见表 5.17。

表 5.17　4 种巡航导弹的性能

巡航导弹	指标						
	x_1	x_2	x_3	x_4	x_5	x_6	x_7
AGM-129	3200	1534	0.8	8	600	96	2500
3M-54	5000	1472	1.2	12	550	94	1800
"风暴阴影"	250	1522	1.5	6	450	98	2000
斯卡普 EG	400	1188	0.8	5	480	90	1500

表 5.17 中 x_1 为射程 (km), x_2 为弹长 (m), x_3 为飞行速度 (马赫数), x_4 为导引台作用距离 (km), x_5 为穿透能力 (mm), x_6 为命中精度 (%), x_7 为末段弹道机动半径 (m)。具体的评估步骤如下:

(1) 原始数据标准化。

(2) 建立原始数据的相关系数矩阵 $\boldsymbol{R}$, 如表 5.18 所列, 同时经检验, KMO = 0.732, 说明观测变量之间具有一定的相关性, 可以进行因子分析。

表 5.18　原始数据的相关系数矩阵 $\boldsymbol{R}$

指标	x_1	x_2	x_3	x_4	x_5	x_6	x_7
x_1	1.0000	0.6513	0.8912	0.9814	0.1123	0.4301	0.9865
x_2	0.6513	1.0000	0.9103	0.5162	0.4721	−0.0521	0.7892
x_3	0.8912	0.9103	1.0000	0.8671	0.1902	0.3503	0.9781
x_4	0.9814	0.5162	0.8671	1.0000	0.0287	0.5892	0.9702
x_5	0.1123	0.4721	0.1902	0.0287	1.0000	−0.8703	0.0328
x_6	0.4301	−0.0521	0.3503	0.5892	−0.8703	1.0000	0.6109
x_7	0.9865	0.7892	0.9781	0.9702	0.0328	0.6109	1.0000

(3) 求 $\boldsymbol{R}$ 的特征根和相应的方差贡献率, 如表 5.19 所列。

显然, 第一、二特征值的方差贡献率超过 85%, 这说明, 因子分析的第一、二主成分已包含了原始数据的大部分信息, 这一点还可以由图 5.14 说明。

由于第一、二主成分的累计贡献率已经达到了 94.278%, 故可用这两个主成分对原变量进行分析。计算相应特征值对应的单位特征向量, 以此来

表 5.19 相关系数矩阵 R 的特征值及方差贡献率

成分	特征值	方差贡献率	累积贡献率
x_1	4.678	66.125	66.125
x_2	2.012	28.153	94.278
x_3	0.513	5.722	100
x_4	1.32×10^{-15}	1.27×10^{-14}	100
x_5	-7.51×10^{-16}	-8.33×10^{-15}	100
x_6	-2.13×10^{-15}	-4.79×10^{-14}	100
x_7	-8.65×10^{-15}	-1.12×10^{-14}	100

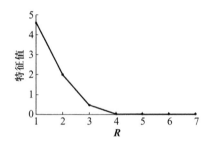

图 5.14 相关系数矩阵 R 的特征值曲线

确定因子载荷, 建立因子载荷矩阵。

(4) 对因子载荷矩阵实施正交旋转。旋转前后的因子载荷矩阵比较见表 5.20。

表 5.20 旋转前后因子载荷矩阵比较

变量	因子载荷矩阵		旋转后的因子载荷矩阵	
x_1	0.981	0.003	0.983	-0.072
x_2	0.768	0.517	0.798	0.435
x_3	0.964	0.143	0.986	0.061
x_4	0.953	-0.175	0.945	-0.208
x_5	0.975	0.139	0.305	0.957
x_6	0.949	-0.401	0.398	-0.943
x_7	0.998	-0.513	0.993	-0.138

从表 5.20 中可以看出, 经过旋转后, 第一主成分主要解释了 $x_1, x_2, x_3,$

x_4, x_7，即射程、弹长、飞行速度、导引台作用距离、末段弹道机动半径 5 个参数，可以称之为巡航导弹性能因素；第二主成分主要解释了 x_5, x_6，即穿透能力和命中精度两个参数，可以称之为火力打击效果因素。可见，旋转后因子的实际意义更加清晰。

(5) 计算因子得分，进行效能评估，如表 5.21 所列。

表 5.21　作战能力评估效果

	AGM-129	3M-54	"风暴阴影"	斯卡普 EG
F_1	0.6871	0.9703	-0.3836	-0.1427
F_2	-0.7685	0.1517	1.3952	0.0632
F	0.2524	0.7259	0.1475	-0.0811

其中，F_1, F_2 为正交旋转后因子载荷矩阵各列对应的线性函数，根据计算出的因子载荷矩阵表得

$$F_1 = 0.231x_1 + 0.187x_2 + 0.245x_3 + 0.197x_4 + 0.074x_5$$
$$+ 0.067x_6 + 0.238x_7 \tag{5.78}$$
$$F_2 = -0015x_1 + 0.236x_2 + 0.072x_3 + 0.0907x_4 + 0.5074x_5$$
$$- 0.417x_6 - 0.046x_7 \tag{5.79}$$

综合评估值式中 α_1 和 α_2 分别为相应主成分的方差贡献率，经计算得知，两主成分旋转后的累积贡献率分别为 66.125% 和 28.153%，又由表 5.19 知累积贡献率为 94.278%，故

$$\alpha_1 = 66.125/94.278 = 0.7014 \tag{5.80}$$
$$\alpha_2 = 28.153/94.278 = 0.2986 \tag{5.81}$$

所以有：$F = 0.7014F_1 + 0.2986F_2$。

计算经过标准化后的原始数据，得到巡航导弹的作战能力评估效果，如从表 5.21 中的评估值可以清晰地看出评估的结果，即俄罗斯的 3M-54 巡航导弹的作战效能最好，英国、法国、意大利联合研制的"斯卡普 EG"巡航导弹相对较差，与当前这几种武器的实战效果基本相符。

5.4　基于 ADC 方法的综合效能评估方法

系统效能评估 ADC 模型是一种常见的较为成熟的系统效能评估模型。该模型由美国工业界武器系统效能咨询委员会提出。模型认为: 系统效能是预期一个系统满足一组特定任务要求的程度的度量, 是系统可用性、可信性与固有能力的函数。

5.4.1　ADC 方法的基本原理

ADC 模型是一个应用最广泛的系统效能模型, 其将可靠性、维修性和固有能力等指标效能综合为可用性、可信性、固有能力 3 个综合指标效能, 并认为系统效能是这 3 个指标效能的进一步综合。其中, 可用性是在开始执行任务时系统状态的度量; 可信性是在已知系统开始执行任务时所处状态的条件下, 在执行任务过程中某个瞬间或多个瞬间的系统状态的度量; 固有能力是在已知系统执行任务过程中所处状态条件下, 系统达到任务目标能力的度量。

在使用 ADC 方法进行系统效能评估分析时, 往往需要解决以下 3 个问题:

(1) 系统在开始执行任务时所处的状态是什么? 有多大的可用性?

(2) 在执行任务的过程中系统的状态将如何变化? 有多大的转移概率? 考虑维修时的情况如何?

(3) 在执行任务过程中系统每一状态、每一状态转移过程中能完成任务的概率有多大?

据此, 系统效能的表达式为

$$E = ADC \tag{5.82}$$

式中: E 为系统效能 (System Effectiveness); A 为可用度 (Availability) 向量, $A = [a_1 \ a_2 \ \cdots \ a_n]$, n 为系统在开始执行任务时的状态数目; D 为可信度 (Dependability) 矩阵, $D = (d_{ij})n \times n$, 其中 d_{ij} 为系统由初始状态 i 经历任务期间到任务结束时转移到状态 j 的转移概率; C 为固有能力 (Capability) 向量。

系统效能 E, 一般根据 C 的形式, 可分两种情况进行计算。

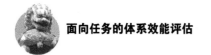

第 1 种情况: 若 C 为向量 $C = [c_1 \ c_2 \ \cdots \ c_n]^{\mathrm{T}}$, 系统效能值的计算公式为

$$E = [a_1 \ a_2 \ \cdots \ a_n] \begin{bmatrix} d_{11} & d_{12} & \cdots & d_{1n} \\ d_{21} & d_{22} & \cdots & d_{2n} \\ \vdots & \vdots & \ddots & \vdots \\ d_{n1} & d_{n2} & \cdots & d_{nn} \end{bmatrix} \begin{bmatrix} c_1 \\ c_2 \\ \vdots \\ c_n \end{bmatrix} \tag{5.83}$$

第 2 种情况: 若 C 为矩阵 $C = (c_{ij})_{n \times n}$, 系统效能值的计算公式为

$$E = [a_1 \ a_2 \ \cdots \ a_n] \begin{bmatrix} d_{11}c_{11} + d_{12}c_{12} + \cdots + d_{1n}c_{1n} \\ d_{21}c_{21} + d_{22}c_{22} + \cdots + d_{2n}c_{2n} \\ \vdots \\ d_{n1}c_{n1} + d_{n2}c_{n2} + \cdots + d_{nn}c_{nn} \end{bmatrix} \tag{5.84}$$

系统效能指标 E 的本质可以看成是成功完成任务的概率, 下面用数学方法来推导式 (5.82), 以说明系统效能指标 E 是一个完成任务的概率。

假定系统在任意时刻总处于 n 个状态之一。假定系统初始处于状态 $B_1, B_2, \cdots, B_n$, 执行任务结束时处于状态 $E_1, E_2, \cdots, E_n$。这里 $\cup_i B_i = \cup_i E_i = S, S$ 为样本空间。

假设事件 C 表示系统需要完成任务, 则依据概率事件的运算规律有

$$C = C \cap S \cap S = C \cap (\cup_i B_i) \cap (\cup_j E_j) = \cup_{ij}(CB_iE_j) \tag{5.85}$$

所以, 有

$$P(C) = \sum_{ij} P(CB_iE_j) = \sum_{ij} P(B_i)P(E_j|B_i)P(C|B_i, E_j) \tag{5.86}$$

式中: $P(C)$ 为系统完成任务的概率; $P(B_i)$ 为系统开始处于 i 状态的概率; $p(E_j|B_i)$ 为系统在开始处于 i 状态的条件下, 执行任务结束时处于 j 状态的转移概率; $p(C|B_i, E_j)$ 是系统在开始处于 i 状态, 执行任务结束时处于 j 状态条件下完成任务的条件概率。

比较式 (5.86) 和式 (5.82) 得知, 系统效能评估方程中的 E 就是这里的

$P(C)$, 所以 E 是一个衡量效能的概率指标; $P(B_i)$ 就是系统开始处于 i 状态的可用度 a_i; $P(E_j|B_i)$ 就是系统在开始处于 i 状态的条件下, 执行任务结束时处于 j 状态的转移概率 d_{ij}; $P(C|B_i, E_j)$ 是系统在开始处于 i 状态, 执行任务结束时处于 j 状态的条件下完成任务的能力的条件概率 c_j 或 c_{ij}。

在式 (5.86) 中若取 $P(C|B_i, E_j) = c_j$, 则式 (5.86) 就是

$$E = p(C) = \sum_{i,j} a_i d_{ij} c_j \tag{5.87}$$

式 (5.87) 的展开就是式 (5.83), 说明系统效能评估方程 (5.82) 中的 E 实际就是系统完成任务的无条件概率。而 c_j 是系统完成任务的条件概率, 这个条件概率强调了系统执行任务结束时状态 j 对完成任务的影响, 它以概率形式表达。认为初始状态和最终系统完成任务时所处的状态是独立的, 初始状态对最终系统完成任务不影响, 对完成任务最有影响的是最终状态。因此 c_j 根据任务结束时系统所处的状态能完成任务的概率来计算。

在式 (5.86) 中若取 $P(C|B_i E_j) = c_{ij}$, 则

$$E = P(C) = \sum_{i,j} a_i d_{ij} c_{ij} \tag{5.88}$$

式 (5.88) 的展开就是式 (5.84)。如前所述, 这里的 c_{ij} 是系统完成任务的条件概率。这个条件概率强调了系统从状态 i 执行任务开始, 一直到结束处于状态 j 时这个过程对完成任务都是有影响的, 它以概率形式表达。认为初始状态和最终系统完成任务时所处的状态是相关的, 对最终系统完成任务是有影响的, c_{ij} 应为由状态 i 转移到状态 j 所完成任务的概率计算。因此, 式 (5.84) 适用的系统工作时间可以较长, 它要体现系统从开始到结束的过程中完成任务的概率。

究竟用 c_j 还是 c_{ij}, 并不是看系统在整个任务期间内是连续工作还是不连续工作, 而是根据实际状况对完成任务的影响而定。固有能力矩阵 C 很大程度上由所评价的装备系统的目标、任务及系统的特性来确定。

由上述推导过程得知, $E = ADC$ 就是全概率公式和乘法公式的运用, 从而得知 E 就是一个概率指标。c_j 和 c_{ij} 也是概率性的效率指标, 只不过它是一个条件概率。理解这一点就有可能为大系统的合成、动态过程的合成, 为面向任务的系统效能评估提供新的思路。

5.4.2 基于 ADC 方法的效能评估方法

武器装备系统在顶层设计过程中经过多方充分地论证和审查, 其分系统在整个作战流程中都具备一定的任务、起到一定的作用。当分系统无法工作时, 肯定会影响到整套武器系统的效能。将各个分系统与整套武器系统的关系基本概括为 3 种: 串联、并联和串并联。串联关系, 即某个分系统无法工作时, 整套武器系统无法完成作战任务。并联关系, 即某个分系统无法工作时, 整套武器系统可以完成作战任务, 但在能力上有所降低, 属于降级使用。例如某型轮式装备, 当底盘分系统故障时, 整套武器系统无法完成作战任务, 底盘和整套系统属于串联关系。而侦察车定位定向采用惯性导航和卫星定位组合方式, 惯导和卫星定位既可组合工作, 也可分开独立工作。当惯导或卫星定位故障时, 整套系统仍能完成定位定向任务, 惯导和卫星定位对整套系统属于并联关系。串并联关系, 即装备系统由多个分系统采用串联、并联等混联方式形成复杂系统。由于现代武器系统可靠性设计较高, 同时有两个分系统故障的概率很小, 因此, 在武器系统效能评估中可以不考虑在执行任务过程中有多个分系统故障的情况。

若某武器系统有 $(m+n)$ 个分系统, 其中有 m 个分系统为串联系统, 有 n 个分系统为并联系统, 假设在整个任务过程中最多只有一个分系统故障。采用 ADC 方法分析系统效能, 则各个分系统的有效性为

$$a_i = \frac{\mathrm{MTBF}_i}{\mathrm{MTBF}_i + \mathrm{MTTR}_i} \tag{5.89}$$

式中: MTBF_i 为第 i 个子系统的平均故障间隔时间; MTTR_i 为第 i 个子系统的平均维修时间。以工作次数或工作里程等为单位的分系统计算有效性时可根据任务剖面以其相应的平均故障间隔和每次任务平均使用次数计算。系统完成任务时, 各个分系统共有 $(n+1)$ 种故障情况可保证顺利完成任务, 即全系统无故障, 某一并联分系统故障 (共 n 个分系统, 不考虑多系统故障), 第 $(n+2)$ 阶为无法完成任务, 即串联系统故障。因此:

$$\begin{cases} a_1 = a_1 \times a_2 \times \cdots \times a_{m+n} \\ a_2 = (1-a_1) \times a_2 \times \cdots \times a_n \times \cdots \times a_{m+n} \\ \cdots \\ a_{n+1} = a_1 \times a_2 \times \cdots \times (1-a_n) \times \cdots \times a_{m+n} \\ a_{n+2} = 1 - a_1 - a_2 - \cdots - \quad a_{n+1} \end{cases} \tag{5.90}$$

式中: a_1 为全系统完好时的有效性; a_2 为第 1 个并联分系统故障时的有效性; a_{n+1} 为最后一个并联分系统故障时的有效性; a_{n+2} 为系统无法完成任务的有效性。

综上, 通过计算可得有效性矩阵为 $\boldsymbol{A} = [a_1 \quad a_2 \quad \cdots \quad a_{n+2}]$。

根据武器系统任务剖面, 结合系统故障率和平均故障时间等参数, 计算各分系统可信性为

$$R_i = \exp\left(-\frac{T}{\mathrm{MTBF}_i}\right) \tag{5.91}$$

式中: MTBF_i 为第 i 个子系统的平均故障间隔时间。

假设武器系统在执行任务时, 故障状态无法向无故障状态转移, 且最多只有一个分系统故障, 因此, 可信性矩阵各项为

$$
\begin{cases}
d_{11} = R_1 \times \cdots \times R_{n+m} \\
d_{12} = (1 - R_1) \times R_2 \times \cdots \times R_{n+m} \\
\cdots \\
d_{1(n+1)} = R_1 \times \cdots \times (1 - R_n) \times \cdots \times R_{n+m} \\
d_{1(n+2)} = 1 - R_1 - \cdots - \quad d_{1(n-1)} \\
d_{21} = 0 \\
d_{22} = R_1 \times R_3 \times \cdots \times R_{n+2} \\
d_{23} = 0 \\
\cdots
\end{cases}
\quad
\begin{cases}
d_{2(n+2)} = 1 - d_{22} \\
d_{31} = 0 \\
d_{32} = 0 \\
d_{33} = R_1 \times R_2 \times R_4 \times \cdots \times R_{n+2} \\
\cdots \\
d_{(n+2)1} = 0 \\
\cdots \\
d_{(n+2)(n+2)} = 1
\end{cases}
\tag{5.92}
$$

矩阵中 1 状态表示全系统无故障, 2 至 $(n+1)$ 状态分别表示 n 个并联系统故障的故障率, $n+2$ 表示串联系统故障率。由于已假定系统最多只有一个分系统故障, 且故障状态无法向良好状态转移, 此时可信性为 0。因此, 通过计算可得可信性矩阵为

$$
\boldsymbol{D} =
\begin{bmatrix}
d_{11} & d_{12} & \cdots & d_{1(n+2)} \\
d_{21} & d_{22} & \cdots & d_{2(n+2)} \\
\vdots & \vdots & \ddots & \vdots \\
d_{(n+2)1} & d_{(n+2)2} & \cdots & d_{(n+2)(n+2)}
\end{bmatrix}
\tag{5.93}
$$

对于 ADC 方法中能力 C 建模的方法有很多种, 如可以采用武器系统

性能指标综合评价和专家打分法结合的方式，即武器系统的评判值主要通过性能指标确定，但性能指标对于作战任务完成作用权重不同，因此，通过专家咨询打分的方式，给予性能指标一定的加权和分配，最终确定武器系统的能力。具体来讲就是将武器系统分为各个分系统模块，按照各个分系统的性能指标能力继续分类，并通过指标和专家经验确定评判值和权重，最后确定能力矩阵。依据相关方法，各个分系统能力为

$$C_i = [QZ^{c_1} \quad QZ^{c_2} \quad \cdots \quad QZ^{c_i}] \begin{bmatrix} S(c_1) \\ S(c_2) \\ \vdots \\ S(c_i) \end{bmatrix} \tag{5.94}$$

式中：QZ^{c_i} 为第 c_i 指标的权重；$S(c_i)$ 为第 c_i 指标的评判值。

综上，可得能力矩阵为

$$\boldsymbol{C} = [C_1, C_2, \cdots, C_{n+1}, C_{n+2}]^{\mathrm{T}} \tag{5.95}$$

式中：C_1 为全系统完好时的能力；C_2 为第一个并联分系统故障时系统的能力；C_{n+2} 为串联系统故障时系统的能力，$C_{n+2} = 0$。

通过 ADC 方法定义，可得武器系统最终效能为

$$E = \boldsymbol{ADC} = [a_1 \quad a_2 \quad \cdots \quad a_{n+2}] \begin{bmatrix} d_{11} & \cdots & d_{1(n+2)} \\ d_{21} & \cdots & d_{2(n+2)} \\ \vdots & \ddots & \vdots \\ d_{(n+2)1} & \cdots & d_{(n+2)(n+2)} \end{bmatrix} [C_1, C_2, \cdots, C_{n+2}]^{\mathrm{T}}$$

$$\tag{5.96}$$

5.4.3 案例分析

这里以有人机/无人机协同作战系统面向任务协同对海攻击作战为例，来说明如何利用 ADC 方法来进行综合效能评估。

1. 问题背景分析

有人机/无人机协同作战系统面向任务协同对海攻击作战，其中无人机以承担协同攻击任务的方式展开作战行动。编队设定由 1 架有人机作为长

机, 2 架无人机协同攻击组成, 其作战模式如图 5.15 所示。

图 5.15　有人机/无人机协同对海攻击模式

有人机/无人机编队必须能在预警机及舰艇指挥系统等的指挥引导下, 通过战场信息通信系统传送各种传感器信息, 并在信息融合后, 实现对目标的战场态势和威胁估计。同时, 获得系统协同作战的战术决策, 实现协同作战的任务/航路规划, 进而完成攻击目标的瞄准计算和武器的发射引导, 实现对目标的最终打击。其作战流程如下。

(1) 任务装订及战区引导。有人机/无人机编队在舰艇编队进行任务/航路的数据装订后, 由舰艇指挥引导中心将有人机和无人机引导到作战区。

(2) 战场监视、侦察和目标探测。在作战区由无人机完成战场监视、侦察和目标探测任务。无人机将战场态势信息通过数据链传送给有人机; 有人机控制无人机完成对指定区域的目标搜索, 同时接收舰艇指挥中心通信系统传送的实时战场信息。

(3) 战场数据信息处理。有人机将接收的信息进行融合处理, 完成战场态势估计和威胁评估, 并根据战场态势变化对无人机进行任务/航路规划和重规划。

(4) 对目标实施攻击。有人机根据战场信息进行任务分配并将分配结果发送给无人机; 无人机接收攻击指令后, 开始进行火控计算和武器管理与发送, 最终投放机载武器实施攻击。

(5) 战场损伤评估。无人机在机载武器攻击目标过程中, 对战场进行监视, 并利用机载电视或照相系统等对被攻击目标照相, 对攻击效果进行分析评估; 有人机对总体攻击效果及本方损伤效果进行分析评估。

(6) 再次攻击或退出战斗返回舰艇。根据损伤评估结果, 若目标未被摧毁, 有人机会根据战场信息及无人机生存状况决定是否对目标进行再次攻击; 若目标被摧毁, 战机会按照预定航线返回舰艇。

2. 构建指标体系

综合有人机/无人机编队协同对海攻击作战过程、影响因素和效能评估指标的设计准则, 将作战效能评估指标分为四层, 如图 5.16 所示。

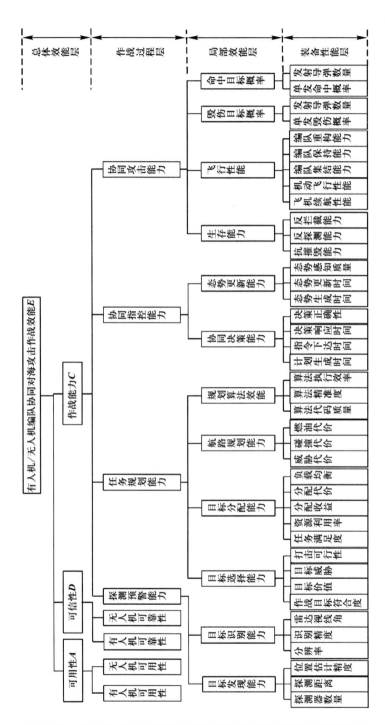

图 5.16   有人机/无人机编队协同对海攻击作战效能评估指标体系

(1) 总体效能层指标。综合反映有人机/无人机编队协同对海攻击作战效能。

(2) 作战过程层指标。表示随着作战过程的推进有人机/无人机编队作战效能的变化, 是有人机/无人机编队完成对海攻击任务不同作战阶段任务程度的度量。

(3) 局部效能层指标。它是作战过程层的分指标, 是对作战过程层指标的细化和分解。

(4) 装备性能层指标。它是系统重要行为属性的量化描述, 与系统的物理、结构和战技等参数有关。

3. 指标分析

1) 有效性向量 $\boldsymbol{A}$

对于有人机系统和无人机系统来讲, 通常分为可用状态和不可用状态, 但是由于无人机系统存在并联关系, 所以整个有人机/无人机编队系统存在 3 种状态, 从而确定系统可用性向量为

$$\boldsymbol{A} = [a_1 \quad a_2 \quad a_3] \tag{5.97}$$

式中: a_1 为有人机系统和 2 个无人机系统均处于正常工作状态的概率; a_2 为有人机系统和 1 个无人机系统处于正常工作状态, 另 1 个无人机系统处于故障状态的概率; a_3 为有人机系统故障或 2 个无人机系统故障均出现故障或者有人机系统和 2 个无人机系统均出现故障的概率。

设 $\mathrm{MTBF}_1, \mathrm{MTBF}_2$ 分别为有人机、无人机平均故障概率时间, $\mathrm{MTTR}_1, \mathrm{MTTR}_2$ 分别为有人机、无人机平均故障维修时间, λ_1, λ_2 分别为执行任务前有人机和无人机的故障率, μ_1, μ_2 分别为两者的维修率。

则可得有人机和无人机正常工作状态的概率分别为

$$P(M) = \frac{\mathrm{MTBF}_1}{\mathrm{MTBF}_1 + \mathrm{MTTR}_1} = \frac{\lambda_1}{\lambda_1 + \mu_1} \tag{5.98}$$

$$P(U) = \frac{\mathrm{MTBF}_2}{\mathrm{MTBF}_2 + \mathrm{MTTR}_2} = \frac{\lambda_2}{\lambda_2 + \mu_2} \tag{5.99}$$

根据有人机/无人机编队系统可能存在 3 种状态, 从而得其可用性向

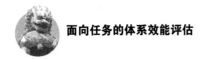

量为

$$a_1 = P(M) \times P(U)^2 = \frac{\lambda_1}{\lambda_1 + \mu_1} \cdot (\frac{\lambda_2}{\lambda_2 + \mu_2})^2 \tag{5.100}$$

$$a_2 = 2P(M)P(U)(1 - P(U)) = \frac{2\lambda_1}{\lambda_1 + \mu_1} \cdot \frac{\lambda_2}{\lambda_2 + \mu_2} \cdot \frac{\mu_2}{\lambda_2 + \mu_2} \tag{5.101}$$

$$a_3 = 1 - a_1 - a_2 \tag{5.102}$$

2) 可信度矩阵 D

有人机/无人机编队系统在执行任务的过程中只有正常工作和故障 2 种状态, 根据系统可能的初始状态到执行任务过程中可能发生的状态转移, 其可信度矩阵为

$$D = \begin{bmatrix} d_{11} & d_{12} & d_{13} \\ d_{21} & d_{22} & d_{23} \\ d_{31} & d_{32} & d_{33} \end{bmatrix} \tag{5.103}$$

式中: $d_{ij}(i = 1, 2, 3; j = 1, 2, 3)$ 表示开始执行任务时编队系统处于 $a_i(i = 1, 2, 3)$ 状态, 任务完成时编队系统处于 $a_j(j = 1, 2, 3)$ 状态。

显然, 有人机/无人机编队系统在执行任务的过程中发生的故障是不可修复的。因此, 在开始执行任务时, 若某一作战平台系统处于故障状态, 则任务完成后该系统仍处于故障状态。显然, 得 $d_{21} = d_{31} = d_{32} = 0, d_{33} = 1$。

假设编队系统执行任务时的故障率服从指数分布, 则有人机/无人机编队系统的可信度矩阵为

$$D = \begin{bmatrix} e^{-\lambda_1 T_1 - 2\lambda_2 T_2} & 2e^{-\lambda_1 T_1}\left(1 - e^{-\lambda_2 T_2}\right) & 1 - 2e^{\lambda_1 T_1} + e^{-\lambda_1 T_1 - 2\lambda_2 T_2} \\ 0 & e^{-\lambda_1 T_1 - \lambda_2 T_2} & 1 - e^{-\lambda_1 T_1}\left(1 - e^{-\lambda_2 T_2}\right) \\ 0 & 0 & 1 \end{bmatrix}$$
$$\tag{5.104}$$

式中: λ_1 和 λ_2 分别为有人机系统和无人机系统的故障率; T_1 和 T_2 分别为有人机系统和无人机系统执行任务的工作时间。

3) 能力矩阵 C

有人机/无人机协同对海攻击的能力是指编队系统完成对敌方海上目

标攻击任务的程度, 一般由最终目标的毁伤概率来表示。这个概率与编队系统在整个协同作战过程中的状态密切相关, 在相同的有人机/无人机编队系统中, 系统所处的状态不同, 其完成攻击任务的概率也不同。本节建立的有人机/无人机协同对海攻击的能力矩阵为 $\boldsymbol{C} = [c_1 \ c_2 \ \cdots \ c_j \ \cdots \ c_n]^\mathrm{T}$, 其中, c_j 为系统在执行任务过程中处于第 j 种状态时完成任务的能量值。

有人机/无人机编队在执行攻击任务的过程中可能处于 3 种状态, 第 1 种为有人机系统/无人机系统均处于正常工作状态, 第 2 种为有人机系统和 1 个无人机系统处于正常工作状态, 第 3 种为有人机系统故障或 2 个无人机系统故障的状态, 其对应的作战能力矩阵为 $\boldsymbol{C} = [c_1 \ c_2 \ c_3]^\mathrm{T}$。显然, 当编队系统处于第 3 种状态时, $c_3 = 0$。根据本节建立的有人机/无人机编队协同攻击海上目标的作战效能评估体系, 编队系统的作战能力主要由预警探测能力 C_d、任务规划能力 C_p、协同指挥能力 C_c、协同攻击能力 C_a 构成, 则有人机/无人机编队的作战能力矩阵可表示为

$$\boldsymbol{C} = \begin{bmatrix} c_1 \\ c_2 \\ c_3 \end{bmatrix} = \begin{bmatrix} C_{\mathrm{d}1} \cdot C_{\mathrm{p}1} \cdot C_{\mathrm{c}1} \cdot C_{\mathrm{a}1} \\ C_{\mathrm{d}2} \cdot C_{\mathrm{p}2} \cdot C_{\mathrm{c}2} \cdot C_{\mathrm{a}2} \\ 0 \end{bmatrix} \tag{5.105}$$

式中: $C_{\mathrm{d}1}, C_{\mathrm{p}1}, C_{\mathrm{c}1}, C_{\mathrm{a}1}$ 分别为有人机/无人机编队第 1 种状态下的预警探测能力值、任务规划能力值、协同指挥能力值和协同攻击能力值; $C_{\mathrm{d}2}, C_{\mathrm{p}2}, C_{\mathrm{c}2}, C_{\mathrm{a}2}$ 分别为有人机/无人机编队系统第 2 种状态下的预警探测能力值、任务规划能力值、协同指挥能力值和协同攻击能力值。

在本案例中, 由于完成有人机/无人机编队协同对海攻击任务总共有 3 种情况, 即有人机系统和 2 个无人机系统均处于正常工作状态下; 有人机系统和无人机系统 1 处于正常工作状态, 无人机系统 2 处于故障状态下; 有人机系统和无人机系统 2 处于正常工作状态, 无人机系统 1 处于故障状态。不失一般性, 假定两架无人机同一型号无人机, 由此可计算出在这 3 种情况下, 完成各个阶段的能力之间的关系:

$$C_{\mathrm{d}1} = 1 - (1 - C_{\mathrm{d}2})^2, \quad C_{\mathrm{p}1} = 1 - (1 - C_{\mathrm{p}2})^2 \tag{5.106}$$

$$C_{\mathrm{c}1} = 1 - (1 - C_{\mathrm{c}2})^2, \quad C_{\mathrm{a}1} = 1 - (1 - C_{\mathrm{a}2})^2 \tag{5.107}$$

在不同海况条件下, 有人机/无人机编队协同对海上大、中、小三种类

型目标作战的能力数据中, 利用仿真数据, 局部效能层指标可以对各个指标建立相应的数学模型, 通过装备性能层叶子指标的仿真数据计算, 或者是利用效用函数、模糊数学等量化方法对下层指标量化后采用指标聚合方法进行合成, 作战过程层指标可以通过指标聚合方法或构建出数学模型进行计算, 由此获得两种状态下的预警探测能力、任务规划能力、协同指挥能力和协同攻击能力的具体数值, 基于 ADC 方法最终得到有人机/无人机编队协同对海攻击的能力的综合效能评估值。

4) 算例分析

假设有人机系统的平均故障间隔时间为 1000h, 平均修理时间为 50h, 无人机系统平均故障时间为 2000h, 平均修理时间为 100h。在三级海况下, 针对海上中型目标, 执行任务为 6min, 通过构建相应的仿真模型, 对有人机/无人机编队攻击海上中型目标的作战任务, 以 1 有人机和 1 无人机协同攻击 (状态 a_2 条件下) 进行仿真, 统计相关的性能指标数据、统计、计算出局部效能层指标, 通过对专家几次轮询达到一致后, 利用 AHP 得到局部效能层指标相对于作战过程层指标的相应权重, 如表 5.22 所列。

表 5.22　1 有人机、1 无人机编队协同对海攻击作战能力指标值及权重

作战过程效能指标	局部效能指标	指标取值	权重
预警探测能力 C_d	目标发现能力 x_{11}	0.9345	0.64
	目标识别能力 x_{12}	0.9830	0.36
任务规划能力 C_p	目标选择能力 x_{21}	0.9401	0.24
	目标分配能力 x_{22}	0.9712	0.23
	航路规划能力 x_{23}	0.9667	0.34
	规划算法效能 x_{24}	0.9843	0.19
协同指挥能力 C_c	协同决策能力 x_{31}	0.9348	0.33
	态势更新能力 x_{32}	0.9403	0.67
协同攻击能力 C_a	生存能力 x_{41}	0.9322	0.27
	飞行性能 x_{42}	0.9501	0.18
	毁伤目标概率 x_{43}	0.9763	0.21
	命中目标概率 x_{44}	0.9511	0.34

有人机/无人机编队作战效能计算步骤:

(1) 计算编队系统的可用性矩阵。

根据式 (5.98) 和式 (5.99) 得

$$P(M) = \frac{1000}{1000 + 50} = 0.95 \tag{5.108}$$

$$P(U) = \frac{2000}{2000 + 100} = 0.95 \tag{5.109}$$

由此可求得可用性向量为

$$\boldsymbol{A} = [a_1, a_2, a_3] = [0.86, 0.09, 0.05] \tag{5.110}$$

(2) 计算编队系统的可信度矩阵。

易知执行任务前有人机和无人机的故障率分别为

$$\lambda_1 = \frac{50}{1000 + 50} = 0.05 \tag{5.111}$$

$$\lambda_2 = \frac{100}{2000 + 100} = 0.05 \tag{5.112}$$

从而可求得可信度矩阵为

$$\boldsymbol{D} = \begin{bmatrix} 0.9851 & 0.0099 & 0.0050 \\ 0 & 0.9900 & 0.0100 \\ 0 & 0 & 1 \end{bmatrix} \tag{5.113}$$

(3) 计算编队协同对海攻击的能力矩阵。

根据想定海况和拟攻击目标, 利用仿真得到单无人机作战系统的仿真数据 (表 5.22), 利用 AHP 采用加权求和的方法进行指标聚合, 可得

$$[C_{d2}, C_{p2}, C_{c2}, C_{a2}] = [0.9520, 0.9647, 0.9385, 0.9511] \tag{5.114}$$

由式 (5.105) 得有人机/无人机编队系统正常工作状态下的作战能力数据为

$$\boldsymbol{C} = [c_1, c_2, c_3]^{\mathrm{T}} = [0.9903, 0.8198, 0]^{\mathrm{T}} \tag{5.115}$$

进一步求得: $E = \boldsymbol{ADC} = 0.9227$。

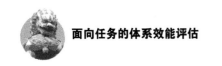

5.5 基于云模型的综合效能评估方法

客观现实世界是一个多参数、非线性、时变的不稳定系统, 系统中的事物、概念、实体或现象等基本要素同时具备多种不确定性。其中, 模糊性和随机性同时出现的情况较为常见, 所以如果要研究事物的不确定性, 就无法回避对这些事物的随机性和模糊性研究。武器装备系统的效能评估问题同样存在随机性和模糊性的问题。例如各评价指标的模糊性。对定性指标来说, 每个指标的定义本质上说都具有模糊性, 不是完全精确的; 对于定量指标, 其评价值的确定通常受主客观因素的影响, 也具有一定程度的模糊性。评价指标同样具有一定的随机性。因为影响武器装备系统效能是由大量的因素共同作用的结果, 每个因素不一定都能起决定性作用。为了解决这些模糊性和随机性问题, 可以采用定性定量不确定性转换模型 —— 云模型, 在定性与定量相结合的基础上, 它把自然语言中定性概念的随机性和模糊性有机地综合在一起, 实现了定性语言值和定量数值之间的自然转换, 为表达不确定性提供了更系统、更高层的工具。

5.5.1 云模型的基本原理

1. 云的概念

云是用语言值描述的某个定性概念与其数值表示之间的不确定性转换模型, 或者简单地说云模型是定性定量间转换的不确定性模型。云模型的定义如下:

设 U 是一个用数值表示的定量论域, C 是 U 上的定性概念, 若指定 $x \in U$ 是定性概念 C 的一次随机实现, x 对 C 的确定度 $\mu(x) \in [0,1]$ 是有稳定倾向的随机数 $\mu : U \to [0,1], \forall x \in YU, x \to \mu(x)$, 则 x 在论域上的分布称为云, 记为 $C(x)$, 每一个 x 称为一个云滴。

云由许多云滴组成, 云的整体形状反映了定性概念的重要特性, 云滴则是对定性概念的定量描述, 云滴的产生过程表示定性概念和定量值之间的不确定性映射。根据论域 U 的维数, 云又可以分为一维云、二维云、多维云等, 其中对于云模型有以下性质:

(1) 所有 $x \in U$ 到区间 $[0,1]$ 的映射是一对多的转换, x 对于 C 的隶属度是一个概率分布而非固定值, 从而产生了云, 而不是一条明晰的隶属曲线。

(2) 云由许许多多的云滴组成, 一个云滴是定性概念在数量上的一次实现, 单个云滴可能无足轻重, 在不同时刻产生的云的细节可能不尽相同, 但云的整体形状反映了定性概念的基本特征。

(3) 云模型产生的无次序云滴对定性概念的实现, 即云滴越多越能反映定性概念的整体情况, 同时形成 "高斯 (Gaussian) 云分布"。

(4) 云的数学期望曲线从模糊集理论的观点来看是其隶属曲线。

(5) 云的 "厚度" 是不均匀的, 腰部最分散,"厚度" 最大, 而顶部和底部汇聚性好,"厚度" 小。云的 "厚度" 反映了隶属度的随机性的大小, 云滴隶属度越大, 说明云滴的出现概率越大, 对概念的贡献越大。靠近概念中心或远离概念中心处隶属度的随机性较小, 而离概念中心不近不远的位置隶属度的随机性大, 这与人的主观感受相一致。

图 5.17 显示了语言值 "高度约 30 m" 的隶属云, 云的几何形状对理解定性与定量间转换的不确定性有很好的帮助。

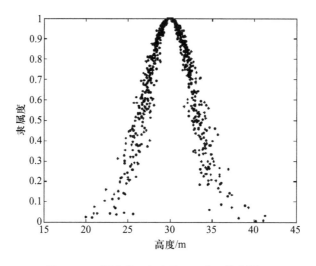

图 5.17　语言值 "高度约 30 米" 的隶属云

2. 云的数字特征

云的数字特征用期望值 Ex、熵 En、超熵 He 三个数值表征。它把模糊性和随机性完全集成到一起, 构成定性和定量相互间的映射。云的数字特征是描述云模型、产生虚拟云、实现云计算、完成云变换的数值基础, 如图 5.18 所示。

期望值 Ex: 云滴在论域中的分布期望, 通俗地说就是最能够代表定性

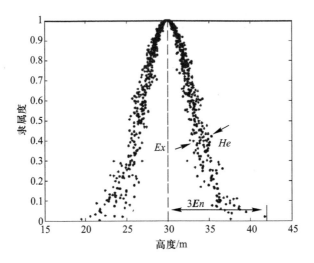

图 5.18　云的数字特征值

概念的点。这个指标可以把定性的数据转换为定量的数据, 它标定了云在论域中的位置, 即云的重心位置。

熵 En: 定性概念的不确定性度量, 在云模型中被用来综合度量定性概念的模糊度和概率, 反映了定性概念的不确定性。这种不确定性表现在两个方面, 一方面, En 是定性概念随机性的度量, 反映了能够代表这个定性概念的云的离散程度; 另一方面, En 反映了在论域中可被接受的云滴群范围的大小, 即模糊度。云用同一个数字特征来反映随机性和模糊性, 充分体现了二者之间的关联性。

超熵 He: 是熵的不确定性度量, 即熵的熵, 是对样本数据能否形成概念的重要指标。超熵的大小间接地反映了云的厚度。超熵越大, 云滴离散度越大, 隶属度的随机性越大, 云的厚度越大。

例如, 用云的概念来描述 "部队车辆编队时速" 这一定性的语言值, 如图 5.19 所示。一般以 $40 \sim 60$ km/h 为标准范围, 而尤以 50km/h 为无可争议的 "标准"。

这里 $Ex = 50, En = 2$(根据概率与统计学知识, E_x 的左右各 $3En$ 的范围内应覆盖 99% 的可被概念接受的元素), 而 He 可大约赋值为 0.2。对于不同参数的云比较如图 5.20 所示。

从图 5.19 和图 5.20 可看出, 对云的三个数字特征的分析中, 可以总结出云的基本特征, 结合效能评估过程中定性变量与定量变量的映射, 可以对

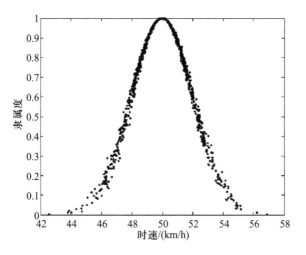

图 5.19　云示意图

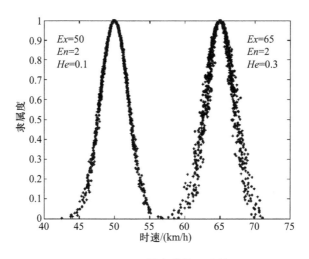

图 5.20　不同参数的云比较

云概念进行再理解:

(1) 在云模型中, 对于每一元素, 其隶属度都是遵循某一正态分布规律的随机数, 而不是唯一的值。这一特征反映了定性变量与定量变量映射的不确定性, 即论域 U 上的概念 C 从论域 U 到隶属度区间 $[0,1]$ 的映射是一对多的关系, 而不是传统的模糊隶属函数中的一对一关系。在效能评估过程中, 对于某一特定的定性变量, 其相应的定量映射具有一定随机裕度, 云定义保持了定性变量这种固有的 "软" 性。

(2) 尽管每一个元素的映射结果始终在细微变化着, 但这种变化只是在一定的范围内的"颤动", 不会剧烈影响到云的整体特征, 而云的整体形状反映了定性变量到定量变量映射的真正含义。在效能评估过程中, 这一云特征可以理解为经过多次的评估和转换, 最终可以形成对该定性变量的专家共识。

(3) 在生成云的过程中, 云滴个数过少不能明确云的整体形状和凝聚特性, 随着云滴个数的增加, 云逐渐呈现出明朗的整体形状, 且期望值附近的云滴聚集程度较高。由此特征可以看出, 单独讨论某一元素的隶属度是没有意义的, 大量云滴的分布特性才能反映映射的模糊性和随机性。在效能评估过程中, 只有多个采样(包括多个专家对某一定性变量的赋值、对某一定量变量的多次仿真), 才能保证映射结果的准确性, 从而保证评估结果的可信性。

(4) 云的厚度是不均匀的, 云的顶端及两端尾部最窄, 而腰部最厚。云的"厚度"反映了隶属度的随机性的大小, 靠近概念中心或远离概念中心处隶属度的随机性较小, 而离概念中心不近不远的位置隶属度的随机性大。在效能评估过程中, 这一特征反映为每个专家对于定性变量的理解都是随机的, 但整个评估过程表现出一定的整体规律性。

由此可见, 云将定性与定量映射中存在的模糊性和随机性有效地完全集成在一起, 研究其中蕴含的不确定性的普遍规律, 使得有可能从语言值表达的定性信息中获得定量数据的范围和分布规律, 也有可能把精确数值有效转换为恰当的定性语言值。因此, 采用云模型进行炮兵指挥信息系统效能评估中的定性变量与定量变量的转换研究是可行的。

3. 高斯云模型与综合云模型

云模型会根据不同概率密度分布函数实现不同类型的云模型, 如正态云模型、三角云模型及梯形云模型等。由于高斯分布具有普适性, 因此根据高斯分布演化而来的正态云模型则非常适合对概念的表现, 正态云模型定义如下:

设一个精确的数值来表示定量论域的 U 以及表示 U 定性概念的 C, 对于 $x \in U$, 且 x 是 C 的一次随机实现, 若 x 满足 $x \sim N(Ex, En'^2), En'^2 \sim N(En, He^2)$, 此时 x 对 C 的隶属度满足:

$$\mu = \exp\left[-\frac{(x - Ex)^2}{2(En')^2}\right] \tag{5.116}$$

则称 x 在论域上的分布为正态云 (或高斯云)。

式 (5.116) 表明可以用标准正态分布函数来确定云滴的定量数值, 利用正态模糊隶属度给出云滴的确定度。从而, 正态云模型同时具有模糊性和随机性特征。云模型所描述的定性概念, 通过大量定量概念值及其确定度表达, 利用云发生算法可以实现定性概念定量数值之间的变换。若需要将定性概念变换为定量数值, 可以通过正向云发生算法实现, 即在已知 3 个数字特征值生成所需数量的云滴。

云模型的算法称为云发生器, 建立起了定性与定量之间的相互联系, 包括正向发生器、逆向发生器、指标近似法等。

给定云的 3 个数字特征, 产生正态云模型的若干 2 维点——云滴 $\mathrm{drop}(x_i, \mu_i)$, 称为正向发生器。正态云的生成算法如下:

(1) 生成期望为 Ex, 标准差为 En 的正态随机数 $x_i \sim N(Ex, En)$;

(2) 生成期望为 En, 标准差为 He 的正态随机数 $En_i' \sim N(En, He)$;

(3) 计算隶属度 $\mu_i = \exp\left[-(x_i - Ex)^2/2(En')^2\right], (x_i, \mu_i)$ 即构成一个正态云的云滴 $\mathrm{drop}(x_i, \mu_i)$;

(4) 重复步骤 (1)~(3), 直到形成符合要求的云。

比如, 对定性评价 "良好" 所形成的云取为 $C(0.8, 0.15, 0.005)$, 生成 1000 个云滴, 如图 5.21 所示。

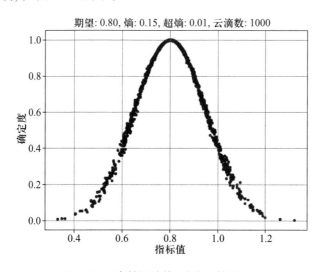

图 5.21　定性评价值 "良好" 的隶属云

正态云模型通过生成算法得到的云滴分布近似服从高斯分布, 也具有

"两头小, 中间大" 的描述特征, 还具有 "尖峰厚尾" 的特征, 这些可以描述幂律现象的 "二八定律"。因此, 正态云模型是一种重要的云模型, 具有普适性。若云模型随机变量服从高斯分布, 云模型与统计学理论中的相关概念可以建立相应的对应关系, 如表 5.23 所列。

表 5.23   云模型与统计学理论中概念的对应关系

云模型	统计学理论中的概念
云滴	随机变量
云模型	概率测度空间
期望 (Ex)	后验估计期望
熵 (En)	似然分布中的方差
超熵 (He)	超参数
逆向云生成算法	点估计法
正向云生成算法	(伪) 随机数生成算法

然而, 若需要将定量数值变换为定性概念则可以利用逆向云发生算法实现, 即正向云发生算法的逆向过程, 从给定的云滴样本中根据逆向云生成算法得到 3 个数字特征值, 从而实现对样本数据的定性评价。通过有限样本得到某概念的观察值, 依据统计学理论中有限样本推断总体的思想。逆向云生成算法旨在利用云滴样本 $\{x_i\}_{i=1}^n$ 推算得出云模型的数字特征的估计值。

逆向云发生算法的设计思想:

(1) 利用云滴 $\{x_1, x_2, \cdots, x_n\}$ 计算:

$$样本均值\ \bar{X} = \frac{1}{n} \sum_{i=1}^{n} x_i \tag{5.117}$$

$$一阶样本绝对中心矩\ m = \frac{1}{n} \sum_{i=1}^{n} |x_i - \bar{X}| \tag{5.118}$$

$$样本方差\ S^2 = \frac{1}{n-1} \sum_{i=1}^{n} (x_i - \bar{X})^2 \tag{5.119}$$

(2) 计算期望、熵及超熵的估计值:

$$\hat{Ex} = \bar{X} \tag{5.120}$$

$$\hat{En} = \sqrt{\frac{\pi}{2}} \times \frac{1}{n} \sum_{i=1}^{n} |x_i - \hat{Ex}| \tag{5.121}$$

$$\hat{He} = \sqrt{|S^2 - \hat{En}^2|} \tag{5.122}$$

依此思路, 根据样本即可得到云 $C(Ex, En, He)$ 的点估计值 $C(\hat{Ex}, \hat{En}, \hat{He})$。

指标近似法适合边界已知的情况, 对存在双边约束 $[C_{\max}, C_{\min}]$ 的指标, 其计算步骤如下:

$$Ex = \frac{1}{2}(C_{\max} + C_{\min}) \tag{5.123}$$

$$En = \frac{1}{6}(C_{\max} - C_{\min}) \tag{5.124}$$

$$He = k \tag{5.125}$$

式中: k 为常数, 可依据评语的随机性调整。

根据式 (5.116) 可以看出, 给定正态云的 3 个数字特征值 (Ex, En, He) 就可以生成任意个数的云滴组成的正态云, 相应地还可以生成综合云模型、组合云模型等。综合云模型是指对两个或两个以上的云模型进行综合计算, 从而进化为一个更高等级的云, 使之成为一个更广义概念的语言值, 其综合的评价集是从所有子集进行综合计算得出的。

利用正态云拟合运算规则可以将给定云的数字特征进行规则运算, 得到新的数字特征所构造的云。设任意两朵云 $C_1(Ex_1, En_1, He_1)$ 和 $C_2(Ex_2, En_2, He_2)$, $\lambda \in N$, 云模型的代数运算如下:

加减法运算: $C_1 \pm C_2 = C(Ex_1 \pm Ex_2, \sqrt{En_1^2 + En_2^2}, \sqrt{He_1^2 + He_2^2})$;

数乘运算: $\lambda C_1(Ex_1, En_1, He_1) = C(\lambda Ex_1, \sqrt{\lambda} En_1, \sqrt{\lambda} He_1)$;

乘法运算:

$$C_1 \times C_2 = C\left(Ex_1 Ex_2, |Ex_1 Ex_2|\sqrt{\left(\frac{En_1}{Ex_1}\right)^2 + \left(\frac{En_2}{Ex_2}\right)^2},\right.$$

$$\left. |Ex_1 Ex_2|\sqrt{\left(\frac{He_1}{Ex_1}\right)^2 + \left(\frac{He_2}{Ex_2}\right)^2}\right)$$

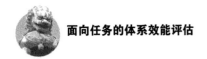

除法运算:

$$\frac{C_1}{C_2} = C\left(\frac{Ex_1}{Ex_2}, \left|\frac{Ex_1}{Ex_2}\right|\sqrt{\left(\frac{En_1}{Ex_1}\right)^2 + \left(\frac{En_2}{Ex_2}\right)^2}, \left|\frac{Ex_1}{Ex_2}\right|\sqrt{\left(\frac{He_1}{Ex_1}\right)^2 + \left(\frac{He_2}{Ex_2}\right)^2}\right)$$

幂运算: $C_1^\lambda = C(Ex_1^\lambda, \sqrt{\lambda}Ex_1^{\lambda_1}En_1, \sqrt{\lambda}Ex_1^{\lambda-1}He_1)$。

然而, 在同一个论域下, 会有两朵以上同类型的云 $C_i(Ex_i, En_i, He_i)$ $(i = 1, 2, \cdots)$ 产生, 将这些云集结后就能得到一朵综合云。事实上, 综合云的本质是将多个定性概念综合为一个更广义的概念。将若干朵云之间集成后的加权平均综合云模型的数字特征值可以由下式表示:

$$CWAA_w(C_1, C_2, \cdots, C_n) = C(Ex, En, He) \tag{5.126}$$

其中, $Ex = \sum_{i=1}^{n} w_i Ex_i, En = \sqrt{\sum_{i=1}^{n} w_i En_i^2}, He = \sqrt{\sum_{i=1}^{n} w_i He_i^2}$, w_i 为权重, 满足 $\sum_{i=1}^{n} w_i = 1$。若 $w_i = \frac{1}{n}$ $(i = 1, 2, \cdots, n)$, 则有

$$CWAA_w(C_1, C_2, \cdots, C_n) = C\left(\frac{1}{n}\sum_{i=1}^{n} Ex_i, \frac{1}{n}\sqrt{n\sum_{i=1}^{n} En_i^2}, \frac{1}{n}\sqrt{n\sum_{i=1}^{n} He_i^2}\right)$$

$$\tag{5.127}$$

5.5.2 基于云模型的效能评估方法

基于云模型的效能评估, 就是运用云模型来描述定性指标, 依据系统指标分层结构, 运用云理论中的有关知识, 导出各指标的多维加权综合云的重心表示, 用加权偏离度来衡量云重心的改变并激活云发生器, 从而给出评估对象的评估值, 综合评估系统的效能。基于云模型的综合评估方法有 3 个要素: 指标集 (U)、权重集 (W)、评估集 (V)。

(1) 指标集 $U_0, U_1, \cdots, U_m$, 其中 U_0 为目的指标, 其余为影响最终指标的第 i 个分指标;

(2) 权重集 $W = (w_1, w_2, \cdots, w_m)$, 其中 $w_i \geqslant 0$ 且 $\sum_{i=1}^{m} w_i = 1$;

(3) 评估集 $V = (V_1, V_2, \cdots, V_m)$。

评估指标按需要可以划分为多级层次结构, 根据需要从系统指标层次

的第 n 层开始, 运用基于云模型的云重心评判法进行评判, 并将评估结果传递给第 $(n-1)$ 层。再依次分层进行评估, 直至得到需要评估的那一层指标的评估结果。具体可分以下步骤。

步骤 1: 确定指标集及各指标权重。

指标体系由反映被评估对象多方面属性的一组相关指标组成, 而一个指标体系往往只能满足被评估对象某一方面的特性。因此在建立指标体系前要明确对评估对象效能评估的目的, 并按照一定的原则建立相应的指标体系, 这样才可能得出合理的评估结果。选择合适的效能指标体系, 是做好潜艇作战系统效能评估的关键。

指标的权重是表示某项指标在评估指标体系中重要程度的数量标志, 是指标体系的重要组成部分, 又称权数、权值、权系数。

各评估指标在指标体系中的地位和重要程度是不同的。为了体现这些, 就要为每项评估指标设定权重, 这样才能达到客观、可比的要求。

步骤 2: 将各指标用云模型来表示。

在给出的武器装备系统效能指标体系中, 既有精确型数值表示, 又有语言值来描述。提取 n 组样本组成决策矩阵, 那么 n 个精确数值型的指标就可以用一个云模型来表示。其中

$$Ex = \frac{1}{n}\sum_{i=1}^{n}x_i \tag{5.128}$$

$$En = \frac{1}{6}[\max(Ex_1, Ex_2, \cdots, Ex_n) - \min(Ex_1, Ex_2, \cdots, Ex_n)] \tag{5.129}$$

同时, 每个语言值型的指标都可以用一个云模型来表示, 那么 n 个语言值 (云模型) 表示的一个指标就可以用一个一维综合云来表征, 其中:

$$Ex = \frac{Ex_1En_1 + Ex_2En_2 + \cdots + Ex_nEn_n}{En_1 + En_2 + \cdots + En_n}$$

$$En = En_1 + En_2 + \cdots + En_n \tag{5.130}$$

当指标为精确数值型时, $Ex_1 \sim Ex_n$ 为各指标量的值; 当指标为语言值型时, $Ex_1 \sim Ex_n$ 为指标云模型的期望, $En_1 \sim En_n$ 为指标云模型的熵 [34]。

步骤 3: 系统状态的表示。

n 个性能指标可以用 n 个云模型来描述, 那么 n 个指标所反映的系统的状态就可以用一个 n 维综合云来表示。当 n 个指标所反映的系统状态发生变化时, 这个 n 维综合云的形状也发生变化, 相应地其重心就会改变。也就是说, 通过云重心的变化情况可以反映出系统状态信息的变化情况。n 维综合云的重心 T 用一个 n 维的向量来表示, 即 $T = (T_1, T_2, \cdots, T_n)$, 其中 $T_i = (a_i \times b_i)$ $(i = 1, 2, \cdots, n)$。a 为云重心的位置, 期望值反映了相应的模糊概念的信息中心值, 即云重心位置; b 为云重心的高度, 即权重值。云重心的高度反映了相应云的重要程度。当系统发生变化时, 其重心变化为 $T' = (T_1', T_2', \cdots, T_n')$。

步骤 4: 用加权偏离度来衡量云重心的改变。

一个系统的理想状态下各指标值是已知的。假设理想状态下, n 维综合云重心位置向量为 $\boldsymbol{a} = (Ex_1^0, Ex_2^0, \cdots, Ex_n^0)$, 云重心高度 $\boldsymbol{b} = (b_1, b_2, \cdots, b_n)$。则理想状态下, 云重心的向量 $\boldsymbol{T}^0 = a \times b = (T_1^0, T_2^0, \cdots, T_n^0)$。同理, 求得某状态下系统的 n 维综合云重心向量 $\boldsymbol{T} = (T_1, T_2, \cdots, T_n)$。

加权偏离度 θ 可以用来衡量这两种状态下综合云重心的差异情况。首先将此状态下的综合云的重心向量归一化, 得到一组向量: $\boldsymbol{T}^G = (T_1^G, T_2^G, \cdots, T_n^G)$。其中,

$$T_i^G = \begin{cases} \frac{T_i - T_i^0}{T_i^0}, & T_i < T_i^0 \\ \frac{T_i - T_i^0}{T_i}, & T_i \geqslant T_i^0 \end{cases} \tag{5.131}$$

经归一化后, 表征系统状态的综合云重心向量均为有大小、有方向、无量纲的值。把各指标归一化后的向量值乘以其权重值, 而后再相加即得加权偏离度 θ, $\theta = \sum_{i=1}^{n} w_i^* T_i^G$, w_i^* 为第 i 个单项指标的权重值。将得出的 θ 结果输入云发生器与理想状态对比评价即可得出效能值。

步骤 5: 用云模型实现评测的评语集。

评语集采用的评语数越多结果越精确, 这里用 11 个评语组成 1 个评语集: (极差, 非常差, 很差, 较差, 差, 一般, 好, 较好, 很好, 非常好, 极好)。将 11 个评语置于连续的语言值标尺上, 并且每个评语值都用云模型来实现, 由此可以构成一个定性评测的云发生器, 如图 5.22 所示。

对于一个具体的方案, 将求得的 θ 值输入评测云发生器中, 它可能有两种激活情况: 一是激活某个评语值云对象的程度远大于其他评语值, 这时该

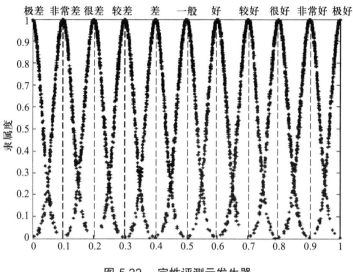

图 5.22　定性评测云发生器

评语值即可作为对方案的评测结果输出。二是激活两个评语值的云对象, 且激活程度相差不是很大, 这时运用云理论中的综合云原理, 生成一个新的云对象, 它的期望值将作为评测结果 (定量结果) 输出, 而此期望值对应的定性表述可由专家或系统用户另外给出。如, 对于某一指标得出结果为 0.62, 则该指标达到了 "好" 这一程度, 而若得出的结果为 0.65, 它介于好与较好之间, 该值定性表述由专家或系统用户另外给出。

结合系统效能评估的流程, 我们可以得到基于云模型的武器装备系统效能评估的流程, 如图 5.23 所示。

(1) 确定评估目标。以提武器装备系统整体效能为出发点, 综合考虑评估对象影响整体效能的主要因素, 确定评估工作的目标。

(2) 分析效能要素。根据确定好的评估目标, 对影响评估效能的主要因素进行分析和归纳, 提炼出若干效能要素及这些因素间的关联关系和关联程度。这些提炼出来的要素, 将作为构建评估指标体系的主要依据。

(3) 构建评估指标体系。在评估系统和指标体系框架的辅助下, 以体现关键或主要效能因素为基准, 遵循有关原则, 构建合适的评估指标体系。出现在指标体系中的效能因素应具备代表性和不可或缺性, 尽可能做到全面而简洁。

(4) 求出各指标的状态值。评估数据的获取途径比较多, 有些指标数据

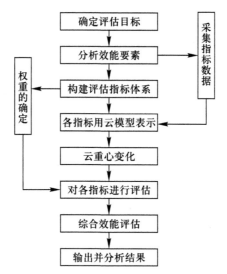

图 5.23　基于云模型的武器装备系统效能评估流程

可从以往的战例中归纳总结获得, 有些指标数据可以通过专家咨询等方法获得, 有些指标数据可以借助于仿真技术来获取。

(5) 单项效能评估。将各指标用云模型来表示, 并求各指标云模型的期望值和熵。通过云重心的变化情况对系统的单项效能进行评估。

(6) 综合效能评估。在单项评估结果的基础上, 从全面和系统的角度进行最终的综合分析与评估。综合评估的结果, 即可作为对评估目标的一个度量标准。

(7) 评估结果输出。将评估结果以字符、语言或图表的形式输出给用户。

5.5.3　案例分析

假定我方现已通过侦察获得敌方海上目标的相关信息, 将以舰载无人机编队对海突击作战, 有 3 种无人机编队方案 A、B、C 可以用于作战, 现依据云评估模型对 3 种无人机编队对海突击作战方案的作战效能进行仿真分析, 说明利用云模型进行综合效能评估的有效性。

1. 作战效能影响因素分析

舰载无人机编队对海突击作战有如下特点: 作战环境为海上, 活动基地是母舰, 对无人机发射、回收及任务规划等要求较高, 同时作战行动受母舰、水文、气象、地理环境等自然条件影响。此外, 海上作战区域广, 增大了目标搜索和选择难度。

舰载无人机编队协同对海突击作战任务具有过程性和阶段性特点, 因此, 在构建作战效能评估指标体系时按照阶段划分不仅有利于对影响作战效能的因素进行溯源分析, 也能进一步剖析作战过程, 分析舰载无人机编队在各个阶段的作战效果和单项能力。对海突击过程可以划分为 5 个阶段, 具体描述如下:

(1) 战场准备阶段。航空兵指挥所受领航母编队指挥所下达的作战任务, 制订并上报作战计划, 得到批准后, 向舰载无人机装订任务规划结果, 包括目标分配方案和航路规划方案等, 在满足起飞条件下, 舰载无人机准备起飞出航。

(2) 飞抵战区阶段。舰载无人机从航母起飞, 完成编队集结后按预定航线向作战海域飞行。

(3) 突防阶段。飞临目标区域时, 如果不满足敌防区外发射武器条件, 在达到发射阵位前, 需对敌防空系统进行突防。

(4) 对海突击阶段。舰载无人机编队飞临目标区后, 立即进行搜索, 在满足发射条件前提下, 尽早尽远发起攻击。发射后根据毁伤结果进行决策, 尚有余弹且需补充打击时, 进行补充打击。

(5) 返航阶段。编队飞离作战区域, 按作战计划或在预警机的引导下集结、返航、着舰。

2. 指标体系构建

结合舰载无人机编队对海突击作战过程, 基于上述无人机编队作战效能影响因素分析, 依据效能评估的目的, 选择效能评估指标体系的构建模式 P2: 固有能力 + 作战适宜性, 构建舰载无人机编队对海突击作战的综合效能评估指标体系, 如图 5.24 所示。

3. 确定指标的权重云

依据建立的舰载无人机编队对海突击作战效能评估指标体系, 构造各指标集的判断矩阵, 求解各指标在其所在指标集的权重, 并转换为权重云。

首先, 基于 AHP, 根据专家打分法, 构造出指标集的判断矩阵, 获得各指标的权重 $\boldsymbol{W}$。以无人机编队的 "任务规划能力" 为例, 专家对其下层 4 项指标打分, 得到其指标判断矩阵。经过一致性检验得到该指标的权重:

$$\boldsymbol{W}_3 = [w_{31}, w_{32}, w_{33}, w_{34}]^{\mathrm{T}} = [0.44, 0.32, 0.11, 0.13]^{\mathrm{T}} \tag{5.132}$$

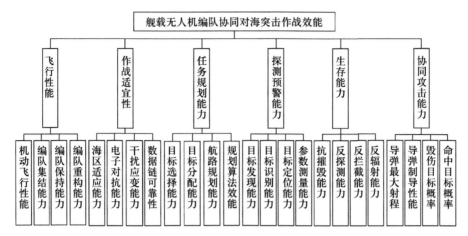

图 5.24　无人机编队作战效能评估指标体系

同理可得到所有指标层及准则层的权重:

$$
\boldsymbol{W} = \begin{bmatrix} \boldsymbol{W}_1 \\ \boldsymbol{W}_2 \\ \boldsymbol{W}_3 \\ \boldsymbol{W}_4 \\ \boldsymbol{W}_5 \\ \boldsymbol{W}_6 \end{bmatrix} = \begin{bmatrix} 0.23 & 0.44 & 0.21 & 0.12 \\ 0.28 & 0.16 & 0.38 & 0.18 \\ 0.44 & 0.32 & 0.11 & 0.13 \\ 0.31 & 0.23 & 0.34 & 0.12 \\ 0.19 & 0.11 & 0.35 & 0.35 \\ 0.21 & 0.21 & 0.26 & 0.32 \end{bmatrix} \tag{5.133}
$$

准则层 6 个指标相对于目标层 "舰载无人机编队对海突击作战效能" 的权重为

$$
\boldsymbol{W}_0 = [w_1, w_2, w_3, w_4, w_5, w_6]^{\mathrm{T}} = [0.09, 0.09, 0.13, 0.22, 0.34, 0.13]^{\mathrm{T}} \tag{5.134}
$$

根据专家组的各位专家打分法, 获得各指标的权重 $\boldsymbol{W}$, 利用下式将其转化为权重云表示为 $C_w(Ex_w, En_w, He_w)$:

$$
\begin{aligned}
\boldsymbol{W} &= [\boldsymbol{W}_1, \boldsymbol{W}_2, \cdots, \boldsymbol{W}_i] \\
&= \begin{bmatrix} Ex_{w1} & En_{w1} & He_{w1} \\ Ex_{w2} & En_{w2} & He_{w2} \\ \vdots & \vdots & \vdots \\ Ex_{wi} & En_{wi} & He_{wi} \end{bmatrix}
\end{aligned} \tag{5.135}
$$

$$= C_w(Ex_w, En_w, He_w)^{\mathrm{T}}$$

式中: Ex_w 为权重; $En_w = 1/3E_w$, E_w 为专家打分中对于期望的最大偏差; He_w 为专家打分的随机性。

以无人机编队的 "任务规划能力" 为例, 基于专家给出方案 A 中无人机编队权重的打分, 利用式 (5.135) 计算得到权重云为

$$C_{3w}(Ex_{3w}, En_{3w}, He_{3w})^{\mathrm{T}} = \begin{bmatrix} 0.44 \ 0.04 \ 0.005 \\ 0.32 \ 0.04 \ 0.005 \\ 0.11 \ 0.04 \ 0.005 \\ 0.13 \ 0.04 \ 0.005 \end{bmatrix} \tag{5.136}$$

利用下式将各位专家对各方案中的各指标给出的定性评价转化为正态评价云的数字特征表示为 $C_e(Ex_e, En_e, He_e)$:

$$\begin{aligned} \boldsymbol{R} &= [\boldsymbol{R}_1, \boldsymbol{R}_2, \cdots, \boldsymbol{R}_i] \\ &= \begin{bmatrix} Ex_{e1} \ En_{e1} \ He_{e1} \\ Ex_{e2} \ En_{e2} \ He_{e2} \\ \vdots \quad \vdots \quad \vdots \\ Ex_{ei} \ En_{ei} \ He_{ei} \end{bmatrix} \\ &= C_e(Ex_e, En_e, He_e)^{\mathrm{T}} \end{aligned} \tag{5.137}$$

以无人机编队的 "任务规划能力" 为例, 基于专家给出方案 A 中无人机编队中 "任务规划能力" 的打分, 利用式 (5.135) 计算得到 "任务规划能力" 的指标云为

$$C_{A3e}(Ex_{A3e}, En_{A3e}, He_{A3e})^{\mathrm{T}} = \begin{bmatrix} 0.6 \ 0.06 \ 0.008 \\ 0.5 \ 0.06 \ 0.008 \\ 0.3 \ 0.06 \ 0.008 \\ 0.4 \ 0.06 \ 0.008 \end{bmatrix} \tag{5.138}$$

同理可得 3 种无人机编队方案 (A、B、C) 中其余指标的评价云, 如表 5.24 所列。

表 5.24　准则层权重云与评价云

指标	权重云	方案 A 评价云	方案 B 评价云	方案 C 评价云
飞行性能	(0.09,0.04,0.005)	(0.582,0.0526,0.0065)	(0.512,0.0632,0.0072)	(0.435,0.0835,0.0166)
作战适宜性	(0.09,0.04,0.005)	(0.565,0.0575,0.0076)	(0.431,0.0767,0.0078)	(0.356,0.0963,0.0267)
任务规划能力	(0.13,0.04,0.005)	(0.509, 0.0505,0.0065)	(0.367,0.0683,0.0087)	(0.213,0.0886,0.0183)
探测预警能力	(0.22,0.04,0.005)	(0.687, 0.0521,0.0074)	(0.552,0.0796,0.0092)	(0.479,0.0987,0.0252)
生存能力	(0.34,0.04,0.005)	(0.662,0.0568,0.0075)	(0.571,0.0825,0.0097)	(0.431,0.0979,0.0238)
协同攻击能力	(0.13,0.04,0.005)	(0.786, 0.0683,0.0088)	(0.721,0.0987,0.0121)	(0.625,0.1328,0.0823)

4. 确定综合作战效能云

利用得到的指标权重云与评价云, 根据正态云运算规则, 得到准则层的评价云。同理, 可求得目标层的综合评价云, 进而评估无人机编队对海突击的作战效能。

$$C(Ex, En, He) = \boldsymbol{C}_w^{\mathrm{T}} \boldsymbol{C}_e$$

$$= \begin{bmatrix} Ex_{w1} & En_{w1} & He_{w1} \\ Ex_{w2} & En_{w2} & He_{w2} \\ \vdots & \vdots & \vdots \\ Ex_{wi} & En_{wi} & He_{wi} \end{bmatrix}^{\mathrm{T}} \begin{bmatrix} Ex_{e1} & En_{e1} & He_{e1} \\ Ex_{e2} & En_{e2} & He_{e2} \\ \vdots & \vdots & \vdots \\ Ex_{ei} & En_{ei} & He_{ei} \end{bmatrix} \qquad (5.139)$$

$$= \left[\sum_{k=1}^{i} Ex_{wk} \cdot Ex_{ek}, \sqrt{\sum_{k=1}^{i} (En_{wk} \cdot En_{ek})^2}, \sqrt{\sum_{k=1}^{i} (He_{wk} \cdot He_{ek})^2} \right]^{\mathrm{T}}$$

利用式 (5.139) 可求得无人机编队方案 A 的 "任务规划能力" 指标的综合评价云为

$$C_{A3}(Ex_{A3}, En_{A3}, He_{A3}) = \boldsymbol{C}_{3w}^{\mathrm{T}} \times \boldsymbol{C}_{A3e} = C_{A3}(0.509, 0.0505, 0.0065) \qquad (5.140)$$

同理可得基于表 5.24 所列的 3 种无人机编队方案中其余指标的评价云, 利用式 (5.139), 将准则层各指标的权重云与评价云进行加权拟合运算后, 得到 3 种无人机编队方案的综合作战效能云分别为

$$\begin{cases} C_A(Ex_A, En_A, He_A) = C_A(0.6478, 0.0590, 0.0075) \\ C_B(Ex_A, En_A, He_A) = C_B(0.5419, 0.0583, 0.0071) \\ C_C(Ex_A, En_A, He_A) = C_C(0.4321, 0.0581, 0.0154) \end{cases} \tag{5.141}$$

通过仿真得到其作战效能云图，图 5.25 给出无人机编队方案 A 的作战效能云图。

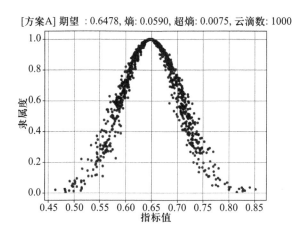

图 5.25　无人机编队方案 A 的作战效能云图

图 5.26 给出了 3 种无人机编队方案的作战效能云对比图。

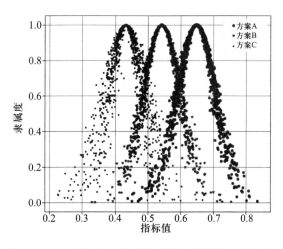

图 5.26　3 种无人机编队方案的作战效能云对比图

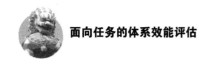
5.6　基于机器学习的综合效能智能评估方法

许多复杂装备体系/系统的效能评估问题, 需要通过模拟实验来评估采用不同的性能指标取值时对系统效能与子指标的影响, 例如, 为了找到某作战任务的最佳作战方案, 常常针对不同的武器打击方案 (如对舰作战中使用鱼雷、导弹等, 发射数量等) 模拟作战。对于许多实际作战过程的仿真, 单次仿真可能需要数分钟、数小时甚至数天才能完成。因此, 类似航母编队、水下攻防体系等复杂武器装备体系/系统等对抗作战仿真, 特别是在作战效能评估分析、体系优化设计等问题中, 往往需要数千甚至数万次模拟仿真的任务, 直接对原模型求解将是不可能的。

改善这种情况的一个办法就是使用近似模型 (又称为代理模型, 响应曲面模型、元模型) 来模拟高精度模拟模型。代理模型是指满足所需精度的数学模型以替代复杂的数值计算或者物理试验, 是一种包含试验设计和近似算法的建模技术, 在设计优化过程中用代理模型替代原来的高精度分析模型。代理模型可以提高仿真优化的寻优效率, 降低算法计算成本。代理模型的计算结果与原模型非常接近, 但是求解的计算量较小。

5.6.1　常见的机器学习算法

1. BP 神经网络

BP(Back Propagation) 神经网络算法是神经网络中应用较为广泛的一种方法, 是在 1986 年由 Rumelhart 和 McCelland 领导的科学研究小组提出的基于按误差反向传播算法训练的多层前馈网络, 即 BP 神经网络, 最常用的结构是三层 BP 神经网络。BP 神经网络通过记忆功能储存大量的输入/输出关系, 并不需要事先确定该输入/输出关系的数学计算模型。当有同样性质的输入变量输入时,BP 神经网络会利用已经存在的对应关系, 自动得出输出的值。

BP 神经网络是通过使用梯度下降算法不断地训练, 不断地将训练误差结果前向反馈, 不断地调整影响输入/输出关系的网络单元的权值和阈值, 直到误差在可以接受的范围之内, 该对应关系就会储存在网络中, 凭借存在的记忆对再次输入的变量计算出精确的输出值, 因此也称为多层前馈型网络。

BP 神经网络以记忆映射关系代替复杂数学计算模型的优点受到各领

域研究者的重视,BP 神经网络最重要的特点是误差反向传播, 它能够将网络计算的误差, 实时前向反馈, 通过分析已知的数据, 预测或评估未来结果, 整个过程通过不断自动调整内部神经元权值, 而无须调整外部结构。

BP 神经网络的基本结构包括输入层、输出层和隐含层。BP 神经网络结构灵活多样, 既可以一入多出, 又可以多入多出, 可以根据实际灵活应用。3 层 BP 神经网络结构如图 5.27 所示。

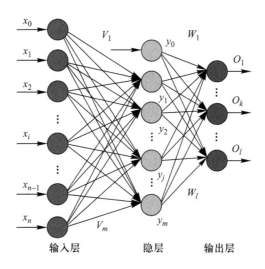

图 5.27　3 层 BP 神经网络结构

BP 算法是一种基于 δ 学习规则的神经网络学习算法, 其核心操作是通过预测数据误差的反向传播不断修正网络权值和阈值, 以实现模型快速收敛。

定义输入向量为 $\boldsymbol{X} = (x_1, x_2, \cdots, x_n)^{\mathrm{T}}$, 隐层输出向量为 $\boldsymbol{Y} = (y_1, y_2, \cdots, y_m)^{\mathrm{T}}$, 输出层输出向量 $\boldsymbol{O} = (O_1, O_2, \cdots, O_m)^{\mathrm{T}}$, 期望输出指标向量为 $\boldsymbol{d} = (d_1, d_2, \cdots, d_m)^{\mathrm{T}}$。

对于隐层, 其激活函数一般选用单极性/双极性 Sigmoid 函数:

$$f(x) = \frac{1}{1 + \mathrm{e}^{-x}} \quad \text{或} \quad f(x) = \frac{1 - \mathrm{e}^{-x}}{1 + \mathrm{e}^{-x}} \tag{5.142}$$

对于输出层选用线型函数 (Pureline 传递函数), 即 $y = x$。

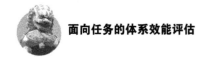

目标函数取实际输出值与期望输出值的误差函数:

$$
\begin{aligned}
E &= \frac{1}{2}(\boldsymbol{d}-\boldsymbol{O})^2 = \frac{1}{2}\sum_{i=1}^{l}(d_i - O_i)^2 \\
&= \frac{1}{2}\sum_{k=1}^{l}(d_k - f(\mathrm{net}_k))^2 = \frac{1}{2}\sum_{k=1}^{l}\left[d_k - f\left(\sum_{j=1}^{m}w_{jk}y_j\right)\right]^2 \\
&= \frac{1}{2}\sum_{k=1}^{l}\left\{d_k - f\left[\sum_{j=0}w_{jk}f(\mathrm{net}_j)\right]\right\}^2 \\
&= \frac{1}{2}\sum_{k=1}^{l}\left[d_k - f\left[\sum_{j=0}^{m}w_{jk}f\left(\sum_{i=0}^{m}v_{ij}x_i\right)\right]\right]^2
\end{aligned}
\tag{5.143}
$$

BP 学习算法改变权值规则如下:

$$
\Delta w_{ij} = \eta(d_k - o_k)o_k(1-o_k)y_j \tag{5.144}
$$

$$
\Delta v_{ij} = \eta\left(\sum_{k=1}^{l}(d_k - o_k)o_k(1-o_k)w_{jk}\right)y_j(1-y_j)x_i \tag{5.145}
$$

式中: η 为网络学习效率。

输入层输入的是影响评估目标的多个指标; 隐含层是调整输入与输出之间关系的桥梁, 通过不断地调整神经元的权值和阈值, 使输出的误差函数达到理想的范围之内; 输出层输出的是评估指标的最终评估值。输入信号正向输入, 误差信号反向传播, 隐含层不断调整各神经元的阈值和权值, 反复进行直到网络达到预期的输出效果, 网络训练结束。当有类似的输入变量输入时, 会运用已经存储的记忆对样本进行预测或结果修正。

BP 神经网络应用涉及心理学、医学、预测、实际生产、效能评估、智能控制和优化等领域。尤其是在预测领域应用最多, 并取得良好的应用效果, 避免了复杂模型的计算, 解决建模的难题, 为人们对评估目标的优化、分析和决策提供可靠的参考依据。BP 神经网络以其精确的预测和较高的可靠度受到人们的信赖, 在应用的过程中, 人们不断改进和优化算法, 从运算函数到算法优化等, 以期得到更加精确的结果。

BP 神经网络是指训练过程通过误差反向传播的方式, 将网络实际计算误差与设定的期望误差不断比较, 将各个神经元权值和阈值不断调整的过程。期望误差的设定是网络训练标准的基本要求, 训练过程中反向传播的是网络实际计算误差和期望误差之间的比较结果, 结果达到了设定的要求, 网络训练结束, 否则, 不断重复训练过程, 直到满足程序设定的要求。

BP 神经网络训练过程如图 5.28 所示。

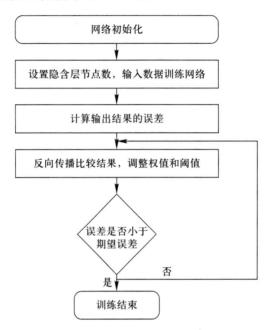

图 5.28 BP 神经网络训练过程

步骤 1, 网络的初始化, 设定网络的学习效率、误差精度、初始权值和阈值、训练精度等初始参数;

步骤 2, 设置隐含层节点数量, 批量输入明确输入/输出关系的训练样本, 并实时记录误差函数;

步骤 3, 计算输出结果的误差, 并与设定的期望误差进行比较;

步骤 4, 通过反向传播的方式, 不断调整神经元的阈值和权值;

步骤 5, 若输出误差小于设定的误差值, 则网络训练结束, 否则, 将计算的误差反向传播, 返回步骤 4。

BP 神经网络结束训练的条件是输出误差小于设定的误差值, 误差值越小, 表明越精确, 否则会不断调整神经元的权值和阈值, 直到输出结果满足条件。误差的设定并非越小越好, 还要综合考虑网络的收敛速度, 网络误差的设定对网络收敛速度的影响将在下节结合仿真结果详细分析。

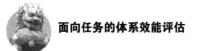

2. 支持向量回归 (SVR) 算法

支持向量机 (Support Vector Machine, SVM) 本身是针对二分类问题提出的, 而支持向量回归 (Support Vector Regression, SVR) 是 SVM 中的一个重要的应用分支。SVR 回归与 SVM 分类的区别在于, SVR 的样本点最终只有一类, 它所寻求的最优超平面不是 SVM 那样使两类或多类样本点分得 "最开", 而是使所有的样本点距离超平面的总偏差最小。

给定一组数据 $\{(\boldsymbol{x}_1, y_1), (\boldsymbol{x}_2, y_2), \cdots, (\boldsymbol{x}_m, y_m)\}$, 其中 $\boldsymbol{x}_i \in \mathbb{R}^d, y_i \in \mathbb{R}$, 回归问题希望学得一个模型

$$f(\boldsymbol{x}, w) = \boldsymbol{w}^{\mathrm{T}} \boldsymbol{x} + b \tag{5.146}$$

使得 $f(\boldsymbol{x})$ 与 y 尽可能接近。

式 (5.146) 不能表示非线性问题, 改进方法是引入非线性映射函数 $\varPhi(\boldsymbol{x})$, 将输入空间映射到具有更高维度的特征空间。通过映射, $\varPhi(\boldsymbol{x})$ 可达到无穷多维以使 f 接近任意非线性函数。无穷多维在实际计算过程中无法达到, 事实上根本就不需要计算 $\varPhi(\boldsymbol{x})$, 只需要计算两个 $\varPhi(\boldsymbol{x})$ 的内积 $\varPhi(\boldsymbol{x}^i)^{\mathrm{T}} \varPhi(\boldsymbol{x}^j)$ 即可。引入 $\varPhi(\boldsymbol{x})$ 后, 线性方程 (5.146) 扩展为非线性方程为

$$f(\boldsymbol{x}, w) = \boldsymbol{w}^{\mathrm{T}} \boldsymbol{\varPhi}(\boldsymbol{x}) + b \tag{5.147}$$

式中: w 为与向量 $\boldsymbol{\varPhi}(\boldsymbol{x})$ 维度相同的权重向量。

传统的回归模型通常基于模型输出 $f(\boldsymbol{x}, w)$ 与真实输出 y 之间的差别来计算损失。当且仅当 $f(\boldsymbol{x}, w)$ 与 y 完全相同时, 损失才为零。SVR 与之不同, 它假设能容忍 $f(\boldsymbol{x}, w)$ 与 y 之间最多有 ϵ 的偏差, 即仅当 $|f(\boldsymbol{x}, w) - y| > \epsilon$ 时, 才计算损失。如图 5.29 所示, SVR 相当于以 $f(\boldsymbol{x}, w)$ 为中心, 构建了一个宽度为 ϵ 的间隔带。若训练样本落在此间隔带内则认为是预测正确的。

SVR 的损失函数由此称为 ϵ 不灵敏误差 ($\epsilon-$ insensitive error), 形如:

$$L(y, f(\boldsymbol{x}, w)) = \begin{cases} 0, & |y - f(\boldsymbol{x}, w)| \leqslant \epsilon \\ |y - f(\boldsymbol{x}, w)| - \epsilon, & \text{其他} \end{cases} \tag{5.148}$$

本质上我们希望所有的模型输出 $f(\boldsymbol{x}, w)$ 都在 ϵ 的间隔带内, 因而可以

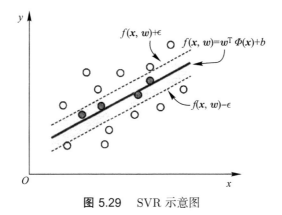

图 5.29　SVR 示意图

定义 SVR 的优化目标:

$$\min_{\boldsymbol{w},b} \frac{1}{2}\|\boldsymbol{w}\|^2$$

$$\text{s.t.} \quad |y_i - \boldsymbol{w}^{\mathrm{T}}\boldsymbol{\Phi}(\boldsymbol{x}_i) - b| \leqslant \epsilon, \quad i = 1, 2, \cdots, m \tag{5.149}$$

可以为每个样本点引入松弛变量 $\xi > 0$, 即允许一部分样本落到间隔带外, 使得模型更加鲁棒。由于这里用的是绝对值, 实际上是两个不等式, 也就是说两边都需要松弛变量, 我们定义为 $\xi_i^{(L)}$, $\xi_i^{(U)}$, 于是优化目标变为

$$\min_{\boldsymbol{w},b,\boldsymbol{\xi}^{(\mathcal{L})},\boldsymbol{\xi}^{(U)}} \quad \frac{1}{2}\|\boldsymbol{w}\|^2 + C \sum_{i=1}^{m} \left(\xi_i^{(L)} + \xi_i^{(U)} \right) \tag{5.150}$$

$$\text{s.t.} \quad -\epsilon - \xi_i^{(L)} \leqslant y_i - \boldsymbol{w}^{\mathrm{T}}\boldsymbol{\Phi}\left(\boldsymbol{x}_i\right) - b \leqslant \epsilon + \xi_i^{(U)} \tag{5.151}$$

$$\xi_i^{(L)} \geqslant 0, \xi_i^{(U)} \geqslant 0, \quad i = 1, 2, \cdots, m \tag{5.152}$$

上式中的 C 和 ϵ 为参数, C 越大, 意味着对离群点的惩罚越大, 最终就会有较少的点跨过间隔边界, 模型也会变得复杂。C 设得越小, 则较多的点会跨过间隔边界, 最终形成的模型较为平滑。而 ϵ 越大, 则对离群点容忍度越高, 最终的模型也会较为平滑, 这个参数是 SVR 问题中独有的,SVM 中没有这个参数。

对于式 (5.150), 为每条约束引入拉格朗日乘子 $\mu_i^{(L)} \geqslant 0$, $\mu_i^{(U)} \geqslant 0$, $\alpha_i^{(L)} \geqslant 0$, $\alpha_i^{(U)} \geqslant 0$:

$$L(\boldsymbol{w}, b, \boldsymbol{\alpha^{(L)}}, \boldsymbol{\alpha^{(U)}}, \boldsymbol{\xi^{(L)}}, \boldsymbol{\xi^{(U)}}, \boldsymbol{\mu^{(L)}}, \boldsymbol{\mu^{(U)}})$$

$$=\frac{1}{2}||\boldsymbol{w}||^2 + C\sum_{i=1}^{m}(\xi_i^{(L)} + \xi_i^{(U)}) + \sum_{i=1}^{m}\alpha_i^{(L)}(-\epsilon - \xi_i^{(L)} - y_i + \boldsymbol{w}^{\mathrm{T}}\varPhi(\boldsymbol{x}_i) + b)$$

$$+ \sum_{i=1}^{m}\alpha_i^{(U)}(y_i - \boldsymbol{w}^{\mathrm{T}}\varPhi(\boldsymbol{x}_i) - b - \epsilon - \xi_i^{(U)}) - \sum_{i=1}^{m}\mu_i^{(L)}\xi_i^{(L)} - \sum_{i=1}^{m}\mu_i^{(U)}\xi_i^{(U)}$$

其对偶问题为

$$\begin{cases} \max\limits_{\boldsymbol{\alpha},\boldsymbol{\mu}}\min\limits_{\boldsymbol{w},b,\xi} L\left(\boldsymbol{w},b,\boldsymbol{\alpha}^{(L)},\boldsymbol{\alpha}^{(U)},\boldsymbol{\xi}^{(L)},\boldsymbol{\xi}^{(U)},\boldsymbol{\mu}^{(L)},\boldsymbol{\mu}^{(U)}\right) \\ \text{s.t. } \alpha_i^{(L)},\alpha_i^{(U)} \geqslant 0, \quad i = 1,2,\cdots,m \\ \mu_i^{(L)},\mu_i^{(U)} \geqslant 0, \quad i = 1,2,\cdots,m \end{cases} \tag{5.153}$$

上式对 $\boldsymbol{w},b,\xi_i^{(L)},\xi_i^{(U)}$ 求偏导为零可得:

$$\begin{cases} \dfrac{\partial L}{\partial \boldsymbol{w}} = 0 \implies \boldsymbol{w} = \sum\limits_{i=1}^{m}(\alpha_i^{(U)} - \alpha_i^{(L)})\varPhi(\boldsymbol{x}_i) \\ \dfrac{\partial L}{\partial b} = 0 \implies \sum\limits_{i=1}^{m}(\alpha_i^{(U)} - \alpha_i^{(L)}) = 0 \\ \dfrac{\partial L}{\partial \boldsymbol{\xi}^{(L)}} = 0 \implies C - \alpha_i^{(L)} - \mu_i^{(L)} = 0 \\ \dfrac{\partial L}{\partial \boldsymbol{\xi}^{(U)}} = 0 \implies C - \alpha_i^{(U)} - \mu_i^{(U)} = 0 \end{cases} \tag{5.154}$$

将式 (5.154) 代入式 (5.153), 并考虑由式 (5.154) 得 $C - \alpha_i = u_i \geqslant 0$, 因而 $0 \leqslant \alpha_i \leqslant C$ 得化简后的优化问题:

$$\begin{cases} \max\limits_{\alpha^{(L)},\alpha^{(U)}} \sum\limits_{i=1}^{m} y_i\left(\alpha_i^{(U)} - \alpha_i^{(L)}\right) - \epsilon\left(\alpha_i^{(U)} + \alpha_i^{(U)}\right) \\ -\dfrac{1}{2}\sum\limits_{i=1}^{m}\sum\limits_{j=1}^{m}\left(\alpha_i^{(U)} - \alpha_i^{(L)}\right)\left(\alpha_j^{(U)} - \alpha_j^{(L)}\right)K\left(\boldsymbol{x}_i,\boldsymbol{x}_j\right) \\ \text{s.t. } \sum\limits_{i=1}^{m}\left(\alpha_i^{(U)} - \alpha_i^{(L)}\right) = 0 \\ 0 \leqslant \alpha_i^{(L)},\alpha_i^{(U)} \leqslant C, \quad i = 1,2,\cdots,m \end{cases} \tag{5.155}$$

其中, $K(\boldsymbol{x}_i,\boldsymbol{x}_j) = \varPhi(\boldsymbol{x}_i)^{\mathrm{T}}\varPhi(\boldsymbol{x}_j)$ 为核函数。上述求最优解的过程需满足 KKT 条件, 其中的互补松弛条件为

$$\alpha_i^{(L)}(\epsilon + \xi_i^{(L)} + y_i - \boldsymbol{w}^{\mathrm{T}}\varPhi(\boldsymbol{x}_i) - b) = 0 \tag{5.156}$$

$$\alpha_i^{(U)}(\epsilon + \xi_i^{(U)} - y_i + \boldsymbol{w}^{\mathrm{T}}\Phi(\boldsymbol{x}_i) + b) = 0 \tag{5.157}$$

$$\mu_i^{(L)}\xi_i^{(L)} = (C - \alpha_i^{(L)})\xi_i^{(L)} = 0 \tag{5.158}$$

$$\mu_i^{(U)}\xi_i^{(L)} = (C - \alpha_i^{(U)})\xi_i^{(U)} = 0 \tag{5.159}$$

若样本在间隔带内, 则 $\xi_i = 0$, $|y_i - \boldsymbol{w}^{\mathrm{T}}\Phi(\boldsymbol{x}) - b| < \epsilon$, 于是要让互补松弛成立, 只有使 $\alpha_i^{(L)} = 0$, $\alpha_i^{(U)} = 0$, 则由式 (5.154) 得 $\boldsymbol{w} = 0$, 说明在间隔带内的样本都不是支持向量, 而对于间隔带上或间隔带外的样本, 相应的 $\alpha_i^{(L)}$ 或 $\alpha_i^{(U)}$ 才能取非零值。此外一个样本不可能同时位于 $f(\boldsymbol{x}, w)$ 的上方和下方, 所以式 (5.156) 和式 (5.157) 不能同时成立, 因此 $\alpha_i^{(L)}$ 和 $\alpha_i^{(U)}$ 中至少一个为零。

优化问题式 (5.155) 同样可以使用二次规划或 SMO 算法求出 $\boldsymbol{\alpha}$, 继而根据式 (5.154) 求得模型参数 $\boldsymbol{w} = \sum\limits_{i=1}^{m}(\alpha_i^{(U)} - \alpha_i^{(L)})\Phi(\boldsymbol{x}_i)$。而对于模型参数 b 来说, 对于任意满足 $0 < \alpha_i < C$ 的样本, 由式 (5.158) 和式 (5.159) 可得 $\xi_i = 0$, 进而根据式 (5.156) 和式 (5.157):

$$b = \epsilon + y_i - \boldsymbol{w}^{\mathrm{T}}\Phi(\boldsymbol{x}_i) = \epsilon + y_i - \sum_{j=1}^{m}(\alpha_j^{(U)} - \alpha_j^{(L)})K(\boldsymbol{x}_j, \boldsymbol{x}_i) \tag{5.160}$$

则 SVR 最后的模型为

$$f(\boldsymbol{x}, w) = \boldsymbol{w}^{\mathrm{T}}\Phi(\boldsymbol{x}) + b = \sum_{i=1}^{m}(\alpha_i^{(U)} - \alpha_i^{(L)})K(\boldsymbol{x}_i, \boldsymbol{x}) + b \tag{5.161}$$

根据 KKT (Karush-Kuhn-Tucker) 条件, 在以上规划问题中, 系数 $\alpha_i^{(U)} - \alpha_i^{(L)}$ 中只有一部分为非零值, 与之对应的输入向量带有等于或大于 ϵ 的近似误差, 称其为支持向量。图 5.30 给出了 SVR 的输出函数的结构图。

由此, 用于回归问题的支持向量机 (ϵ-SVR) 算法可描述如下:

利用 SVR 算法进行回归分析时, 一般采用一些启发式算法, 如遗传算法 GA、粒子群算法 PSO 等, 对 SVR 的参数进行优选, 以提高算法的精度, 其流程如图 5.31 所示。

具体步骤如下:

① 输入历史数据, 对数据进行预处理, 形成训练数据集和测试数据集;

② 对 SVR 的参数进行初始化, 选择适当的核函数, 对拉格朗日乘子 $\hat{\boldsymbol{\alpha}}$

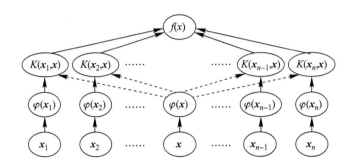

图 5.30 SVR 的输出函数的结构

算法 5.2 ϵ-SVR 算法

① 设已知训练样本集 $\{\boldsymbol{x}_i, y_i, i = 1, 2, \cdots, l\}$，期望输出 $y_i \in \mathbb{R}$，$\boldsymbol{x}_i \in \mathbb{R}^d$；

② 选择适当的参数 ϵ、C 和适当核函数 $K(\boldsymbol{x}, \boldsymbol{x}')$，构造并求解式 (5.174) 给出的最优化问题，解得最优解 $\hat{\boldsymbol{\alpha}} = (\alpha_1^{(L)}, \alpha_1^{(U)}, \alpha_2^{(L)}, \alpha_2^{(U)}, \cdots, \alpha_l^{(L)}, \alpha_l^{(U)})^{\mathrm{T}}$；

③ 选择 $\hat{\boldsymbol{\alpha}}$ 的一个正分量 $0 < \alpha_j^{(L)} < C$，并据此计算 $\hat{b} = y_i - \sum_{j=1}^{m}(\alpha_j^{(U)} - \alpha_j^{(L)})K(\boldsymbol{x}_j, \boldsymbol{x}_i) + \epsilon$，或选择 $\hat{\boldsymbol{\alpha}}$ 的一个正分量 $0 < \alpha_j^{(U)} < C$，并据此计算 $\hat{b} = y_i - \sum_{j=1}^{m}(\alpha_j^{(U)} - \alpha_j^{(L)})K(\boldsymbol{x}_j, \boldsymbol{x}_i) - \epsilon$；

④ 构造线性回归函数 $f(\boldsymbol{x}, w) = \sum_{i=1}^{m}(\alpha_i^{(U)} - \alpha_i^{(L)})K(\boldsymbol{x}_i, \boldsymbol{x}) + \hat{b}$。

和 b 赋以随机的初始值；

③ 利用训练数据建立支持向量回归模型的目标函数，然后求解目标函数，得到 $\hat{\boldsymbol{\alpha}}$ 及 b 的值；

④ 将得到值代入预报函数，利用训练数据来计算未来某一时刻的预测值；

⑤ 计算误差函数，当误差绝对值小于某个预先设定的某个正数时，则结束学习过程，否则 (利用启发式算法对参数优化后) 返回步骤 ③ 继续学习。

3. 数据处理组合 (GMDH) 算法

数据处理组合算法，是由 A. G. Ivakhnenko 等学者提出的一种多项式神经网络方法或统计学习方法，用于解决一些复杂的、高维次方的非线性问题，比如路面车辙深度检测等。该方法可以将输入和输出之间的关系作为所有或部分输入的多项式函数。这些多项式是用线性和非线性回归来创建

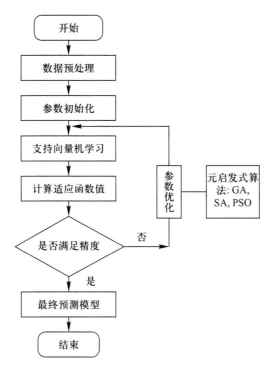

图 5.31　SVR 算法预测分析过程

的, 在选择多项式类型时, 每一个新层最初都有许多神经元通过遗传、变异的法则产生第一代中间变量, 经过筛选后产生第二代中间变量, 重复以上步骤, 当达到预先指定的标准则网络立即停止, 即建立自变量与因变量中高阶多项式模型。

　　GMDH 是自组织数据挖掘的核心技术, 以 GMDH 为基础发展成多种自组织数据挖掘算法。自组织将数据分为训练集和测试集, 在训练集上使用内准则进行参数估计得到中间待选模型, 而在测试集上使用外准则进行中间候选模型的选择, 这个过程不断重复直到外准则值不能再改善才停止, 这样的停止法则可以保证在一定噪声水平下得到数据拟合精度和预测能力实现最优平衡的最优复杂度模型。GMDH 产生最优模型的过程如图 5.32 所示。

　　如图 5.32 所示最优模型构建过程中, Y 为 GMDH 的预测值; x_{il} 为第 l 个样本中的第 i 个输入变量, $i = 1, 2, \cdots, n, n$ 为自变量的个数; y_{jkl} 为第 j 层中第 k 个神经元中第 l 个样本的预测值, $k = 1, 2, \cdots, m$; r_{jk}^2 为第 k

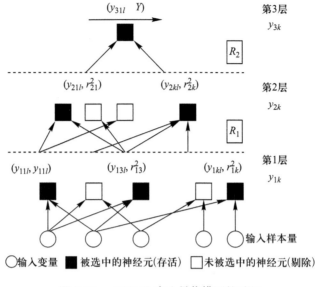

图 5.32　GMDH 产生最优模型的过程

个神经元中属于第 j 层中阈值集合的均方根值; R_j 为第 j 层中所确定的最大神经元数量。

以上网络结构通常使用一个线性回归模型或非线性回归模型来建立输入变量和输出变量之间的一般函数关系。可选择以下 4 种模型中的任意一种或几种的组合:

线性模型

$$y = b_0 + \sum_{j=1}^{r} b_j X_j \tag{5.162}$$

线性交互模型

$$y = b_0 + \sum_{j=1}^{r} b_j X_j + \sum_{j=1}^{r} \sum_{k=j+1}^{r} b_{jk} X_j X_k \tag{5.163}$$

二次模型

$$y = b_0 + \sum_{j=1}^{r} b_j X_j + \sum_{j=1}^{r} b_{jj} X_j^2 \tag{5.164}$$

二次交互模型

$$y = b_0 + \sum_{j=1}^{r} b_j X_j + \sum_{j=1}^{r} b_{jj} X_j^2 + \sum_{j=1}^{r} \sum_{k=j+1}^{r} b_{jk} X_j X_k \qquad (5.165)$$

式中：$X_1, X_2, \cdots, X_r$ 为输入变量；$b_0, b_1, \cdots, b_r$ 为权重；y 为输出值。

应用 GMDH 网络模型进行预测的学习步骤如下：

① 采集待分析的数据，并对网络中输入变量个数 d_0 和各层中最大神经元数量 R_j 初始化。

② 目标函数通过选定一个外准则来确定。神经元的选择 $r_{jk}^2 = \dfrac{\sum\limits_{i=1}^{N}(y - y_{ikl})^2}{y^2}$ 通过采用最小偏差准则来确定。

③ 网络神经元的初始化。对第 1 层（$j=1$）的 d_0 个神经元进行初始化。

④ 计算与检查 r_{jk}^2。

a. 将所有 r_{jk}^2 进行升序排序，对初始化神经元中前 R_j 个 r_{jk}^2 进行保存并转到步骤②，其余的神经元不予保留。

b. 选出第 j 层所保留的重要神经元中最小 r_{jk}^2，并与第（$j-1$）层最小的 $r_{j-1,k}^2$ 比较，若 $r_{jk}^2 < r_{j-1,k}^2$，转到步骤⑤；反之转到步骤⑥。

⑤ 产生下一层神经元，$j=j+1$，通过步骤④中保留下来的神经元来产生下一层的神经元并返回到步骤④。

⑥ GMDH 训练结束。当第 j 层最小的 r_{jk}^2 大于第一层最小的 $r_{j-1,k}^2$ 时，则判定第（$j-1$）层第 k 个神经元为找到的最佳参数，第 j 层的训练结束。

此时，GMDH 网络建立了预测分析模型的回归方程，从而其输入变量也可获得。

4. 深度置信网络 (DBN) 模型

深度置信网络 (Deep Belief Network, DBN) 模型是由数层受限玻耳兹曼机 (Restricted Boltzmann Machine, RBM) 堆叠组成的。一个 RBM 包含可见层和隐层，每层由若干神经元组成，其结构如图 5.33 所示。在 RBM 结构中，可见层和隐层之间各神经元相互连接，但每一层内各神经元之间无连接。RBM 的可见层满足伯努利分布或高斯分布，隐层则为所探测的不可见特征，满足伯努利分布。可见层与隐层之间通过对称权重矩阵连接，其概率满足玻耳兹曼分布。

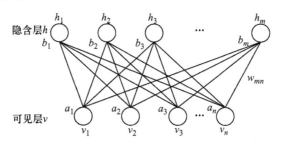

图 5.33   RBM 结构

对于一组给定状态下的 (v, h) 值，假设可见层神经元和隐层神经元均服从伯努利分布，其能量函数可表达为

$$E(v, h, w) = -\sum_{i=1}^{n}\sum_{j=1}^{m} w_{ij} v_i h_j - \sum_{i=1}^{n} a_i v_i - \sum_{j=1}^{m} b_j h_j \tag{5.166}$$

式中：w_{ij} 为 v_i 和 h_j 之间的连接权重；v_i 为可见层的第 i 个神经元，对应第 i 个输入变量；h_j 为隐层的第 j 个神经元；n 和 m 分别为可见层和隐层神经元数；a_i 和 b_j 分别为可见层和隐层的单元偏置。

可见层与隐层相互独立，则 h 在 v 上的条件概率为

$$P(h|v) = \prod_j P(h_j|v) \tag{5.167}$$

当 v 和 h_j 给定时，可计算条件概率分布为

$$P(h_j = 1|v; w) = \sigma(\sum_{i=1}^{n} w_{ij} v_i + a_i) \tag{5.168}$$

$$P(v_j = 1|h; w) = \sigma(\sum_{j=1}^{m} w_{ij} h_j + b_j) \tag{5.169}$$

选取激励函数 σ 为 Sigmoid 函数：

$$\sigma(x) = 1/(1 + e^{-x}) \tag{5.170}$$

给定一组确定的训练集 $V = \{v_1, v_2, \cdots, v_c\}$，训练目标为最大化所建

立模型的对数似然函数, 通过计算似然函数的梯度, 可得到 RBM 的权重更新公式:

$$\Delta w_{ij} = \varepsilon(E_{\text{data}}(v_i h_j) - E_{\text{model}}(v_i h_j)) \tag{5.171}$$

式中: ε 为学习速率; E_{data} 为观测层输入数据的期望输出; E_{model} 为模型概率分布上的期望输出。

DBN 是由多个 RBM 堆叠组成的神经网络模型, 如图 5.34 所示, 应用 DBN 网络进行负荷预测时, 首先应训练其网络结构, 目的是确定连接权重与神经元偏置。训练过程包括预训练与反向微调两部分。首先, 预训练过程采用无监督贪心算法单独训练每一层 RBM, 并保证特征向量映射到下一层时能够尽可能多地保留特征信息。预训练过程能为整个 DBN 网络提供良好的权重初值。其次, 再通过传统的 BP 神经网络反向传播算法对参数进行微调, 使模型收敛到最优点。

图 5.34 为由 3 层 RBM 组成的网络结构, 单个 RBM(如 RBM1) 是由一个可见层和一个隐含层构成的对称、无自反馈的随机神经网络模型, 层内神经元无连接, 层间神经元通过权重全连接。

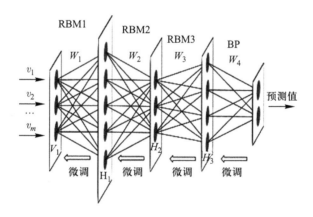

图 5.34　DBN 模型

V_1 为连接观测数据的可见层, H_1 为隐含层, 用于提取输入数据有效特征, W_1 为可见层与隐含层的连接权重。网络中神经元只有未激活、激活两种状态, 通常用二进制 0 和 1 表示。RBM 是一种基于能量的模型, 用 v_i 表示可见层神经元 i 的状态, 对应偏置值为 a_i, 用 h_j 表示隐含层神经元 j 的

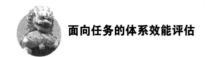

状态, 对应的偏置值为 b_j, 神经元 i 和 j 连接权重为 w_{ij}, 状态 (v, h) 确定的 RBM 系统所具有的能量可表示为

$$E(v, h|\theta) = -\sum_{i=1}^{n} a_i v_i - \sum_{j=1}^{m} b_j h_j - \sum_{i=1}^{n}\sum_{j=1}^{m} v_i w_{ij} h_j \tag{5.172}$$

式中: $\theta = (w_{ij}, a_i, b_j)$ 为 RBM 参数; n, m 分别为可见层与隐含层神经元数量。

由能量函数, 可得到 (v, h) 的联合概率分布为

$$p(v, h|\theta) = \frac{1}{Z(\theta)} \exp(-E(v, h|\theta)) \tag{5.173}$$

式中: $Z(\theta) = \sum_{v}\sum_{h} \exp(-E(v, h|\theta))$ 为归一化因子。

对于数量为 N 的训练样本, 参数 θ 通过学习样本的最大对数似然函数得到, 即

$$\theta^* = \arg\max_{\theta} L(\theta) = \arg\max_{\theta} \sum_{n=1}^{N} \log p(v^n|\theta) \tag{5.174}$$

式中: $p(v|\theta) = \frac{1}{Z(\theta)} \sum_{h} \exp(-E(v, h|\theta))$ 为观测数据 V 的似然函数。

训练过程中, 由于归一化因子 $Z(\theta)$ 计算复杂, 一般采用 Gibbs 等采样方法近似获得。Hinton 提出对比散度 (Contrastive Divergence, CD) 快速学习算法来训练网络参数, 从而提高了训练效率, 推动了 RBM 的发展。CD 方法首先通过可见层神经元向量值计算隐含层神经元状态, 然后通过隐含层神经元重建可见层神经元状态, 由重建后的可见层神经元再次计算隐含层神经元状态, 即可获取新的隐含层神经元状态。

由于 RBM 层内各神经元激活状态之间是相互独立的, 因此, 根据可见层神经元状态计算隐含层第 j 个神经元, 激活概率为

$$p(h_j = 1|v, \theta) = \frac{1}{1 + \exp(-b_j - \sum_{i} v_i w_{ij})} \tag{5.175}$$

由隐含层重建可见层第 i 个神经元, 激活概率为

$$p(v_i = 1|h, \theta) = \frac{1}{1 + \exp(-a_i - \sum\limits_j w_{ij} h_j)} \tag{5.176}$$

用随机梯度上升法求解对数似然函数最大值, 各参数变化量计算准则为

$$\begin{cases} \Delta w_{ij} = <v_i h_j>_{\text{data}} - <v_i h_j>_{\text{recon}} \\ \Delta a_i = <v_i>_{\text{data}} - <v_i>_{\text{recon}} \\ \Delta b_j = <h_j>_{\text{data}} - <h_j>_{\text{recon}} \end{cases} \tag{5.177}$$

式中: $<\cdot>_{\text{data}}$ 为原始观测数据模型定义的分布; $<\cdot>_{\text{recon}}$ 为重构后模型定义的分布。

考虑学习率 ε 的参数更新准则为

$$\begin{cases} w_{ij}^{k+1} = w_{ij}^k + \varepsilon \Delta w_{ij} \\ a_i^{k+1} = a_i^k + \varepsilon \Delta a_i \\ b_j^{k+1} = b_i^k + \varepsilon \Delta b_j \end{cases} \tag{5.178}$$

传统神经网络采用 BP 算法进行网络的训练, 但随着隐层数的增多,BP 算法存在着梯度逐渐稀疏和易收敛到局部最小值等问题。基于深度学习的 DBN 算法通过预训练和微调对网络参数进行训练, 可以较好地解决 BP 算法存在的问题, 具体分为以下 2 个步骤:

① 预训练分别单独无监督地训练每一层网络, 将上层网络的输出作为下层网络的输入, 确保特征向量映射到不同特征空间时尽可能多地保留信息。

② 微调在 DBN 的最后一层设置 BP 网络, 接收 RBM 的输出作为它的输入, 有监督地进行网络训练, 实现自上而下的参数微调。每一层 RBM 网络只能确保自身层内的权值对该层特征向量映射达到最优, 所以 BP 网络还将偏差信息自顶向下传播至每一层 RBM, 微调整个 DBN 网络。整个训练过程可以看作对深层 BP 网络权值的初始化, 从而克服 BP 网络随机选取初值而陷入局部最优的缺点, 且训练时间和收敛速度都有显著改善。

基于常见的机器学习算法, 可以利用这些机器学习算法对各类效能评估指标值进行预测分析, 同时也可以基于这些模型进行指标之间的相关性

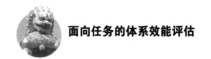

分析、灵敏度分析等,有效地提高效能评估的精度。

5.6.2　基于机器学习的效能评估方法

武器装备效能是指武器装备在特定条件下、执行规定作战任务所能达到预期可能目标的程度,它是武器装备的战技指标在特定条件和规定任务中的具体表现。武器装备效能评估的重点工作是构建评估模型,传统的效能评估模型主要通过解析方法构建。建模过程主要包括效能评估指标体系构建、各指标的权重系数确定与综合评估效能指标值三部分,其中权重系数的确定是其关键。

权重确定方法包括:主观赋权法,通过专家打分的形式来确定权重,典型的方法有德尔菲法、层次分析法、网络层次分析法等;客观赋权法,通过各方案评价指标数值的离散程度(标准差)或相关程度(相关系数)给指标赋权,给出的权重也只是为了方案优劣的选择需要,使用这些方法赋权并不能客观地反映评估指标本身对武器系统效能影响的物理机制,典型的如熵权法、标准离差法、主成分分析法、核主成分分析法及因子分析法。其中,(核)主成分分析法是给原始指标(核函数变换)线性组合后的主成分指标赋权,失去了对原始指标物理含义的解释性。因子分析法是在主成分分析的基础上,试图通过旋转主成分因子加强其解释性,但想要完全回归原始指标的层面解释权重仍十分困难。

解析法虽然在一定程度上解决了武器装备的效能评估问题,但评估过程存在明显的主观因素干扰,特别是对评估指标的赋权不客观的问题。针对上述问题,人们逐渐认识到结合仿真分析数据,利用机器学习算法,采用数据驱动的思想,通过引入元模型方法构建武器装备效能评估模型,在此基础上利用基于元启发式优化算法,如遗传算法 GA、粒子群算法等来改进机器学习算法的拟合模型的精度,构建效能评估元模型,基于此进行关联性分析、灵敏度分析,挖掘出评价指标体系的关联关系及指标之间的客观权值。该方法可为武器装备体系顶层快速优化设计、作战效能评估结果预测奠定基础。

1. 基于机器学习的效能评估问题描述

武器装备的效能评估过程实质是求解一个多目标输入的非线性方程,

可用数学模型描述为

$$
\begin{cases}
\max(\text{ or }\min), F(\boldsymbol{X}) \\
\quad \text{s.t.} \quad g_i(\boldsymbol{X}) \leqslant 0, i = 1, 2, \cdots, m \\
h_j(\boldsymbol{X}) = 0, j = 1, 2, \cdots, k
\end{cases}
\tag{5.179}
$$

式中: $\boldsymbol{X} = (x_1, x_2, \cdots, x_n)^{\mathrm{T}} \in \mathbb{R}^n$ 为评价指标集; $\mathbb{R}^n$ 为 n 维实数向量空间; $F(\boldsymbol{X})$ 为 n 维指标空间的非线性目标函数。$g_i(\boldsymbol{X})$、$h_j(\boldsymbol{X})$ 分别为目标函数的不等式约束和等式约束。

对于武器装备来说, 效能评估的目标函数空间 $F(\boldsymbol{X})$ 十分复杂, 通常无法用具体数学表达式进行描述, 是一个典型的 "黑箱系统"。传统的数学解析法不能准确地描述这一 "黑箱系统", 需要考虑其他科学可行且置信度高的方法。

2. 基于元模型的效能评估建模流程

元模型技术是利用所研究问题的 I/O 数据进行算法拟合, 从而得到问题内在规律的一种简化模型, 它提供了对复杂系统内部机理的描述手段。

图 5.35 给出了效能评估元模型构造流程框图。

效能评估元模型构造过程主要包含以下 4 个步骤。

步骤 1: 设计仿真想定。

根据效能评估对象、评估任务及作战场景需求, 设计作战仿真想定, 以模拟待评估装备的执行某项作战任务过程, 为获取效能评估数据奠定基础。

步骤 2: 建立评价指标体系。

评价指标体系的意义在于指导仿真评估输入/输出指标的实验设计。通过分析评估任务、待评估对象及装备作战对抗过程机理, 确定对抗条件下, 影响武器装备效能的指标要素及效能结果输出形式, 从而构建出层次化的评价指标体系。

步骤 3: 仿真实验设计。

实验设计的目的在于获取分布均匀, 能遍历效能评估过程所有可能情况的评价指标参数组合, 为效能评估元模型构建提供包含普遍规律的训练样本和测试样本数据。

步骤 4: 选择元模型并进行回归分析。

根据效能评估问题特点及评价指标体系结构, 并考虑元模型算法进行回归分析的效率, 选择合适的元模型。用于构造效能评估元模型的方法种类

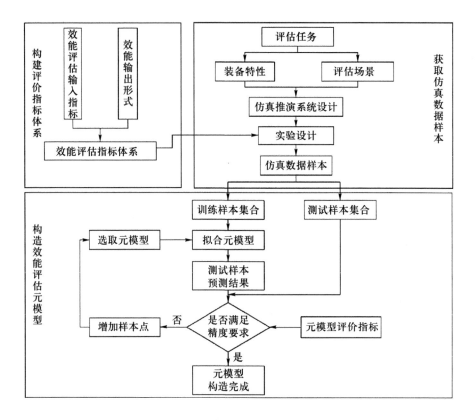

图 5.35 效能评估元模型构造流程

多样, 包括人工神经网络、支持向量回归机、GMDH 算法、深度置信网络模型等。

5.6.3 案例分析

本节以海上远程精确打击体系 (Long-rang Precision Sea Strike System-of-Systems,LPSS) 为例, 基于 DBN 网络对 WSoS 作战效能评估过程加以阐述。为了得到准确的评估结果, 根据指标数据取值规律构建数据生成模型, 每个样本指标如表 5.25 所示。

通过设计实验, 通过海上远程精确打击体系作战模型仿真得到相应的输出因素值, 仿真生成 5000 组方案, 该 5000 组包含输入因素及输出因素值的数据构成了实验数据。选取一次打击条件下的指标数据值和其相应的打击效能值, 作为 1 个样本。

表 5.25　LPSS 体系的每个样本指标及类型

指标名称	均值	方差	指标名称	均值	方差
电侦卫星重访周期 x_1	12	2	信噪比 x_{27}	0.6	0.34
电侦卫星轨道高度 x_2	4.3×10^5	25	信息反应时间 x_{28}	4.5	0.8
瞬时频率覆盖范围 x_3	120	12	信息处理数量 x_{29}	8	2
瞬时频率覆盖角度 x_4	270	10	信息融合精度 x_{30}	0.9	0.25
成像卫星重访周期 x_5	6	2	辅助决策能力 x_{31}	0.89	0.15
成像卫星轨道高度 x_6	5.8×10^6	50	指控决策精度 x_{32}	0.90	0.16
单景覆盖范围 x_7	270	25	决策过程时延 x_{33}	15	3
成像分辨率 x_8	0.85	0.15	导弹战斗部性能 x_{34}	0.90	0.3
最大续航时间 x_9	40	5	目标类型 x_{35}	5	3
任务飞行高度 x_{10}	5×10^4	35	搜索总方位角 x_{36}	320	18
巡航速度 x_{11}	8	4	导弹引信性能 x_{37}	0.86	0.5
最大探测距离 x_{12}	1550	18	导弹导引头识别概率 x_{38}	0.80	0.5
同时跟踪目标数 x_{13}	5	3	导弹弹道特性 x_{39}	0.90	0.36
引导飞机数 x_{14}	4	2	弹体飞行速度 x_{40}	5.2	0.45
弹体定位精度 x_{15}	0.75	0.3	导弹末端突防速度 x_{41}	2.5	1.2
雷达探测精度 x_{16}	0.90	0.3	导弹巡航速度 x_{42}	2.4	0.8
雷达扫描范围 x_{17}	330	10	SAR 成像分辨率 x_{43}	0.85	0.38
SAR 成像时间 x_{18}	5	2	导弹导弹隐身能力 x_{44}	0.85	0.5
SAR 成像范围 x_{19}	300	12	导弹目标拦截能力 x_{45}	0.90	0.18
误码率 x_{20}	0.1	0.15	连通率 x_{46}	0.93	0.5
通信时延 x_{21}	3	2	导弹导引头扫描角 x_{47}	227	18
数据吞吐率 x_{22}	0.95	0.25	导弹导引头探测距离 x_{48}	2.5×10^3	25
点对点传输速率 x_{23}	0.92	0.15	水声信号误码率 x_{49}	0.05	0.02
网络数据吞吐率 x_{24}	0.95	0.20	导弹导引头探测精度 x_{50}	0.90	0.4
水声信号连通率 x_{25}	0.86	0.4	节点间通信时延 x_{51}	4	2
目标 RCSx_{26}	0.87	0.35			

针对样本中的定性指标数据, 采用 "专家" 调查表法, 并分为 9 个等级对数据进行量化的处理, 评估指标的参照标准可经过调研和以往经验获得。对于不同的指标所使用的量纲和单位都不一致, 采用极差变换法进行标准化处理, 从而消除指标间的差异性。

对于效益型指标 y:

$$y = \frac{x - x_{\min}}{x_{\max} - x_{\min}} \tag{5.180}$$

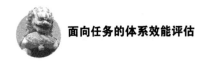

对于成本型指标 y:

$$y = \frac{x_{\max} - x}{x_{\max} - x_{\min}} \tag{5.181}$$

对指标数据进行预处理后, 采用尺度变换的方法再对样本数据进行归一化处理, 所使用的公式为

$$z = a + b \times \frac{y - y_{\min}}{y_{\max} - y_{\min}} \tag{5.182}$$

式中: a 和 b 为常数; $y_{\min}$ 和 $y_{\max}$ 为同一指标数据 y 的最小值和最大值; y 为原始数据; z 为归一化处理后的数据。将每个样本进行量化、标准化和归一化处理后, 作为效能评估分析模型的输入。

对于 BP 算法、SVR 算法、GMDH 算法, 由于输入变量过多会影响其分析精度, 因此, 先利用互信息理论对作战效能指标进行筛选, 其目的就是选取出对效能值具有较大影响的变量集合。互信息来源于信息论中熵的概念, 用于表征多个变量间共享信息量的大小, 因此常作为变量选择工具。离散型随机变量 X, Y 间互信息定义为

$$I_{(X,Y)} = \sum_{i=1}^{n} \sum_{j=1}^{m} p(x_i, y_j) \log_2 \frac{p(x_i, y_j)}{p(x_i)p(y_j)} \tag{5.183}$$

式中: n, m 分别为随机变量 X, Y 样本数量。

两随机变量间具有的互信息越大, 表明变量之间相关性越强; 信息量越小或为 0 时, 则变量间相关性越弱或变量间越独立。基于仿真数据, 利用互信息量对指标体系中的 51 个指标进行筛选, 以 0.7 为互信息量阈值, 得到互信息量大于 0.7 的 23 个性能指标。将这 23 个性能指标值及仿真获得的效能指标值, 分别作为 BP 算法、SVR 算法和 GMDH 算法进行训练, 得到海上远程精确打击体系作战效能值评估模型。

以 BP 模型为例, 面对大规模数据计算时, 其计算效率较低, 且容易陷入局部最优。采用粒子群 (PSO) 算法优化 BP 神经网络的初始权值和阈值, 以优化 BP 算法计算效率。

PSO 优化算法源于模拟鸟群的觅食行为, 标准 PSO 进化公式如下:

$$v_{ij}^{k+1} = w v_{ij}^k + c_1 r_1 (p_{ij}^k - x_{ij}^k) + c_2 r_2 (p_{gj}^k - x_{gj}^k) \tag{5.184}$$

$$x_{ij}^{k+1} = x_{ij}^k + v_{ij}^{k+1} \tag{5.185}$$

式中: w 为惯性权重; c_1、c_2 为加速因子; $r_1, r_2 \in \mathrm{rand}[0,1]$; $v_{ij}^k, x_{ij}^k, p_{ij}^k, p_{gj}^k$ 分别为第 k 次迭代中参数 i 的第 j 维变量的速度、位置、个体极值最优位置和群体极值最优位置。

采用改进的粒子群算法求解 BP 模型初始值与阈值, 采用式 (5.187) 使得在进化后期增强局部寻优能力, 式 (5.188) 可以发挥粒子自身搜索能力及所有粒子群体认知能力。

$$w = w_{\max} - (w_{\max} - w_{\min})k/T \tag{5.186}$$

$$C_1 = C_{\max} - (C_{\max} - C_{\min})k/T \tag{5.187}$$

$$C_2 = C_{\max} + (C_{\max} - C_{\min})k/T \tag{5.188}$$

式中: $w_{\max}, w_{\min}$ 分别为初始惯性权重最大值和最小值; $C_{\max}, C_{\min}$ 分别为初始加速因子最大值、最小值; w, C_1, C_2 分别为第 k 次迭代的惯性权重、加速因子值; k 为迭代次数。

粒子群算法的定义适应度函数为 BP 神经网络训练得到的误差, 即

$$F_{\mathrm{fitness}} = \frac{\sum_{i=1}^{N}\sum_{j=1}^{m}(p_{ij} - t_{ij})^2}{N} \tag{5.189}$$

式中: N, m 分别为样本数量和观测数据维数; p_{ij}, t_{ij} 分别为第 i 个样本第 j 维观测数据的通过 BP 算法模型训练的输出值和真实值。

BP 结构参数为 23-35-1, 即输入层神经元数量为 23, 隐含层神经元数量为 35, 输出层神经元数量为 1, 学习率为 0.001, 学习目标为 0.01, 迭代 5000 次。SVR 模型学习参数 C 和 ε, 通过网格搜索法优化选取, 参数范围为 $[-8, 8]$, 迭代步长为 1。GMDH 模型中参考模型选用二次 K-G 多项式, 最小偏差准则作为外准则, 选用 4 层网络结构。

对于 DBN 算法, 根据评估指标的复杂程度及指标数目, 针对指标体系中的 51 个指标, 这里选用 5 层 DBN 网络结构, 采用 3 层隐含层网络结构来表示数据之间的非线性关系。其中隐含层中每层神经元的个数逐步递减最终编码成需要达到的维数, 通常第一层隐含层取初始数据维数的 10 倍以内整数。网络结构中各层神经元的个数如下: 输入层的神经元为 51 个; 3 层

隐含层的神经元分别为 200 个、100 个和 50 个; 输出层的神经元为 1 个。

根据仿真实验, 得到 51 个性能指标 5000 组数据和对应的效能评估值, 选取 125 组数据作为测试集, 其余作为训练集, 得到的训练结果。如图 5.36 所示为基于 4 种机器学习算法的 LPSS 效能评估对比图。

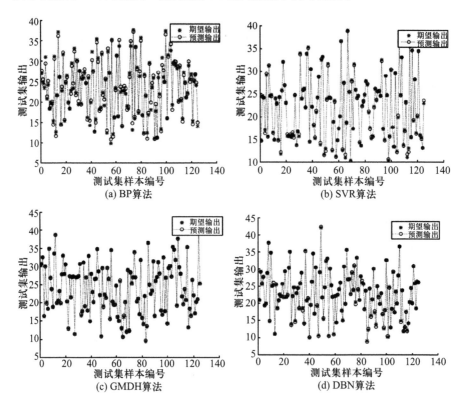

图 5.36　基于 4 种机器学习算法的 LPSS 效能评估对比图

基于 4 种机器学习算法的训练误差对比盒状图如图 5.37 所示。

基于机器学习算法的装备效能评估模型构建方法, 通过采用机器学习算法 (如 BP 算法、SVR 算法、GMDH 算法和 DBN 算法) 拟合出武器系统效能评估元模型, 挖掘出了评价指标体系的关联关系, 并给评价指标赋予客观权值, 为装备效能评估建模提供了一种客观建模方法。该方法可为武器装备战术技术指标快速优化设计、作战效能评估结果预测奠定基础。

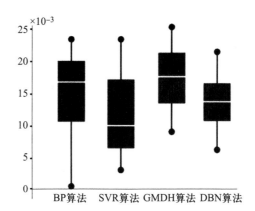

图 5.37　基于 4 种机器学习算法的训练误差对比盒状图

第 6 章

面向任务的效能评估技术

6.1 基于任务的作战效能评估方法

6.1.1 基于任务的效能评估分析方法

面向任务的武器装备系统作战效能是指"武器装备系统在给定的时间内和规定的条件下工作时，能成功完成某项作战任务要求的概率"。面向任务的武器装备系统作战效能评估分析，也是对整个武器装备系统的综合评估。它建立在武器装备系统典型作战任务下的各个作战阶段作战效能评估以及单项性能分析的基础之上。即通过分析武器装备系统的每个典型作战任务下各个作战阶段的单项效能后，根据任务各阶段的执行关系，取得相关输出数据和约束条件，对整个武器装备系统进行作战效能分析的过程。

单项效能分析是指对武器装备系统作战效能进行评估时，根据任务各阶段的作战目的，选定单项效能指标作为评价依据，并将其结果作为效能评估模型的输入。例如，单条鱼雷的命中概率分析，作为潜艇作战系统攻击效能的评定指标。所以，在整个武器装备系统的效能评估之前，都要进行单项效能指标的评估。

建立各单项效能指标的效能量度模型，是成功对武器装备系统进行作战效能分析的关键。在建立系统效能分析模型时，考虑的因素多，性能全面，自然分析结果的准确度就高，但是这也会给计算带来麻烦。因此，模型的建立既要能反映武器装备系统在规定条件下完成作战任务并达到目的这一本质, 同时又要尽可能简洁, 便于计算分析。

建立面向任务的武器装备系统效能评估模型的过程中, 在每一个典型作战任务的各阶段对系统的各种状态都应进行描述, 并对武器装备系统的作战过程中状态变化及可能发生的状态转移进行详尽的描述。有了模型之后, 就可以计算及分析结果。因此, 武器装备系统效能评估分析的步骤可以总结为如图 6.1 所示。

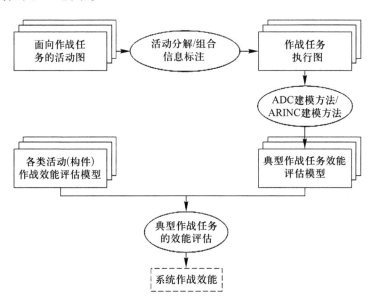

图 6.1　武器装备系统效能评估分析的步骤

6.1.2　基于任务的作战效能评估模型

6.1.2.1　面向作战任务的活动图构建

面向作战任务的活动图构建主要根据作战任务的特点, 分析整个作战流程, 基于 UML 描述武器装备系统作战的活动图模型, 具体步骤如下:

(1) 逐级建立各种用例图, 寻找、建立该模型涉及的所有用例;

(2) 明确第 (1) 步用例中的实体, 并使用静态图进行描述: 用类图对实体进行细化的描述;

(3) 明确第 (1) 步实体中的各种活动及行为, 使用动态图进行描述, 可

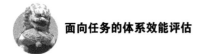

以选择的方式主要有时序图、活动图及交互图等, 对用例图进行完善。

UML 活动图主要包括初始节点、终止节点、节点集合和控制边集等基本元素。为了更好地描述这些元素, 对 UML 活动图进行如下形式化定义:

一个活动图是一个四元组 $G =< A, E, \mathrm{in}, F >$:

(1) in 为初始节点, 从初始节点 in 出发总存在一条路径能到达其他所有节点;

(2) F 表示所有终止节点集;

(3) $A =< \mathrm{AN}, \mathrm{ON}, \mathrm{CN} >$ 为节点集合, 其中 AN 表示活动节点集, ON 为对象节点集, CN=DN $\cup$ MN $\cup$ FN $\cup$ JN 为控制节点, 满足 DN 为分支节点 (decision node), MN 为合并节点 (merge node), FN 为分岔节点 (fork node), JN 为汇合节点 (join node);

(4) E 为控制边集, 满足 $E = \{(x, y) | x, y \in A\}$ 。

从 UML 活动图的定义可知, 活动图中的控制节点包括分支、合并、分岔和汇合。分支节点在武器装备系统的作战流程中很常见, 它一般用于表示不同作战态势下武器装备所具有的条件行为。分支节点包括一个入迁移和两个或者两个以上带条件的出迁移, 出迁移的条件是互斥的。合并节点包括两个或者两个以上入迁移和一个出迁移。合并节点代表的作战控制流不需要同步发生, 当单个作战控制流达到合并节点后, 可以继续往下进行。在活动图中分支节点与合并节点用空心菱形表示。

UML 活动图中引入分岔节点与汇合节点, 实现并发作战控制流的建模, 分岔节点和汇合节点都使用加粗的水平线段表示。对象在运行时可能会存在两个或者多个并发运行的控制流, 从宏观而言, 各并发的控制流之间并无时间先后的制约。分岔节点用来描述并发作战流程, 将作战行为流分为两个或者多个并发运行的作战控制流。每个分岔节点可以有一个入迁移和两个或者多个出迁移, 每个并发输出独立执行、互不干扰。汇合节点代表两个或者多个并发控制流同步发生, 当所有的控制流都达到汇合节点后, 控制才能继续往下进行, 每个汇合节点可以有两个或者多个入迁移和一个出迁移。汇合节点用于同步这些并发分支, 以达到共同完成一项作战任务的目的。

在实际应用中, 表示作战活动的各种控制结构及结构之间的嵌套使整个作战流程的分析变得十分复杂, 给面向作战任务的武器装备系统效能评估与分析带来了极大的困难。为了更好地对基于 UML 的面向作战任务的武器装备系统进行效能评估分析, 需要对武器装备系统作战过程的执行方式进一步分析, 而基于 UML 的武器装备系统的各个作战场景一般很难确定, 因此, 可以利用 UML 活动图的各种作战控制结构进行自动识别, 通过活动图确定武器装备系统的作战场景。为了便于系统效能评估分析, 我们将一个基本作战活动结构用一个虚拟的节点表示, 称为作战组合节点。下面引入 UML 活动图中常见的基本控制结构。

1. 顺序结构

顺序结构是指 UML 活动图中作战活动节点的执行依时间先后而发生, 是一个有序的作战活动节点序列, 其中节点可以是基本节点也可以是组合节点, 可由如图 6.2 所示的链式结构描述。活动图中的顺序结构对应于武器装备系统作战活动的顺序结构, 表示各个作战活动依次执行。

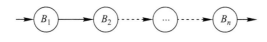

图 6.2 顺序结构

2. 选择结构

作战活动图中的一个选择结构可以看作包含在一个分支节点和合并节点之间的所有节点组成的集合。选择结构的入迁移接口是分支节点, 出迁移接口是合并节点。根据合并节点的入迁移的个数又可分为匹配选择 (matched selection)、不匹配选择 (unmatched selection) 和 N 中取 K 选择结构 (K-out-of-N selection)。如果分支节点具有 $N(N \neq 0)$ 条出迁移, 则合并节点聚集 $K(0 \leqslant K \leqslant N)$ 条控制流; 如果一个分支节点的所有出迁移可以和合并节点的入迁移相配, 即 $K = N$ 时, 则称为匹配选择; 如果 $K < N$ 时, 则称为 N 中取 K 选择; 进一步, 如果分支节点的出迁移都没有聚集到合并节点, 则称为不匹配选择。图 6.3 给出了三种不同类型的选择结构。

选择结构表明作战过程中将从几条候选作战活动 (路径) 中选出一条来执行, 而具体选择哪一条, 取决于作战过程中的当前作战态势与作战指控决策。显然, 武器装备系统在作战过程的这种行为会对整个武器装备系统完成作战任务的成功与否有着明显的影响, 一般在作战前无法预测到这种行为, 但可以估计每个分支被执行的概率, 对每个分支进行概率估算, 而这些概率足以用来对武器装备系统的作战效能进行评估。

3. 循环结构

在作战活动图中, 一个循环结构就是一个包含可以重复执行的作战活

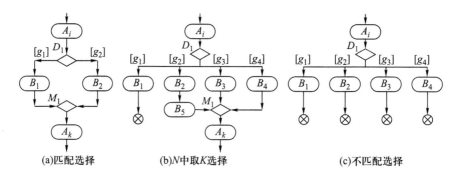

(a)匹配选择　　　　　(b)N中取K选择　　　　　(c)不匹配选择

图 6.3　选择结构

动的集合, 它通过一个分支节点来建模, 循环结构具有两个离开这个分支节点的分支 (出迁移), 在这两个分支中, 一个分支通过与区域外面的节点相连退出循环, 另一个分支通过与区域内的节点相连继续循环。如果分支节点是该区域的首个节点 (即区域的入口节点), 则称这种循环结构为前向回路, 如图 6.4(b) 所示。分支节点也可作为区域的最后节点出现 (即出口节点), 这种循环称为后向回路, 如图 6.4(a) 所示。

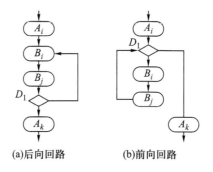

(a)后向回路　　　　　(b)前向回路

图 6.4　循环结构

面向作战任务的作战过程中, 循环结构常常被用来表示某个作战活动将被重复执行。在这里, 也有一些概率信息, 这些信息表示控制流离开和回到循环体的概率。

4. 分岔结构

在 UML 活动图中, 分岔节点常用来对两条或多条并行执行作战活动建模。这些并行执行作战活动可能需要被合并到单个作战控制流中。基于这个目的, 连接节点如汇合节点和合并节点常常会根据其设计需求来选择采用哪种连接节点。汇合节点常用来描述需要等待完成所有并行执行的作战活动后才继续执行下一作战活动。我们把这种结构称为同步分岔结构，如图 6.5(a) 所示。有时，一个作战活动并不需要等待前面所有的作战活动都执行完成，在这种情况下常采用合并节点来控制。当一个作战活动执行到合并节点时，并不需要等待所有其他的路径也执行到合并节点，而是继续执行下面的作战活动，称这种结构为合并分岔结构。类似于选择结构，分岔结构也可分为匹配分岔结构、不匹配分岔结构和 N 中取 K 分岔结构。

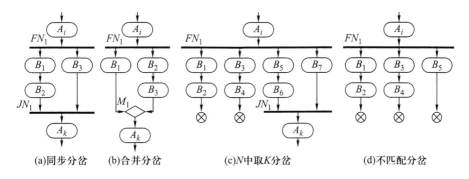

(a)同步分岔　　(b)合并分岔　　(c)N中取K分岔　　(d)不匹配分岔

图 6.5　分岔结构

6.1.2.2　作战效能指标数据建模

1. 作战节点活动的作战效能指标数据建模

准确估计出作战活动节点的作战效能指标值是面向作战任务的武器装备系统作战效能评估的一个重要前提，它依赖于武器装备的某个子系统或某个武器装备的性能、作战条件等。作战节点活动的作战效能指标数据获取方式包括两种：一种是通过传统的解析法来分析成功完成该节点任务的概率，如潜艇反潜成功搜索概率、成功占位概率等；另一种是借助于仿真建模与分析系统，将系统建模引入效能评估，通过模型的分析和仿真，统计分析仿真分析结果来获取成功完成作战活动节点的概率，支持效能数据的获取与计算。

2. 活动图的作战效能指标标注

活动图中的分支节点表明作战活动执行过程中不同的作战活动序列(路径)，它通常与用例执行时发生的不同作战场景相对应，因此，为分支节点的每条出边标上一个概率，表明在当前活动发生的条件下该分支发生的概率。该概率与对应的作战场景发生的概率相同。三种常见的迁移概率确

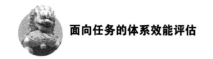

定方法为: 无信息方法 (uninformed approach) 是对分支节点的每一条出边分配相同的概率; 有信息方法 (informed approach) 是根据功能相似的系统或用户活动历史序列来计算分支节点的每条出边的概率; 有意图方法 (intended approach) 则允许假定指战人员重点关注某些出迁移而有针对性地给出不同的概率。

为获得迁移概率可采用以下方法:

① 基于假设的方法。假定在一个状态下的全部 n 个不同作战态势下的作战活动具有相同的发生概率 $1/n$。

② 基于武器装备系统历史作战数据的方法。通过对历史型号武器装备系统或相似类型的武器系统使用情况进行记录和分析, 获得武器装备系统的历史作战数据记录, 用该数据推算迁移概率。

③ 基于评估分析的方法。通过经验丰富的专家或指战人员对武器装备系统未来使用进行分析、预测和评估, 推断武器装备系统的使用情况, 得到迁移概率。

6.1.2.3 UML 活动图的合并简化

考虑不确定环境影响因素, 以上文中的活动图为基础, 考虑到 UML 的计算维度和实际作战过程中出现不确定因素可能性更大的作战活动等多个因素, 需要将部分作战活动进行较为合理的合并。

在 UML 活动图中的一个作战场景对应于一个作战活动序列, 然而, 对于一个复杂系统而言, 其活动图较为复杂, 特别是对于一些含有并发嵌套结构的情形, 正确生成、理解活动图的每一个场景会变得十分困难。为了使复杂的活动图更加清晰简单, 便于作战效能的评估, 需要对 UML 活动图进一步简化。考虑活动图特性, 这里采用重复迭代的方法通过对 UML 活动图中的基本结构进行自动识别, 采用相对应的虚拟组合活动节点替代, 直到 UML 活动图成为一个链式的顺序结构。下面分别介绍几种常见基本结构的识别方法和合并化简规则, 实现对活动图的合并化简。

1. 循环结构的识别与合并

假定 x 是一个分支节点, 节点 $y(y \neq x)$ 是 x 的前驱节点 (predecessor node)。如果存在从节点 x 发出的一个分支 b, 经过一系列的节点后合并到节点 x, 则称节点 x 是一个循环结构的分支节点。如果前驱节点 y 在分支 b 上, 则该循环为后向回路, 否则为前向回路。如果循环结构为前向回路, 分支节点 x 既为循环区域的入口节点也为出口节点。如果循环结构为后向回路, 在分支 b 上分支节点 x 后的直接节点为入口节点, x 为出口节点。一旦一个循环结构的入口节点和出口节点被识别, 则包含入口节点和出口节点在内的节点和边形成的区域就为控制结构图中的一个循环结构, 从而可以用一个组合节点来替代, 如图 6.6 所示。

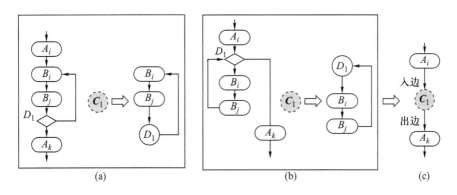

图 6.6　循环结构的识别与合并

2. 选择结构的识别与合并

一个选择结构可以用来对两个或两个以上互不相容的具有可选择性路径进行建模, 它由一个具有两个或两个以上出边的分支节点来描述。这里, 各个路径的执行依赖于条件表达式的值, 对于条件表达式的每一个值, 从分支节点引发一条边。基于分支节点出边的个数, 选择结构可以分为二维或多维选择。一个选择结构可能是匹配选择结构, 也可能是不匹配或 N 中取 K 类型的选择结构, 因此, 对于不同类型的选择结构, 应根据其特性进行识别。

情形 1: 匹配选择结构

假定 x 为分支节点, 如果存在一个合并节点 y, 满足所有从节点 x 发出的分支都合并到节点 y, 则称 x 为一个匹配选择结构的分支节点。在这种情形下, 如果分支节点 x 为入口节点, 合并节点 y 为出口节点。所有包含入口节点和出口节点在内的入口节点和出口节点之间的节点和边形成了一个匹配选择结构, 可以用一个组合节点来替代。图 6.7 给出了二维和多维选择结构的识别与合并方法。

情形 2: 不匹配选择结构

不匹配选择结构中, 在控制流分支的最后没有聚集节点。然而, 通过这种区域表示的控制流在知道这些分支的终止节点的情形下, 可以约简为一个组合节点。因此, 可以利用这种信息来识别不匹配选择结构。假定 x 是

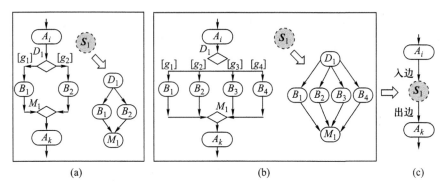

图 6.7　匹配选择结构的识别与合并

一个决策节点, 如果由 x 发出的所有分支通过一系列的节点后终止于控制流的终止节点, 则可判断从节点开始的控制流结构是一个不匹配选择结构。在这种情形下, 决策节点 x 是不匹配选择结构的入口节点, 每个分支的终止节点是控制结构的出口节点。每条分支终止时, 其后继不再有活动发生。这样就可以对这类控制结构用一个组合节点代替。图 6.8 给出了不匹配选择结构的识别与合并。

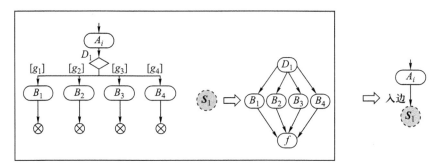

图 6.8　不匹配选择结构的识别与合并

情形 3: N 中取 K 选择结构

在 N 中取 K 选择结构中, K 条分支被汇集, 剩下 $(N-K)$ 条分支不匹配, 满足 $K<N$。在 N 中取 K 选择结构中, 若 K 条汇集分支, 其出口节点是合并节点, 则剩下的 $(N-K)$ 为不匹配选择分支, 终止节点为出口节点。因此, 可以分别采用情形 1 和情形 2 的方法对其进行识别, 然后用一个组合节点替代。图 6.9 给出了 N 中取 K (4 中取 3) 选择结构的识别与合并。

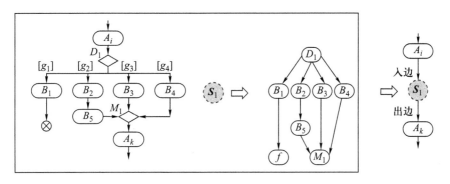

图 6.9　N 中取 K (4 中取 3) 选择结构的识别与合并

3. 分岔结构的识别与组合

基于构件的软件系统, 分岔结构的可靠性很难判断, 因为这个结构本身没有明确的定义, 有的情况下要求所有的构件都要成功完成, 而有的情况下只要求其中的几个构件成功完成。因此, 在基于构件的软件系统进行可靠性评估之前, 事先需要对这些分岔结构进行识别。

情形 1: 匹配分岔结构

假定 x 为一个分岔节点, 如果从 x 开始的所有分支通过一系列的节点后汇集到一个汇合节点或合并节点 y , 则将这类控制结构称为匹配分岔结构。分岔节点 x 为入口节点, 节点 y 为出口节点。匹配分岔结构为包含节点 x 和节点 y 在内的节点 x 与节点 y 之间所有节点和边组成的区域。图 6.10 分别给出匹配同步分岔结构和匹配分岔结构的识别及合并。

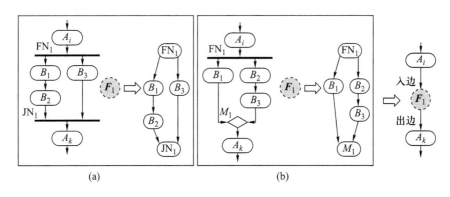

图 6.10　分岔结构的识别与合并

情形 2: 不匹配分岔结构

从一个分岔节点 x 发出的不同执行路径可能并不会汇集到一个合并节点或汇集节点, 相反, 每一条路径都分别结束于控制流的一个终止节点, 我们将这种情形称为不匹配分岔节点。假定 x 是一个分岔节点, 如果从 x 发出的所有分支通过一系列的节点后结束于控制流的终止节点, 则节点 x 为入口节点, 而所有的控制流终止节点为出口节点, 对于具有多个终止节点情形, 只保留一个终止节点而去掉其他的终止节点, 然后对控制流重新定向到这个终止节点。从入口节点到终止节点的所有节点和边组成的集合构成了一个不匹配分岔结构。我们可以用一个组合节点来代替不匹配分岔结构。图 6.11 为不匹配分岔结构的识别与合并。

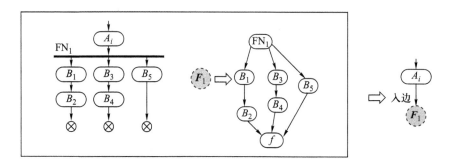

图 6.11   不匹配分岔结构的识别与合并

情形 3: N 中取 K 匹配分岔结构

在分岔结构中有时并不完全匹配, 从分岔节点发出的路径中有一部分结束于终止节点, 剩余部分路径则聚集于合并节点或汇合节点, 我们称这类分岔结构为 N 中取 K 匹配分岔结构。在这种情形下, K 条路径使用合并 (或汇合) 节点聚集于单个控制流, 而剩余的 $(N-K)$ 条路径为不匹配路径。因此, 可以采用情形 1 和情形 2 的方法分别进行识别, 最后由一个组合节点替代。N 中取 K 汇集分岔结构的识别与合并如图 6.12 所示。

N 中取 K 合并分岔结构的识别与合并如图 6.13 所示。

对于给定的 UML 活动图, 通过对活动图中的各个基本结构进行识别和替代, 最后生成了只有顺序结构的中间评估分析模型。

6.1.2.4   虚拟组合活动节点效能分析

由武器装备系统自身的特点及作战活动节点之间的关系, 面向武器装备系统作战任务, 结合 UML 活动图, 通过对 UML 活动图中的各类结构模

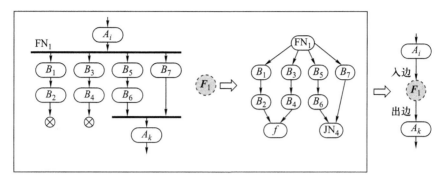

图 6.12　N 中取 K 汇集分岔结构的识别与合并

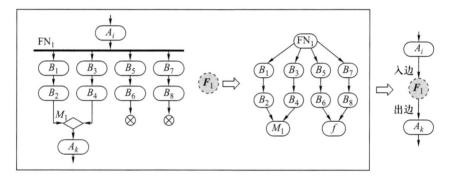

图 6.13　N 中取 K 合并分岔结构的识别与合并

式进行筛选，最终可以把整个武器装备系统作战流程归结为由顺序、与汇合、或汇合、与分支、或分支和循环迭代 6 种基本结构嵌套构成。下面对 6 种基本结构，并给出相应的效能评估计算公式。

1. 顺序结构

由 n 个活动组成，某项作战任务必须通过 n 个作战活动连续执行才能完成，也就是说，如果当且仅当 n 个活动全部成功完成任务时，武器装备系统才能成功完成该项任务，任意一个活动节点的活动失败都将导致整个作战任务的失败。

令第 i 个活动节点成功完成的概率为 p_i，则由 n 个活动节点组成的顺序结构的作战效能计算式为

$$E_{\mathrm{s}} = \prod_{i=1}^{n} p_i \tag{6.1}$$

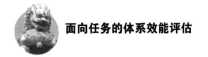

2. 与汇合结构

某项作战任务只能由 n 个活动节点共同与某一活动节点协作完成。当且仅当 $(n+1)$ 个活动节点全部成功完成其作战任务时, 武器装备系统才能成功完成该项作战任务, 任意一个活动节点的作战活动失败都将导致整个系统的作战任务失败。

定义每个活动节点的活动成功完成的概率为 $p_i, i = 1, 2, \cdots, n+1$, 则与汇合结构的效能值为

$$E_{\mathrm{a}} = \prod_{i=1}^{n} p_i \tag{6.2}$$

3. 或汇合结构

某项作战任务只要选择 n 个活动节点中的某一作战活动 i 和第 $(n+1)$ 个作战活动协作就能成功完成, 也就是说, 只要活动 i 和 $n+1$ 成功完成节点任务时, 该项作战任务就能成功完成。或汇合结构的效能值为

$$E_{\mathrm{u}} = \left(1 - \prod_{i=1}^{n} (1 - p_i)\right) p_{n+1} \tag{6.3}$$

4. 与分支结构

设武器装备系统的某项作战任务由 $(n+1)$ 个活动节点组成, 某项作战任务需要通过一个作战活动 C_0 与其他 n 个作战活动 C_i 共同完成, 也就是说, 当且仅当 $(n+1)$ 个作战活动全部成功完成任务时, 系统的作战任务才能成功完成。与分支结构的效能值为

$$E_{\mathrm{w}} = p_0 \times \left(1 - \prod_{i=1}^{n} (1 - p_i)\right) \tag{6.4}$$

5. 或分支结构

设武器装备系统的某项作战任务由 $(n+1)$ 个活动节点组成, 某项作战任务只有经过一个作战活动 C_0 与其他 n 个作战活动中的某一个活动节点共同成功完成才能成功完成, 也就是说, 只有作战活动节点 C_i 和 C_0 成功完成任务时, 武器装备系统才能成功完成该项作战任务。或分支结构的效能

值为

$$E_{\mathrm{o}} = p_0 \times \prod_{i=1}^{n} p_i \qquad (6.5)$$

6. 循环迭代结构

设武器装备系统的某项作战任务由 1 个活动节点组成, 某项任务由 n 次执行该活动节点的任务来完成, 也就是说, 当且仅当 C、迁移过程 M 成功完成该任务时, 系统才能成功完成该项作战任务。循环迭代结构的效能值为

$$E_{\mathrm{R}} = p_0 \times p_i^n \qquad (6.6)$$

6.1.2.5　系统作战效能分析

步骤 1: 基于武器装备的作战任务, 构建其 UML 作战活动图, 找出 UML 活动图中的所有的最小区域, 用其等价的虚拟组合节点代替, 然后继续查找含有组合节点的 UML 活动图中的最小区域, 直到没有最小区域存在为止。

步骤 2: 由上面的简化后活动图生成基本作战活动路径, 基本作战活动路径中可能包含 0 个或多个带嵌套或不带嵌套的虚拟组合作战活动节点, 然后对每个虚拟组合作战活动节点进行扩展, 用虚拟组合活动节点的内部作战活动流程替代相应的虚拟组合活动节点, 直到所生成的作战活动流程集中不再含有虚拟组合作战节点为止, 形成初始作战活动流程集。

步骤 3: 对初始作战活动流程集进行约简, 排除无效的作战活动流程 (作战场景)。

步骤 4: 计算每个作战场景的作战效能。根据每个作战场景 (作战活动序列) 中各活动节点的作战效能信息, 计算每个作战场景的作战效能值。首先计算出作战场景 $i(i = 1, 2, \cdots, k)$ 中各个虚拟组合活动节点的作战效能值, 记为 $E_{i,1}, E_{i,2}, \cdots, E_{i,n}$, 然后计算基本作战活动路径的作战效能值, 假定基本作战活动路径中含有 m 个活动节点 (其中包括 n 个虚拟作战活动节点), 非虚拟作战活动节点的作战效能值分别为 $E_{i,n+1}, E_{i,n+2}, \cdots, E_{i,m}$, 则

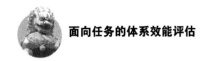

整个作战场景的效能值为

$$E_i = \prod_{j=1}^{m} E_{i,j}, \quad i = 1, 2, \cdots, k \tag{6.7}$$

式中: k 为作战任务中总的作战场景数目。

步骤 5: 计算面向任务的武器装备系统作战效能。

根据作战任务下的各个作战场景出现的概率 p_i, 以及步骤 4 中各个作战场景的作战效能值, 计算面向作战任务的武器装备系统的作战效能值

$$E = \sum_{i=1}^{k} p_i E_i \tag{6.8}$$

6.1.3 案例分析

本节以某型防空反导系统的防空反导作战任务为例, 说明面向作战任务的效能评估方法。

在进行防空反导作战中, 某型系统的作战实体主要由远程预警雷达、作战指挥车、火控雷达以及装配各型号导弹的发射车组成, 其拦截的过程主要由如下几个环节组成。

警戒阶段: 在此阶段系统获取早期预警信息的方法主要是通过远程预警雷达对空中目标进行探测, 以及其他早期预警雷达获取信息。信息获取后会被传输至指挥中心进行分析处理。

制订拦截计划阶段: 指控中心通过获取的信息及数据库对目标进行识别并分类, 然后根据火力单元位置和距离制订拦截计划, 并在拦截能力不足时优先拦截威胁较大的目标。

实施拦截计划阶段: 需要利用火控雷达对目标进行跟踪, 所以指控中心将需要拦截的目标信息分别下发至各火力单元的火控雷达。一个火控单元内部署的导弹发射车包含多种射程的导弹, 火控雷达会根据与目标的距离, 在近程、中程及中远程导弹中进行选择。由于导弹在一定拦截区域内具有最优拦截效果, 所以火控雷达计算目标飞行轨迹并在最佳拦截区域进行拦截, 完成计算后所有信息将被装订入导弹的导航和控制系统。

预定时间导弹会被发射, 同时为确保完成摧毁, 一般使用两枚导弹对每个目标实施拦截, 通常在第一枚导弹发射后的 1500~5000 ms 时间段内发射

第二枚导弹。发射导弹后, 对于不同型号导弹需要提供的导引方式不同, 近程型与远程型导弹需要火控雷达进行指令修正, 直至导弹的主动雷达导引头开始运作, 而中程型导弹在击中目标前都需要持续跟踪制导。

导弹完成打击后, 需要由雷达收集目标信号以进行毁伤评估, 如果没有拦截到目标, 则跟踪目标开始发动第二轮打击, 如图 6.14 所示。

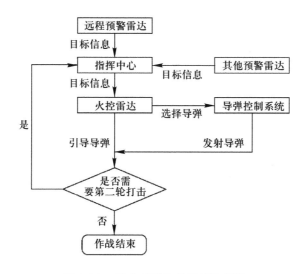

图 6.14 防空反导作战指挥流程图

从防空反导作战系统用例图中可以分析得到反导系统的主要行为, 即警戒、制订计划、发射、引导, 而从类图的对象关系中获取系统静态结构和部分系统行为信息。在此基础上, 可以建立描述系统特殊行为的动态模型, 从而展示对象在系统执行过程中不同阶段的动态交互。为完成 UML 中对动态活动交互进行建模, 可以采用活动图、顺序图或协作图进行描述。这三种图各自侧重点不同, 分别聚焦于工作描述、时间与空间。考虑到在实战中, 某型防空反导作战系统聚焦于时间, 而在仿真中更加聚焦于工作的流程, 因此, 这里采用两种图对系统的交互进行描述, 分别是采用顺序图描述时间上的交互, 采用活动图描述工作上的交互, 如图 6.15 所示。由于备用预警雷达主要在和指挥中心失去联系时使用, 故在顺序图中无标识。

活动图中建立工作流主要包括活动状态、控制流以及初始和结束状态。其中, 活动状态、控制流、初始和结束状态分别采用系统圆角矩形、箭头实线以及默认的圆形图标标识。在工作流需要进行分岔或并发时, 引入菱形和

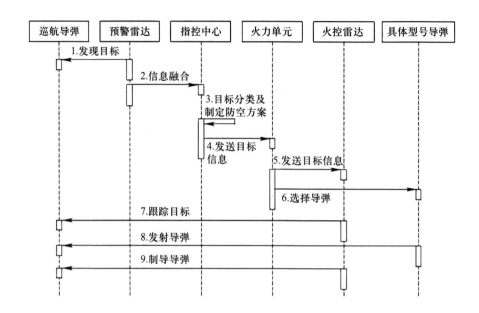

图 6.15　某型防空反导作战系统顺序图

同步棒。菱形对应分岔,表示在此节点进行 OR 选择,会产生一个否定情况的工作流或者肯定情况的工作流。同步棒对应并发和分裂,表示此节点会产生一个共同作用的工作流,或者同时分裂的工作流,在时间上是同步的。反导系统的拦截过程涉及不同的作战模块,通过泳道将模块进行区分。图 6.16 为某型防空反导系统作战活动图。

　　基于某型防空反导系统作战活动图,提炼出不同的作战活动场景,通过筛选,得到如下 5 个作战活动场景:

$1 : S \to C_1 \to C_2 \to C_3 \to C_5 \to F;$

$2 : S \to C_1 \to C_2 \to C_3 \to C_4 \to C_5 \to F;$

$3 : S \to C_1 \to C_2 \to C_3 \to C_4 \to C_6 \to C_7 \to C_8 \to C_{10} \to C_2' \to C_{15} \to F;$

$4 : S \to C_1 \to C_2 \to C_3 \to C_4 \to C_6 \to C_7 \to C_9 \to C_{10} \to C_2' \to C_{15} \to F;$

$5 : S \to C_1 \to C_2 \to C_3 \to C_4 \to C_6 \to C_7 \to C_1' \to C_3' \to F。$

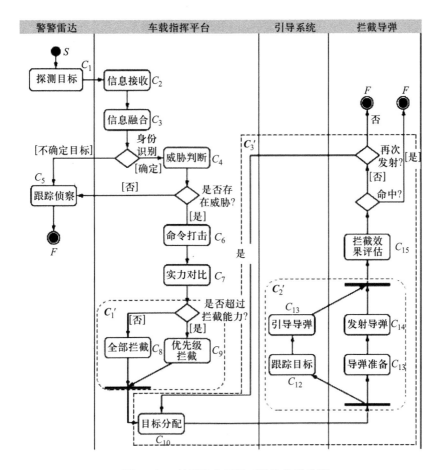

图 6.16 某型防空反导系统作战活动图

其中, C_1' 为选择结构虚拟节点; C_2' 为分岔结构虚拟节点; C_3' 为循环结构虚拟节点, 它由基础节点和分岔结构虚拟节点 C_2' 构成。

通过仿真和计算, 获得每个基础节点与虚拟节点任务成功完成概率, 如表 6.1 所示。

5 个作战场景在某型防空反导系统作战活动中出现的概率分别为 0.05、0.11、0.12、0.4、0.32、0.1, 由此可计算出该型防空反导系统作战活动的作战效能为 0.8736。

表 6.1　各基础节点与虚拟节点任务成功完成概率

节点名称	变量	成功完成概率	节点名称	变量	成功完成概率
目标探测	C_1	0.9871	信息接收	C_2	0.9912
信息融合	C_3	0.9983	威胁判断	C_4	0.9865
跟踪侦察	C_5	0.9887	指挥决策	C_6	0.9982
态势分析	C_7	0.9921	导弹选择	C_1'	0.9952
目标分配	C_{10}	0.9868	导弹打击	C_2'	0.9508
拦截效果评估	C_{15}	0.9778	导弹重复打击	C_3'	0.9894

6.2　基于作战环的多任务效能评估方法

现代作战循环理论认为作战过程是由观察、定位、决策、行动 (Observation, Orientation, Decision and Action, OODA) 构成的循环过程, 即侦察节点发现敌方目标, 将相关信息传递给己方的决策节点, 决策节点通过详细分析后向攻击节点发送命令, 攻击节点接到攻击命令后对敌方目标实施攻击的循环过程。OODA 循环理论可用来描述武器装备体系的作战环建模思想, 将武器装备体系中的执行不同功能的作战单元分为 3 类: 侦察类、指控类和攻击类。考虑到作战过程中的信息来源和信息流向, 一般将敌方目标引入作战环模型中, 使得研究过程更加贴近实战。因此, 完整的作战环包含侦察、指控、攻击和目标 4 类节点。

鉴于现代战争的复杂性, 为了完成作战任务, 在实际作战行为中, 一般一次完整作战活动都需要多个侦察和决策实体共同完成。侦察类节点首先获取敌方目标信息, 简要处理后将其传递给指控类节点; 指控类节点在进行信息处理后形成作战命令和作战方案; 攻击类节点接收到作战命令后对敌方目标进行有效打击。侦察环节包含了卫星侦察、侦察机侦察、雷达探测多个节点, 且节点之间存在信息共享。指挥控制类节点也包含了多个指挥实体的作战协同。多个作战环共同构成了复杂的作战网络体系。

为了完成特定作战任务, 侦察装备、决策装备、打击装备等与敌方目标构成闭合回路。鉴于每个装备在作战环中扮演的角色不同, 可以进行如下划分:

(1) 侦察、监视、预警装备: 利用传感器收集目标和战场信息的武器装备,主要功能有目标侦察、情报获取和战场监视。

(2) 通信与指挥控制类装备实体: 具有信息处理和分析、辅助决策、对干扰类实体实施指挥控制作用的武器装备。

(3) 联合火力打击和干扰类实体: 主要遂行作战毁伤行动的装备实体,具体有精确打击、火力毁伤和电子干扰等功能。

(4) 敌方目标: 作战任务的打击目标。

标准作战环表示了作战网络最基本的作战过程,包括侦察实体、决策实体、影响实体和目标实体,以及它们之间侦察、决策、指挥、打击 4 种关系。在作战过程中,装备实体之间除了侦察、决策、指挥和打击 4 种关系外,侦察实体之间还存在信息共享关系,决策实体之间还存在协同指挥关系。作战过程中最复杂的过程是同时涉及多个侦察实体之间的信息共享和多个决策实体之间的协同指挥。作战环的表现形式如图 6.17 所示。

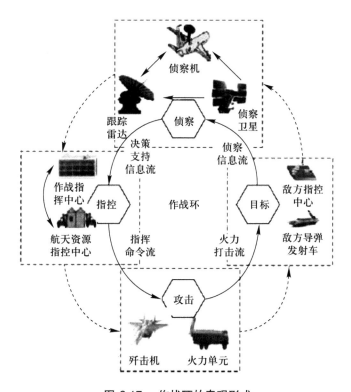

图 6.17　作战环的表现形式

在实际作战场景中,交战双方的装备以及装备之间的相互作用会形成多个作战环。由于多个作战环之间可以共享装备实体, 所以, 交战双方的装备体系会构成一个多层复杂作战网络, 具体如图 6.18 所示。

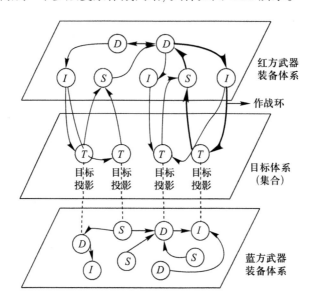

图 6.18　多层复杂作战网络

在复杂作战网络中, 标准作战环表示了最基本的作战过程。作战环的数量在一定程度上反映出武器装备体系可以形成攻击力的方案数量, 也就是说作战环的数量可以作为评价作战体系的一个指标。装备体系网络中作战环越多, 装备体系的作战潜力就越大, 攻击敌方的方案也越多, 体系的抗毁性也越强。

6.2.1　作战环模型构建方法

作战环建模思想通过节点和边来描述作战单元之间的信息传递和物质能量转移关系, 本质上是借鉴复杂网络的建模原理对武器装备体系进行模型抽象, 再结合作战环的概念对网络模型进行进一步的深化和扩展。作战环模型的构建分为 4 个步骤。

步骤 1: 根据作战任务确定作战目标。明确我方参与作战的武器装备体系构成, 厘清整个作战过程。

步骤 2: 作战节点的抽取。根据作战过程中各作战单元、平台或系统在作战过程中执行功能的差异, 将其抽象为作战环中的侦察类、指挥控制类、攻击类和目标类 4 类节点, 所有的作战单元节点构成网络节点集。

步骤 3: 作战网络边的抽取。确定作战节点之后, 分析作战环节点之间的关联关系, 将具有信息流动的节点之间的关系抽象为网络中的连接边, 所有的连接边构成网络边集。

步骤 4: 作战网络拓扑模型的构建。以信息流为边, 连接各个作战单元, 生成作战网络拓扑结构模型。

作战环模型构建的技术路线如图 6.19 所示。

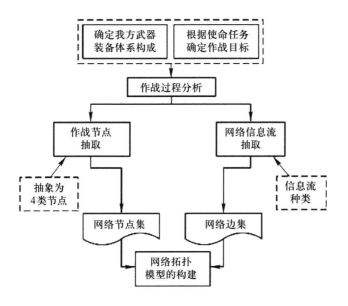

图 6.19　作战环模型构建技术路线图

作战网络模型可以表示为

$$G = (N, E) \tag{6.9}$$

式中: N 是作战网络中的所有作战单元节点的集合; E 为作战网络中连接作战单元节点的边的集合。由于武器装备体系中所有装备都是直接或间接为打击敌方目标实体服务的, 体系中的各种装备实体和关系都将包含在不同的作战环形成的作战网络 G 中。

节点的描述与建模基于装备在作战活动中的功能作用, 把作战环中的

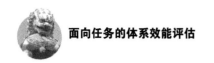

实体抽象为 4 类, 表示为

$$|V_{\text{NodeType}}| \in \{T, S, D, I\} \tag{6.10}$$

式中: T 表示目标类节点; S 表示侦察监视类节点; D 表示指挥控制类节点; I 表示攻击类节点。不同节点的属性特征如表 6.2 所示。

表 6.2　作战环中 4 种常见节点的属性特征

节点类型	节点名称	节点属性特征描述
T 类节点	目标类节点	完成使命任务而需要实施攻击的敌军作战实体或战场设施
S 类节点	侦察监视类节点	对战场空间进行情报收集, 为指挥决策部门提供信息支持的我方装备实体, 包括侦察卫星、雷达、预警机等
D 类节点	指挥控制类节点	我方负责战争指挥的指挥平台、指挥所或指控中心等, 它能接收从卫星实体传来的情报信息, 进行分析决策, 同时发布作战命令
I 类节点	攻击类节点	对敌方目标造成毁伤或严重干扰的武器平台或武器系统, 包括战斗机、导弹等

6.2.2　基于作战环的多任务效能评估模型

为了分析武器装备体系作战网络中节点之间的相互作用关系, 首先要对网络中每个节点的战技指标进行描述, 也就是具有独立功能的武器装备单元 (或系统) 所具备与能力相关的战技指标。假设某种类型装备节点共有 n 个能力指标, 可用能力向量 C_{NodeType} 表示, 即

$$C_{\text{NodeType}} = (c_1, c_2, \cdots, c_n) \tag{6.11}$$

(1) 侦察监视类节点 S。侦察监视类节点的主要功能是获取作战空间内敌我双方的各种信息, 完成对作战目标的侦察和搜索任务。将具有侦察、识别、跟踪搜索等一种或多种功能的武器装备, 统称为侦察监视类节点。因此, 侦察监视类节点在作战网络中的主要作战任务就是对敌方目标进行侦察、跟踪定位和识别, 并将这些数据和信息通过通信数据链传输给其他武器装备节点。因此, 所构建的侦察监视类节点所具备的最主要的能力为情报侦

察能力、目标识别能力和跟踪搜索能力。

侦察监视类节点的能力向量表示为

$$\boldsymbol{C}_S = (c_{S_1}, c_{S_2}, \cdots, c_{S_6}) \tag{6.12}$$

式中，c_{S_1} 表示侦察覆盖范围；c_{S_2} 表示最大探测距离；c_{S_3} 表示识别概率；c_{S_4} 表示分辨率；c_{S_5} 表示机动速度；c_{S_6} 表示扫描频率。

(2) 指挥控制类节点 D。在构建的作战环中，指挥控制类节点主要是融合各侦察类节点所获取的信息，并根据融合后的信息分析战场态势，判断敌方意图，做出相应决策，下发作战指令，集指挥决策和情报处理功能为一体的武器装备平台或系统。指挥控制系统是信息化战争的核心装备，是确保信息完整性、保密性、可用性的关键环节，因此，所构建的指挥控制类节点所具备的最主要的能力为指挥决策能力和信息处理能力。

指挥控制类节点的能力向量表示为

$$\boldsymbol{C}_D = (c_{D_1}, c_{D_2}, \cdots, c_{D_7}) \tag{6.13}$$

式中，c_{D_1} 表示指挥员的知识水平；c_{D_2} 表示突发应变能力；c_{D_3} 表示协同筹划能力；c_{D_4} 表示指挥决策时间；c_{D_5} 表示信息处理速度；c_{D_6} 表示信息可视化能力；c_{D_7} 表示情报分析准确度。

(3) 攻击类节点 I。攻击类节点的主要功能是实施具体的作战行动，对敌方目标进行有力打击，完成作战任务，达成作战目标。具体包括对敌方目标进行精确打击、电子干扰、火力毁伤等。为了描述攻击类节点的作战能力，主要考虑作战覆盖半径 (c_{I_1})、打击精度 (c_{I_2})、机动速度 (c_{I_3})3 个属性指标。攻击类节点的能力向量表示为

$$\boldsymbol{C}_I = (c_{I_1}, c_{I_2}, c_{I_3}) \tag{6.14}$$

(4) 目标类节点 T。目标类节点主要指敌方的武器装备单元及基础设施等。将敌方目标抽象为我方作战网络中的节点，是整个作战环网络构建的核心。为了确保作战任务的完成，主要考虑敌方目标能够有效影响我方打击效果的能力指标。主要考虑敌方目标的反侦察能力和抗打击能力，即作战过程中不易被我方侦察发现，发现以后不易被击中，击中后不会轻易毁坏丧失战

斗力。

目标类节点的能力向量表示为

$$\boldsymbol{C}_T = (c_{T_1}, c_{T_2}, \cdots, c_{T_9}) \tag{6.15}$$

式中, c_{T_1} 表示干扰拦截能力; c_{T_2} 表示快速重组能力; c_{T_3} 表示机动能力; c_{T_4} 表示预警时间; c_{T_5} 表示抗毁系数; c_{T_6} 表示抗雷达系数; c_{T_7} 表示伪装隐身能力; c_{T_8} 表示抗光学系数; c_{T_9} 表示抗红外系数。

在作战环中, 根据作战功能的差异, 联合作战武器装备体系中的各装备单元被抽象成了作战网络中的不同节点, 节点之间通过侦察信息流、控制流、协同关系流、火力打击流所形成的相互作用关系被抽象成网络中的边。作战网络中 4 种类型节点共有 16 种可能的连接方式, 具体如表 6.3 所示。

表 6.3　16 种可能的节点间连接方式

边类型	S	D	I	T
S	$S \to S$	$S \to D$	$S \to I$	$S \to T$
D	$D \to S$	$D \to D$	$D \to I$	$D \to T$
I	$I \to S$	$I \to D$	$I \to I$	$I \to T$
T	$T \to S$	$T \to D$	$T \to I$	$T \to T$

由于联合作战装备实体之间关系错综复杂, 涉及指挥、通信、协同、共享、保障等诸多关系, 难以考虑全部作战细节和约束条件。只考虑我方武器装备体系对敌方的作战能力, 所构建的节点功能是单一的, 节点之间进行信息流的传输。基于以上分析, 结合作战环的作战过程, 重点考虑 7 种类型的节点关系: 侦察关系 ($T \to S$)、决策关系 ($S \to D$)、指挥关系 (2 种, 即 $D \to S, D \to I$)、打击关系 ($I \to T$)、信息共享关系 ($S \to S$) 和协同关系 ($D \to D$)。7 种类型边的集合分别记为

$$\begin{cases} E_{TS} = \{e_{T_i S_j}\}, T_i \in T, S_j \in S, i, j = 1, 2, \cdots \\ E_{SD} = \{e_{S_j D_m}\}, S_j \in S, D_m \in D, j, m = 1, 2, \cdots \\ E_{DS} = \{e_{D_m S_j}\}, D_m \in D, S_j \in S, j, m = 1, 2, \cdots \\ E_{DI} = \{e_{D_m I_n}\}, D_m \in D, I_n \in I, m, n = 1, 2, \cdots \\ E_{IT} = \{e_{I_n T_i}\}, I_n \in I, T_i \in T, n, i = 1, 2, \cdots \\ E_{SS} = \{e_{S_k S_l}\}, (k, l) \in j \\ E_{DD} = \{e_{D_r D_s}\}, (r, s) \in m \end{cases} \tag{6.16}$$

式中, 有 $E = E_{TS} \bigcup E_{SD} \bigcup E_{DI} \bigcup E_{IT} \bigcup E_{DS} \bigcup E_{SS} \bigcup E_{DD}$。

图 6.20 给出了简单的作战网络结构模型, 同时对节点种类和边类型进行了描述。

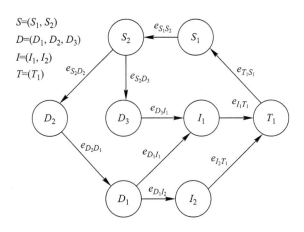

$S=(S_1, S_2)$
$D=(D_1, D_2, D_3)$
$I=(I_1, I_2)$
$T=(T_1)$

图 6.20　简单的作战网络结构模型

结合作战网络中各边完成的作战活动分析度量作战环不同边的战技指标, 向量表示为

$$C_{\text{EdgeType}} = (c^1_{\text{EdgeType}}, c^2_{\text{EdgeType}}, \cdots, c^n_{\text{EdgeType}}) \tag{6.17}$$

式中, EdgeType 表示边关系类型; C 表示能力指标。

考虑作战活动中节点之间的边主要进行不同节点之间侦察、指控、情报共享、作战环境保障、火力打击等作战信息的传输与分发等, 要求信息链路两端节点均具有通信能力, 且节点之间在可通信范围内。边的度量指标主要考虑链路传输时间 c_1、链路信息承载度 c_2、通信质量 c_3、通信抗干扰能力 c_4、通信延迟 c_5、通信保密能力 c_6。向量表示为

$$C_e = (c_1, c_2, c_3, c_4, c_5, c_6) \tag{6.18}$$

(1) 侦察情报共享链路 $(S \rightarrow S)$。$S \rightarrow S$ 边表示两个不同侦察节点之间的信息共享链路。针对同一个侦察目标, 不同作战节点获取的情报信息质量水平各异, 需要综合各自优势, 才能使侦察到的目标信息尽可能满足作战需求。作战环中若存在信息共享关系, 会增加作战环的边数, 延长作战反应

时间, 但通过信息共享之后增强了情报信息的准确性。

(2) 侦察情报上传链路 $(S \to D)$。$S \to D$ 边表示侦察监视类节点指向指挥控制类节点的情报上传链路, 侦察监视类节点通过侦察情报上传链路 $(S \to D)$ 向指挥控制类节点传送作战目标信息。

(3) 指令上传链路 $(D \to S)$。$D \to S$ 边表示指挥控制类节点指向侦察监视类节点的指令上传链路。指挥控制指令经 $D \to S$ 链路传向侦察监视类节点。例如, 指挥控制中心为了获取更多目标信息, 对卫星下达轨道机动指令, 进一步对目标进行精确搜索。

(4) 指控协同链路 $(D \to D)$。$D \to D$ 边表示两个指控节点之间的链路, 为协同指挥过程, 提高了作战指挥的准确性和有效性, 同时也导致作战环链路增加, 延长了作战环的响应时间。

(5) 作战指令下达链路 $(D \to I)$。$D \to I$ 边表示由指挥控制类节点指向火力打击类节点的链路, 为作战指令下达链路。

(6) 侦察链路 $(T \to S)$。$T \to S$ 边表示己方侦察监视类节点对敌方目标的侦察活动。根据侦察类节点 S 与目标类节点 T 之间的关系, 而生成了从目标节点指向侦察节点的单向链路。侦察节点往往可以通过多种手段 (如红外侦察、雷达探测等) 对目标进行侦察来获取敌方目标信息, 为指挥决策提供情报依据。通过发现、跟踪、识别等作战活动过程, 获取敌方目标信息。

(7) 打击链路 $(I \to T)$。$I \to T$ 链路表示己方攻击类节点对敌方目标进行火力打击或电磁干扰活动。攻击节点可以选择不同的打击方式打击目标节点, 前提是要保证目标节点在可打击范围内。打击或干扰过程中, 需要导航卫星提供精确定位、精确测速、精确授时等信息服务。

在整个作战活动中装备具备可以完成各自目标使命的作战能力, 而每个作战环节也需要装备实体提供相应的能力支撑, 才能完成对敌方目标实体的打击。

在现有的研究中, 更多注重的是网络的拓扑结构, 对于作战环中边的概率 (效能值) 都是直接给出的, 并没有过多的解释。本书借鉴能力需求满足度分析的方法, 对作战环中每个环节的作战效能值进行计算。

对于每个作战环节的作战效果, 我们用效率值来表示, 即

$$P_r \in [0,1], r \in \{T \to S, S \to D, D \to I, I \to T, S \to S, D \to D\} \quad (6.19)$$

若作战环节 r 由 n 种能力支撑完成, 不同的能力对于整个作战过程 (即一个作战环) 的作用程度不同, 假设能力 i 的权重为 $w_i, \sum\limits_{i=1}^{n} w_i = 1$, 那么采取加权法得到作战环节 r 的作战效能

$$P_r = \sum_{i=1}^{n} w_i C(e_i) \tag{6.20}$$

由于作战环是有向且闭合的, 所以作战环中的每个环节都对下一个环节产生影响, 并且最终影响整个作战环的作战能力。在对标准作战环的 4 个环节进行具体分析后, 定义作战能力指标 E_{op} 来衡量作战效果, 具体公式为

$$E_{\mathrm{op}} = P_{T \to S} \cdot P_{S \to D} \cdot P_{D \to S} \cdot P_{I \to T} \tag{6.21}$$

如果作战过程中存在侦察实体之间的信息共享过程, 那么作战环的边数虽然增加了, 但是通过信息共享之后获取的信息准确性也提高了。因此, 将信息共享和辅助决策环节看作并联系统, 如图 6.19(a) 所示。同理, 如果作战过程中存在决策实体之间的协同指挥关系, 那么此时作战环中的装备数量和作战环节都增加了。协同指挥控制过程不仅提高了作战指挥的准确性和实时性, 而且提高了指挥控制的灵活性和有效性。因此, 将决策装备与影响装备之间的指挥关系和决策装备之间的协同关系也看作并联系统, 如图 6.21(b) 所示。

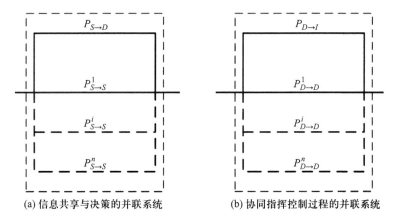

(a) 信息共享与决策的并联系统　　　　(b) 协同指挥控制过程的并联系统

图 6.21　复杂作战环结构模型等价结构

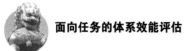

将侦察装备间的信息共享归并到决策过程，根据并联系统的计算，可以得到等价的决策效果

$$P_{S \to D}^{'} = 1 - (1 - P_{S \to D}) \cdot \prod_{i=0}^{N}(1 - P_{S \to S}^{i}) \qquad (6.22)$$

式中：N 代表信息共享环节的个数；$P_{S \to S}^{i}$ 代表信息共享环节 i 的具体效果。当 $N = 0$ 时，表示该作战环不存在信息共享关系，即 $P_{S \to S}^{0} = 0$，此时回归到标准作战环。

将决策装备的协同指控关系归并到指挥关系，根据并联系统的计算，可以得到等价的决策效果

$$P_{D \to I}^{'} = 1 - (1 - P_{D \to I}) \cdot \prod_{i=0}^{N}(1 - P_{D \to D}^{i}) \qquad (6.23)$$

式中：N 代表协同指挥控制环节的个数；$P_{D \to D}^{i}$ 代表决策环节 i 的协同效果。当 $i = 0$ 时，表示该作战环不存在协同指控，即 $P_{D \to D}^{0} = 0$，此时也回归到标准作战环。

综上所述，当作战环中存在信息共享和协同指挥控制两种关系时，其作战能力指标为

$$E_{\text{op}} = P_{T \to S} \cdot P_{S \to D}^{'} \cdot P_{D \to S}^{'} \cdot P_{I \to T} \qquad (6.24)$$

武器装备体系作战效能评估各装备在作战过程中通过相互作用产生了联系，装备实体和它们之间的联系构成了若干作战环。不同的作战环之间相互交错，最终形成了一个复杂的装备体系网络。对武器装备体系进行评价，是研究装备优化配置的关键。

一般来讲，作战环数越多，该装备体系能够完成任务的方式越多，这个体系的抗毁性越强。同样，武器装备体系的作战能力越强，对作战任务的完成情况越好。因此，借助体系作战能力 E_{f} 和作战环数 N_{op} 对武器装备体系进行综合评估。

1. 武器装备体系作战能力计算

在作战网络中，众多作战环可能共享同一个敌方目标实体。假设各装备实体在同一时刻只能对一个作战环的信息进行响应，用所有作战环中最大

的作战能力值来表示体系作战能力, 则体系作战能力 E_f 表示为

$$E_f = \max\{E_{op_1}, E_{op_2}, \cdots, E_{op_n}\} \tag{6.25}$$

当体系作战能力 E_f 较大时, 说明作战成功的概率越大, 击毁目标就越容易。

2. 武器装备体系作战环数计算

对于作战环数的具体计算, 可以通过计算表示网络节点连接关系的邻接矩阵 $\boldsymbol{A}$ 的幂来获得。首先, 定义网络的邻接矩阵 $\boldsymbol{A} = (a_{ij})_{N \times N}$。假设作战体系网络中有 N 个装备节点, 则该邻接矩阵为 N 阶方阵。矩阵的元素定义为

$$a_{ij} = \begin{cases} 1, & \text{从节点 } i \text{ 到节点 } j \text{ 有弧} \\ 0, & \text{从节点 } i \text{ 到节点 } j \text{ 没有弧} \end{cases} \tag{6.26}$$

根据邻接矩阵的幂运算可知, 矩阵 $\boldsymbol{A}^k$ 中每个不为 0 的元素 $a_{ij}^{(k)}$ 表示在网络中存在从节点 i 到节点 j 长度为 k 的有向通路, 对角线元素 $a_{ii}^{(k)}$ 表示经过节点 i 的长度为 k 的闭环的数量。因此, 作战环数为

$$N_{op} = \sum_{i=1}^{N} \sum_{k=1}^{\infty} a_{ii}^{(k)} \tag{6.27}$$

上述的环数计算方法虽然简单明了, 但是没有排除同一个环被多次计算以及环中不包含敌方目标节点的情况。为了得到正确的作战环数, 这里对作战环数的计算方法进行改进。由于作战环的最小长度为 4, 故初始化 $k = k_0 = 4$。首先计算不同路径长度的作战环数, 在计算的过程中加上是否重复计算环数的判定条件。若满足判定条件, 结束计算, 该网络中作战环的长度最大为 $k - 1$。具体计算过程如图 6.22 所示。

当作战环数 N_{op} 较大时, 说明有多个作战方式可供选择, 即使在作战过程中有一个或几个环被破坏, 作战还是能继续, 也就是装备体系的抗毁性较强。

3. 面向多任务的武器装备体系效能评估

针对任务 M_i, 在武器装备体系网络中存在多个作战环。作战环的数量越多, 对目标装备的攻击手段越多, 体系作战能力越强, 因此, 武器装备体系

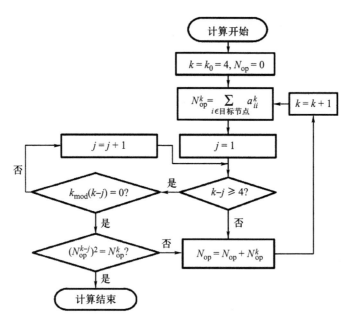

图 6.22　作战环数的计算流程

面向任务 M_i 时作战能力为

$$E^{M_i} = \sum_{i=1}^{N_{\mathrm{op}}} E_{\mathrm{op}_i} \tag{6.28}$$

对于武器装备体系而言,其作战使命任务一般具有多种。假定武器装备体系的作战使命任务为 $M_1, M_2, \cdots, M_L$,在实际作战中其出现的概率分别为 $p_1, p_2, \cdots, p_L$,则对整个武器装备体系而言,其体系作战效能为

$$E_{\mathrm{f}} = \sum_{i=1}^{L} p_i E^{M_i} \tag{6.29}$$

式中,L 为武器装备体系的作战使命任务数。

基于上述作战能力评估思想,建立对于武器装备体系面向特定作战使命任务的作战能力评估机制,其主要过程可以概括如下。

步骤 1:进行网络拓扑模型的构建,抽象出作战环中的节点和边,根据作战活动对节点和边进行建模,从而构建整个作战网络的能力指标体系。

步骤 2: 计算各个作战环的作战效能值。若作战环 r 由 n 种能力支撑完成, 不同的能力对于整个作战过程 (一个作战环) 的作用程度不同, 假设能力 i 的权重为 w_i, 则采用式 (6.20) 的加权法得到作战环 r 的作战效能值。

步骤 3: 根据各个作战环的作战效能值, 利用式 (6.21) 或式 (6.24) 计算每一个作战环整体的作战效能值。

步骤 4: 考虑多个作战环的协同作用, 利用式 (6.28) 计算特定任务下整个武器装备体系的作战能力。

步骤 5: 基于武器装备体系的所有作战任务中的效能值, 利用式 (6.29) 进行加权聚合得到整个武器装备体系面向多作战任务的作战效能评估值。

6.2.3　案例分析

为了验证本书提出方法的可行性与有效性, 以某型导弹武器装备体系作战为例进行研究。基于作战环原理进行建模, 并对整个作战活动进行效能评估。为开展相关评估实例分析, 本节构建了某型导弹武器装备体系相关指标, 并进行了相关数据的设定以便进行相关研究。

根据导弹装备体系的作战使命要求, 将导弹装备作战流程归纳为预警探测、作战决策及作战行动 3 个主要的阶段, 如图 6.23 所示。

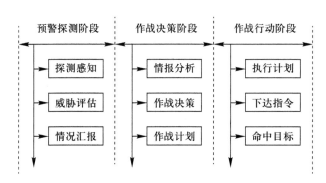

图 6.23　导弹装备体系作战流程示意图

(1) 预警探测阶段。该阶段的主要作战任务是向情报中心及联合作战指挥中心不间断地传输情报。

(2) 作战决策阶段。该阶段的主要作战任务是制订作战计划, 给出作战决策。

(3) 作战行动阶段。该阶段的主要作战任务是确定作战方案, 并对敌方目标实施打击。

结合实际作战每个阶段的具体任务, 分析构成本次导弹体系作战的主要装备体系: 预警侦察类节点主要有 5 个 —— 雷达 S_1、雷达 S_2、雷达 S_3、天基监视系统 S_4 及情报中心 D_1; 决策控制类节点主要有 3 个 —— 总指挥中心 D_2、作战指挥中心 D_3、D_4; 打击类节点主要有已装备 M 型武器装备的 6 个打击单元。认为打击单元 I_1、I_2 由作战指挥中心直接掌握, 打击单元 I_3、I_4 与打击单元 I_5、I_6 分别由作战指挥中心 D_1、D_2 所掌握; 目标类节点主要是敌方 4 个重要目标。该作战体系利用预警侦察装备系统发现识别敌方来袭目标 T_1, 利用打击单元 I_1、I_2 打击目标 T_2; 打击单元 I_3、I_4 打击目标 T_3; 打击单元 I_5、I_6 打击目标 T_4。

根据上述导弹装备体系构成, 基于作战环理论, 将各个装备抽象为节点, 装备之间的作战活动抽象为连接边, 可建立某型导弹武器装备体系作战网络模型, 如图 6.24 所示。

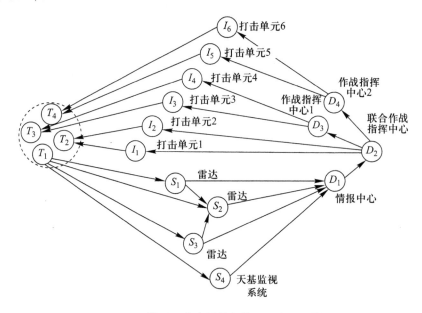

图 6.24　某型导弹武器装备体系作战网络模型

通过分析可知, 上述模型主要存在 6 种作战活动, 这里主要选取装备之间完成某项作战活动的关键性评价指标。上述作战活动的评价指标列表见表 6.4 至表 6.9 (为了不出现定性指标, 这里仅考虑指挥决策节点和打击节点的通信连接关系)。

表 6.4　$T \to S$ 预警侦察活动

作战活动	探测距离	识别概率	抗干扰性
$T_1 \to S_1$	3 800	0.6	0.6
$T_1 \to S_2$	2 000	0.9	0.8
$T_1 \to S_3$	3 200	0.6	0.65
$T_1 \to S_4$	4 000	0.9	0.55

表 6.5　S 装备之间信息传输活动

作战活动	传输速率	信道宽度	误码率
$S_1 \to S_2$	1.4	2.4	0.05
$S_3 \to S_2$	1	2	0.1

表 6.6　$S \to D$ 信息共享活动

作战活动	传输速率	信道宽度	误码率
$S_1 \to D_1$	1.6	3	0.1
$S_2 \to D_1$	1.2	2	0.05
$S_3 \to D_1$	1.4	2.4	0.05
$S_4 \to D_1$	1	2	0.1

表 6.7　D 装备之间信息传输活动

作战活动	传输速率	信道宽度	误码率
$D_1 \to D_2$	1.6	3	0.05
$D_2 \to D_3$	1.4	2.4	0.1
$D_2 \to D_4$	1.4	2.4	0.1

表 6.8　$D \to I$ 信息共享活动

作战活动	传输速率	信道宽度	误码率
$D_2 \to I_1$	1.4	3	0.05
$D_2 \to I_2$	1.4	3	0.05
$D_3 \to I_3$	1	2	0.1
$D_3 \to I_4$	1	2	0.1
$D_4 \to I_5$	1	2	0.1
$D_4 \to I_6$	1	2	0.1

表 6.9 $I \rightarrow T$ 打击对抗活动

作战活动	命中精度	突防概率	抗打击能力
$I_1 \rightarrow T_2$	550	90 %	300
$I_2 \rightarrow T_2$	450	85 %	300
$I_3 \rightarrow T_3$	500	90 %	200
$I_4 \rightarrow T_3$	400	90 %	200
$I_5 \rightarrow T_4$	450	95 %	350
$I_6 \rightarrow T_4$	500	80 %	350

依次求出作战活动描述性指标的权重, 如表 6.10 所示。

表 6.10 作战活动描述性指标权重

作战活动	指标 1 权重	指标 2 权重	指标 3 权重
$T \rightarrow S$	0.324	0.38	0.296
$S \rightarrow S$	0.33	0.33	0.34
$S \rightarrow D$	0.4	0.375	0.225
$D \rightarrow D$	0.33	0.33	0.34
$D \rightarrow I$	0.33	0.33	0.34
$I \rightarrow T$	0.326	0.352	0.322

根据邻接矩阵的幂运算可知, 矩阵 $\boldsymbol{A}^k$ 中每个不为 0 的元素 $a_{ij}^{(k)}$ 表示在网络中存在从节点 i 到节点 j 长度为 k 的有向通路, 对角线元素 $a_{ii}^{(k)}$ 表示经过节点 i 的长度为 k 的闭环的数量。因此, 作战环数为

$$N_{\mathrm{op}} = \sum_{i=1}^{N} \sum_{k=1}^{\infty} a_{ii}^{(k)} = 36 \tag{6.30}$$

即得到该型导弹武器装备体系在进行作战时所产生的作战闭环总数为 36 个。

利用某型导弹武器装备体系效能评估指标体系, 结合专家意见, 可求得某型导弹武器装备体系作战环边的权重, 通过对各作战活动指标构建分析模型或仿真模型, 可分别求得不同作战活动的边效能指标。通过求得作战环边的权重和边效能指标相乘, 可求得作战环中各连接边的效能。根据形成的作战环模型分析可知, 某型导弹武器装备体系构成作战环边数共分为 5 边、6 边和 7 边作战环。为充分对比分析出作战环中相关装备的优劣, 需求出装

备参与单个作战环的实际效能。利用式 (6.21) 或式 (6.24)，最终求得该型导弹武器装备体系完成作战任务中 3 类作战环中每个作战环的实际效能，并估算出针对不同作战任务，每个作战环发生的概率，如表 6.11 所示。由式 (6.29) 可计算出某型导弹武器装备体系效能值为 57.8。

表 6.11　作战环边关系描述指标权重

序号	作战环	作战环效能 E^{M_i}	发生概率
1	$T_1 \to S_1 \to D_1 \to D_2 \to I_1 \to T_2$	49.97	0.025
2	$T_1 \to S_1 \to D_1 \to D_2 \to I_2 \to T_2$	49.87	0.017
3	$T_1 \to S_1 \to D_1 \to D_2 \to D_3 \to I_3 \to T_3$	63 .10	0.018
4	$T_1 \to S_1 \to D_1 \to D_2 \to D_3 \to I_4 \to T_3$	63 .02	0.023
5	$T_1 \to S_1 \to D_1 \to D_2 \to D_4 \to I_5 \to T_4$	63 .20	0.032
6	$T_1 \to S_1 \to D_1 \to D_2 \to D_4 \to I_6 \to T_4$	63 .17	0.021
7	$T_1 \to S_1 \to S_2 \to D_1 \to D_2 \to I_1 \to T_2$	56 .83	0.011
8	$T_1 \to S_1 \to S_2 \to D_1 \to D_2 \to I_2 \to T_2$	56 .73	0.026
9	$T_1 \to S_1 \to S_2 \to D_1 \to D_2 \to D_3 \to I_3 \to T_3$	69.96	0.018
10	$T_1 \to S_1 \to S_2 \to D_1 \to D_2 \to D_3 \to I_4 \to T_3$	69.88	0.033
11	$T_1 \to S_1 \to S_2 \to D_1 \to D_2 \to D_4 \to I_5 \to T_4$	70.06	0.022
12	$T_1 \to S_1 \to S_2 \to D_1 \to D_2 \to D_4 \to I_6 \to T_4$	70.03	0.015
13	$T_1 \to S_2 \to D_1 \to D_2 \to I_1 \to T_2$	44.24	0.030
14	$T_1 \to S_2 \to D_1 \to D_2 \to I_2 \to T_2$	44.14	0.017
15	$T_1 \to S_2 \to D_1 \to D_2 \to D_3 \to I_3 \to T_3$	57.37	0.029
16	$T_1 \to S_2 \to D_1 \to D_2 \to D_3 \to I_4 \to T_3$	57.29	0.015
17	$T_1 \to S_2 \to D_1 \to D_2 \to D_4 \to I_5 \to T_4$	57.47	0.023
18	$T_1 \to S_2 \to D_1 \to D_2 \to D_4 \to I_6 \to T_4$	57.44	0.021
19	$T_1 \to S_3 \to S_2 \to D_1 \to D_2 \to I_1 \to T_2$	56.60	0.037
20	$T_1 \to S_3 \to S_2 \to D_1 \to D_2 \to I_2 \to T_2$	56.50	0.018
21	$T_1 \to S_3 \to S_2 \to D_1 \to D_2 \to D_3 \to I_3 \to T_3$	69.73	0.019
22	$T_1 \to S_3 \to S_2 \to D_1 \to D_2 \to D_3 \to I_4 \to T_3$	69.65	0.023
23	$T_1 \to S_3 \to S_2 \to D_1 \to D_2 \to D_4 \to I_5 \to T_4$	69.83	0.028
24	$T_1 \to S_3 \to S_2 \to D_1 \to D_2 \to D_4 \to I_6 \to T_4$	69.80	0.013
25	$T_1 \to S_3 \to D_1 \to D_2 \to I_1 \to T_2$	48.22	0.037
26	$T_1 \to S_3 \to D_1 \to D_2 \to I_2 \to T_2$	48.13	0.013
27	$T_1 \to S_3 \to D_1 \to D_2 \to D_3 \to I_3 \to T_3$	61.35	0.018
28	$T_1 \to S_3 \to D_1 \to D_2 \to D_3 \to I_4 \to T_3$	61.28	0.019
29	$T_1 \to S_3 \to D_1 \to D_2 \to D_4 \to I_5 \to T_4$	61.46	0.024
30	$T_1 \to S_3 \to D_1 \to D_2 \to D_4 \to I_6 \to T_4$	61 .43	0.029
31	$T_1 \to S_4 \to D_1 \to D_2 \to I_1 \to T_2$	40.75	0.025
32	$T_1 \to S_4 \to D_1 \to D_2 \to I_2 \to T_2$	40.66	0.017
33	$T_1 \to S_4 \to D_1 \to D_2 \to D_3 \to I_3 \to T_3$	53.88	0.031
34	$T_1 \to S_4 \to D_1 \to D_2 \to D_3 \to I_4 \to T_3$	53.81	0.028
35	$T_1 \to S_4 \to D_1 \to D_2 \to D_4 \to I_5 \to T_4$	53.99	0.026
36	$T_1 \to S_4 \to D_1 \to D_2 \to D_4 \to I_6 \to T_4$	53.96	0.028

对于该型导弹武器装备体系, 按照构成作战环边数不同, 其作战环体系共分为 3 种类型的作战环, 即边数分别为 5、6、7 的作战环。由表 6.11 所列数据, 通过对同一装备参与的作战活动效能加权平均的方式, 求出打击节点 I_1、I_2、I_3、I_4、I_5 和 I_6 当作战环边数为 5、6、7 时的效能, 如表 6.12 所示。

表 6.12　打击节点效能值

	I_1	I_2	I_3	I_4	I_5	I_6
5 边环	3.1	3.05	0	0	0	0
6 边环	3.1	3.05	2.94	2.91	3	2.98
7 边环	3.1	3.05	2.94	2.91	3	2.98

由表 6.12 可以看出, 对于打击节点参与作战环的数量基本相同, 其效能不同的主要原因在于战技指标的优劣。而打击节点 I_4 的效能较低, 由于其命中精度和命中概率等性能指标相对于其他打击装备较低, 所以 I_4 也是其中的弱项装备, 需要改良其打击对抗活动的指标 1 和指标 2。

通过分析可知, 武器装备作战体系各装备的作战效能的高低, 与参与作战环的数量及其相应的战技指标的优劣有关。参与作战环的数量越多, 相关装备的战技指标越优, 其作战效能较强。而且, 同一装备在不同作战活动中产生的效能不同, 对于作战效能较弱的作战活动, 应从改善体系结构和提升装备战技指标方面进行优化处理。

第 7 章

作战效能灵敏度分析技术

7.1 基于极差分析的作战效能灵敏度分析

7.1.1 基于极差分析方法的灵敏度分析原理

灵敏度分析的目的在于确定代理模型各变量对输出结果影响的大小，通过灵敏度分析可知代理模型对哪些输入变量的变化敏感，从而确定各输入变量对模型结果的影响。设武器装备系统作战效能指标的数学表达式为

$$\vec{\boldsymbol{y}} = (y_1, y_2, \cdots, y_n)^{\mathrm{T}} \tag{7.1}$$

将武器装备系统性能参数表示为

$$\vec{\boldsymbol{x}} = (x_1, x_2, \cdots, x_j)^{\mathrm{T}} \tag{7.2}$$

则武器装备系统作战效能指标 $\vec{\boldsymbol{y}}$ 与武器装备系统性能指标参数 $\vec{\boldsymbol{x}}$ 之间的关系用代理模型 $f_i(\vec{\boldsymbol{x}})$ 描述：

$$y_i = f_i(\vec{\boldsymbol{x}}) = f_i(x_1, x_2, \cdots, x_j), i = 1, 2, \cdots, n \tag{7.3}$$

假设系统各参数的标称量为 $\vec{\boldsymbol{x}}_0$，系统输出的标称量为 $\vec{\boldsymbol{y}}_0$，则当系统参

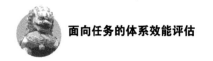

数发生摄动时, 有

$$x_i = x_{i0} + \Delta x_i, i = 1, 2, \cdots, j \tag{7.4}$$

相应的输出变为

$$y_i = f_i(x_{10} + \Delta x_1, x_{20} + \Delta x_2, \cdots, x_{j0} + \Delta x_j) = f_i(\vec{\boldsymbol{x}}_0 + \Delta \vec{\boldsymbol{x}}),$$
$$i = 1, 2, \cdots, n \tag{7.5}$$

泰勒展开后得

$$\Delta y_i = \frac{\mathrm{d}f_i(\vec{\boldsymbol{x}}_0)}{\mathrm{d}x_0} \Delta \vec{\boldsymbol{x}} + \frac{1}{2!} \frac{\mathrm{d}^2 f_i(\vec{\boldsymbol{x}}_0)}{\mathrm{d}x_0^2} \Delta \vec{\boldsymbol{x}}^2 + \cdots + \frac{1}{n!} \frac{\mathrm{d}^n f_i(\vec{\boldsymbol{x}}_0)}{\mathrm{d}x_0^n} \Delta \vec{\boldsymbol{x}}^n + R_n(\vec{\boldsymbol{x}}),$$
$$i = 1, 2, \cdots, n \tag{7.6}$$

则 y_i 在 $\vec{\boldsymbol{x}}_0$ 附近的灵敏度向量 $\vec{\boldsymbol{S}}_i$ 可表示为

$$\vec{\boldsymbol{S}}_i = \frac{\mathrm{d}f_i(\vec{\boldsymbol{x}}_0)}{\mathrm{d}x_0}, i = 1, 2, \cdots, n \tag{7.7}$$

式 (7.7) 以解析形式给出了参数灵敏度表达式, 但该式并不能直接应用于非连续、不解析的系统。

针对式 (7.7) 的局限性, 这里采用极差分析法推导给出参数灵敏度的离散近似公式。定义输出 y_i 关于参数 x_j 的极差 R_j^i 的计算公式为

$$R_j^i = \max\{\bar{y}_{j1}^i, \bar{y}_{j2}^i, \cdots, \bar{y}_{jk}^i, \cdots\} - \min\{\bar{y}_{j1}^i, \bar{y}_{j2}^i, \cdots, \bar{y}_{jk}^i, \cdots\} \tag{7.8}$$

式中: $\bar{y}_{jk}^i$ 表示参数 x_j 的 k 水平下所有 n 次试验输出的平均值, 其计算方法为

$$\bar{y}_{jk}^i = \frac{1}{n} \sum_{m=1}^{n} y_{jkm}^i \tag{7.9}$$

式中: y_{jkm}^i 表示输出 y_i 在参数 x_j 的 k 水平下第 m 次试验的输出值。

极差 R^i 表征了参数对输出的影响, 能定性反映输出对参数的灵敏度, 能作为武器装备系统效能评估的鲁棒性评价指标, 但灵敏度定量计算需要

综合极差和参数两方面指标。下面给出灵敏度计算方法

$$S_j^i = \frac{R_j^i}{x_{j\max} - x_{j\min}} \tag{7.10}$$

式中: $x_{j\max}$ 表示输出值 y_i 最大时对应的 x 值; $x_{j\min}$ 表示输出值 y_i 最小时对应的 x 值。

S_j^i 表示性能 y_i 对参数 x_j 的敏感程度, 其数值越大, 那么说明 y_i 对参数 x_j 越敏感。此外, S_j^i 的符号表示 y_i 对参数 x_j 的敏感方向。如果 $S_j^i < 0$, 则 y_i 对 x_j 负向敏感; 如果 $S_j^i > 0$, 则 y_i 对 x_j 正向敏感。

除单项性能对单个参数的灵敏度外, 不同参数之间的耦合效应对输出也存在影响, 为此, 这里给出耦合灵敏度的近似计算公式。定义第 i 项输出 y_i 关于参数 x_i 和参数 x_j 耦合极差 R_{jk}^i 的计算公式为

$$R_{jk}^i = \left| \frac{1}{4}\left(\sum y_{jh,kh}^i + \sum y_{jl,kl}^i\right) - \frac{1}{4}\left(\sum y_{jh,kl}^i + \sum y_{jl,kh}^i\right) \right| \tag{7.11}$$

式中: h 表示参数 j 或 k 的取值为最高水平; l 表示参数 j 或 k 的取值为最低水平; $y_{jh,kh}^i$ 表示参数 x_i 和 x_j 在最高水平下对应的第 i 项输出 y^i; $y_{jl,kl}^i$ 表示参数 x_i 和 x_j 在最低水平下对应的第 i 项输出 y^i。

耦合极差 R_{jk}^i 表征了参数 x_i 和 x_j 间的耦合对输出 y^i 的影响, 能定性反映输出对参数耦合的灵敏度。下面给出耦合灵敏度计算方法

$$S_{j,k}^i = \frac{R_{j,k}^i}{\sqrt{(x_{j\max} - x_{j\min})^2 + (x_{k\max} - x_{k\min})^2}} \tag{7.12}$$

式中: $x_{j\max}$ 表示参数 x_j 的最高水平值; $x_{j\min}$ 表示参数 x_j 的最低水平值; $x_{k\max}$ 与 $x_{k\min}$ 同理。

$S_{j,k}^i$ 表示性能 y^i 对参数 x_j 和 x_k 的耦合敏感程度, 其数值越大, 那么说明 y^i 对参数 x_j 和参数 x_k 的耦合敏感度越高; 反之越低。$S_{j,k}^i$ 便于不同耦合灵敏度间横向比较, 有利于确定各参数耦合的主次效应顺序。

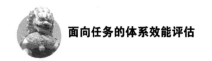

7.1.2 基于代理模型的极差灵敏度分析算法

代理模型采用数据驱动的、自下而上的方法来构建。一般假设原模型过程的内部精确处理过程未知 (有时可能已知), 但该模型的输入–输出行为则非常重要。通过仔细选择的有限个输入, 计算原模型的响应 (输出), 以这些输入–输出对作为模型的建模数据, 采用拟合 (如机器学习) 或者插值算法建立代理模型。因此, 从数学的角度而言, 代理模型实际上是通过拟合或者插值的方法, 利用样本点构造一个函数来预测未知点的响应值。

基于代理模型的极差灵敏度分析过程一般为:

① 基于某种效能评估指标体系构造样本点。

② 用高精度仿真分析模型或经典效能评估模型对这些样本点进行分析, 获得一组输入–输出的数据集。

③ 用某种拟合方法 (如机器学习算法 SVR、ELM、BP 等) 来拟合这些输入–输出的样本数据, 构造出近似模型, 并对该近似模型的可信度进行评估。

④ 基于构建出的代理模型, 利用极差分析方法进行灵敏度分析。

具体描述如下:

1. 基于效能指标体系构造样本点

针对武器装备系统的军事使命和作战任务, 分析其作战特点, 确定武器装备作战效能指标体系构建模式, 构建武器装备效能评估指标体系, 并对指标体系中各效能指标或子指标进行建模, 确定评估模型与评估方法。如果明确性能指标与参数指标之间的关联机理, 则可建立精确的数学、物理模型或仿真分析模型; 如果不明确, 则可采用指标聚合方法进行建模, 如 AHP、ANP、ADC 等方法。

2. 训练数据集构建

确定武器装备系统各性能指标的取值范围与取值规律, 选用合适的采样方法生成 N 组输入变量, 通过效能指标模型与分析方法计算出相应的效能指标的效能值, 获取相应的机器学习标签数据, 由此得到 N 组初始样本数据集。

进一步, 样本数据集进行预处理, 针对样本数据集中各个性能指标进行定性指标定量化处理, 如采用效用函数、模糊数学、粗糙集等方法进行定性指标定量化; 无量纲化处理, 将样本值归一化到 [0,1]。归一化的具体处理方法采用的是非线性可导 S 型函数归一法, 这是基于对武器装备性能参数物理意义上的考虑: 采用非线性可导 S 型函数进行归一, 可突出性能参数的饱和特性。一方面, 装备的某项性能参数有其物理或当今技术实现能力的极限; 另一方面, 提高装备某项性能所带来的效益本质上也有 S 型曲线的趋向。所以, 评估模型采用 S 型曲线作归一化处理, 即

$$f(x) = \frac{1}{1 + Te^{-Ux}} \tag{7.13}$$

式中: T、U 为调节曲线的参数, 由此确定出各指标的归一化准则。对于效益型指标, 则有

$$\bar{x}_i = \frac{1}{1 + \exp\left\{-\dfrac{6}{x_{i\max} - x_{i\min}} \times [x_i \times \dfrac{x_{i\max} + x_{i\min}}{2}]\right\}} \tag{7.14}$$

式中: $\bar{x}_i$ 为各指标归一化后的值; x_i 为原始指标的参数值; $x_{i\max}$ 为指标参数的最大值; $x_{i\min}$ 为指标参数的最小值 (式中对于成本型指标, 分母取为 $x_{i\min} - x_{i\max}$)。

3. 代理模型构建

武器装备效能评估分析中使用较多的代理模型有 Kriging 模型、有径向基函数 (Radial Basis Function,RBF) 插值模型、RSM 多项式响应面模型、BP 神经网络模型和支持向量机模型等。利用生成的初始样本训练代理模型, 拟合精度达到预先设定值, 训练结束。拟合精度用代理模型计算结果与真实结果的均方根误差 (RMSE) 计算, 计算公式为

$$\text{RMSE} = \sqrt{\frac{1}{n} \sum_{i=1}^{n} (y_i - \hat{y}_i)^2} \tag{7.15}$$

式中, y_i 为真实值; $\hat{y}_i$ 为拟合值。

由此可构建出用于武器装备效能评估灵敏度分析的机器学习代理模型。

4. 极差分析方法进行灵敏度分析

根据机器学习的代理模型构建方法和正交实验的分析方法, 基于机器学习和正交实验的灵敏度分析过程可归纳如下:

(1) 确定感兴趣的目标函数、约束函数以及参与分析的设计变量。

(2) 根据参与分析的变量个数 (因素数) 选取合适的二水平正交表。如设变量个数为 n, 选取的正交表 $L_a(2^c)$ 应满足 $c \geqslant n$, 由二维水平表的构造规律

$$\begin{cases} a = 4 \times i \\ c = a - 1 \end{cases} \qquad (7.16)$$

得到 $c = 4 \times i - 1, i \geqslant (n+1)/4(i$ 为正整数)。例如, 当变量数 n 为 14 时, 由上式得 $i = 4$, 即应选取正交表为 $L_{16}(2^{15})$。

(3) 确定各变量 (因素) 的水平, 根据所选用的正交表变异设计方案 (类似于正交实验中安排实验方案)。

(4) 调用机器学习代理模型 (如 SVR、BP、GMDH 等), 分别计算出与不同设计方案对应的目标函数与 (或) 约束函数值。

(5) 计算各变量各水平所对应的目标函数、约束函数的平均值 $\bar{y}_{jk}(f)$, $\bar{y}_{jk}(g_i)$。

(6) 由式 (7.8) 和式 (7.11) 计算目标函数、约束函数的极差 R_j^i 和耦合极差 $S_{j,k}^i$。

(7) 用极差分析法分析所得结果, 根据 y_{jk} 判断出各变量对目标函数、约束函数的优水平, 判断出各自的单调性; 根据极差 R_j^i 和耦合极差 $S_{j,k}^i$ 计算出目标函数和约束函数对各设计变量的敏感度 S_j^i 和耦合敏感度 $S_{j,k}^i$。

基于灵敏度分析结果, 可以计算出各个指标或多个指标对武器装备效能值的影响程度的大小, 找出武器装备系统效能的瓶颈因素, 可用于指导武器装备系统的效能评估指标体系构建与武器装备系统项层设计方案优化。

7.1.3 案例分析

本节将以反舰导弹作战效能评估灵敏度分析为例, 说明本章所讲的基于代理模型的灵敏度分析方法, 其基本思路是: 首先通过选取合适的评估指标和影响因素, 建立反舰导弹的 SVR 模型; 其次依据现有的靶场试验数据或者仿真实验数据对 SVR 反舰导弹模型进行训练, 并通过不断地动态调整 SVR 参数使模型获得具有最好性能的代理模型; 最后基于 SVR 构建代理模型, 采用极差分析方法进行灵敏度分析。

1. 评估指标及影响因素的选取

从反舰导弹的作战目标和作战任务来分析, 其作战主要包括发射阶段、

巡航阶段和自寻的攻击阶段。在信息化作战体系的支撑下，反舰导弹较易完成可靠发射和隐蔽接敌的任务。但是在自寻的阶段，反舰导弹需完成搜索、跟踪和攻击目标的任务，这一阶段时间短、节奏快，信息化作战体系在其突击过程中难以发挥有效的支援作用，反舰导弹面临着巨大的威胁，极易被敌方反导防御系统拦截。因此，本节研究反舰导弹突击能力的重点放在反舰导弹自寻的攻击阶段。反舰导弹顺利完成突击水面舰艇的过程为：反舰导弹自控飞行结束后，导引头开机搜索目标，发现疑似目标后，对其进行识别并选择最终攻击目标，在导引头的引导下，导弹凭借自身技战术能力，对水面舰艇防御体系进行突防，直至命中毁伤目标。

反舰导弹导引头开机距离一般为 30～70km。此时，反舰导弹有可能进入水面舰艇的对空有效杀伤区域，面临着水面舰艇远、中、近、末端火力打击和有源、无源设备的干扰。本节结合导弹顺利完成突击任务的过程，总结提出了影响反舰导弹突击效能的指标，主要包括目标捕获能力、突防能力、命中能力和毁伤能力。细化分析导弹的突防过程，进一步提出了影响子指标的主要因素。其中，影响其捕选能力的因素主要为反舰导弹的自控终点散布误差、搜捕扇区的覆盖能力、发现目标能力、识别能力和选择能力。散布误差越小，扇区覆盖范围越大，目标发现、识别和选择能力越强，则导弹的捕选能力越强；影响导弹突防能力的因素主要为导弹的隐身能力，以及对舰载防空火力系统、有源和无源干扰的突防能力；影响命中能力的因素主要有导弹的雷达跟踪能力、导弹机动能力和抗目标战术规避的能力；影响毁伤能力的主要因素有导弹的战斗部类型、引战工作模式和弹目遭遇位置。敌舰的参数信息包括敌舰雷达探测距离、敌舰系统反应时间、敌舰拦截弹单发命中概率等。根据这些影响因素建立反舰导弹突击效能的评价体系，如图 7.1 所示。

2. 训练数据集构建

应用 SVR 模型对反舰导弹的作战效能进行探索性评估，需要获取反舰导弹的试验数据样本来对 SVR 模型进行训练。由于无法获取大量的反舰导弹靶场试验数据，实验中采用了我们自行开发的武器装备仿真作战系统所生成的仿真实验数据来进行训练和验证。该系统包括仿真实验引擎和雷达、舰艇、反舰导弹等各种组件模型，可以对战场环境进行仿真，并模拟整个作战过程。本书共选取了 500 组不同的反舰导弹效能指标因素集，通过仿真实验，并对实验结果进行统计分析，计算出各中间节点的效能值，并利用下

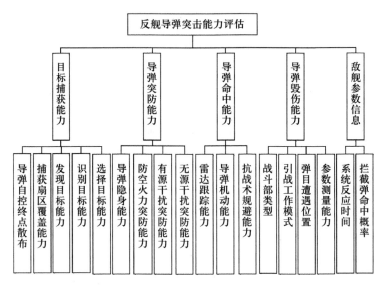

图 7.1　反舰导弹突击效能评价体系

式计算出反舰导弹突击作战的效能值

$$E = \xi \cdot C_{捕选}^{\alpha} \cdot C_{突防}^{\beta} \cdot C_{命中}^{\gamma} \cdot C_{毁伤}^{\delta} \cdot C_{敌舰}^{\zeta} \tag{7.17}$$

式中, ξ 为修正系数; $\alpha, \beta, \gamma, \delta, \zeta$ 为权重指数, 由各指标在反舰导弹突击过程中的作用来确定其重要性的权值。本案例中, $\xi = 1.2, \alpha = 0.18, \beta = 0.22, \gamma = 0.2, \delta = 0.26, \zeta = 0.14$。

在获得的 500 组样本数据中, 通过定性指标定量化处理、归一化处理后, 选取 340 组样本数据作为 SVR 模型的训练样本集, 余下 160 组样本数据用作模型验证集, 表 7.1 给出相应的样本数据示例。

表 7.1　训练样本数据集

序号	x_1	x_2	x_3	x_4	x_5	x_6	x_7	x_8	x_9	x_{10}	x_{11}	x_{12}	x_{13}	x_{14}	x_{15}	x_{16}	x_{17}	x_{18}
1	0.31	0.92	0.95	0.98	0.91	0.93	0.95	0.73	0.92	0.67	0.56	0.82	0.84	0.68	0.88	0.71	0.63	0.75
2	0.43	0.89	0.93	0.90	0.87	0.90	0.93	0.81	0.88	0.73	0.67	0.76	0.79	0.71	0.79	0.67	0.68	0.83
3	0.42	0.95	0.97	0.93	0.86	0.85	0.88	0.67	0.89	0.81	0.55	0.83	0.77	0.78	0.85	0.83	0.52	0.88
...		...			...			...			...			...			...	
500	0.33	0.96	0.98	0.95	0.95	0.95	0.92	0.91	0.87	0.79	0.71	0.73	0.83	0.86	0.91	0.78	0.73	0.87

通过作战仿真实验, 统计分析获得的中间指标变量及计算获得的最终效能值如表 7.2 所示。

表 7.2　反舰导弹子指标及突击作战效能值

序号	目标捕选能力值	突防能力值	命中能力值	毁伤能力值	敌舰参数信息值	作战效能值 E
1	0.81	0.92	0.95	0.98	0.91	0.93
2	0.83	0.89	0.93	0.90	0.87	0.90
3	0.92	0.95	0.97	0.93	0.86	0.85
...		...		...		...
500	0.76	0.96	0.98	0.95	0.95	0.95

3. 代理模型构建

实验中使用我们自主开发的效能评估分析平台软件来进行 SVR 模型的训练与预测，效能评估分析平台软件中的支持向量机、BP、ELM 等机器学习算法具有运算速度快、计算精度高的特点。为了获取适合反舰导弹效能评估 SVR 模型的适合参数，实验中选取 340 组不同的参数对样本进行训练，并采用训练样本的均方误差 (MSE) 和平均绝对误差 (MAE) 两个指标来评价 SVR 模型拟合效果的好坏，用训练好的 SVR 模型通过 160 组验证数据对反舰导弹的作战效能代理模型进行验证，并计算其误差，得到模型的预测误差值。图 7.2(a) 和图 7.2(b) 分别给出预测分析结果和各组数据的预测误差。

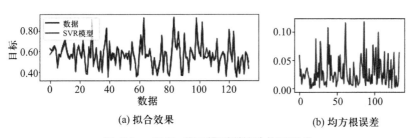

(a) 拟合效果　　　　(b) 均方根误差

图 7.2　SVR 代理模型训练分析及误差

4. 极差分析方法进行灵敏度分析

从上面确立的作战效能评估方案可以看出，本案例主要考虑 19 个因素，每个因素考虑 5 个水平，所以采用 $L_{25}(5^{19})$ 正交表，设计出灵敏度分析方案，利用 SVR 代理模型计算各种方案所对应的反舰导弹作战效能值。计算各因素各水平所对应的反舰导弹作战效能值平均值，计算各因素所对应的反舰导弹作战效能值的极差 y_{jk} 和耦合极差 $S_{j,k}^i$，根据各因素作战效能值平均值可判断各因素对于系统效能的优水平、单调性和各因素敏感主次顺序，根据极差 R_j^i 和耦合极差 $S_{j,k}^i$ 计算出目标函数和约束函数对各设计变量的敏感度和耦合敏感度, 获得的性能参数灵敏度和耦合敏感度情况如图 7.3(a) 和图 7.3(b) 所示。

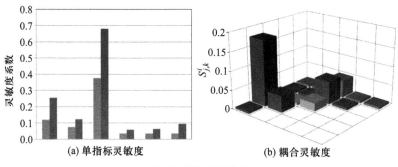

(a) 单指标灵敏度　　　　　　　　(b) 耦合灵敏度

图 7.3　　反舰导弹的作战效能敏感度分析

7.2　基于 Sobol's 法的全局灵敏度分析方法

7.2.1　Sobol's 法基本原理

灵敏度分析方法有以下特点: ① 它研究的是各因素对模型的全局影响 (不仅在某点处, 还可在不同位置处); ② 因素的范围可扩展到因素的整个定义域, 各因素可同时变化, 能够对非线性、非叠加、非单调模型进行研究和分析。目前, 最常见的全局灵敏度分析方法是 Sobol's 法。

Sobol's 法是一种全局灵敏分析方法, 基本思想是方差分解。首先将研究的模型分解为单个输入变量以及多个输入变量相互组合所构成的函数, 然后通过计算单个输入变量或多个输入变量的方差对总输出方差的影响得到其对应的灵敏度系数。Sobol's 法是一种基于方差的蒙特卡罗法。定义一个 k 维的单元体 Ω^k 作为输入因素的空间域, 表示为

$$\Omega^k = \{x | 0 \leqslant x_i \leqslant 1, i = 1, 2, \cdots, k\} \tag{7.18}$$

Sobol's 法的中心思想是将函数 $f(x)$ 分解为子项之和

$$f(x_1, x_2, \cdots, x_k) = f_0 + \sum_{i=1}^{k} f_i(x_i) + \sum_{1 \leqslant i < j \leqslant k} f_{ij}(x_i, x_j)$$
$$+ \cdots + f_{1,2,\cdots,k}(x_1, x_2, \cdots, x_k) \tag{7.19}$$

上式右端共有 2^k 个子项, 且有多种分解方法。现在普遍应用的是 1990 年 Sobol's 提出的具有一般代表性的基于多重积分的分解方法。该分解方法的特点如下:

(1)f_0 为常数项, 各子项对其所包含的任一因素的积分为 0, 即

$$\int_0^1 f_{i_1,i_2,\cdots,i_s}(x_{i_1}, x_{i_2}, \cdots, x_{i_s})\mathrm{d}x_{i_j} = 0, \quad 1 \leqslant j \leqslant s \tag{7.20}$$

(2) 各子项之间正交, 即如果 $(i_1, i_2, \cdots, i_s) \neq (j_1, j_2, \cdots, j_l)$, 则有

$$\int_0^1 f_{i_1,i_2,\cdots,i_s} \cdot f_{j_1,j_2,\cdots,j_l}\mathrm{d}\boldsymbol{x} = 0 \tag{7.21}$$

(3) 式 (7.19) 中分解形式唯一, 且各阶子项可由多重积分求得。如

$$f_0 = \int_{\Omega^k} f(\boldsymbol{x})\mathrm{d}\boldsymbol{x} \tag{7.22}$$

$$f_i(x_i) = -f_0 + \int_0^1 \cdots \int_0^1 f(\boldsymbol{x})\mathrm{d}\boldsymbol{x}_{(-i)}, \quad 1 \leqslant i \leqslant k \tag{7.23}$$

$$f_{ij}(x_i, x_j) = -f_0 - f_i(x_i) - f(x_j) + \int_0^1 \cdots \int_0^1 f(\boldsymbol{x})\mathrm{d}\boldsymbol{x}_{(-ij)}, \quad 1 \leqslant i < j \leqslant k \tag{7.24}$$

式中: $x_{(-i)}$ 和 $x_{(-ij)}$ 分别表示除 x_i 及除 x_i 与 x_j 之外的其他输入因素, 类似地可求其余的高阶子项。

根据统计学的知识, 模型输出 $f(x)$ 的总方差为

$$D = \int_{\Omega^k} f^2(\boldsymbol{x})\mathrm{d}\boldsymbol{x} - f_0^2 \tag{7.25}$$

现将式 (7.19) 中各阶子项的方差称为各阶偏方差, 即 s 阶偏方差

$$D_{i_1,i_2,\cdots,i_s} = \int_0^1 \cdots \int_0^1 f_{i_1,i_2,\cdots,i_s}^2(x_{i_1}, \cdots, x_{i_s})\mathrm{d}x_{i_1} \cdots \mathrm{d}x_{i_s},$$
$$1 \leqslant i_1 < \cdots < i_s \leqslant k \tag{7.26}$$

把式 (7.19) 平方并在整个 Ω^k 内积分, 结合式 (7.21) 可得总方差与各

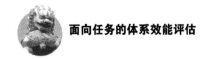

阶偏方差的关系: 总方差等于各阶偏方差之和, 即

$$D = \sum_{i=1}^{k} D_i + \sum_{1 \leqslant i < j \leqslant k} D_{ij} + \cdots + D_{1,2,\cdots,k} \tag{7.27}$$

将各阶灵敏度系数定义为各阶偏方差与总方差的比值。s 阶灵敏度 $S_{i_1, i_2, \cdots, i_s}$ 定义为

$$S_{i_1, i_2, \cdots, i_s} = \frac{D_{i_1, i_2, \cdots, i_s}}{D}, \quad 1 \leqslant i_1 < \cdots < i_s \leqslant k \tag{7.28}$$

这里,S_i 称为因素 x_i 的一阶灵敏度系数, 表示 x_i 对输出的主要影响;$S_{ij}(i \neq j)$ 为二阶灵敏度系数, 表示两因素之间的交叉影响; 依此类推,$S_{1,2,\cdots,k}$ 为 k 阶灵敏度, 表示 k 个因素之间的交叉影响。

由式 (7.27) 可知

$$\sum_{i=1}^{k} S_i + \sum_{1 \leqslant i < j \leqslant k} S_{ij} + \cdots + S_{1,2,\cdots,k} = 1 \tag{7.29}$$

在 Sobol's 法中, 各积分可由蒙特卡罗法求出

$$\hat{f}_0 = \frac{1}{n} \sum_{m=1}^{n} f(\boldsymbol{x}_m) \tag{7.30}$$

$$\hat{D} = \frac{1}{n} \sum_{m=1}^{n} f^2(\boldsymbol{x}_m) - \hat{f}_0^2 \tag{7.31}$$

$$\hat{D}_i = \frac{1}{n} \sum_{m=1}^{n} f(x_{im}^{(1)}, x_{(-i)m}^{(1)}) f(x_{im}^{(1)}, x_{(-i)m}^{(2)}) - \hat{f}_0^2 \tag{7.32}$$

$$\hat{D}_{ij}^c = \frac{1}{n} \sum_{m=1}^{n} f(x_{ijm}^{(1)}, x_{(-ij)m}^{(1)}) f(x_{ijm}^{(1)}, x_{(-ij)m}^{(2)}) - \hat{f}_0^2 \tag{7.33}$$

$$\hat{D}_{ij} = \hat{D}_{ij}^c - \hat{D}_i - \hat{D}_j \tag{7.34}$$

式中,n 为抽样次数。式 (7.32) 中的上标 (1)、(2) 为输入变量组 $(x_1, x_2, \cdots, x_k)$ 的两个 $n \times k$ 维抽样数组, 实质上就是对除 x_i 外其他参数分别进行两次抽样, 而参数 x_i 仅抽样一次, 再将两组抽样值分别代入模型进行计算, 确定对

应的方差。根据式 (7.32),$\hat{D}_{-i}$ 也可通过下式进行计算

$$\hat{D}_{-i} = \frac{1}{n} \sum_{m=1}^{n} f(x_{(-i)m}^{(1)}, x_{ik}^{(1)}) f(x_{(-i)k}^{(1)}, x_{ik}^{(2)}) - \hat{f}_0^2 \tag{7.35}$$

因此, 参数 x_i 的总灵敏度系数 $\hat{S}_T(i)$ 为

$$\hat{S}_T(i) = 1 - \frac{\hat{D}_{-i}}{\hat{D}} \tag{7.36}$$

基于蒙特卡罗法的 Sobol's 法需要大量样本数据, 来近似式 (7.19) 中各项因式的方差, 通常需要成千上万次采样, 计算量大。如果依次计算全部因素之间所有的交互效应并不实际, 而且对于交互效应不明显的因素, 计算其交互效应意义不大; 如果仅仅计算因素的主效应和全效应又会错过很多重要信息。考虑 Sobol's 法各灵敏度系数意义明显的特点, 可以有选择地进行因素之间的交互效应分析。

考虑引入阈值, 通过设置阈值进行判断。如果交互效应小于阈值, 则认为因素交互效应不明显, 不考虑交互效应, 不再计算其交互效应; 如果交互效应大于阈值, 再继续进行计算求解。采用阈值的思想进行 Sobol's 法的计算, 可以节省一些没有必要的采样运算, 同时通过设置阈值大小来控制计算结果的粗糙度, 使方法更符合实际需要。下面给出基于蒙特卡罗法和阈值思想结合的 Sobol's 法的计算步骤。

步骤 1: 采用随机抽样, 生成两个独立样本矩阵 $\boldsymbol{A}, \boldsymbol{B}$

$$\boldsymbol{A} = \begin{bmatrix} x_{11} & x_{12} & \cdots & x_{1k} \\ x_{21} & x_{22} & \cdots & x_{2k} \\ \vdots & \vdots & \ddots & \vdots \\ x_{n1} & x_{n2} & \cdots & x_{nk} \end{bmatrix}, \quad \boldsymbol{B} = \begin{bmatrix} x_{11}^{'} & x_{12}^{'} & \cdots & x_{1k}^{'} \\ x_{21}^{'} & x_{22}^{'} & \cdots & x_{2k}^{'} \\ \vdots & \vdots & \ddots & \vdots \\ x_{n1}^{'} & x_{n2}^{'} & \cdots & x_{nk}^{'} \end{bmatrix} \tag{7.37}$$

矩阵的每一行都是模型的一组样本点, 其中 n 为样本大小,k 为因素的个数。将矩阵 $\boldsymbol{A}, \boldsymbol{B}$ 代入仿真模型, 获得模型的输出向量 $f(\boldsymbol{A}), f(\boldsymbol{B})$, 均为 n 维列向量。

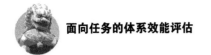

步骤 2: 将矩阵 $\boldsymbol{A}$ 的第 i 列换成矩阵 $\boldsymbol{B}$ 的第 i 列, 获取变换矩阵 $\boldsymbol{A_B^{(i)}}$

$$\boldsymbol{A_B^{(i)}} = \begin{bmatrix} x_{11} & x_{12} & \cdots & x'_{1i} & \cdots & x_{1k} \\ x_{21} & x_{22} & \cdots & x'_{2i} & \cdots & x_{1k} \\ \vdots & \vdots & \ddots & \vdots & \ddots & \vdots \\ x_{n1} & x_{n2} & \cdots & x'_{ni} & \cdots & x_{1k} \end{bmatrix} \tag{7.38}$$

将矩阵 $\boldsymbol{A_B^{(i)}}$ 代入仿真模型, 获得模型的输出向量 $f(\boldsymbol{A_B^{(i)}})$ 为 n 维列向量。

步骤 3: 根据 Saltelli 等提出的改进 Sobol's 法, 变量 X_i 的一阶灵敏度系数 S_i 和总灵敏度系数 $S_T(i)$ 的计算公式为

$$S_i = \frac{D_i}{D} \approx \frac{1}{n} \sum_{j=1}^{n} f(B)_j (f(A_B^{(i)})_j - f(A)_j)/D \tag{7.39}$$

$$S_T(i) = 1 - \frac{D_{-i}}{D} \approx \frac{1}{2n} \sum_{j=1}^{n} (f(A)_j - f(A_B^{(i)})_j)/D \tag{7.40}$$

其中,$D \approx \frac{1}{n} \sum_{j=1}^{n} f^2(A)_j - f_0^2, f_0 \approx \frac{1}{n} \sum_{j=1}^{n} f(A)_j$。

步骤 4: 计算所有交互效应 $\sum S^{in} = 1 - \sum_{i=1}^{k} S_i$, 设置阈值 Ω, 当 $\sum S^{in} \geqslant \Omega$ 时, 认为系统变量之间存在比较明显的交互效应。$S_T(i)$ 与 S_i 的差值表示变量 X_i 与其他变量的交互效应对效能输出的影响,$S_i^{in} = S_T(i) - S_i$。设置阈值 Ω_i, 当 $S_i^{in} \geqslant \Omega_i$ 时, 认为变量 X_i 与其他变量之间存在比较明显的交互效应, 需要进行变量 X_i 的交互效应分析。

步骤 5: 假设需要计算变量 X_{i_1}, X_{i_2} 的二阶灵敏度系数 $S_{i_1,i_2} = S_T(i_1, i_2) - S_{i_1} - S_{i_2}$, 其中 $S_T(i_1, i_2) = [\frac{1}{n} \sum_{j=1}^{n} f(A)_j f(B_A^{(i_1 i_2)})_j - f_0^2]/D, B_A^{(i_1 i_2)}$ 表示将矩阵 $\boldsymbol{B}$ 中的 i_1, i_2 列换成矩阵 $\boldsymbol{A}$ 中的 i_1, i_2 列。$S_T(i_1, i_2)$ 描述了变量 X_{i_1}, X_{i_2} 作为整体的主效应对模型输出的影响。

步骤 6: 计算已求得一阶灵敏度和二阶灵敏度系数之和 $S_i + \sum S_{ij}$, 当 $S_i + \sum S_{ij} \geqslant \Omega$ 时, 认为对输出有影响的因素基本分析完毕, 不必继续分析。否则计算变量 X_i 的三阶及以上交互灵敏 $S_I(i) - S_i - \sum S_{ij}$, 设置阈值 $\Omega_i^{(2)}$, 当 $S_I(i) - S_i - \sum S_{ij} \geqslant \Omega_i^{(2)}$ 时, 认为变量 X_i 的三阶及以上交互

效应不明显, 可不予以考虑, 否则应该进行分析。

步骤 7: 计算不能忽略的高阶灵敏度系数, 直到所求得各阶灵敏度之和满足分析阈值要求, 则计算完毕。

Sobol's 法理论上可以计算变量的各阶灵敏度系数, 但受限于计算量, 全部计算并不可能。而且基于蒙特卡罗的计算使计算结果存在误差, 当灵敏度系数较小时, 相对误差比较大, 一般计算各变量主效应、全效应、二阶交互效应即可。根据实际需要, 进行高阶灵敏度系数计算。

应用于武器装备体系时, Sobol's 法给出了定量灵敏度分析结果, 表明了装备及装备性能等对体系效能的影响程度, 其分析结果对军事作战有着良好的指导意义。针对其在作战效能灵敏度分析中的应用做出如下分析:

(1) 分析变量 X_i 对效能 Y 的影响时, 与 X_i 有关的主要灵敏度系数有 $S_i, S_T(i)$ 和 S_{ij}, 其中 $S_T(i)$ 是变量 X_i 的全效应, 包括变量 X_i 的主效应和全部与 X_i 相关的交互效应, 对变量的重要程度进行排序时, 应以 $S_T(i)$ 为评价标准。若 $S_T(i)$ 很小, 表明因素 X_i 不仅自身的变动对仿真输出的变动影响小, 而且该因素与其他因素之间的交互效应也很小, 则在体系仿真中可以考虑对全效应指数小的影响因素取固定值, 从而使模型变量减少, 简化模型。

(2) S_{ij} 用来衡量变量 X_i 与 X_j 之间的交互效应对体系效能的影响程度, 如果 S_{ij} 较大, 说明变量 X_i 与 X_j 之间具有较强的交互效应, 二者不同数值组合会对体系效能产生较大影响, 二者需要相互配合才能在作战中发挥作用。

(3) 若 S_{ij}, S_{ik}, S_{il} 的值都较大, 说明变量 X_i 是影响体系效能的重要因素, 且对变量 X_j, X_k, X_l 所对应的装备发挥作用都有较大影响。

(4) 当分析武器分系统对体系效能的影响时, 即分析构成单个武器装备系统的因素集对效能的影响。例如, 某装备主要性能指标由 r, s, t 构成, 则分析 $S_{\{r,s,t\}} = S_r + S_s + S_t + S_{rs} + S_{st} + S_{rt} + S_{rst}$ 即可, 该式描述了变量 r, s, t 作为一个整体模型输出的影响, 可视为武器装备分系统对体系效能的影响。

Sobol's 法独立于模型, 与模型输入形式无关, 定量给出因素的灵敏度系数, 可分析主效应、全效应、各阶交互效应, 其分析结果具有一定的指导意义。Sobol's 法的局限性是采样点比较多, 当仿真模型十分复杂, 而且分析因素较多时, Sobol's 法计算量很大。故采用 Sobol's 法分析之前通常进行

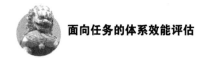

因素筛选工作, 然后对筛选后的重要因素进行定量灵敏度分析。

7.2.2　基于 Sobol's 法的系统效能灵敏度分析方法

　　基于 Sobol's 法的作战效能灵敏度分析方法, 首先根据作战效能评估需求, 构建武器装备系统效能评估指标体系。基于武器装备系统效能评估指标体系, 构建武器装备效能指标及其子指标的评估分析模型, 如参数化模型、基于效用的分析模型或基于机器学习的代理模型。

　　针对武器装备系统效能评估分析对象的特点与评估分析目标构建的指标体系, 因为各效能评估指标均存在层次多、属性多样等难题, 一般采用的统计评估方法、解析评估方法均难以奏效。考虑到武器装备系统效能评估是围绕作战使命展开的这一特点, 采用基于机器学习算法或效用偏好的多属性决策方法是十分合适的选择。为一般化的研究, 假设有 m 项可供选择的武器装备系统评估方案 (如几种武器装备系统的作战编配方案), 对于给定作战使命, 如潜艇鱼雷反潜、潜射导弹打击水面舰等, 用数学符号表达武器装备系统作战能力的评估指标体系, 如图 7.4 所示。

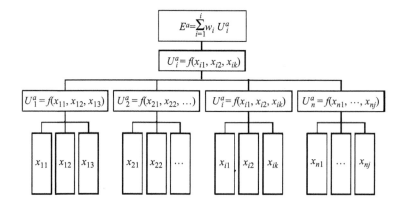

图 7.4　用数学符号表达武器装备系统作战能力的评估指标体系

　　以基于效用偏好的武器装备系统效能评估为例, 利用效用聚合方法可建立如下形式的体系能力评估参数化模型:

　　对任意的第 a 项武器装备系统作战统配方案的效能为

$$E^a = \sum_{i=1}^{n} w_i U_i^a \tag{7.41}$$

各分指标 U_i^a 的效能利用效用函数表示如下

$$U_i^a = f_i(x_{i1}, x_{i2}, \cdots, x_{ik}) = f_i(x_{i1}) \times f_i(x_{i2}) \times \cdots \times f_i(x_{ik}) \tag{7.42}$$

其中, 对于效益型指标, 其效用函数为

$$f_i(x_{ik}) = \begin{cases} e^{c_i(x_{ik} - X'_{ik}/X'_{ik})}, & 0 < x_{ik} < X'_{ik} \\ 1, & x_{ik} > X'_{ik} \end{cases} \tag{7.43}$$

对于成本型指标, 其效用函数可表示为

$$f_i(x_{ik}) = \begin{cases} e^{c_i(x_{ik} - X'_{ik}/X'_{ik})}, & 0 < x_{ik} < X'_{ik} \\ 1, & x_{ik} > X'_{ik} \end{cases} \tag{7.44}$$

对于中性型指标, 其效用函数为

$$f_i(x_{ik}) = \begin{cases} e^{c_i(x_{ik} - X'_{ik}/X'_{ik})}, & 0 < x_{ik} < X'_{ik} \\ 1, & x_{ik} > X'_{ik} \end{cases} \tag{7.45}$$

c_i 是一个与指标 1 有关的常系数, 默认取 1。

在此基础上, 即可对其进行 Sobol's 法全局灵敏度分析。首先确定需要进行灵敏度分析的参数及其取值范围和概率分布; 其次对所确定的参数进行蒙特卡罗采样, 计算各采样点的效能评估值; 然后运用 Sobol's 法对所建立的模型进行全局灵敏度分析, 确定各参数的一阶灵敏度系数、交叉项灵敏度系数、总灵敏度系数和贡献率, 其中一阶灵敏度系数 (也称主效应) 反映的是各参数单独变化对模型的影响程度, 交叉项灵敏度系数 (也称交互效应) 反映的是与该参数相关的所有耦合因素发生变化对模型的影响程度, 而总灵敏度系数 (也称总效应) 反映的是与该参数相关的所有因素发生变化对模型的影响程度, 对各参数的总灵敏度进行归一化处理即可得到各参数的贡献率; 最后以确定出的敏感性因素作为决策变量为后续武器装备系统的优化工作奠定基础。基于 Sobol's 法的灵敏度分析流程如图 7.5 所示。

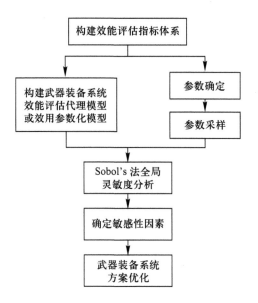

图 7.5 基于 Sobol's 法的灵敏度分析流程

7.2.3 案例分析

本节以潜艇作战系统为例, 采用效用函数结合 ADC 方法对各个效能子指标和效能值建模, 潜艇作战系统根据功能不同可以分为不同的功能模块。本节将潜艇作战系统分为潜艇平台系统、武器系统两部分, 每个系统的初始状态分为故障和正常两种, 构建潜艇作战能力评估指标, 如图 7.6 所示。

在潜艇效能评估模型中, 采用效用函数结合 ADC 方法对各个效能子指标和作战效能指标综合计算得到结果作战代理模型的训练集, 本例以潜艇各系统正常状态工作下的作战效能为例进行敏感度分析。由于效能指标多, 本试验选取火力打击能力为敏感度分析的目标, 共有 6 个子指标, 如表 7.3 所示。根据每个指标的属性, 确定取值范围。

其中, 武器类型取值为离散型数值, 分别为 1、2、3, 对应三种不同的武器类型。

采用基于拉丁超立方体采样的 ELM 代理模型 (L-ELM)、基于拉丁超立方体采样的 BP 代理模型 (L-BP)、随机采样的 ELM 代理模型 (R-ELM)、随机采样的 BP 神经网络的代理模型 (R-BP) 进行对比实验。隐层神经元个数为 20, 激活函数设置为 Sigmoid 函数。训练样本选取样本集的 90%, 测

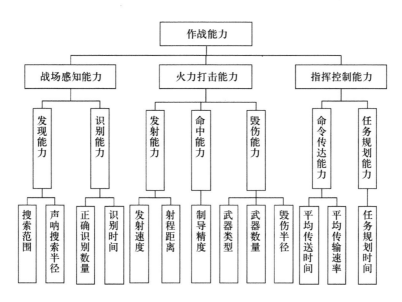

图 7.6　潜艇作战能力评估指标

表 7.3　火力打击能力子指标

	最小值	最大值
发射速度/(km/h)	50	120
射程距离/km	60	110
制导精度/(°)	1	40
武器数量	3	10
武器类型	1	3
毁伤半径	20	60

试样本为样本集的 10%。样本集设定为 300, 分别运行两种代理模型, 结果如表 7.4 所示。

表 7.4　代理模型实验结果

	L-ELM	L-BP	R-ELM	R-BP
均方误差 (MES)	0.0767	0.1670	0.0822	0.0941
训练时间/s	0.0012	0.4047	0.0015	0.3875
预测时间/s	0.0020	0.0140	0.0030	0.0148

由表 7.4 可知, 采用拉丁超立方体采样的模型比随机取样的模型训练、预测时间都显著减少, 且精度提高。所以, 拉丁超立方体采样进行模型训练合理。

图 7.7 为 L-ELM 代理模型与 L-BP 代理模型对测试样本进行拟合效果对比图, ADC 曲线为真实效能值。从图 7.7 中可以看出, L-ELM 代理模型拟合效果与 L-BP 代理模型效果大体相似, 但是在极值处与 ADC 曲线基本重合, 具有更好的拟合效果。

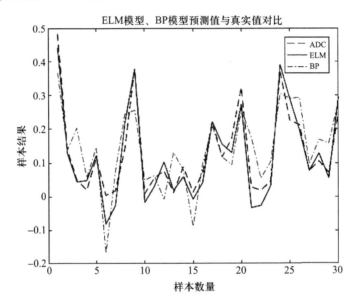

图 7.7　拟合效果对比

下面进行潜艇作战系统效能敏感度分析。设置两组对比试验与真实敏感系数进行对比, 抽样方法为低差异的 Sobol's 序列, 设置样本数为 10000。对比实验为: 一是基于 L-BP 代理模型的敏感度分析, 二是基于 L-ELM 代理模型的敏感度分析。实验结果如表 7.5 所示。

表 7.5　火力打击能力指标敏感系数

	S_1	S_2	S_3	S_4	S_5	S_6
真实值	0.0907	0.0449	0.4830	0.0001	3.95e-05	0.2344
L-ELM	0.0850	0.0478	0.5155	0.0004	0.0002	0.2449
L-BP	0.0691	0.0432	0.4830	0.0243	0.0043	0.1880

从表 7.5 可以看出, 基于 L-ELM 代理模型计算的敏感度系数整体与真实的敏感度系数非常接近; 而基于 L-BP 代理模型计算的敏感度系数不稳定, 有些与真实值非常接近, 如敏感系数 S_3 与真实值相同, 但有些偏离过大, 如 S_4, S_5。表 7.6 为火力打击能力指标的总敏感系数。

表 7.6　火力打击能力指标总敏感系数

	$S_T(1)$	$S_T(2)$	$S_T(3)$	$S_T(4)$	$S_T(5)$	$S_T(6)$
真实值	0.1391	0.0730	0.6004	3.09e-05	9.70e-05	0.3346
L-ELM	0.1143	0.0819	0.5932	0.0079	0.0065	0.2999
L-BP	0.1494	0.1094	0.5771	0.1179	0.0875	0.2770

从表 7.6 中可以看出, 基于 L-ELM 代理模型计算得到的总敏感系数与真实值更接近, 整体效果较好; 而基于 L-BP 模型计算得到的总敏感系数与真实值差别较大, 尤其是 $S_T(4)$ 和 $S_T(5)$ 与真实值差别明显。

由表 7.5 知, 敏感系数 S_i 从大到小排序为 $S_3 > S_6 > S_1 > S_2 > S_4 > S_5$, 得到影响火力打击能力的指标从强到弱依次为制导精度、毁伤半径、发射速度、射程距离、武器类型、武器数量。根据表 7.6, 总敏感系数 $S_T(i)$ 从大到小排序为 $S_T(3) > S_T(6) > S_T(1) > S_T(2) > S_T(5) > S_T(4)$, 得到火力打击能力指标间相互影响程度从强到弱依次为制导精度、毁伤半径、发射速度、射程距离、武器数量、武器类型。分析发现, 制导精度、毁伤半径、发射速度是火力打击能力的关键因素, 可以通过提高其相应的设备来提高火力打击能力。而射程距离、武器数量、武器类型自身的变化对效能值的影响较小, 且对其他效能指标影响较小, 所以其值可以设定为固定值, 减少计算成本及缩短计算时间。

第 8 章

体系效能贡献度分析技术

随着我军装备建设的快速推进，新型潜艇作战系统立项、研制，这些作战系统能否做到好用、管用、耐用、实用，需要通过仿真实验等手段进行评估，以检验其能否真正做到"能打仗、打胜仗"。目前，美军主要通过构建逼真的战场环境，设置适当的作战对手、模拟真实的作战运用和对抗过程来检验武器装备的作战效能和作战适应性，从而在实战使用前对新型潜艇作战系统的真实作战能力和满足战场需求程度做出评价。其中，作战适用性评估的目的是回答作战系统能否满足战场使用问题，作战效能评估主要回答作战系统能否达到预期作战效果问题，这两个方面的评估都是针对作战系统自身的能力水平在未来实战中的有效发挥而开展的评估。

目前，基于作战系统的系统作战能力已经成为战斗力的基本形态。在潜艇的体系作战中，单个装备之间、单个装备与子系统之间、子系统与子系统之间的交链耦合性越来越强，单个装备如不能融入整个作战系统中就无法有效发挥作战能力。为研究和解决这个问题，提出了效能贡献度这一概念，旨在通过系统效能贡献度评估，回答作战系统性能对系统作战能力的提升作用。作战效能贡献度作为一个新的概念，首先必须厘清其内涵，探索作战效能贡献度评估理论和方法，为作战效能贡献度评估工作的开展提供理论支撑，为我军装备体系的科学发展、快速形成战斗力提供支撑。

8.1　效能贡献度基本概念

8.1.1　效能贡献度的内涵与分类

作战效能贡献度是对评估对象对作战系统中各个装备、子系统作战能力及整个作战系统作战能力的影响作用或涌现效应的度量。将基于作战系统的作战效能定义为 "以作战系统为纽带和支撑, 使各种作战要素、作战单元、作战子系统相互融合, 将实时感知、隐蔽机动、高效指挥、精确打击、全维防护、综合保障集成为一体, 所形成的具有倍增效应的作战能力"。因此, 作战系统的作战效能贡献度重点衡量新技术、新设备加入作战系统后使作战系统内各个装备、子系统及整个作战系统在实时感知、高效指挥、精确打击、隐蔽机动、全维防护、综合保障等方面的提升程度。

从其内涵上可以将作战效能贡献度分为两个方面: 一是需求满足度, 二是效能提升度。

(1) 需求满足度。作战系统中各子系统或能力要素之间相互影响。这种影响关系尤其是紧耦合情况下, 贡献者对于受益者而言具有唯一性, 即离开贡献者所提供的支持, 受益者无法完成任务, 如目标解算系统提供的数据融合与目标识别能力, 武器子系统必须依赖目标解算系统提供的目标信息才能实施精确打击。在这种情况下, 贡献者的作战效能贡献度可由受益方的需求来衡量, 即可将作战效能贡献度定义为贡献者 (如目标解算系统) 所提供的支持满足受益方 (如武器子系统) 需求的程度, 也可称为需求满足度, 可用于作战系统内各系统的相互贡献度评估。

(2) 效能提升度。一般来讲, 作战系统由具有各种能力的武器装备、指控系统等构成, 新技术、新装备及新的子系统加入作战系统后, 会使原有作战系统的作战能力在原有基础上发生变化。贡献者的作战效能贡献度可以由作战效能的提升程度来衡量, 即可将作战效能贡献度定义为由于贡献者 (武器装备、新技术) 的使用而使原有作战系统的作战能力 (作战效能) 的提升程度, 评估的基础是作战效能, 通过对武器装备使用前后作战效能的变化进行对比分析, 可以获得武器系统的作战效能贡献度。

由于作战系统在作战中各个武器装备、子系统存在复杂多样的协同或支援关系, 无论需求满足度还是效能提升度, 均可从不同的角度对作战效能贡献度进行分类, 如图 8.1 所示。

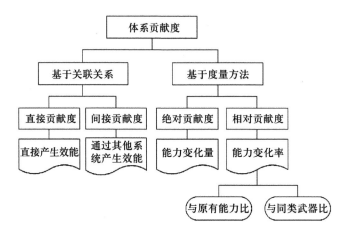

图 8.1　作战效能贡献度分类

按关联关系,可分为直接贡献度和间接贡献度。按贡献者和受益者的关联关系,新技术、新型武器子系统对作战系统作战效能的贡献度可从直接和间接两个方面来系统地测度和评价。直接贡献度主要指新技术、新型武器子系统直接产生的军事效益,如对杀伤型武器来讲,其直接贡献度就是在给定任务中目标毁伤数量占所要求目标毁伤数量的比重。间接贡献度是指新技术、新型武器子系统间接产生的军事效益,同样以杀伤型武器为例,其间接贡献度就是指由于其毁伤目标如电子干扰装备,而使部队生存能力等发生变化的度量。也就是说,间接贡献度是通过能力的级联效应来反映的。

按度量方法,可分为绝对贡献度和相对贡献度。贡献度反映了作战系统所带来的系统作战能力变化程度,变化程度的衡量可直接通过变化量(差值)来反映,也可通过变化率(比值)来反映,这就是绝对贡献度和相对贡献度。绝对贡献度是指新型作战系统给系统作战能力带来的直接变化。通过绝对贡献度的比较,可以获得系统作战能力变化中各装备、子系统贡献的大小程度。相对贡献度即贡献率,是指新型作战系统给系统作战能力带来的变化率,即新型作战系统带来的系统作战能力提升量占现有系统作战能力的比重。通过相对贡献度的比较,可以获得系统作战能力变化中各系统贡献的比重。

另外,潜艇装备系统具有既定的作战使命,在作战中有明确的作战任务和目标。为了完成一定的作战任务,需要具有功能类似、能力不同的武器装备、子系统来协同完成作战任务,单个装备或子系统可完成其中的一项或多项子任务。这样, 绝对贡献度就是该作战系统完成的任务量, 而相对贡献度就是该作战系统完成的任务量占总任务目标的比重。在作战系统作战效能贡献度评估中, 无论是需求满足度还是能力提升度, 都遵循以上分类标准, 在具体评估时, 要根据评估对象与作战系统中其他子系统和系统作战能力的相关性, 将四种贡献度结合起来评估。

8.1.2　效能贡献度、作战能力与作战效能的关系

容易与作战效能贡献度混淆的概念是系统效能和作战效能。这三个概念既相互区别, 也存在一定联系。其中, 系统效能又称为综合效能, 是在一定条件下满足一组特定任务要求的可能程度, 是对作战系统的综合评价。作战效能是指作战力量在作战过程中发挥有效作用的程度, 是反映和评价系统作战能力的尺度与标准。系统效能与作战效能的根本区别在于系统效能不考虑人的因素和敌我双方对抗; 它们的共同点在于都是对作战系统自身能力的评价, 用来描述完成特定任务能够做到多好。

而作战效能贡献度则不仅要考虑作战系统自身的能力, 还要考虑其对系统作战能力的贡献, 用来描述该作战系统对受益方有多大作用, 受益方可以是具体的装备或系统, 也可以是整个作战系统。作战效能贡献度评估以作战效能评估的结果为基础, 但重点考虑受益方的需求或能力变化 (增量)。这正是体系作战关注的重点, 只有各作战要素之间密切协同、各种平台优势互补, 才能形成全方位、具有 "指数级" 倍增效应的整体作战能力。

8.2　体系效能贡献度评估方法

8.2.1　基于作战效能的体系效能贡献度评估方法

基于作战效能的体系效能贡献度评估方法, 根据其度量方法可以将体系贡献率评估方法分为基于增量、比值、满意度及效费比 4 类, 具体描述如下。

1. 基于增量的度量方法

基于增量的度量方法是在作战体系中, 对纳入和使用增替新装备后所产生的作战效能 (作战能力) 变化量的度量方法。分析评估增替新装备在作战体系中的贡献程度, 可分为以下几种情况。

(1) 原体系中没有该型装备, 增加新研装备后, 新装备对体系的贡献情况。例如, 在传统装备体系中配备新概念武器, 考核新概念武器对体系的贡献程度。

(2) 用新研装备替换同类型老装备, 新研装备对体系的贡献情况, 如用改进型装备替换原有装备。

(3) 用新研装备替换不同类型但功能类似的老装备, 新装备对体系的贡献情况。

(4) 关于新研装备在体系中不同编配数量规模及运用方式, 从而产生的对体系的贡献问题。

对以上几种情况, 把增加新研装备后的体系称为新装备体系, 把未使用新研装备的体系称为原装备体系。基于增量的体系贡献率度量方法原理是将新、老装备体系进行对比, 新装备体系作战能力或作战效能的增量就是贡献率。可描述如下:

设新装备体系作战效能为 E_1, 原装备体系作战效能为 E_2, 且 $f_1, f_2, \cdots, f_n$ 对应于各效能指标, 则体系贡献率可表示为

$$\Delta E = E_1(f_1, f_2, \cdots, f_n) - E_2(f_1, f_2, \cdots, f_n) \tag{8.1}$$

显然, ΔE 可能为正值也可能为负值。

若体系贡献量 ΔE 为正值, 则说明采用新增装备 (系统), 体系效能提高, 即该型装备对体系有贡献; 反之, 若体系贡献量 ΔE 为负值, 使用该型装备, 体系效能下降, 即该型装备对体系作战起到阻碍作用; $\Delta E = 0$, 说明该型装备对体系没有贡献。

考虑装备体系作战效能是各单项效能的综合体现, 如火力打击效能、信息处理效能、综合保障效能等。设 E_{1i} 为新增装备体系某单项效能, E_{2i} 为原装备体系该单项效能, $i = 1, 2, \cdots, k$, 则对体系中该单项效能的贡献率为

$$\Delta E_i = E_{1i}(f_{i1}, f_{i2}, \cdots, f_{ik}) - E_{2i}(f_{1i}, f_{2i}, \cdots, f_{ik}) \tag{8.2}$$

增加新研装备后, 体系结构可能更为复杂, 同时新装备也会消耗体系的资源, 因此, 可能会出现体系中部分单项效能得到提升, 部分单项效能反而

下降。因此, 体系贡献量也可表示为单项效能贡献量的函数

$$\Delta E = Q(\Delta E_1, \Delta E_2, \cdots, \Delta E_k) \tag{8.3}$$

在体系中, 若各单项效能对体系效能的影响为叠加效应, 则 ΔE 表示为

$$\Delta E = w_1 \Delta E_1 + w_2 \Delta E_2 + \cdots + w_k \Delta E_k \tag{8.4}$$

式中: $w_1, w_2, \cdots, w_k$ 对应于各单项效能的权重。

若部分单项效能对体系效能有突出影响, 则 $Q(\Delta E_1, \Delta E_2, \cdots, \Delta E_k)$ 为非线性函数, 则

$$Q(\Delta E_1, \Delta E_2, \cdots, \Delta E_k) = m_1 \Delta E_1^{n_1} + m_2 \Delta E_2^{n_2} + \cdots + m_k \Delta E_k^{n_k} \tag{8.5}$$

式中: $m_1, m_2, \cdots, m_k$; $n_1, n_2, \cdots, n_k$ 为常数。

为计算简便, 通常采用线性函数计算体系贡献率。然而, 在武器装备体系中, 部分单项效能往往对体系效能有突出影响, 例如, 对打击类武器装备体系, 重点关注体系火力打击能力, 因此火力打击效能对体系效能有突出影响。在这种情况下, 建议采用非线性函数计算体系贡献量。

2. 基于比值的度量方法

将任务完成概率作为作战体系完成规定使命任务的指标。根据体系贡献率的定义, 在分析某项装备体系的贡献率时, 采用基于比值的方法进行建模, 即通过在原有装备体系基础上增删替改相应装备后, 对完成任务概率的相对变化程度进行计算。考虑体系作战能力为体系静态或固有属性, 而作战效能为体系作战能力的发挥, 是体系的动态属性, 为此, 可从静态和动态两方面度量体系贡献率。

1) 增加新研装备对体系作战能力的贡献率 (静态属性)

设新装备体系作战能力为 E_1, 该装备在体系中发挥的作战能力为 E_2, 则该装备对体系作战能力的贡献率可度量为

$$C_j = \frac{E_2}{E_1} \times 100\% \tag{8.6}$$

显然 $C_j \geqslant 0$; 若 $C_j = 0$, 说明该型装备对体系作战能力没有贡献。

一般来说, 武器装备体系作战能力是由侦察预警、指挥控制、火力打击、

综合保障等单项能力的综合体现。因此, 装备对体系各单项能力的贡献率可描述如下:

$E_{1i}(i = 1, 2, \cdots, k)$ 对应于装备体系某单项能力, $E_{2i}(i = 1, 2, \cdots, k)$ 对应于体系内新研装备或系统该单项能力, 则该装备或系统对体系单项能力的贡献率为

$$C_i = \frac{E_{2i}}{E_{1i}} \times 100\% \tag{8.7}$$

考虑武器装备体系作战能力可表示为各单项能力的函数, 令 $E_1 = f(E_{11}, E_{12}, \cdots, E_{1n})$, $E_2 = f(E_{21}, E_{22}, \cdots, E_{2n})$, 则该装备对体系作战能力的贡献率又可描述为

$$C_j = \frac{f(E_{21}, E_{22}, \cdots, E_{2n})}{f(E_{11}, E_{12}, \cdots, E_{1n})} \times 100\% \tag{8.8}$$

2) 新研装备对体系作战效能的贡献率 (动态属性)

类似地, 新研装备对体系作战效能的贡献率可描述如下: 设在联合作战任务中, 新装备体系的作战效能为 E_t, 其中, 新研装备发挥的作战效能为 E_z, 则该新研装备对体系作战效能贡献率为

$$C_d = \frac{E_z}{E_t} \times 100\% \tag{8.9}$$

3. 基于满意度的度量方法

满意度即新研装备纳入作战体系后, 满足体系作战需求的程度。在装备体系中, 存在某些特殊装备, 它是体系的关键节点, 具有唯一性, 缺乏该类装备则会导致体系无法完成作战任务, 例如, 对于通信装备, 缺乏它则系统之间无法通信, 不能接收指控信息。若依据前面贡献率的定义, 该类装备的贡献率将达到 100%, 这显然是不合适的。考虑体系中配置该型装备的最终目标是促进装备体系完成功能要求 (任务要求), 为此可以从该型装备满足体系作战需求的角度, 给出其贡献程度的量化方法。

针对体系中的关键节点装备, 给出体系满意度的概念, 用来衡量该类装备在体系联合作战中的贡献率。设某型装备某项能力为 E_i, 装备体系在联合作战中对该项能力需求的理想值为 E_i^*, 则该型装备的体系满意度可表

示为

$$C = \frac{E_i}{E_i^*} \times 100\% \tag{8.10}$$

关于 E_i^* 的取值，可依据体系的任务及功能需求分析得出。

4. 基于效费比的度量方法

新研装备纳入体系后，发挥的作战效能（作战能力）与体系增加的消耗及成本比值。效费比即效能和费用的比值，或者消耗兵力、兵器与执行任务取得效果的比值，主要用于武器装备发展的经济性论证中。新研装备纳入体系后，除去本身成本，还要占用体系的资源，增加体系的消耗。这里将效费比概念扩展到体系贡献率的度量中。体系效能贡献率由 5 个部分组成，即侦察判断效能贡献率 E_1、指控决策效能贡献率 E_2、综合防御效能贡献率 E_3、火力打击效能贡献率 E_4 和评估分析效能贡献率 E_5。体系效能贡献率可以形式化描述为

$$R_{\text{EC}} = \sum_{i=1}^{5} w_i E_i \tag{8.11}$$

式中：w_i 表示各体系效能贡献率的权重，由层次分析法计算取得。E_i 的计算公式为

$$E_i = \frac{E_i^N - E_i^C}{E_i^C} \times 100\% \tag{8.12}$$

式中：E_i^N 表示新装备的第 i 种体系效能；E_i^C 表示对应的体系效能成本。

8.2.2　基于体系结构的体系贡献率评估方法

根据上节中对体系贡献率的定义可知，本节开展的体系贡献率分析评估建立在体系作战效能分析的基础上。体系效能是指特定条件下装备体系对预期任务完成程度的度量，是对装备系统相对动态的评估。体系贡献率分析评估框架如图 8.2 所示。

由图 8.2 可知，开展装备体系贡献率评估主要分为任务场景描述、体系作战效能分析和体系贡献率评估 3 个主要步骤。其中，体系作战效能分析主要基于作战环模型完成特定任务场景下的装备体系效能分析；体系贡献

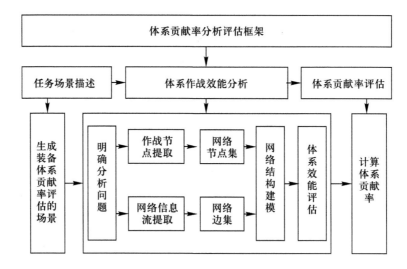

图 8.2　体系贡献率分析评估框架

率评估以体系作战效能分析结果为依据, 对比分析不同装备条件下体系效能变化情况, 定量化计算装备体系贡献率。具体步骤如下:

步骤 1: 确定任务场景描述。根据装备体系既定作战任务, 生成装备体系贡献率评估场景。

步骤 2: 特定任务场景下的体系作战效能分析。

步骤 2.1: 分析体系中涉及的系统及装备, 依据装备体系各要素间的逻辑关系构建作战效能分析的网络拓扑模型; 抽象出作战环中的节点和边, 根据作战活动对节点和边进行建模, 从而构建整个作战网络的能力指标体系。确定装备的主要战技指标, 据此收集相关定性定量数据。

步骤 2.2: 计算各个作战环的作战效能值。若作战环节由多种能力共同支撑完成, 不同的能力对于整个作战过程 (一个作战环) 的作用程度不同, 则采用加权法得到作战环的作战效能值。

步骤 2.3: 根据各个作战环的作战效能值, 计算每一个作战环整体的作战效能值。

步骤 2.4: 考虑多个作战环的协同作用, 计算特定任务下整个武器装备体系的作战效能评估值。

步骤 3: 研究要素体系贡献率评估。

步骤 3.1: 确定所研究的要素及该要素由 e_0 更新至 e_1 后的输入数据, 重复步骤 2, 计算该任务场景下装备体系更新换代后的作战效能 E_{e_0} 和 E_{e_1}。

步骤 3.2: 根据需要选择不同的体系贡献率计算公式, 将该要素更新前的作战效能 E_{e_0} 与要素更新后的作战效能 E_{e_1} 结果代入选定的体系贡献率计算公式, 得到所研究要素的体系贡献率。

8.2.3 案例分析

为了验证本章方法的可行性与有效性, 本节以基于作战环分析软件对航母编队装备体系反舰作战为例进行研究。编队由航母、导弹护卫舰、导弹驱逐舰、歼击轰炸机、侦察机、预警机、反潜机等构成。依据体系贡献率分析评估框架, 从舰艇编队装备体系的作战场景出发, 建立基于作战任务的舰艇编队装备体系作战环模型, 如图 8.3 所示。

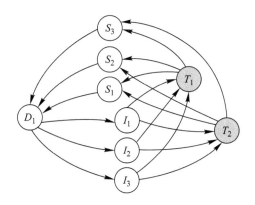

图 8.3 舰艇编队作战环模型

根据体系效能评估指标体系构建方法构建航母编队体系效能评估指标体系, 为了简单起见, 选取部分关键战技指标, 如: $T \to S$ 预警侦察活动中的探测距离 (km)、抗干扰性能、识别概率; $S \to D$ 信息共享活动, $D \to I$ 信息共享活动的数据传输速率 (Gbit/s), 信息处理时延 (s), 通信质量 (误码率); $I \to T$ 打击对抗活动的突防概率、命中精度、命中概率、目标抗毁伤值。每种装备在作战活动中的相关参数通过系统仿真、层次分析法获得, 如突防概率通过系统仿真模拟了 5 发导弹命中 1 发策略下突破蓝方 3 层防空体系的概率, 毁伤概率模拟了对蓝方目标造成 50% 以上毁伤程度时的毁伤概率, 对于各设备设计出 A、B 两组方案, 如表 8.1 所示。

由相关领域专家依据经验知识、网络结构、各装备战技指标及作战环理论, 分析体系中涉及的系统及装备, 依据装备体系各要素间的逻辑关系构

表 8.1　A、B 两组方案主要战技指标表

设备名称	战技性能指标		设备名称	战技性能指标	
	指标名称	方案 A	方案 B		指标名称	方案A	方案B

设备名称	指标名称	方案 A	方案 B	设备名称	指标名称	方案A	方案B
导弹驱逐舰	航行速度/节	32	45	导弹护卫舰	航行速度/节	25	30
	最大射程/km	150	120		战斗部质量/kg	300	210
	战斗部质量/kg	232	295		最大射程/km	65	130
	毁伤概率	0.82	0.87		毁伤概率	0.75	0.82
航母(信息系统)	指控时间/min	13	15	反潜机	探测距离/km	53	68
	信息处理时延/s	125	150		探测范围/km	45	50
	信息传输率/(Gbit/s)	15	19		探测精度/km	0.95	0.90
	误码率	0.12	0.05		毁伤概率	0.85	0.80
预警机	情报监测率	0.95	0.99	侦察机	发现目标能力	0.93	0.85
	数据处理率	0.96	0.93		定位识别能力	0.95	0.90
	导航准确率	0.94	0.99		机动能力/km	0.95	0.90
歼击轰炸机	飞行时间/min	13	15				
	机动范围/km	45	50				
	突防概率	0.95	0.90				
	抗干扰能力	0.80	0.85				
	毁伤概率	0.85	0.80				

建作战效能分析的网络拓扑模型; 抽象出作战环中的节点和边, 根据作战活动对节点和边进行建模, 从而构建整个作战网络的能力指标体系, 确定装备的主要战技指标, 据此收集相关定性定量数据。将方案 A 中装备构成体系记为体系 A, 方案 B 中的装备构成新体系 B, 对体系 A 和体系 B 的作战效能分别进行分析, 计算各个作战环节的作战效能值。若作战环节由多种能力共同支撑完成, 不同的能力对于整个作战过程 (一个作战环) 的作用程度不同, 则采用加权法得到作战环节的作战效能汇总, 如表 8.2 所示。

　　从表 8.2 中可以看出, 在装备调整前, 体系的战场机动效能最优, 预警侦察效能次之, 火力打击效能最弱; 在装备调整后, 预警侦察效能最优, 战场机动效能次之, 火力打击效能最弱。从体系效能的角度来看, 该组装备调整方案对于预警侦察效能与战场机动效能的提升幅度较大, 但是对于火力打击效能的提升效果不明显。未来还需加大对火力打击效能相关装备的研发与升级, 力求实现体系作战效能的综合协调发展。

表 8.2　A、B 两组方案装备更新前后作战效能汇总

更换的装备	战场机动		火力打击		预警侦察		体系作战	
	方案 A	方案 B	方案 A	方案 B	方案 A	方案 B	方案 A	方案 B
导弹驱逐舰	56.152	64.876	53.492	54.416	54.954	54.954	55.339	62.832
导弹护卫舰	56.152	66.392	53.492	58.058	54.954	54.954	55.339	69.947
歼击轰炸机	56.152	72.404	53.492	65.492	54.954	54.954	55.339	69.663
航母 (信息系统)	56.152	56.152	53.492	55.304	54.954	54.954	55.339	56.212
预警机	56.152	56.152	53.492	53.492	54.954	58.091	55.339	57.020
反潜机	56.152	56.152	53.492	53.492	54.954	58.623	55.339	57.534
侦察机	56.152	56.152	53.492	53.492	54.954	70.433	55.339	63.076
整个体系	59.152	92.340	56.492	74.100	57.954	99.532	58.339	96.874

从表 8.2 中可以看出, 对战场机动系统而言, 歼击轰炸机、导弹驱逐舰与导弹护卫舰的更新换代均对其作战效能有明显的提升; 对火力打击系统而言, 歼击轰炸机的更新对其作战效能提升程度明显高于其他装备; 对预警侦察系统而言, 导弹驱逐舰与侦察机的更新对于其作战效能的提升作用明显; 从体系整体作战效能而言, 各装备更新均对其有提升作用, 歼击轰炸机、导弹驱逐舰与导弹护卫舰的提升幅度明显高于其他装备。从总体上来看, 不论是对 3 个方面的子效能而言还是对整个作战体系效能而言, 单个装备的更新对系统或体系的贡献率是有限的, 远小于所有装备均更新时的体系贡献率。多个装备的更新作为一个整体, 能够大幅提升系统或体系的作战效能, 发挥出 "1 + 1 > 2" 的能力涌现作用。因此, 在装备体系发展规划中, 需要平衡各类型装备的发展, 不可偏废, 使装备作为一个整体发挥出最大的合力。

在表 8.2 的基础上进一步研究各装备的体系贡献率, 为装备发展规划提供决策支撑, 根据上节中所述计算过程评估该任务场景涉及装备的体系贡献率, 结论如图 8.4 所示。

从图 8.4 中可以看出, 仅支撑一个系统的装备, 包括航母 (信息系统)、预警机和反潜机的体系贡献率明显低于支撑多个系统的装备, 如歼击轰炸机、导弹驱逐舰和导弹护卫舰。这一结果表明, 在装备研发工作中, 应尽可能使得装备具有支撑更多系统的能力。虽然导弹驱逐舰同时支撑 3 个效能子指标, 但其体系贡献率却低于仅支撑两个效能子能力的歼击轰炸机和导

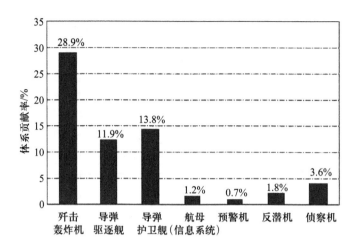

图 8.4　各装备体系贡献率

弹护卫舰，其原因可能是相同经费条件下，导弹驱逐舰的各项战技指标提升幅度较小，无法有效地提升体系作战效能。

第 9 章

面向任务的复杂体系设计与评估优化

目前, 我军装备建设已进入自主创新、成体系发展的新阶段, 武器装备的评价从衡量单一武器装备的性能和效能指标上升到武器装备在体系中的效能。同时, 武器装备设计也由单一的战技指标优化设计转变为武器装备体系的优化设计。武器装备体系是一个复杂的 "系统的系统", 各系统独立运行, 但又相互依存关联。各种因素的共同作用影响体系整体的作战能力, 呈现出复杂系统的一般特性, 即非线性、开放性、动态性、多样性、涌现性、自适应性、自组织性等, 这给武器装备体系优化设计带来了极大困难。

9.1 面向任务基于效能的复杂体系设计评估优化框架

体系是由众多 "小系统" 以松耦合、网络化方式构成的复杂 "大系统"。体系也是一种复杂系统, 之所以称为体系, 是相对于一般 "单体" 复杂系统而言的。从这种意义上说, 体系是一种 "多体网络系统", 因此, 一架飞机再复杂也不能称为体系, 一个机场面积再小也应作为体系研究。体系与系统的区别主要在其复杂性的不同。也可以把体系理解为一种 "超系统", 其构成元素可以是能够寻求自身目的、彼此相对独立的复杂系统, 但是这些复杂系统可以通过彼此交互寻求某种更大的共同目的。体系的复杂性主要来自其特有的 "利益交叉、异构演化、需求模糊、边界浮动、动态进出、多级涌现" 的典型特性。

武器装备体系是为完成一定作战任务, 由功能上互相联系、相互作用的各种装备子系统组成的更高层次系统, 是一种典型的复杂体系。不同领域的系统分析、设计、评估在理论和方法上虽然有一定的共性, 但是由于对象本体、描述语言、行业规范和应用习惯的不同, 通用的方法和平台很难满足不同领域的应用需要, 设计与仿真、评估优化等环节分离导致设计过程中设计成果无法被及时验证, 严重影响了系统设计质量。

武器装备系统优化是寻求装备体系在结构、比例、技术水平、数量、编配等方面达到整体优化的过程。优化是针对作战任务而言的, 而作战任务包括战略、战役、战术级任务, 所以装备体系优化也包括战略、战役、战术级的装备体系设计、优化。

本节旨在针对国内军事系统需求描述、分析、集成和验证的需要, 在DoDAF、MoDAF、UML、SYSML、UPDM 等理论基础上, 基于面向不同领域通用解决方案, 针对特定领域面向特定任务提出一体化的复杂体系设计、评估和优化框架、方法和平台, 如图 9.1 所示。针对装备系统工程中遇到的实际问题, 基于系统工程、需求工程、本体论、MDA 的系统设计、系统建模与仿真、系统评估等理论, 结合我国装备系统的领域特征和组织架构, 建立面向任务基于效能的复杂体系设计评估优化框架。针对特定军事领域下多视图建模的研究, 基于模型扩展机制, 面向装备系统分析、设计、仿真和评估的需求, 定义领域元模型; 面向边建模、边仿真、边评估的需求, 定义各个环节的关键活动及输入、输出, 提出建模框架和方法, 形成各视图及

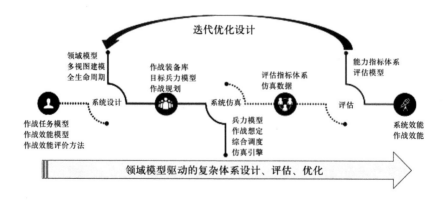

图 9.1　面向任务基于效能的复杂体系设计、评估、优化框架

各个视图间模型的关联和约束。强化装备的需求分析的能力，提高系统设计的效率和质量，同时针对架构复杂、部件众多、参数庞大的复杂装备系统分析、设计开展有效验证、评估的问题，通过无缝的集成仿真与环境评估，保证在系统分析设计阶段进行权衡分析，实现在产品设计早期对方案进行验证和优化。

其中，设计平台与仿真环境、评估平台估三者统一的元模型可作为纽带，实现数据的无缝衔接，从而实现边建模、边仿真、边评估的目标。基于领域模型驱动的复杂体系全流程设计方法，构建领域模型驱动的复杂体系一体化平台，主要包括三个部分，如图 9.2 所示。

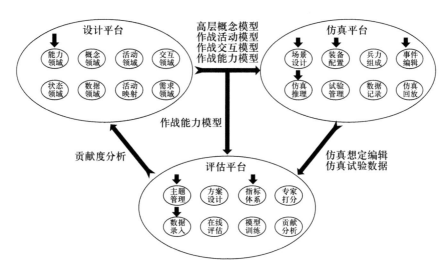

图 9.2　体系设计、仿真、优化的具体内涵和迭代过程

复杂装备体系设计平台是基于模型驱动的系统工程 (MBSE) 的设计思想，针对多领域复杂装备需求论证与方案设计的研制需求，基于行业事实标准语言——UML/SYSML，结合领域建模、模型扩展等技术，提供领域模型驱动的面向任务的系统工程方法论，实现一套支持可视化建模的分析与设计平台，旨在引导用户按照自顶向下的设计思想开展系统需求分析、综合指标体系建立、系统功能分析、系统架构设计、人机交互设计和组件化设计等，达到提高设计效率、保证设计质量、发挥系统综合优势的目的。在建模设计结束后，按照 XMI 标准输出模型成果，并将高层概念模型、作战活动模型、作战交互模型与作战能力模型下发给仿真平台和评估平台。

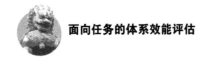

　　复杂装备仿真平台不仅可以对需求分析和体系设计的完整性、业务流程设计合理性、状态可达性进行检测和验证，同时可以通过蒙特卡罗等技术，生成装备系统效能评估的重要数据输入来源。对复杂装备系统的检验和评估需求，构建服务化的复杂装备仿真平台，实现通信透明化、集成组件化、协议多元化、编程对象化、配置参数化、调度自动化、应用定制化，以简化仿真系统开发和集成的难度，为复杂装备仿真系统开发和集成的高效、便捷、易用的技术支持。仿真结束后，通过将仿真编辑文件以及对应下的仿真数据下发给评估环境，作为数据评估的依据。

　　效能评估平台是在规定条件下使用装备系统时，系统在规定时间内满足作战要求的概率；装备系统能在规定条件下和在规定时间内完成规定任务之程度的指标。装备效能评估是检验装备作战能力的重要手段。评估平台以设计环境中建立能力指标模型和仿真产生的仿真想定及仿真数据为输入，采用适用的评估算法，如目前应用最为广泛的层次分析法（AHP）、网络层次分析法（ANP）或针对特定任务的评估算法进行评估；其次构建效能评估指标体系，描述各个指标的基本属性，开展指标体系分析；并结合已有的评估模型和导入的系统仿真数据，开展效能评估，并完成贡献度分析，从而指导设计人员对系统进行优化。

9.2　面向任务的领域模型驱动的复杂体系设计方法

9.2.1　体系工程概述

　　体系工程是一种对能力进行规划、分析、组织和集成的方法，其作用是将已有和新增系统的能力共同融合和转换成一种体系能力，并达到"1+1>2"的效果。波音公司对体系工程有独到的见解的应用。该公司的研究人员将体系工程定义为一种严谨规范的系统工程过程，该过程可以对体系和系统的能力以及支撑这些能力的网络中心架构进行定义，进而将这些能力分配到构成体系的系统和子系统，并对贯穿各系统全寿命周期的设计、生产、维护策略进行有效协调。他们将体系和系统的架构模型作为体系和系统概念化以及建造、管理和演化的主要人工产品，并将其定义为对体系和系统的构成组分、组分间的关系以及分配给各组分的能力的描述。

体系工程需要众多关键技术的支撑，这些关键技术包括体系建模技术、体系需求技术、体系设计技术、体系管理技术、体系集成技术、体系优化技术、体系试验技术、体系评估技术等，如图 9.3 所示。体系需求是对体系工程实践中待开发体系需要达到的目标、满足的功能及结构的描述。体系设计是对体系开发所采用的方法、体系结构、管理方式进行顶层规划，是体系开发跨领域、跨层次、跨时段的整体谋划。体系集成是研究体系组分系统的集成原理与方法，以实现体系开发的目标。体系管理包括体系开发与运行的管理方法和理论的探讨，是保证体系开发目标取得实实在在效益的关键。体系优化是探究通过调整体系结构及功能使其行为最接近体系需求的目标。体系评估是对体系行为进行综合评价，以判断体系开发的最终效果。以上体系开发过程均要在体系结构框架的指导下进行。体系演化反映了体系在较长时间的动态变化过程，对体系演化机制与规律的研究将使人们更加清晰地认识体系的行为趋势和结构调整，对体系设计、开发具有重要的意义。

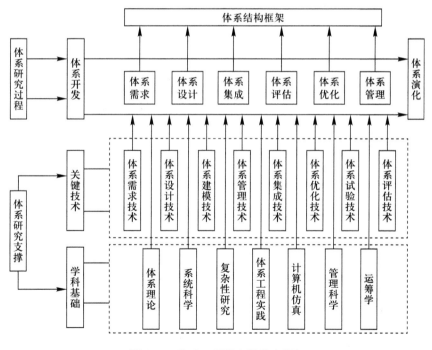

图 9.3　体系工程研究的基本框架

体系需求工程是实施并完成体系需求分析的过程，一般地可以将体系需求工程分为需求开发和需求管理两个部分, 而需求开发过程主要包括需求获取、需求建模、需求分析、需求验证、需求评估等几项内容。在军事信息系统领域, 涌现了大量的需求分析方法, 如基于系统工程的需求开发方法、基于多视图的需求工程方法学、基于概念模型的需求开发方法、基于能力的需求开发方法等。2014 年, 美国国防部对外公布了详细的国防体系结构框架——DoDAF 的 1.0 版, 通过对前期基于多视图、基于能力、基于概念等方法的总结和提升, 形成了一套新的需求分析框架。强调从能力、作战、系统、服务、技术等 6 类视图出发, 设计军事信息系统的需求描述框架, 进行需求获取以及分析与建模。至今已发展到 DoDAF 2.x 版本, 已逐渐成为各国研究 C^4ISR 的标准。但在基于多视图的 C^4ISR 系统需求开发过程中, 由于不同领域、不同学科、不同部门缺乏一致的需求描述规范和指导方法, 使得 C^4ISR 系统需求的集成异常困难。

9.2.2 面向武器装备体系的领域模型

在 C^4ISR 系统需求工程提出初期, 系统需求开发主要强调用规范化的图形、文本或表格描述需求产品, 突出需求设计以产品为中心, 强调基于产品来进行基于需求的分析决策活动及系统的开发设计。但由于需求描述框架中各视图并非孤立 (如高层概念模型与作战活动模型), 具有强烈的关联性, 因此单纯基于产品的需求开发形式难以保证数据的一致性及语法、语义的精确性, 严重影响了所开发需求描述的准确程度, 导致了需求的理解、交换、集成困难, 并阻碍了分析决策活动的有效执行。

模型驱动体系架构 (MDA) 是对象管理组织 (OMG) 在 2002 年初确定的战略方向, 它定义了开发系统的一个标准, 核心是系统功能与实现相分离。MDA 方法在开发过程中提供了更高层次的抽象, 可以方便地将不同的系统在不同的中间件平台上进行集成, 提高系统之间互操作、互移植的程度, 使系统在不断变化的软件基础设施面前保持灵活性。基于 MDA 思想, OMG 定义了两种创建元模型的方法, 即 MOF(重量级扩展) 和 UML Profile(轻量级扩展), 两种方法各有特点。UML Profile 有 3 种核心扩展机制: ① 类别模版 (stereotype), 组织机制 Profile 的语言设施; ② 标签值 (tags), 类别模版中的标签定义即成为其实例的标签值; ③ 约束 (constraints), 用来精确模型语义。扩展的 UML 元模型, 在第 4 代语言中的角色可以类比于用户自定义的类库在第 3 代语言的角色。上述扩展可以在当前主流的 UML 工具上实现, 技术上并不以 MOF 为基础。MOF 扩展是用来定义建模语言的, 基于 MOF 的扩展就是定义一个新的元模型, 新的元类和元构造结构被添加到元模型中, 这是一种更加庞大的扩展机制, 因为它在元模型的级别增加了新的语义。这两种扩展方式的区别就在于扩展时对元模型级别的限制不同, 基于 UML Profile 的扩展要求扩展后的元模型必须与 UML 元模型的语义标准完全一致; 而基于 MOF 的扩展本质上是定义一个新的元模型。

本方法论以模型驱动体系架构为基础, 针对特定军事领域下多视图需求分析的研究, 基于模型扩展机制, 定义面向领域的体系需求元模型, 并相应提出该模型下的建模框架和方法, 形成各视图以及各个视图间模型的关联和约束。在满足领域建模的需求的同时, 保证主要模型遵循行业标准规范, 方便模型数据的互换和集成。最后根据研究的成果, 构建图形化建模平台, 支持可视化的体系需求分析主要面向军工领域, 为了既满足领域化、定制化的高效设计要求, 同时考虑标准化需要, 在本方法论中采用了领域建模 + 标准建模扩展的方式, 其中各个模型的功能、用途及元模型定义如表 9.1 所示。

本方法论从不同层次、不同视角描述系统, 从而实现系统的最优设计, 因此各个视图之间模型并非孤立, 而是存在关联、衍生等关系。在本方法论中, 建立两个不同元模型的模型关系可以有以下方式:

① 关联: 指两个对象分别存在, 设计人员建立两者的关联关系, 关联后, 可以从一个对象观察到另一个对象的当前的属性参数。

② 派生: 从一个模型对象生成另一个模型对象, 二者不需要具有相同的元模型。

③ 包含: 指两个对象是一种组合关系, 一个模型对象包含另一个对象。当整体不存在时, 部分一定不存在; 反之, 当部分不存在时, 不影响整体的存在。

根据两个模型关联关系不同, 分为强关联和弱关联:

① 强关联: 指两个对象本质上是一个模型。在强关联关系中, 当原始对象销毁后, 派生对象自动销毁; 组合关系一定是强关联。

② 弱关联: 指两个对象存在某种映射关系, 但本质上是两个独立的模型。弱关联可以来自关联, 也可以来自派生。当原始对象销毁后, 不影响派生对象的存在。

各个视图间的模型约束关系如表 9.2 所示。

表 9.1　领域模型定义

模型	功能	用途	参考规范
顶层需求视图	展现系统需求的顶层模型，描述使命、使命任务、任务的结构和关系	使命、使命任务和任务建模及分析的入口点	
高层概念视图	描述与系统相关的作战概念（干涉人、对象）及其之间的关系，作战场景等信息	辅助使命、使命任务和任务的高层概念分析	OV-1
概述和摘要信息	通过文字、表格、图形等方式，描述系统的标识、范围、目标、观点、采用的工具等	使命分析	AV-1
组织关系视图	描述在系统中起关键作用的人员、组织或作战概念之间的指挥结构、指挥关系、协同关系等	使命分析	OV-4
作战活动视图	描述业务场景中的主要活动以及活动之间的输入输出信息流关系	使命任务、任务的业务场景分析	7 OV-5
作战事件跟踪描述视图	描述业务场景中作战概念之间的信息交换顺序	使命任务、任务的事件跟踪描述分析	OV-6c
能力视图	以树形结构描述系统能力指标体系，用于描述用户的原始需求点，或性能指标，是系统设计的原始输入	定义系统能力指标体系，在设计中进行能力分配，实现设计追踪	CV2
用例视图	描述任务的系统用例、边界和用户	任务的系统用例设计	
系统工作流视图	描述用例执行场景中主要流程	不同任务下的用例分析	
系统事件跟踪描述视图	描述用例执行场景中功能模块之间的信息交换顺序	不同任务下的用例分析	SV-10c
功能模块视图	描述系统的多层次功能集合，以及功能的操控要求、处理要求、能力要求和接口要求	不同任务下的系统功能设计	SV-4
系统逻辑部署视图	描述系统的逻辑组成，以及各个功能在逻辑模块的分配	不同任务下的系统架构设计	
人机交互视图	描述系统的人机交互界面效果图、触摸屏、专用键的定义	不同任务下的人机交互设计	
构件视图	描述系统的构件集合	系统构件化设计	
交互数据模型	描述信息交互的规则、元数据、类型等	辅助作战活动分析、系统工作流分析、功能模块分析、作战事件跟踪描述、系统事件跟踪描述	SV-11
系统物理部署视图	描述系统的集成装配方案	系统的集成装配设计	EV-1

表 9.2　各个视图间的模型约束关系

视图: 模型 I	视图: 模型 II	关联方式	关联关系	说明
高层概念图: 作战概念	组织关系图: class	派生	强关联	可从高层概念图自动生成组织关系图中的 class 对象
顶层需求图: task	能力指标体系: 能力	关联	弱关联	手动从系统指标体系中选取子集分配到任务中
功能模块图: class	能力指标体系: capacity	关联	弱关联	手动从任务指标体系中选取子集分配到 class 中
使命任务概念图: 作战概念	使命任务作战活动视图: Partition	关联	弱关联	手动建立作战概念和 Partition 映射关系。在 Partition 可以看到作战概念的最新属性参数
任务概念图: 作战概念	任务作战活动视图: Partition	关联	弱关联	手动建立作战概念和 Partition 映射关系。在 Partition 可以看到作战概念的最新属性参数
使命任务概念图: 作战概念	使命任务事件跟踪描述: LifeLine	关联	弱关联	手动建立作战概念和 LifeLine 映射关系。在 LifeLine 可以看到作战概念的最新属性参数
任务概念图: 作战概念	任务事件跟踪描述: LifeLine	关联	弱关联	手动建立作战概念和 LifeLine 映射关系。在 LifeLine 可以看到作战概念的最新属性参数
任务作战活动视图: action	系统用例视图: usecase	派生	弱关联	可以将 action 映射为 usecase
作战活动视图: flow	交互数据模型: struct	包含	强关联	手动为 flow 关联 struct
作战事件跟踪描述: message	交互数据模型: struct	包含	强关联	手动为 flow 关联 struct
功能模块视图: infomationflow	交互数据模型: struct	包含	强关联	手动为 flow 关联 struct
系统逻辑视图: Node	系统功能模块视图: class	包含	强关联	手动为 flow 关联 struct
系统逻辑视图: Node	人机交互模型: 人机界面设计模型、触摸屏模型、专用键模型	包含	强关联	手动为 Node 创建人机界面设计模型、触摸屏模型、专用键模型
系统功能模块视图: class	系统构件视图: component	派生	弱关联	派生过程中将 class 操作要求、处理要求、接口要求、能力要求转换为 component 的计算要求、显示要求、接口要求、性能要求
系统物理部署视图: Device	系统构件视图: component	包含	强关联	手动将 component 分配到 Device 中

9.2.3　一种新的领域模型驱动的复杂体系设计方法

武器装备体系是典型复杂体系，各系统独立运行，但又相互依存关联。虽然近年来国内武器装备体系设计验证也通过引入 UML、SYSML 等统一建模语言，提出了 UPDM (unified profile for DoDAF and MoDAF)、CADM(核心体系结构数据模型) 等标准和规范。引进工具在通用层面上用纯计算机术语规定了分析设计过程，没有面向特定领域的建模语言、方法和工具链。在应用过程中也遇到了严重的"水土不服"问题。特别地，它们不符合我国设计思维和设计流程，受专业和分工限制，系统分解粒度有限，重用性低；注重设计成果而非设计过程，导致我国科研人员使用这些工具的设计效率低；设计方法、工具和实施依赖国外公司，对国家安全造成极大隐患，导致我国复杂体系设计不自主可控、难度大、效率低，设计成果和经验无法有效积累。因此，针对我国体系工程的现状，本书提出了全新的以作战能力指标为主线、以作战任务为剖面、以作战领域模型为内核的模型驱动的设计方法，提出了复杂体系继承设计的创新流程 (图 9.4)，含可表达的领域建模语言、可转换的建模过程、可验证的建模方法、可适用的建模工具。将我国复杂体系的业务规则、设计规范、流程、约束、操控要求等要素有机融入设计方法中，基于领域模型进行作战能力为主导的建模。该设计方法与国外设计方法的设计过程也截然不同，易用、可重用，降低了设计成本和周期，提高了设计质量。

该方法论中，有以下专有名字：

(1) 使命 (Mission)：主要通过文字、表格、视图等方式，描述系统的范围、用途、背景、组织关系等，统一系统的综合词典，是整个系统设计的基础和依据。

(2) 作战概念：可视为参与系统业务过程中的作战对象。

(3) 使命任务 (Mission Task)：站在用户和业务需求的角度，从业务的视角对使命及系统目标按照业务内聚的原则进行分解，重点描述各个业务场景下的参与对象、业务流程、参与对象交互关系、原型交互界面等。

(4) 任务 (Task)：对使命点按照功能内聚的原则，从业务的视角对系统的业务进行重新组合，重点描述各个业务场景的参与对象、主要活动、参与对象的交互关系、协作关系，以及完成该任务的能力要求。

注：关于使命任务和任务的关系，重点在于分解的视角，一是从用户的

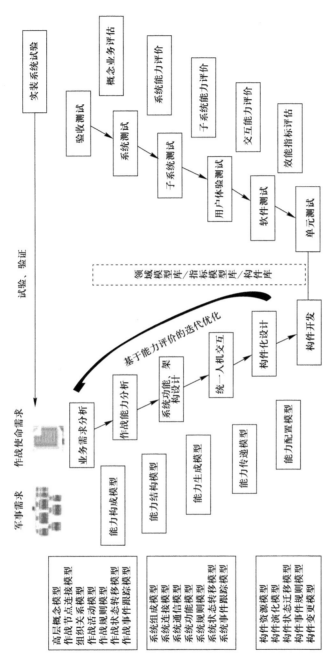

图 9.4　领域模型驱动的复杂体系设计方法

视角, 侧重业务内聚; 二是从系统的视角, 侧重功能内聚。以某舰船系统为例, 其使命任务可以为 "编队护航""区域搜索", 而任务则可以分解为 "近程反潜""近程反舰" 等。

(5) 能力 (Capacity): 系统的能力需求, 可以用来描述需求点, 也可以描述性能指标。

(6) 能力指标体系: 按照 AHP 思想, 按照树结构组织能力间的关系, 各个能力节点都有相应的权重。

(7) 系统用例 (Use Case): 在本方法论中涉及的用例即系统用例, 指系统面向使用人员所提供的应用场景。

(8) 逻辑节点 (Node): 软件的体系架构, 也可以视为在某个任务中管理一组功能的容器。

(9) (系统) 功能模块 (Function Module): 系统所具备的功能及对应的要求, 包括操作要求、计算 (处理) 要求、能力要求、接口要求。

(10) 构件 (Component): 系统运行时的最小软件单元, 构件的基本信息包括名称、类型、版本、显示分辨率、概述, 构件实体包括构件实体程序文件及运行所依赖的环境, 文件格式可根据实际系统的需要, 如 exe、dll、war、jar、so 等。

(11) 物理节点 (Device): 系统实际运行环境中的运行设备, 如计算机、服务器等。

1. 需求分析

体系装备需求分析主要以军事需求和使命为输入, 通过依次开展使命分析、使命任务分析和任务分析, 构建装备体系的高层概念模型、组织关系模型、场景模型、对象交互模型等, 形成各个对象在不同任务下的能力需求及综合能力需求, 如图 9.5 所示。

1) 使命分析

使命分析的目标是定义系统概略性信息, 作为系统需求分析和设计的基础, 主要活动包括: ① 建立使命模型; ② 基于文图表工具创建系统概述和摘要信息, 描述系统标识、范围、目的、背景、采用的工具、文件格式及结论等; ③ 建立系统的综合词典; ④ 建立系统的组织关系视图。

2) 使命任务分析

使命任务是基于使命分析的成果, 按照业务内聚的思想, 对使命和系统目标进行分解, 主要活动包括: ① 建立使命任务模型; ② 通过高层概念图

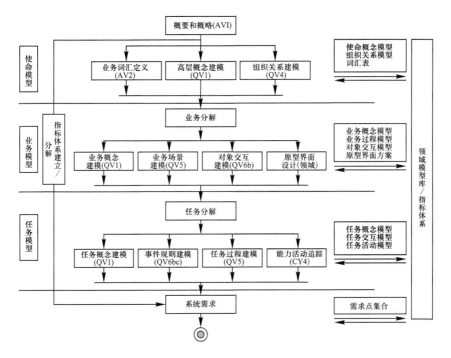

图 9.5　体系需求分析方法

描述当前使命任务场景中的主要参与概念 (对象)、区域、概念之间的关系等; ③ 通过作战活动分析视图描述完成各个概念在执行当前使命任务过程中进行的一系列作战活动, 以及活动间的输入输出信息流; ④ 通过作战事件追踪描述视图描述各个作战概念在当前使命任务执行过程中信息交换及时序关系; ⑤ 通过交互设计视图描述在使命任务执行过程中用户期望的主要交互方式、交互设计。

3) 任务分析

任务分析是参考使命任务分析的成果, 按照功能内聚的思想, 提取典型的任务场景, 主要活动包括: ① 建立任务模型, 通过高层概念图描述当前任务场景中的主要参与概念 (对象)、区域、概念之间的关系等; ② 基于高层概念分析, 结合参与概念的属性, 从能力指标体系中提取本任务相关的能力需求; ③ 通过活动图描述完成各个概念在执行当前使命任务过程中进行的一系列作战活动, 以及活动间的输入输出信息流, 同时将能力要求分解到各个活动; ④ 通过时序图描述各个作战概念在当前使命任务执行过程中信息交换及时序关系。

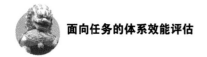
2. 作战能力分析

作战能力分析旨在根据军事需求中的能力要求和性能指标要求, 构建体系能力模型, 并将能力分析贯穿于整个需求分析的过程中, 如图 9.6 所示。

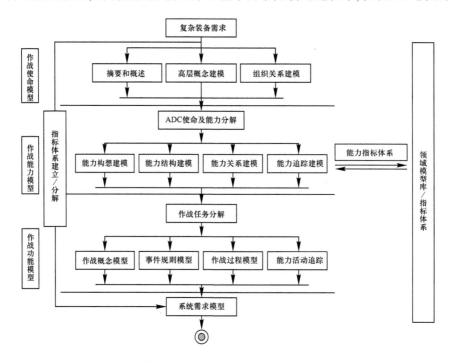

图 9.6　体系作战能力分析方法

1) 能力构想建模

描述装备体系的主要作战保障能力需求、战略发展构想等。

2) 能力结构建模

描述装备体系的能力组成结构, 支持基于层次分析法或网络层次分析法描述能力及能力的结构。

3) 能力关系建模

建立能力相互关系模型, 描述各种能力之间的关系。

4) 能力追踪建模

描述军事能力与作战活动间的对应支持关系, 描述军事能力通过哪些作战任务或活动来实现。

3. 系统功能分析

系统功能分析主要包括构建系统用例模型, 开展系统功能模块设计。从本环节开始, 将按照任务为剖面开展设计。本方法论认为可以采取并行设计过程, 在设计的每个阶段通过综合优化, 保证设计成果的一致性; 也可采取串行的设计过程, 不断复用之前任务的设计成果。系统的用例分析和系统功能模块设计是一个不断并行、循环、迭代的过程, 通过用例分析中系统流程描述、系统跟踪描述, 可以不断提取系统的操控要求、处理要求和接口要求; 系统功能的逐层分解, 可以细化用例分析的精度。二者相辅相成, 最终形成系统的功能模块集合, 如图 9.7 所示。

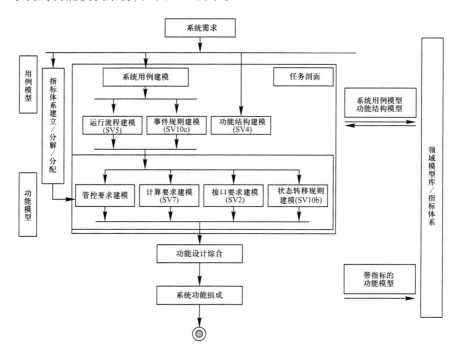

图 9.7　系统的功能模块集合

1) 系统用例分析

① 基于当前任务的活动分析成果, 划定系统边界范围, 提取系统干涉人 (Actor) 和系统用例 (Usecase), 建立系统用例模型; ② 通过系统工作流视图开展系统白盒分析, 基于当前用例场景, 参考系统功能模块建立泳道, 在各个泳道中建立活动模型, 描述执行用例过程中的系统功能模块一系列活动及活动间的输入输出信息流; ③ 通过系统事件跟踪描述视图开展系统白盒

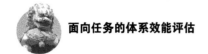

分析, 基于当前用例场景, 参考系统功能模块建立生命线模型, 描述当前用例执行过程中功能模块之间的信息交换及时序关系。

2) 系统功能模块设计

① 结合设计人员的经验以及用例分析中系统运行的需要, 自顶向下建立层次级系统功能模块模型; ② 为功能模块建立状态转移模型, 描述功能状态转移事件; ③ 参考系统用例分析中功能模块在用例分析中的活动、能力要求、交互, 以及状态转移描述, 定义功能模块的操控要求、计算 (处理) 要求、接口要求; ④ 将当前任务能力分解到各功能模块, 形成功能–能力追踪矩阵; ⑤ 若当前各个任务为并行设计, 则开展当前任务与其他任务之间功能模块设计的综合优化, 归纳、合并相同的功能模块, 保证系统功能的完整性、一致性、准确性。

4. 系统架构设计

系统架构设计是基于开放式体系结构的设计思想, 结合系统功能组成, 构建系统的总体架构, 如图 9.8 所示。基于当前任务的功能集合: ① 定义系统的逻辑节点。② 将功能模块 (含操控要求、计算处理要求、能力要求、接口要求) 分配到各个逻辑节点。③ 根据分配的功能模块, 定义各个逻辑节点的属性参数, 包括平均 CPU 占用率、内存占用率、带宽占用率、输入/输出 IO 接口及参数。基于上述属性参数, 计算当前系统的负载、带宽和成本, 根据结果不断调整功能的分配方案, 实现最优方案。④ 若当前各个任务为并行设计, 则开展当前任务与其他任务之间逻辑节点的综合优化。归纳、合并相同的逻辑节点, 保证系统功能的完整性、一致性、准确性。

5. 人机交互设计

人机交互设计是针对部分有显控需求的装备或模块, 提出统一的交互标准、布局、效果要求。同时综合考虑复用的要求, 支持对界面粒度的进一步细分, 如图 9.9 所示。针对有操控要求的逻辑节点开展人机交互设计: ① 设计人机界面原型, 绘制示意图或效果图; ② 设计操控设计原型, 如触摸屏、专用键; ③ 建立操控要求和显示、操控部件的关联。

6. 构件化设计

构件化设计是基于服务的设计理念, 根据体系架构和人机交互的设计要求, 提出构件的开发要求, 如图 9.10 所示。基于当前任务各个逻辑节点中分配的操控要求、处理要求、接口要求、能力要求, 参考 SOA 服务化设计原则, 定义系统构件模型, 并将相关要求映射为构件的开发要求; 为构件定

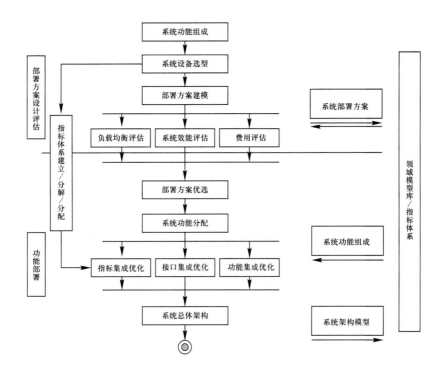

图 9.8　系统架构设计方法

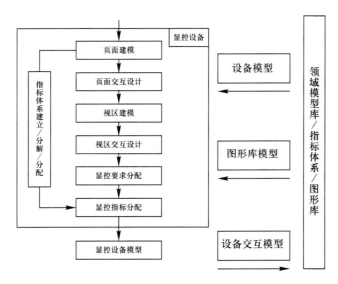

图 9.9　人机交互设计方法

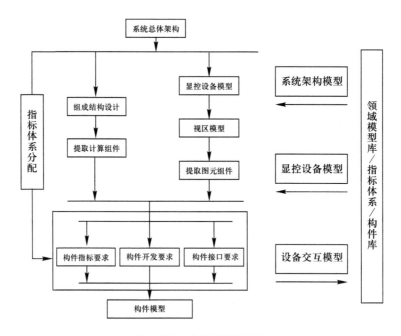

图 9.10　构件化设计方法

义对应公共支撑或运行环境所依赖的实体文件、动态库、配置文件等; 若当前各个任务为并行设计, 则开展当前任务与其他任务之间构件的综合优化, 归纳、合并相同的构件, 避免重复建设; 将设计后的构件统一上传到构件库中, 作为构件开发的输入。

9.3　面向任务的领域模型驱动的复杂体系建模平台

长期以来, 我国复杂体系设计引进了不少典型的国外建模工具, 也在实施过程中取得了一些宝贵的工程经验, 但也存在不少问题:

① 通用不好用: 国外的建模工具大都面向通用领域, 并未针对我国装备产品领域提供建模流程、模型元素等领域化定制服务, 复杂程度较高、使用难度大、建模效率低。

② 可用不可控: 由于缺少自主知识产权, 加之国外技术封锁或预置的安全漏洞、无法及时升级、数据泄露等问题, 给我国武器装备研发带来重大

隐患。

③ 封闭不开放: 国外建模工具接口自成体系、开放性不足, 难以与我国主流的自主仿真、评估工具进行集成, 在复杂体系研制过程中设计成果无法直接进行仿真、评估、验证, 影响体系研制流程中各阶段迭代优化、成果的协同与追溯。

在新的国际形势大背景下, 我国大力倡导自主可控, 复杂体系设计工具国产化成为必由之路。研制一套自主可控、高效好用的体系设计平台已是大势所趋。在长期的系统工程理论研究及多型装备系统总体设计的经验基础上, 笔者针对复杂装备系统工程中遇到的实际问题, 基于系统工程、需求工程、本体论、模型驱动的系统设计、系统建模与仿真、系统评估等理论, 结合我国装备系统的领域特征和组织架构, 面向系统研制过程中的不同专业团队, 研发了一套完全自主知识产权的领域模型驱动的复杂体系建模平台。该平台旨在辅助系统总体设计单位开展复杂体系的需求分析、系统功能与运行流程分析、系统设备选型、统一人机交互设计、组件化设计及集成装配设计, 真正实现需求分析、系统设计到应用集成的一体化, 涵盖系统设计的整个生命周期, 达到提高设计效率、保证设计质量、发挥系统综合优势的目的。

9.3.1 领域模型驱动的复杂体系建模平台技术架构

在上节方法论的指导下, 笔者研发了自主知识产权的复杂体系建模平台, 该平台体系结构如图 9.11 所示。

① 建模规范层: 定义复杂体系元模型/模型, 提供包括动态视图、静态视图、部署视图及服务视图四类模型视图, 支持体系分析建模。

② 系统资源层: 定义复杂系统分析建模过层中必需的底层资源和基础构件, 特别是将领域知识、建模约束等形成固化的领域模型、领域数据等。

③ 建模框架层: 包括复杂体系的业务场景建模、顶层概念建模、综合词典建模、组织关系建模、配置建模等。

④ 应用层: 基于可视化人机交互界面, 实现复杂体系需求分析、功能分解、架构设计、仿真模型设计等。

实现时, 该平台遵循系统标准建模语言 SysML, 提供了用例图、活动图、序列图、状态机图、模块定义图、内部模块图等图形化建模功能, 并结合领域特色做了相应扩展, 如高层概念图、组织结构图、部署图等。该平

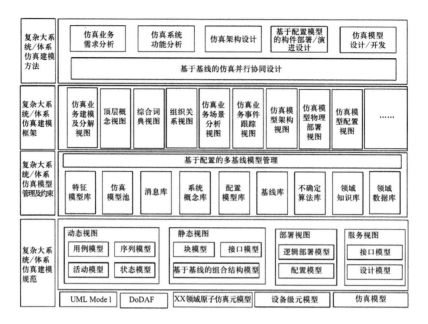

图 9.11　复杂体系建模平台体系结构

台支持遵循 XMI 标准的模型交换, 可与主流的建模平台如 Rhapsody、仿真平台、评估工具进行数据和模型共享。建模时, 以使命 (用户需求) 为输入, 支持系统需求分析、系统功能分析、系统架构设计、统一人机交互设计、构件化设计及集成装配设计的全生命周期过程。为了满足系统设计人员从不同的角度分析问题, 同时保证不同视图之间信息、模型的一致性, 不同视图之间的模型有严格的关联关系和约束关系, 帮助设计人员分析和检查不同视图间的不一致性, 保证设计质量。具有领域特色的基础模型库, 降低体系/系统架构设计难度, 方便用户进行体系/系统设计, 建模效率高; 保证各阶段不同视图之间信息、模型的一致性解决, 并保证系统设计各个阶段需求追踪一致性。

该平台基于 "即插即用" 技术和软总线的建模平台架构, 采用开源 Eclipse Workbench 平台作为开发平台, 软件实现架构如图 9.12 所示。基于 EMF(Eclipse Modeling Framework) 实现通用模型框架, 实现扩展的 DoDAF 的元模型, 建立特定领域的元模型; 同时根据用户需求, 建立 SERI 定制的自己的业务模型概念 (如能力); 基于 SWT/JFace 建立可视化建模门户, 基于 GEF 实现数据模型 (EMF) 和领域图元的关联, 进而实现完整的领域模型驱动的复杂体系建模平台。

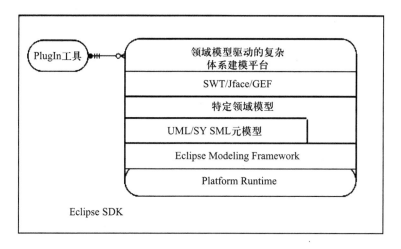

图 9.12　建模平台实现架构

9.3.2　模型驱动的复杂体系建模平台主要功能实现

1. 系统需求辅助分析工具

系统需求辅助分析工具辅助用户以目标系统的使命任务为入口，以任务为剖面，按照自顶向下的设计思想，利用作战概念建模、作战任务过程建模、作战任务交互建模等模型，分析系统使命任务，包括作战场景、想定作战海域、作战对象、主要作战武器等，最后提取、汇总并综合各任务需要具备的能力需求，形成条目化系统需求，功能界面如图 9.13 和图 9.14 所示。

2. 系统功能分析与架构设计工具

系统功能分析与架构设计工具辅助设计人员定义系统边界和约束条件，自顶向下建立层次化的系统功能模型，通过系统内各功能模块间运行流程建模、信息交互建模、系统状态迁移建模等方式开展用例分析，形成各个功能模块的操控要求、处理要求、接口要求和能力要求，并同时对系统需要具备的效能指标进行分解，建立系统效能指标与功能模型的映射。最后依据系统的空间、战位等要求，完成初步的设备选型，包括专用设备和通用设备，形成设备清单，完成功能在各个设备上的分解。图 9.15～ 图 9.18 分别为复杂体系用例、活动、时序和状态建模功能界面。

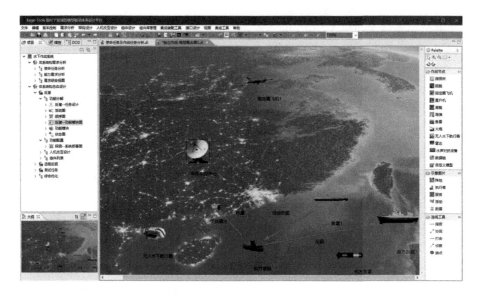

图 9.13　高层概念分析功能界面

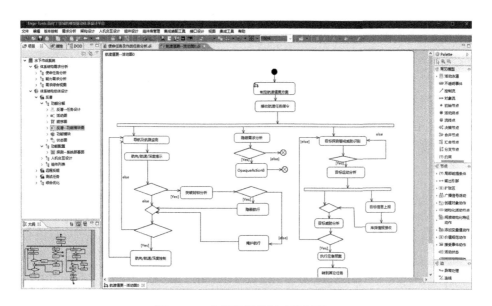

图 9.14　作战场景分析功能界面

3. 统一人机交互辅助设计工具

辅助系统及 UI 设计人员对系统设计过程中各个阶段如前期需求分析阶段的界面原型示意到后期系统架构设计中含有人机交互部分的设备，按

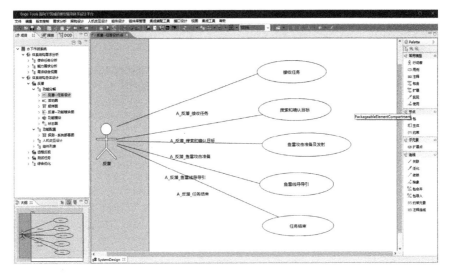

图 9.15　复杂体系用例建模

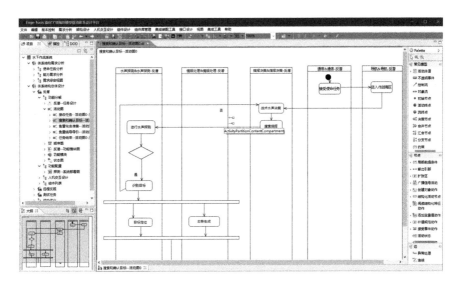

图 9.16　复杂体系活动建模

照功能集中、业务相关的原则,辅助开展子系统/设备页面设计,进行页面建模及视区建模,完成对界面显示及操控交互的设计,并可依据设计好的界面自动生成代码框架,如图 9.19 所示。

4. 复杂体系部署设计与集成装配工具

部署设计工具在各任务设计完成之后,辅助系统总体设计人员根据实际战位建立系统的 "物理设备" 模型,描述设备属性,包括设备名称、IP 地址、处理能力等,并支持以组件、专用机或显控台为单位,完成 "物理设备"

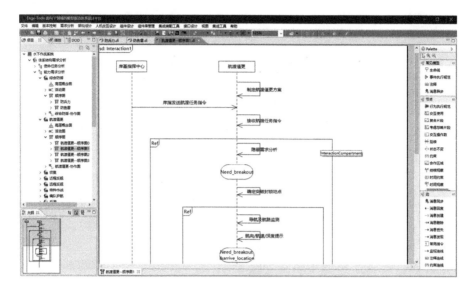

图 9.17　复杂体系时序建模

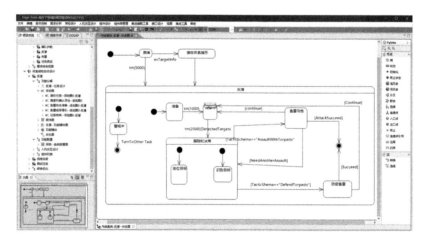

图 9.18　基于行为的复杂体系状态建模

的部署, 如图 9.20 所示。基于系统部署设计成果, 集成装配工具支持在分布式以太网环境下按照项目或任务将组件库中的组件实体及相关文件自动部署到远程物理台位 (装配台), 从而避免人工部署带来的繁杂工作, 提高部署效率。同时还能够查询各个物理设备的部署状态, 保证系统状态稳定性。

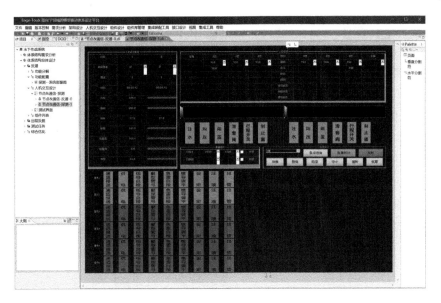

图 9.19　复杂体系人机交互设计界面

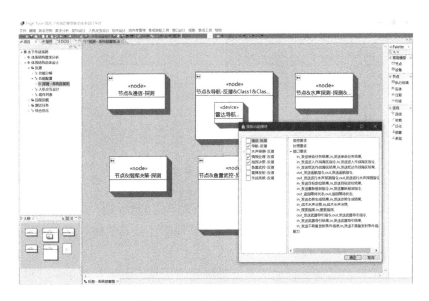

图 9.20　"物理设备"的部署

9.4 自主的复杂体系仿真平台研究与实现

9.4.1 复杂体系仿真平台总体框架

仿真平台由仿真引擎和仿真工具组成。其中仿真引擎是平台的核心,它既是仿真系统的"发动机",也是其"神经中枢"和"骨架"。仿真引擎通常以软件框架的形式固化或预定义了仿真系统的体系结构和集成策略,同时为模型之间的通信、交互、调度、同步提供可复用的支撑和服务,如图 9.21 所示。

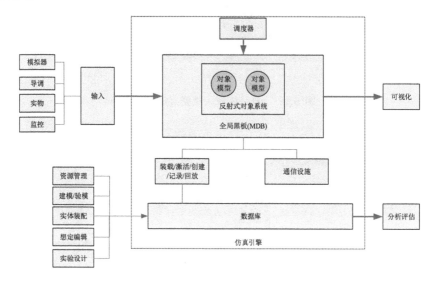

图 9.21 复杂体系仿真平台的总体框架

本课题定义的仿真引擎还内置仿真资源库,仿真模型、数据及非结构化的文档均可由资源库管理和维护,同时,资源库还是其他仿真工具间相互进行信息交换的公共黑板。

仿真工具包括资源管理工具、系统建模工具、实体装配工具、想定编辑工具、实验设计工具、导调控制工具、仿真评估工具等。

在运行准备阶段,仿真引擎从资源库中激活并加载仿真资源,创建仿真对象;在运行阶段,仿真对象由仿真引擎的调度器进行统一调度,仿真对象的输入来自外部的模拟器、导调系统、实装系统或监控系统。仿真结果可以由仿真引擎直接序列化到资源库,也可以输出到可视化系统。

通过对典型复杂体系仿真平台的开发与应用过程进行分析总结, 笔者提出了复杂体系仿真全生命周期过程模型, 将整个过程分为资源开发管理、实验主题策划、仿真任务筹划、仿真实验运行、结果评估与可视化等五个阶段, 每个阶段则可分为若干子阶段, 如图 9.22 所示。每个阶段及其子阶段对应到平台的特定功能。

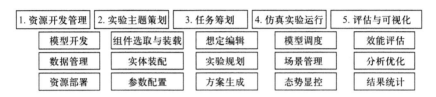

图 9.22　仿真系统开发执行过程

① 资源开发管理功能包括模型开发、数据管理、资源部署等子功能。模型开发指通过可视化的交互式图形操作, 构建应用系统需要的模型体系, 生成仿真模型代码框架; 数据管理指对模型参数、系统参数、实验参数、仿真结果等数据进行一体化的管理和访问; 资源部署指根据仿真任务需要快捷地实现仿真资源向仿真计算机上复制。

② "主题" 的概念是一系列仿真任务, 这类任务可以由相同的仿真实体、模型和基础数据参数进行支撑。"主题" 是为了更好地实现资源的组合化复用。主题策划包括组件选取与装载、实体装配、系统或模型参数配置等功能。

③ 任务筹划是在仿真主题基础上, 根据实验任务确定实验场景中的仿真对象的初态和行动计划、规划实验因子与评估指标、设定实验科目等, 最后根据筹划内容生成多种形式的实验方案 (Word 格式和 XML 格式)。

④ 仿真实验运行是在各类资源准备就绪情况下, 由仿真引擎对模型进行调度, 对仿真场景进行管理。

⑤ 评估与可视化功能是仿真运行开始后, 对系统进行分析及评估。

复杂体系仿真非功能特征:

① 模型组合: 支持模型组合模型, 即装备由子装备或子模块组成, 符合现实情况, 可支持多级组合, 比如 "飞机–传感器–天线 + 发射机 + 接收机""飞机–机载雷达 + 运动 + 指控 + 机载武器 ···" 等; 机制包括: 想定对象 + 附属对象 (STK)、实体 + 状态池 + 模型、设备 Equipment+ 子设备 SubEquipment(Flames)。

② 面向对象/服务设计: 提供面向对象/服务设计的概念、方法及元素

支持, 提供模型对象、实体对象的管理、访问机制; 包括基于类的设计、基于组件、基于服务的设计、基于接口的设计、基于事件的设计、基于数据流的设计。

③ 消息/事件交互: 基于消息、事件通知响应方式, 提供消息/事件收发与传递机制, 支持模型内部、模型之间、对象之间的消息/事件收发。

④ 仿真支持环境 (仿真服务) 与模型分离: 仿真支持环境或仿真服务功能与模型松耦合, 通过服务、接口等机制支持模型配置、调度运行, 模型能够较容易地移植到其他仿真环境中。

⑤ 超实时仿真/快速计算。

⑥ 参数化: 支持可灵活配置的模型参数、装备参数、想定参数。

⑦ 可扩展性: 支持模型可扩展, 其他辅助功能可扩展。

⑧ 数据记录: 提供记录所有数据的机制, 提供有选择性记录数据的机制, 提供有选择性归类数据的机制。

⑨ 数据展示: 按照合理的方式将数据结果显示出来。

9.4.2　复杂体系仿真引擎

仿真引擎的具体功能概括为系统管理、通信管理、组件管理、对象管理、事件管理、时间管理、场景管理、资源管理, 如图 9.23 所示。

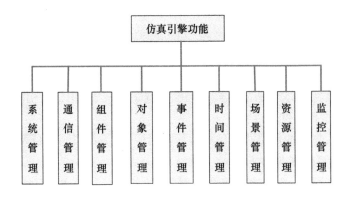

图 9.23　仿真引擎功能结构

1. 系统管理

① 引擎服务进程和服务对象的创建、初始化、配置、管理和组织;

② 引擎全局状态维护管理以及重要状态切换的通知;

③ 仿真控制服务, 包括开始、暂停、恢复、重演、结束等;

④ 支持从本地或远程对仿真引擎内部的对象组织、系统配置、运行状态进行显示和控制;

⑤ 远程监控服务, 以心跳报文的形式提供引擎运行的主机信息、成员状态信息、组件信息、仿真对象信息等, 接收远程控制指令, 对引擎的状态和仿真场景进行控制。

⑥ 日志服务, 通过日志文件记录引擎状态和事件。

⑦ 调试支持服务, 根据应用模型的需要输出文本信息到调试环境。

2. 通信管理

① 以配置的方式实现对象类、事件的订阅和发布, 实现分布环境下仿真对象间透明地通信;

② 封装底层中间件 (如 RTI、DDS) 的声明管理功能并与之兼容;

③ 为没有提供订阅发布机制的通信方式 (如 TCP/IP、共享内存) 提供订阅发布机制;

④ 进行报文的封装、合并、分发、接收、解析、推送。

3. 组件/服务管理

① 加载和初始化组件/服务, 实现组件/服务模型的创建和组织;

② 检查和匹配组件/服务, 对不符合规范的组件/服务进行告警;

③ 根据组件/服务的模型描述文件动态生成元对象模型;

④ 提供组件/服务查询、序列化等功能。

4. 对象管理

① 为系统 (联邦) 范围内的对象实例提供反射式对象树结构的组织管理方式;

② 提供高级的对象创建、命名、ID 号管理、查找、删除等服务和回调通知;

③ 提供对象的聚合和组装机制, 支持将仿真实体分解为多个仿真对象;

④ 与通信管理相结合, 封装底层通信方式的服务, 自动完成全局对象的状态维护;

⑤ 监视和管理为对象分配的内存块, 防止内存泄露;

⑥ 支持将批量对象封装为流对象进行管理与传输;

⑦ 支持变长度的对象属性更新;

⑧ 支持设定对象数据更新策略。

5. 事件管理

① 为联邦、成员、实体三级对象间的隐式调用和数据传送提供统一的方式和接口;

② 根据事件传播范围和事件接收描述信息传送事件;

③ 支持以静态方式和动态方式对事件进行管理和编程;

④ 支持同步和异步方式进行事件调度;

⑤ 支持变长度事件的参数传送。

6. 时间管理

① 为整个联邦提供统一的逻辑时间推进机制和同步机制,确保因果关系正确;

② 与底层中间件的时间管理服务集成,支持 HLA 的所有时间管理策略 (TC/TR/NTC/NTR);

③ 支持动态改变仿真推进的逻辑步长和物理触发间隔;

④ 提供默认的触发时钟。

7. 场景管理

① 定义一套规范的基于 SRML 场景描述语言,支持对仿真对象、事件、初始参数、聚合方式、行为计划进行描述、编辑和修改,引擎能对场景文件进行加载、解释和执行;

② 场景调度,扫描仿真对象的所有活动、调度仿真事件、协调仿真时间推进、分配计算资源到仿真模型;

③ 支持将模型的调度时机和调度函数按类型进行配置和优化;

④ 支持不同的模型采用不同的调度策略和调度周期;

⑤ 支持多核多线程并行计算和调度;

⑥ 支持按时间周期和"尽量快"两种调度模式;

⑦ 支持配置仿真实验次数;

⑧ 支持在指定的仿真时间加载新的仿真想定;

⑨ 支持在指定的时间产生对象或事件或者删除对象,支持动态增加或删除场景事件;

⑩ 支持场景的记录与回放。

8. 资源管理

① 提供统一的接口,为系统参数、组件参数、想定参数、模型参数、实验参数、仿真结果进行统一的描述、存储、访问、关联、加载方法;

② 提供基于 SRML 的系统和模型参数描述方法, 并能与数据库导入导出;

③ 为对象模型系统提供类参数、型号静态参数、对象实例参数、对象初始属性 4 层参数化体系。

9.4.3　主题策划

"主题" 的概念是指一系列仿真任务, 这类任务可以由相同的仿真实体、模型和基础数据参数进行支撑。引入它是为了更好地实现资源的组合化复用。主题策划包括组件选取与装载、实体装配、系统或模型参数配置等功能。

主题策划工具用以定义一个仿真实验主题所需要哪些成员、哪些实体, 实体间关系如何 (配置关系, 比如武器系统装配有哪些武器实体), 实体的基本参数有哪些, 实体装配有哪些类型的装备或模型或组件, 具体装备、模型或组件的参数有哪些, 如何录入等。

该软件是联系基础仿真模型与仿真实例的纽带, 负责将抽象泛化的仿真模型实例化为可进行想定编辑和仿真运行的参数化、组合化的仿真实体。尽管从仿真平台本身运行机制的角度来看, 用 XML 文件或数据库就能够直接支持实体模型及数据的运用, 但设计开发该软件的必要性体现在, 当实体模型和数据量变得很大以后, 通过文件或数据库的直接操作将变得力不从心, 效率降低, 出错的概率将大大提高, 这就必然要求有一款直观的、人性化的、灵活好用的管理工具来支持做这个工作。

该软件最后管理和形成的成果称为 "装备数据库", 该装备数据库完全是由一系列参数数据构成的, 由于已经与基础仿真模型相关联, 是一种模型相关的装备数据库 (不同于单纯用于数据查询的真实装备数据库), 因此这些参数数据将能够直接用于后续的仿真计算。

该软件需求的设计, 对后续模型机制设计、模型体系设计、参数设计、模型功能设计等都具有较大的指导意义。

9.4.4　想定编辑

对想定的基本描述信息进行编辑, 主要包括: 想定描述, 即想定背景、基本内容等; 仿真时间, 即仿真起止时间, 年、月、日、时、分、秒; 作战区域, 即设置一个最大范围的矩形作战区域; 随机数种子; T 时刻。

兵力实体编辑包括描述交战双方的兵力编成、兵力编组、兵力的设备与武器配备、初始位置及状态属性, 并设置关联的仿真模型及参数。创建和编辑的主要是平台类实体, 如飞机、舰艇等, 其他的弹药类实体则是在仿真过程中由模型进行创建的。兵力实体编辑的内容有实体的基本运动状态 (位置、速度、方位等)、实体的基本信息 (实体 ID、敌我属性 ID、实体类型、外观类型等)、特征 (如 RCS 特征、红外特征等)、资源 (实体的武器、燃油等), 此外, 还包括实体间的指控关系、兵力编组、搭载关系等。

作战任务编辑包括设置作战任务模板, 对兵力实体赋予初始任务:

① 运动: 变速、变向、变高、运动到某一位置点、沿路径运动;
② 巡逻: 包括区间巡逻、沿路径巡逻;
③ 等待: 包括等待到某一时间、等待一段时间;
④ 编队: 包括设定编队类型及实体相对位置;
⑤ 探测: 包括设备选择、设备开启时空约束及事件触发类型;
⑥ 开火: 包括设定武器、开火类型、发射弹药数。

其他还包括行为逻辑编辑、战场环境编辑等, 不一一赘述。

9.4.5 实验设计

实验方案包括实验目标、实验场景、实验对象、实验因素、实验指标、实验参数 (次数、随机数种子) 等内容。实验编辑应提供可视化的手段进行实验方案各部分内容的关联和编辑; 提供实验方案分类、查找、修改, 以及实验方案编辑、实验对象选取、实验因素设计等功能, 其设计界面如图 9.24 和图 9.25 所示。

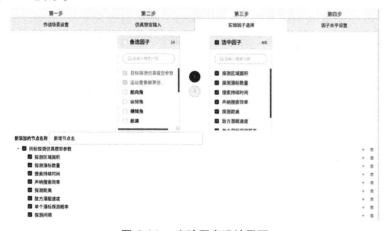

图 9.24　实验因素设计界面

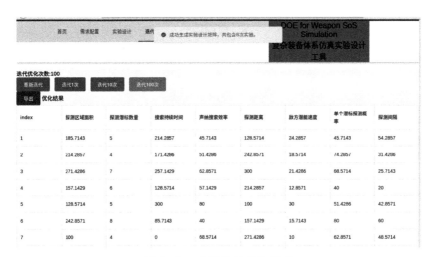

图 9.25　实验设计优化界面

9.4.6　自主的复杂体系仿真平台实现

根据易于部署、便于移植的原则，以及综合考虑软件的架构灵活性、扩展性，自主的复杂体系仿真平台支持组件和 B/S 两种架构。以服务化架构为例，平台一共分为五层，如图 9.26 所示。

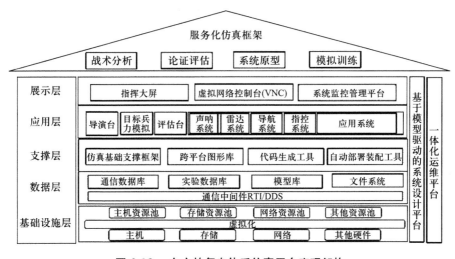

图 9.26　自主的复杂体系仿真平台实现架构

① 基础设施层：主要由一个高性能服务器组成，也可以由若干网络连通的计算机组成。

② 数据层: 基于通信总线负责提供统一、透明的数据服务, 为上层的模型提供统一的数据交互服务和标准化接口, 保证平台既可以运行在同一台设备上, 也可以分布运行在若干设备上; 模型调度数据总线负责完成业务模型与对应的视图交互模型之间的透明数据服务。

③ 支撑层: 其中 (业务) 模型组件调度、显控组件调度负责根据仿真实验的要求, 实现模型的加载、卸载, 以及模型对象的创建、管理、显示等; 仿真管理引擎负责提供仿真运行管理、仿真时间管理、仿真事件管理等服务。

④ 应用层: 负责基于模型统一描述规范和标准, 实现业务相关的功能。

⑤ 展示层: 一是基于电子海图, 实现全局态势可视化和战场环境的可视化, 提供基于二维电子海图的标绘等功能; 二是基于显控组件调度框架, 提供各个仿真模型的交互控制。

如图 9.27 所示是自主的复杂体系仿真平台运行界面示例, 具体功能实现由于篇幅原因不一一赘述。

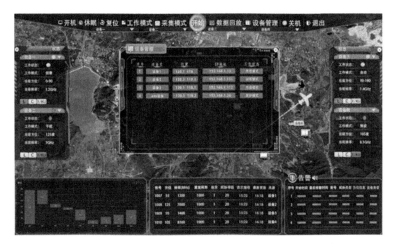

图 9.27　自主的复杂体系仿真平台运行界面示例

9.5　自主的作战效能评估分析平台研究与实现

自主的作战效能评估分析平台是一款具有自主知识产权、面向体系作战的效能评估分析与优化设计的软件系统。平台基于仿真、靶试、演习等多种来源的实验数据, 将效能评估贯穿武器装备全生命周期, 提供面向系统能力和面向典型作战任务效能评估的可视化指标体系构建方法,提供经典的 AHP、ANP、ADC、TOPSIS 等效能评估模型和面向仿真大数据的作战效能评估模型,提供作战效能评估的自助建模功能,对特定作战任务效能指标及其分指标进行自助建模分析,提供作战效能贡献度分析与体系优化方案设计,面向体系生命周期的效能评估方案和评估分析报告生成等,用于各种装备体系效能评估的建模分析与评估,辅助装备体系顶层设计与优化。

9.5.1 评估分析平台技术架构

作战效能评估分析平台是为解决武器装备效能评估问题而新研发的一款软件,武器效能评估系统用于武器装备论证、研制、实验、使用等不同阶段的效能评估,为作战体系、装备体系评价和优化提供定量依据。该软件能够使用仿真、演习、实战等多种来源的实验数据,将体系效能评估贯穿武器装备全生命周期。其总体框架图如图 9.28 所示。

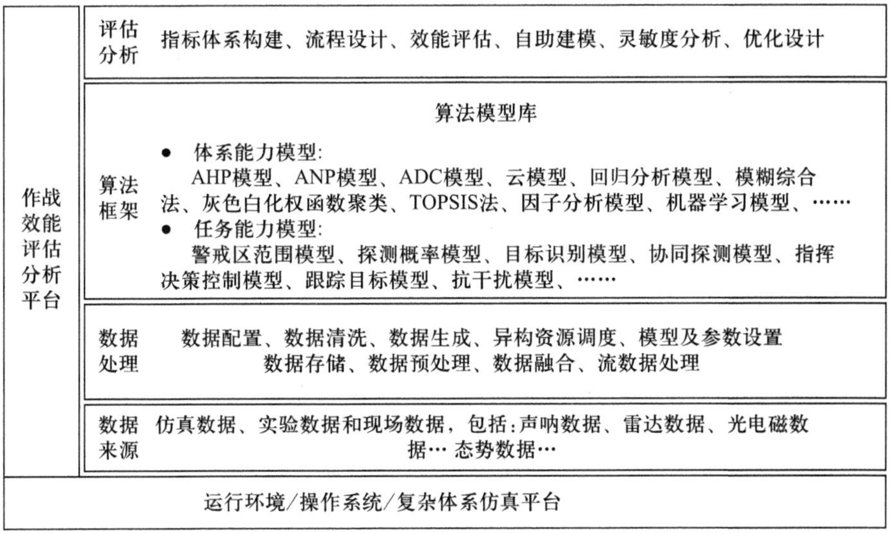

作战效能评估分析平台	评估分析	指标体系构建、流程设计、效能评估、自助建模、灵敏度分析、优化设计
	算法框架	**算法模型库** ● 体系能力模型: AHP模型、ANP模型、ADC模型、云模型、回归分析模型、模糊综合法、灰色白化权函数聚类、TOPSIS法、因子分析模型、机器学习模型、…… ● 任务能力模型: 警戒区范围模型、探测概率模型、目标识别模型、协同探测模型、指挥决策控制模型、跟踪目标模型、抗干扰模型、……
	数据处理	数据配置、数据清洗、数据生成、异构资源调度、模型及参数设置 数据存储、数据预处理、数据融合、流数据处理
	数据来源	仿真数据、实验数据和现场数据,包括:声呐数据、雷达数据、光电磁数据… 态势数据…
运行环境/操作系统/复杂体系仿真平台		

图 9.28 作战效能评估分析平台总体技术框架图

1. 数据来源

数据来源包括从仿真平台接口读取的仿真数据、实验数据、现场数据,包括:声呐数据、雷达数据、光电磁数据、卫星采集数据、水声数据、态势数据、环境数据、气象数据等。

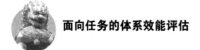

2. 数据处理

数据处理主要包括: 数据配置、数据清洗、数据生成、异构资源调度、模型及参数设置处理、数据存储、数据预处理、数据融合、流数据处理等方法。

3. 算法框架

算法框架主要包括经典模型和指标分析模型, 其中, 用于体系能力建模的经典效能评估方法包括: 层次分析法 (AHP)、网络层次分析法 (ANP)、灰色白化权函数聚类、TOPSIS 法、ADC 法、SEA 法及机器学习模型等。

用于面向任务效能评估的模型主要包括: 警戒区范围模型、探测概率模型、目标识别模型、协同探测模型、指挥决策控制模型、跟踪目标模型、抗干扰模型等。

4. 评估分析

评估分析主要包括: 指标体系构建、作战流程设计、效能评估、自助建模、灵敏度分析、体系优化设计、分析报告等。

9.5.2 系统功能与实现

平台总体上需要提供集成化的效能评估环境, 对指标体系、评估方案、评估任务、评估数据进行一体化管理, 能够使用多种来源的评估数据, 并且能够支持复杂系统整体效能评估的要求, 其分析流程如图 9.29 所示。

根据武器装备体系作战效能评估分析流程, 整个体系作战效能评估分析主要包括指标选取及评估指标体系构建、根据指标体系特点选择相应评估分析算法构建评估分析方案, 由此形成评估任务, 在此基础上进行全生命周期的效能评估, 包括指标相关性分析、指标灵敏度分析并对体系结构进行优化分析, 同时生成评估分析报告。

从武器装备体系作战效能评估分析流程可以看出, 贯穿全生命周期的效能评估主要功能需求如图 9.30 所示。

根据系统功能需求, 构建出作战效能评估分析平台系统主界面如图 9.31 所示。

1. 评估方案

评估方案功能主要用于构建评估方案, 包括评估方案基本信息, 评估指标选取并形成作战效能评价指标体系, 根据评估任务的不同, 主要提供基于系统能力的效能评估和面向任务的效能评估指标体系构建功能。评估方案

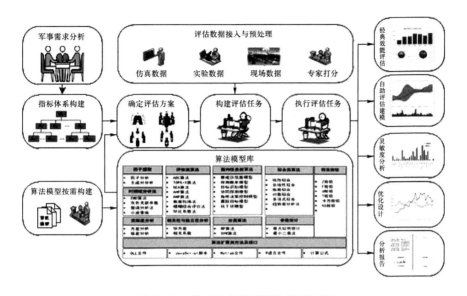

图 9.29　体系作战效能评估分析流程

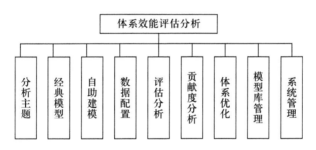

图 9.30　作战效能评估分析平台主要功能需求组成

功能负责对评估方案的创建、编辑与保存。评估方案是指采用统一的评估方案对一个或多个相关评估对象进行一次评估的过程。创建评估方案首先需要设定评估对象,并配置对象有评价指标体系或者作战流程。评估方案创建界面如图 9.32 所示。

2. 评估任务

评估任务功能主要用于构建不同的效能评估任务,包括经典模型和自助建模两个子功能,其中,经典模型功能主要用于对效能评估各个经典评估模型进行设置,主要包括 AHP、ANP 和 ADC 等模型,用于对模型的基本属性和模型一致性、有效性等进行设置,基本界面如图 9.33 所示。

自助建模主要是针对用户特定分析需求,提供自助建模功能,主要包括

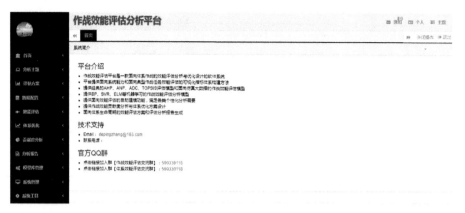

图 9.31　作战效能评估分析平台系统主界面

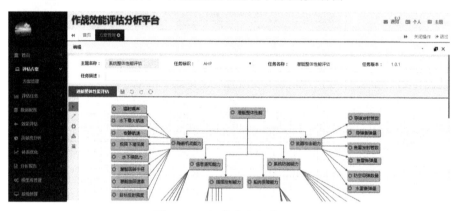

图 9.32　评估方案创建界面

图 9.33　经典评估模型设置界面

对不同阶段、不同效能指标建模分析进行建模, 其功能界面如图 9.34 所示。

图 9.34　自助建模界面

3. 数据配置

数据管理功能主要用于为各个评估任务通过文件或通过接口从数据库导入评估分析数据, 确定分析数据与评价指标体系指标之间的映射关系并绑定, 同时对数据进行预处理, 主要包括缺失数据处理、归一化处理、数据特征分解与提取等。其界面如图 9.35 所示。

图 9.35　数据配置界面

4. 评估分析

评估分析功能主要针对配置好的各个评估任务进行评估分析, 主要包括同一任务不同评估模型的评估结果对比分析、评估精度分析、评估可信度分析等功能,并形成作战效能评估分析报告。其界面如图 9.36 所示。

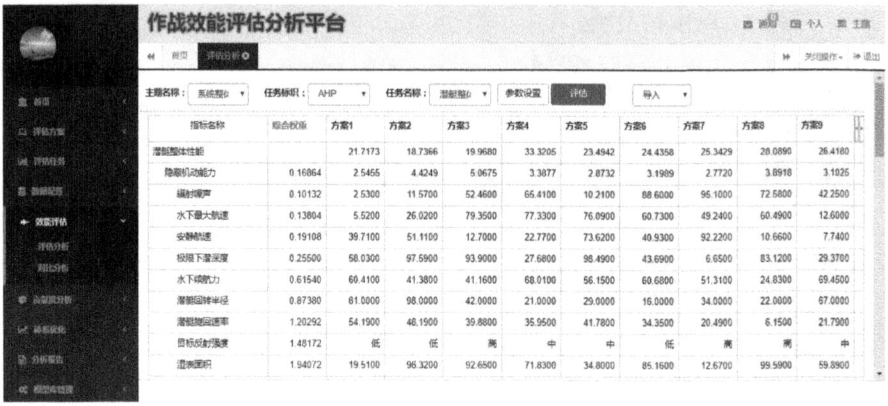

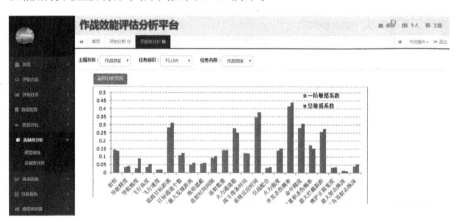

图 9.36　评估分析界面

5. 贡献度分析

贡献度分析主要用于分析整个效能评估指标体系中,各个基础指标对整体效能贡献度,找出影响武器装备体系整体效能的关键指标因素,主要提供基于边际指标的贡献度分析和交互因素影响贡献度分析,并生成最优的性能指标配置方案。其界面如图 9.37 所示。

图 9.37　贡献度分析界面

6. 体系优化

体系优化功能主要提供基于贡献度分析功能所得的影响武器装备体系整体效能的关键指标因素,以及各个因素的取值范围,通过设计方法形成多种体系设计方案, 并找出最优的体系结构优化方案。其界面如图 9.38 所示。

图 9.38　体系优化界面

7. 模型库管理

模型库管理功能用于对武器装备体系效能评估全生命周期中的各个算法进行管理。算法的类型包括 DLL 文件、JavaScript 脚本、R 语言等。算法主要包括: 因子提取类、评估类、分类算法, 校验、验证与确认相关算法, 贡献度分析算法, 相关性与独立性分析相关算法, 权重计算方法, 拟合类算法, 以及面向任务的效能评估中构建的各类指标分析模型等。模型库管理功能主要提供对各类算法模型库进行增删改查和导入, 以及相应的参数设置等功能。其界面如图 9.39 所示。

图 9.39　模型库管理界面

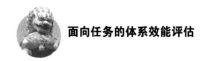

8. 系统管理

系统管理功能主要提供权限管理、用户管理、系统帮助等基础功能。

9.6　面向任务的复杂系统设计优化方法

本节基于仿真的武器装备体系效能评估框架, 利用武器装备评估技术和智能优化理论构建基于武器装备体系效能的武器装备体系优化设计模型, 解决了武器装备体系优化设计中多目标求解问题。引入了元模型技术, 构建武器装备体系效能评估元模型, 解决了武器装备体系优化设计中计算消耗过于昂贵的问题。

9.6.1　问题描述

不失一般性, 将武器装备体系优化设计问题定义为如下多目标优化问题:

$$\min f(\boldsymbol{x}) \tag{9.1}$$

$$\text{s.t.} \quad c_i(\boldsymbol{x}) = 0, i = 1, 2, \cdots, m_I \tag{9.2}$$

$$c_j(\boldsymbol{x}) \geqslant 0, j = 1, 2, \cdots, m_J \tag{9.3}$$

式中: $\boldsymbol{x} = (x_1, x_2, \cdots, x_n)^{\mathrm{T}} \in \mathbb{R}^n$ 为优化设计变量; $f(\boldsymbol{x}) = f_1(\boldsymbol{x}), f_2(\boldsymbol{x}), \cdots, f_l(\boldsymbol{x})^{\mathrm{T}} \in \mathbb{R}^n$ 为目标函数向量 $(l \geqslant 2)$, 对 $k = 1, 2, \cdots, l$, 每个 $f_k(\boldsymbol{x})$ 为设计变量 $\boldsymbol{x}$ 的一个单目标函数; $c_i(\boldsymbol{x})$ 为约束函数, 其中 $c_i(\boldsymbol{x}) = 0$ 为等式约束, $c_j(\boldsymbol{x}) \geqslant 0$ 为不等式约束, 统称为约束条件。

对于武器装备体系优化问题, 目标函数向量 $f(\boldsymbol{x})$ 通常为 "黑箱" 函数, 极大地限制了多目标求解算法的适用范围。少数智能优化算法虽然能够求解该类 "黑箱" 问题, 但是采用智能多目标优化算法求解多目标优化问题, 其收敛过程本质是一个随机过程, 具有不确定性, 收敛过程难以控制, 并且速度慢。武器装备体系仿真模型通常较为复杂, 计算消耗大, 多目标优化收敛速度过慢的问题导致优化过程的计算消耗过于昂贵, 限制了武器装备体系优化设计的应用。

9.6.2　面向任务的武器装备体系优化方法

根据武器装备体系效能定义及其评估框架,武器装备体系效能本质上是根据评估目的对武器装备体系优化设计目标函数向量进行综合。将武器装备体系效能作为武器装备体系优化设计的优化目标函数,通过武器装备体系效能评估模型实现多目标优化问题的转换与求解,降低了武器装备体系优化求解的复杂度。应用该方法进行体系优化设计,每次优化迭代均需运行仿真系统,仿真计算消耗过于巨大甚至会导致优化的不可行。

元模型作为仿真模型的一种简化的代理模型,通过拟合仿真模型的输入输出数据,得到近似、简化的数学模型。利用元模型进行仿真实验,可以在保证精度的同时,大大缩减计算开销,提高仿真效率。综上所述,本节提出了一种基于武器装备体系效能评估框架的武器装备体系优化设计模型,在武器装备体系效能评估框架的基础上,结合元模型技术,建立武器装备体系效能元模型,并基于该元模型进行优化设计。

武器装备体系的复杂度给多目标优化问题的求解带来了较大的困难和计算消耗。本节提出一种面向任务基于效能的复杂系统设计仿真评估优化框架,结合基于仿真的武器装备评估技术和启发式优化理论来实现武器装备体系的优化设计。在武器装备体系效能评估理论的指导下,基于启发式优化算法构建基于武器装备体系效能评估元模型的多目标优化转换模型,从而实现武器装备体系优化设计的多目标快速求解,如图 9.40 所示。

面向任务基于效能的复杂系统设计评估优化具体步骤描述如下:

步骤 1: 构建复杂装备体系效能评估指标体系。基于武器装备体系军事使命与作战任务,确定武器装备体系效能评估指标体系构建模式,确定效能评估指标体系。

步骤 2: 利用模型驱动的复杂系统建模工具,构建仿真模型,进一步构建武器装备体系仿真推演系统,基于仿真实验设计方法设计仿真实验方案进行仿真实验。

步骤 3: 基于装备体系作战仿真实验,获取实验样本。对仿真模型进行实验设计,计算体系贡献度,然后获取实验样本。将实验样本分为训练样本和测试样本。

步骤 4: 构造元模型。根据模型特点选取合适的元模型,基于训练样本构造满足拟合精度的元模型,并利用测试样本检验元模型的预测精度。当预

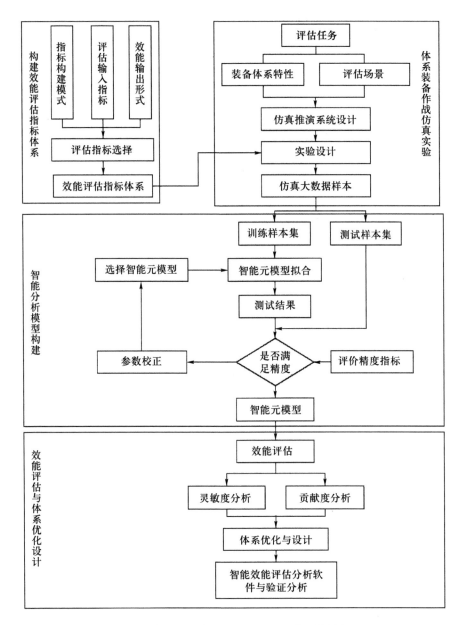

图 9.40　基于效能的复杂系统设计仿真评估优化流程

测精度满足要求, 则认为元模型构造完成, 可以代替元模型; 否则, 重新选择元模型或者增加训练样本点, 然后重新构造元模型, 直至满足精度要求。

步骤 5: 在作战仿真想定和仿真模型的基础上进行仿真实验, 对武器装备体系的效能进行评估。

步骤 6: 通过因果分析、灵敏度分析, 查找现有装备体系的短板和瓶颈问题。

步骤 7: 仿真优化。根据研究思路调整装备体系中的装备性能、装备数量、装备体系结构、装备部署及装备体系作战运用方式等, 在基本想定的基础上形成想定空间, 利用智能优化算法求解出装备体系的优化方案。

在复杂装备体系设计优化过程中, 根据仿真优化对象及关心问题层次的不同, 将仿真任务划分为装备体系层、作战平台层和武器系统层等不同层面开展相应仿真实验研究, 构建不同粒度的仿真实验系统, 充分发挥各自专业领域优势, 联合完成仿真实验任务。下一层仿真可为上层仿真提供模型和数据支撑, 上层仿真又可为下层仿真提供实验背景、数据需求牵引, 从而形成自顶向下牵引、自底向上支撑、循环迭代的仿真实验闭环。

9.7 案例分析

以一个假定的中程地空导弹防空体系的优化设计为例, 对提出的面向任务基于效能的复杂系统设计评估优化方法进行演示与验证。

9.7.1 装备体系与作战场景

考虑某中程地空导弹防空体系, 其中防御方装备体系主要由监视警戒系统、指挥控制系统、火力拦截系统、通信系统以及相关的维护保障系统组成。监视警戒系统包含多型对空搜索雷达, 负责对空中目标进行监视, 并对探测信息进行初步处理; 指挥控制系统分为 2 级, 负责生成战场态势, 为指挥员提供决策辅助, 向所属各作战单位分配作战任务等。

以三套中程防空导弹武器系统组网构成一个点防空导弹体系。假设空袭目标群以某一高度逼近点目标, 防空导弹体系的拦截区如图 9.41 所示。

9.7.2 面向作战任务的体系优化设计

结合体系优化设计需求, 以该地空导弹防空体系作战任务作战过程所需考虑的各因素, 形成评估指标体系的底层指标, 构建的地空导弹防空体系作战效能评估指标体系如图 9.42 所示。

图 9.41　防空导弹体系的拦截区示意图

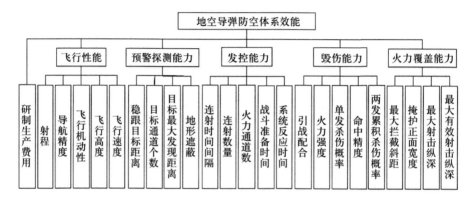

图 9.42　地空导弹防空体系作战效能评估指标体系

　　指标体系由三层构成，上层为地空导弹防空体系效能，中间层为分解防空导弹体系效能得到的二级指标，包括火力覆盖能力、飞行性能、预警探测能力、发控能力、毁伤能力，以及研制生产费用，下层为分解第 2 层指标得到的底层指标，也即体系设计指标。不失一般性，认为各层指标间权重相同。

　　首先采用 Sobol's 法对 23 个底层指标进行灵敏度分析，确定对导弹拦截效果影响的指标分别为最大拦截斜距、单发杀伤概率、火力通道数，以及系统反应时间、命中精度和稳跟目标距离，如图 9.43 所示，筛选出的 6 个主要指标与最终拦截效果的关系如图 9.44 所示。

　　基于元模型的体系优化设计方法对筛选出的指标进行优化设计。首先建立优化指标与效能值的元模型，采用拉丁超立方试验构建元模型训练样

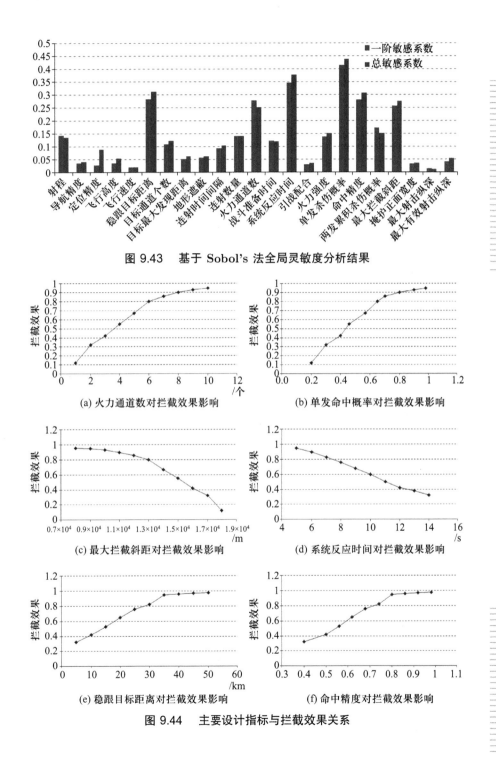

图 9.43　基于 Sobol's 法全局灵敏度分析结果

(a) 火力通道数对拦截效果影响

(b) 单发命中概率对拦截效果影响

(c) 最大拦截斜距对拦截效果影响

(d) 系统反应时间对拦截效果影响

(e) 稳跟目标距离对拦截效果影响

(f) 命中精度对拦截效果影响

图 9.44　主要设计指标与拦截效果关系

本集合测试样本集。根据得到的训练样本集进行体系效能评估, 得到评估结果集。利用 SVR 建模方法建立样本集与体系效能评估结果集的 SVR 元模型。采用遗传算法 (GA) 对该元模型进行优化求解, 分别给出不考虑研制生产费用和考虑研制生产费用时的优化过程和优化结果, 如图 9.45 及表 9.3 所示。

由优化结果可知, 考虑研制生产费用时, 各指标的优化结果与不考虑研制生产费用的结果进行一定的折中, 在研制生产费用的限制下取得最佳的优化结果。

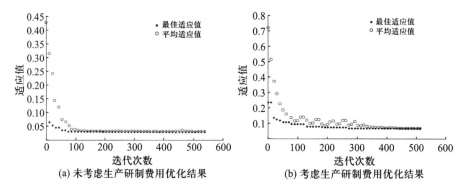

图 9.45　GA 算法优化过程

表 9.3　效能优化结果

	命中精度	单发杀伤概率	系统反应时间/s	稳跟目标距离/km	火力通道数	最大拦截斜距/m	拦截效能
考虑研制费用	0.92	0.912	6	35	2	7.13×10^3	0.9574
未考虑研制费用	0.93	0.927	5	30	4	8.05×10^3	0.9813

参考文献

[1] 伍文峰, 胡晓峰. 基于大数据的网络化作战体系能力评估框架 [J]. 军事运筹与系统工程, 2016, 30(02):26-32.

[2] 罗从文. 航母编队对空防御作战效能分析研究 [D]. 南京: 海军指挥学院, 2007:35-40.

[3] 孟庆操, 杨光. 航母编队防空作战效能评估指标体系构建 [J]. 舰船电子工程, 2015,35(10):1-4.

[4] 张旭东, 彭杰, 王健, 等. 基于模糊理论的舰艇编队防空作战能力评估 [J]. 兵工自动化, 2011,30(10):39-42.

[5] 孙志伟, 张涛. 基于模糊评价法和 TOPSIS 法的水面舰艇编队防空队形评估方法研究 [J]. 舰船电子工程, 2016, 36(4):33-37.

[6] 马玉林, 罗翔, 郭万海. 舰艇编队防空能力评估 [J]. 舰船电子工程, 2007, 27(1): 50-53.

[7] Kuang X H. U.S navy aircraft carrier of operational capability analysis[J]. Journal of National Defense Science and Technology,2009, 30(6):58-63.

[8] 庄世杰, 邱涤珊, 沙基昌. 潜射反舰导弹武器系统作战效能指标体系设计初探 [J]. 火力指挥与控制, 1998, 20(4):68-73.

[9] 武涛, 夏惠诚. 水面舰艇便对系统对空作战能力研究 [J]. 海军工程大学学报, 2006,1 8(5):208-110.

[10] 何佳洲. 多平台协同防空作战系统数据融合技术研究 [J]. 舰船电子工程,2009, 28(3):40-43.

[11] Jamison K D,Lodwick A. Fuzzy linear programming using a penalty method[J]. Fuzzy Sets and Systems, 2001, 11(1):97-110.

[12] 高晓英, 郝重阳. 电子战系统效能的模糊评价方法 [J]. 火力与指挥控制, 2005, 30(1):69-72.

[13] 陈光亭, 裘哲勇. 数学建模 [M]. 北京: 高等教育出版社, 2010.

[14] 张最良. 军事运筹学 [M]. 北京: 军事科学出版社, 1993.

[15] 罗鹏程, 周经伦, 金光, 等. 武器装备体系作战效能与作战能力评估分析方法 [M]. 北京: 国防工业出版社, 2014.

[16] 胡磊, 李昊, 闫世强, 等. 预警卫星系统作战效能评估指标体系构建 [J]. 火力与指挥控制, 2015, 40(5): 56-73.

[17] 许相莉, 胡晓峰. 一种基于复杂网络理论的网络空间作战效能评估指标体系框架 [J]. 军事运筹与系统工程, 2014, 28(1): 33-41.

[18] 鲁延京, 陈贲, 陈英武, 等. 基于 BN 的武器装备体系能力重要度分析 [J]. 系统工程与电子技术, 2012, 34(8): 1601-1612.

[19] 罗鹏程, 傅攀峰, 周经伦. 武器装备体系作战能力评估框架 [J]. 系统工程与电子技术, 2005, 27(1): 1072-1075.

[20] 鲁延京, 张小可, 陈英武, 等. 权重信息不完全的区间型武器装备体系能力评估方法 [J]. 系统工程, 2010, 28(4): 94-100.

[21] 潘科, 潘宣宏, 董文洪, 等. 基于多指标综合判断法的空中加油机作战效能评估 [J]. 海军航空工程学院学报, 2015, 30(2): 191-196.

[22] 杜红梅, 柯宏发. 装备作战能力与作战效能之内涵分析 [J]. 兵工自动化, 2015, 34(04):23-27.

[23] 吴启波, 叶方超, 万学军. 武器系统效能度量理论研究 [J]. 电子产品可靠性与环境试验, 2010, 28(04):27-31.

[24] 陈文奇. 防空导弹武器系统作战效能评估分析 [D]. 厦门: 厦门大学, 2006.

[25] 张壮, 李琳琳, 路云飞. 基于复相关—信息灵敏度的 C⁴ISR 评估指标体系构建 [J]. 火力与指挥控制, 2018, 43(10):68-73.

[26] 李盛阳, 张晓武, 邢立宁. 基于灵敏度分析的动态指标选取方法 [J]. 计算机仿真, 2005(03):120-123, 136.

[27] 智韬, 王付明, 张松良. 基于主成分的编队级网络对抗效能评估指标体系 [J]. 航天电子对抗, 2008(02):55-58.

[28] 吴超, 徐宏飞. 潜艇打击水面舰艇的作战方案效能评估 ADC 法 [J]. 火力与指挥控制, 2005(02):75-77, 80.

[29] 唐林杰, 江敬灼. 信息化条件下战区兵力规划的仿真方法 [J]. 军事运筹与系统工程, 2007, 21(1): 32-36.

[30] 陈奇, 姜宁, 吕明山, 等. 基于效果的海军演习效果评估方法及关键技术 [J]. 系统工程与电子技术, 2013, 35(6): 1226-1230.

[31] 张亮, 赵振南, 王利, 等. 基于体系作战效能的武器装备体系评估 [J]. 四川兵工学报, 2015, 34(3): 50-58.

[32] 于芹章, 张英朝, 张静, 等. 基于整体效果的装备体系作战效能评估方法研究 [J]. 系统仿真技术, 2011, 7(3): 183-189.

[33] 李小喜, 陈浩光, 李大喜, 等. 基于 Elman 神经网络的作战效能预测模型研究 [J]. 系统仿真学报, 2015, 27(1): 43-49.

[34] 蓝羽石, 易侃, 王珩, 等. 网络化 C^4ISR 系统结构时效性分析方法 [J]. 系统工程与电子技术, 2013, 35(9): 1908-1914.

[35] 臧垒, 蒋晓原, 王钰, 等. C^4ISR 系统作战效能评估指标体系研究 [J]. 系统仿真学报, 2008, 20(3): 574-611.

[36] 王钰, 蒋晓原, 王春江, 等. C^4ISR 系统综合性能评价指标体系研究 [J]. 计算机仿真, 2006, 23(9): 1-3.

[37] 刘俊先, 姜志平, 舒振, 等. 对抗条件下 C^4ISR 系统效能指标权重确定方法 [J]. 系统工程与电子技术, 2009, 31(10): 2418-2421.

[38] 贾子英, 闫飞龙, 王海生, 等. 网络化效能的防空体系作战效能评估 [J]. 火力与指挥控制, 2015, 38(5): 82-85.

[39] 贾子英, 陈松辉, 汪德飞, 等. 网络化防空体系生存能力评价指标 [J]. 火力与指挥控制, 2013, 38(10): 84-87.

[40] 赵文婷. 防空导弹网络化体系作战效能评估指标与验证方法 [J]. 现代防御技术, 2013, 41(2): 6-11.

[41] 刘常昱, 胡晓峰, 罗批. 战争工程理论基础系统思想 [J]. 国防科技, 2007, 8(1): 48-53.

[42] 刘明辉, 杨峰, 王磊, 等. 基于 SVR 的反舰导弹作战效能探索性评估方法 [J]. 计算机仿真, 2009, 26(8):9-12.

[43] 余舟川, 胡高平, 詹武, 等. 基于 UPDM 的合同对海突击作战信息流程建模与仿真研究 [J]. 舰船电子工程, 2019, 39(09):81-85, 145.

[44] 梁镇彬, 李敬辉, 姜军. 基于 ARIS 软件的航母编队对海作战流程仿真及优化 [J]. 计算机与数字工程, 2019,47(03):562-566.

[45] 张毅, 詹武, 郭颖辉, 等. 基于信息流程仿真的作战体系结构设计验证方法 [J]. 指挥控制与仿真, 2019,41(01):131-135.

[46] 吴东海, 谭齐, 王青松, 等. 基于复杂网络理论的军用通信系统任务剖面研究 [J]. 通信技术, 2017, 50(11):2527-2534.

[47] 王南星, 王劲松, 季雨林. 基于 Petri 网的网络空间作战指挥机构运行流程分析 [J]. 装甲兵工程学院学报, 2017, 31(04):10-13.

[48] 汪陈, 姜军, 李敬辉. 基于作战流程仿真的编队指挥所战位优化设计 [J]. 指挥控制与仿真, 2017, 39(04):96-100.

[49] 张仪, 杨国华, 李志伟. 基于信息流的潜艇作战系统作战能力试验方法研究 [J]. 舰船电子工程, 2017, 37(07):25-28, 69.

[50] 陈霞. 面向体系结构的作战任务剖面建模仿真方法 [J]. 中国舰船研究, 2017, 12(03):135-141.

[51] 李俊, 严建钢, 杨士锋, 等. 基于复杂网络的作战任务分发流程优化研究 [J]. 兵工自动化, 2016, 35(11):84-89.

[52] 原宗. 基于任务流程的舰船 RMS 建模与仿真 [J]. 中国舰船研究, 2016, 11(02): 5-11,26.

[53] 岳林, 项国富, 胡伟浩. 面向任务的舰船系统信息流程仿真优化方法 [J]. 中国舰船研究, 2015, 10(06):114-119, 125.

[54] 徐勇, 杨翠蓉, 杨子晨. 水面舰艇作战系统任务剖面结构优化 [J]. 中国舰船研究, 2013, 8(04):97-102, 122.

[55] 熊华, 马向玲, 高波, 等. 智能反舰导弹典型作战模式及作战流程分析 [J]. 飞航导弹, 2013(06):17-19.

[56] 张磊, 朱琳, 章华平. 基于作战流程的舰艇编队防空作战资源管理研究 [J]. 舰船电子工程, 2013, 33(02):1-3, 16.

[57] 吴定刚. 基于 UML 的舰载预警机协同作战流程建模研究 [J]. 舰船电子工程, 2012, 32(05):8-11.

[58] 孙原理, 王威, 胡涛, 等. 基于任务剖面的舰船任务流程建模与仿真 [J]. 舰船科学技术, 2010, 32(04):117-120.

[59] 杨春辉, 魏军, 黎放. 基于任务成功性的常规潜艇任务剖面构建 [J]. 海军工程大学学报, 2009, 21(04):98-102.

[60] 易群智, 张基磊. 某自行加榴炮系统典型作战任务剖面研究 [J]. 火炮发射与控制学报, 1998(01):3-5.

[61] 王超, 马驰, 常俊杰. 基于改进小波神经网络的协同作战能力评估 [J]. 指挥信息系统与技术, 2020, 11(01):41-45.

[62] 李健, 刘海滨, 胡笛. 基于生成对抗网络和深度神经网络的武器系统效能评估 [J]. 计算机应用与软件, 2020, 37(02):253-258.

[63] 胡鑫武, 罗鹏程, 张笑楠, 等. 基于体系仿真大数据的效能评估方法 [J]. 火力与指挥控制, 2020, 45(01):7-11,17.

[64] 戚宗锋, 王华兵, 李建勋. 基于深度学习的雷达侦察系统作战能力评估方法 [J]. 指挥控制与仿真, 2020, 42(02):59-64.

[65] 任天助, 辛万青, 严晞隽, 等. 基于极限学习机的体系作战效能评估建模方法 [J]. 导弹与航天运载技术, 2019(06):107-111.

[66] 侯磊, 曾望, 范海文, 等. 一体化智能柔性仿真评估技术研究 [J]. 火力与指挥控制, 2019, 44(11):174-179, 185.

[67] 李波, 雒浩然, 田琳宇, 等. 基于 DBN 效能拟合的舰艇编队作战效能敏感性分析 [J]. 航空学报, 2019, 40(12):156-166.

[68] 翁鑫锦. 基于机器学习的雷达干扰效能评估 [D]. 成都: 电子科技大学, 2019.

[69] 陆营波, 钱晓超, 陈伟, 等. 数据驱动的装备效能评估模型构建方法研究 [J]. 系统仿真学报, 2018, 30(12):4587-4594, 4601.

[70] 任俊, 胡晓峰, 朱丰. 基于深度学习特征迁移的装备体系效能预测 [J]. 系统工程与电子技术, 2017, 39(12):2745-2749.

[71] 任俊, 李宁. 基于堆栈自编码降维的武器装备体系效能预测 [J]. 军事运筹与系统工程, 2017, 31(01):61-67.

[72] 高翔, 吴琳, 刘洋, 等. 基于加权超网模型的武器装备体系效能分析 [J]. 指挥与控制学报, 2015, 1(02):175-180.

[73] 杨欣. 武器效能评估模型及其自学习的研究与实现 [D]. 南京: 东南大学, 2015.

[74] 张乐, 刘忠, 张建强, 等. 基于自编码神经网络的装备体系评估指标约简方法 [J]. 中南大学学报 (自然科学版), 2013,44(10):4130-4137.

[75] 郑玉军, 张金林, 李跃华. 基于 GA-BP 神经网络的某型装备作战效能评估方法 [J]. 空军雷达学院学报, 2012, 26(05):346-348.

[76] 甘旭东. 群体智能算法的评估与分析 [D]. 上海: 上海交通大学, 2011.

[77] 缪旭东. 舰艇编队协同作战的自组织决策模式及决策支持系统 [J]. 军事运筹与系统工程, 2010, 24(01):48-52.

[78] 李斌, 刘建强, 董奎义. 基于神经网络的舰载直升机反潜武器系统作战效能评估 [J]. 舰船电子工程, 2007(05):50-52, 6, 5.

[79] 顾吉堂, 刘庆峰, 李红军. 应用神经网络评估舰载武器系统作战效能 [J]. 指挥控制与仿真, 2007(02):66-70.

[80] 高彬, 郭庆丰.BP 神经网络在电子战效能评估中的应用 [J]. 电光与控制, 2007(01):69-71,75.

[81] 马亚龙, 王精业, 徐丙立, 等. 基于 DIS 的装备作战仿真的智能评估分析与研究 [J]. 计算机工程与应用, 2001(13):40-42.

[82] 位秀雷, 张曦. 航母编队防空作战效能指标体系构建与评估方法研究 [J]. 舰船电子工程, 2019, 39(01):14-17, 26.

[83] 哈军贤, 王劲松. 基于社会网络分析法的网络空间作战指挥效能评估指标体系构建方法 [J]. 装甲兵工程学院学报, 2016, 30(06):1-5.

[84] 巴宏欣, 薛碧峰, 李莎, 等. 空军武器控制网络作战效能评估指标体系及模型构建 [J]. 指挥信息系统与技术, 2016, 7(04):41-48.

[85] 孟庆操, 杨光. 航母编队防空作战效能评估指标体系构建 [J]. 舰船电子工程, 2015, 35(10):1-4, 61.

[86] 胡磊, 李昊, 闫世强, 等. 预警卫星系统作战效能评估指标体系构建 [J]. 火力与指挥控制, 2015, 40(05):65-68, 73.

[87] 王鹏飞. 多机协同作战效能评估及其不确定问题研究 [D]. 郑州: 郑州大学, 2014.

[88] 高飞, 高阜乡, 王钰, 等. 数字化部队指控系统效能评估指标体系的构建 [J]. 舰船电子工程, 2012, 32(03):1-3, 16.

[89] 郭熹. 基于风险熵模型的安防系统风险与效能评估技术研究 [D]. 武汉: 武汉大学, 2011.

[90] 尹纯, 黄炎焱, 王建宇, 等. 武器装备作战效能评估指标体系构建模式 [J]. 南京理工大学学报 (自然科学版), 2009, 33(06):779-784.

[91] 李涛, 郭齐胜, 段莉, 等. 数字化部队作战能力评估指标体系构建 [J]. 装甲兵工程学院学报, 2008(02):14-19.

[92] 刘泽胤. 基于 DODAF 的系统效能评估 [D]. 哈尔滨: 哈尔滨工程大学, 2008.

[93] 廉浩. 作战飞机方案评估指标体系研究 [D]. 西安: 西北工业大学, 2007.

[94] 熊少华, 刘洪彬. 雷达情报网作战能力评价指标体系研究 [J]. 系统工程与电子技术, 2000(03):94-96.

[95] 王睿, 姜宁. 作战任务中舰艇编队通信作战效能评估方法 [J]. 现代防御技术, 2018, 46(01):108-114.

[96] 华玉光, 徐浩军. 多分辨率建模航空武器装备体系对抗效能评估 [J]. 火力与指挥控制, 2009, 34(01):8-10, 14.

[97] 李雄伟, 王希武, 周希元. 网络对抗效能评估的指标体系研究 [J]. 无线电工程, 2007(03):14-16, 52.

[98] 黄炎焱, 杨峰, 王维平, 等. 基于效用聚合的装甲装备作战效能评估方法研究 [J]. 系统仿真学报, 2005(10):4-6.

[99] 陈颖文. 空战武器装备系统的效能评估技术研究 [D]. 长沙: 国防科学技术大学, 2003.

[100] 郑潇. 体系效能仿真分析优化方法与工具研究 [D]. 哈尔滨: 哈尔滨工业大学, 2016.

[101] 邢焕革, 彭义波, 邱原. 基于网络组织有序度的指挥体系优化算法 [J]. 指挥控制与仿真, 2014, 36(01):19-24.

[102] 王珍. 基于因子分析-BP 神经网络模型在空气质量综合评价中的应用 [D]. 昆明: 云南大学, 2015.

[103] 刘军. 基于云模型的电力企业信息化水平综合评价研究 [D]. 北京: 华北电力大学, 2015.

[104] 杨勇. 智能化综合评价理论与方法研究 [D]. 杭州: 浙江工商大学, 2014.

[105] 徐存东, 翟东辉, 张硕, 等. 改进的 TOPSIS 综合评价模型在河道整治方案优选中的应用 [J]. 河海大学学报 (自然科学版), 2013, 41(03):222-228.

[106] 高长元, 彭定洪, 钟怡. 综合评价模型自动选择研究 [J]. 哈尔滨理工大学学报, 2011, 16(06):118-123.

[107] 张立军, 王叶平. 综合评价模型相对有效性测度方法研究 [J]. 统计与决策, 2011(20):18-21.

[108] 徐林生. 面向武器装备论证过程的多属性评价方法研究 [D]. 南京: 南京理工大学, 2010.

[109] 王健, 肖文杰, 王树文, 等. 一种改进的基于云模型的效能评估方法 [J]. 火力与指挥控制, 2010, 35(07):139-142.

[110] 陈贵林. 一种定性定量信息转换的不确定性模型——云模型 [J]. 计算机应用研究, 2010, 27(06):2006-2010.

[111] 李磊, 金菊良, 梁忠民. 核主成分分析的参数优化及其在水资源可持续利用综合评价中的应用 [J]. 水利水电科技进展, 2009, 29(04):36-38, 66.

[112] 张昕, 郭阳. 复杂网络中的一种介度熵抗毁性度量方法 [J]. 计算机工程与应用, 2020, 56(12):105-111.

[113] 荣明, 胡晓峰, 杨镜宇. 基于动态超网的作战体系结构弹性分析评估研究 [J]. 系统仿真学报, 2019, 31(06):1055-1061.

[114] 刚建勋, 叶雄兵, 王玮. 航母编队作战体系超网络建模 [J]. 舰船科学技术, 2019, 41(09):6-11.

[115] 梁德军, 宋广宁, 赵明. 基于复杂网络分析的通信网络节点重要度评估方法 [J]. 通信技术, 2019, 52(03):674-679.

[116] 刚建勋, 叶雄兵, 于鸿源. 基于超网络的航母编队作战体系建模分析 [J]. 指挥控制与仿真, 2018, 40(05):6-10, 78.

[117] 何镇安. 基于复杂网络的指挥信息系统仿真研究 [D]. 北京: 中国科学院大学 (中国科学院西安光学精密机械研究所), 2018.

[118] 马龙邦, 郭平. 基于超网络的指挥信息系统结构抗毁性优化方案探索性分析 [J]. 军事运筹与系统工程, 2016, 30(04):32-39.

[119] 司光亚, 高翔, 刘洋, 等. 基于仿真大数据的效能评估指标体系构建方法 [J]. 大数据, 2016, 2(04):57-68.

[120] 伍文峰, 胡晓峰. 基于大数据的网络化作战体系能力评估框架 [J]. 军事运筹与系统工程, 2016, 30(02):26-32.

[121] 史秉政. 基于分布式网络化指控体系的协同跟踪设计 [J]. 指挥控制与仿真, 2016, 38(03):102-107.

[122] 马力, 张明智. 网络化体系效能评估建模研究 [J]. 军事运筹与系统工程, 2016, 30(01):12-17.

[123] 胡晓峰, 贺筱媛, 饶德虎. 基于复杂网络的体系作战协同能力分析方法研究 [J]. 复杂系统与复杂性科学, 2015, 12(02):9-17.

[124] 胡晓峰, 贺筱媛, 饶德虎, 等. 基于复杂网络的体系作战指挥与协同机理分析方法研究 [J]. 指挥与控制学报, 2015, 1(01):5-13.

[125] 何保卫. 基于复杂网络的指挥控制系统抗毁性研究 [D]. 西安: 西安电子科技大学, 2014.

[126] 季明, 马力. 面向体系效能评估的仿真实验因素与指标选择研究 [J]. 军事运筹与系统工程, 2014, 28(03):61-65.

[127] 李仁见, 司光亚, 张昱, 等. 基于超网的体系效能可视化分析 [J]. 系统仿真学报, 2014, 26(09):1944-1949, 1955.

[128] 许相莉, 胡晓峰. 一种基于复杂网络理论的网络空间作战效能评估指标体系框架 [J]. 军事运筹与系统工程, 2014, 28(01):33-37, 41.

[129] 赵文婷. 防空导弹网络化体系作战效能评估指标与验证方法 [J]. 现代防御技术, 2013, 41(02):6-11, 29.

[130] 刘跃. 基于复杂网络的指控组织建模与评估方法研究 [D]. 长沙: 国防科学技术大学, 2012.

[131] 徐玉国, 邱静, 刘冠军. 基于复杂网络的装备维修保障协同效能优化设计 [J]. 兵工学报, 2012, 33(02):244-251.

[132] 罗金亮, 王玺. 防空导弹网络化作战体系结构及效能评估 [J]. 战术导弹技术, 2011(05):15-18.

[133] 田云飞, 严建钢, 李世令, 等. 基于网络环模型的航空反潜体系效能评估与应用研究 [J]. 舰船电子工程, 2011, 31(02):31-34.

[134] 俞杰, 王伟, 张国宁. 基于复杂网络的联合作战指挥体系研究 [J]. 火力与指挥控制, 2011, 36(02):5-10.

[135] 李青, 王瑜, 宋明明. 复杂环境下防空体系效能评估的网络环模型研究与应用 [J]. 指挥控制与仿真, 2009, 31(04):59-63.

[136] 崔文雄, 戴彤辉, 张国伟. 关于网络化作战效能评估的研究 [J]. 兵工自动化, 2009, 28(05):14-15.

[137] 朱涛, 常国岑, 张水平, 等. 基于复杂网络的指挥控制信息协同模型研究 [J]. 系统仿真学报, 2008(22):6058-6060, 6065.

[138] 朱涛, 常国岑, 施笑安. 基于复杂网络的作战系统结构研究 [J]. 火力与指挥控制, 2008(S1):136-137, 140.

[139] 汪海. 基于复杂网络理论的指挥控制组织分析研究 [D]. 长沙: 国防科学技术大学, 2007.

[140] 李旭涌, 吴晓锋. 舰艇编队作战系统网络效能评估 [J]. 舰船电子工程, 2006(06):38-42.

[141] 范鹏程, 祝利, 安永旺, 等. 基于 PFT 的航天电子侦察系统作战效能指标体系构建 [J]. 航天电子对抗, 2017, 33(04):26-30.

[142] 郭齐胜, 王康, 樊延平, 等. 基于作战活动分解的装备体系数量需求分析方法 [J]. 装甲兵工程学院学报, 2014, 28(03):1-5, 22.

[143] 徐志强. 面向任务的联合作战体系指控效能评估研究 [D]. 长沙: 国防科学技术大学, 2013.

[144] 徐勇, 杨翠蓉, 杨子晨. 水面舰艇作战系统任务剖面结构优化 [J]. 中国舰船研究, 2013, 8(04):97-102, 122.

[145] 蔡秋芳, 李国辉. 基于 PFT 的空间预警系统综合效能评估方法 [J]. 数字技术与应用, 2013(05):126-128.

[146] 蔡秋芳. 基于 PFT 的空间预警系统综合效能评估 [D]. 长沙: 国防科学技术大学, 2013.

[147] 韦正现, 宋敏, 印桂生, 等. 面向事件活动流的舰艇作战任务效能评估模型 [J]. 系统仿真学报, 2012, 24(07):1438-1442.

[148] 齐昀. 基于信息系统体系作战的指挥信息流程优化能力建设 [J]. 四川兵工学报, 2012, 33(03):107-108, 128.

[149] 洪立明. 基于信息流的作战指挥流程优化探析 [J]. 国防科技, 2011, 32(05):63-65.

[150] 李仁松, 赵磊, 任炜. 基于 Petri 网的指挥流程建模与优化 [J]. 指挥控制与仿真, 2009, 31(03):4-8.

[151] 尹志伟, 赵磊. 基于信息流优化控制的水面舰艇编队作战指挥流程研究 [J]. 舰船电子工程, 2009, 29(01):53-56, 84.

[152] 张建康, 程龙, 黄俊, 等. 基于任务的作战飞机效能评估模型 [J]. 北京航空航天大学学报, 2005(12):1279-1283.

[153] 程贲. 基于能力的武器装备体系评估方法与应用研究 [D]. 长沙: 国防科学技术大学, 2012.

[154] 舒宇, 谭跃进, 廖良才. 基于能力需求的武器装备体系作战能力评价 [J]. 兵工自动化, 2009, 28(11):17-19.

[155] 张壮, 李琳琳, 路云飞. 基于复相关—信息灵敏度的 C^{4}ISR 评估指标体系构建 [J]. 火力与指挥控制, 2018, 43(10):68-73.

[156] 郭圣明, 贺筱媛, 吴琳, 等. 基于强制稀疏自编码神经网络的防空作战体系效能回溯分析方法 [J]. 中国科学: 信息科学, 2018, 48(07):824-840.

[157] 罗承昆, 陈云翔, 张执国, 等. 基于 Sobol' 法的歼击机需求影响因素灵敏度分析 [J]. 火力与指挥控制, 2016, 41(10):122-125, 129.

[158] 李际超, 杨克巍, 张小可, 等. 基于武器装备体系作战网络模型的装备贡献度评估 [J]. 复杂系统与复杂性科学, 2016, 13(03):1-7.

[159] 周鼎, 张安, 常欢. 天基对地武器作战效能评估及其灵敏度分析 [J]. 弹道学报, 2016, 28(02):5-11, 52.

[160] 阮文斌, 刘洋, 熊磊. 基于全局灵敏度分析的侧向气动导数不确定性对侧向飞行载荷的影响 [J]. 航空学报, 2016, 37(06):1827-1832.

[161] 延丛智, 赵锋, 刘进, 等. 基于虚拟样机的雷达对实战要素灵敏度分析 [J]. 现代防御技术, 2013, 41(02):147-154, 166.

[162] 周智超. 面向武器装备系统效能的敏感性分析 [J]. 火力与指挥控制, 2013, 38(02):98-102.

[163] 柴栋, 童中翔, 芦艳龙, 等. 指标灵敏度分析的飞机空战效能评估方法比较 [J]. 火力与指挥控制, 2012, 37(06):21-24.

[164] 胡坤, 刘滨涛. 基于参数灵敏度分析的航天器毁伤效能研究 [J]. 计算机仿真, 2011, 28(10):52-56.

[165] 李冬, 瞿朝辉, 马海洋. 作战效能灵敏度分析的区间方法 [J]. 电光与控制, 2011, 18(07):1-4.

[166] 李冬, 王璐, 康文峥. 基于 SVM 的作战效能灵敏度分析 [J]. 兵工自动化, 2011, 30(01):35-38.

[167] 唐克, 王存威, 卢金星. 基于神经网络和 Matlab 的末敏弹系统效能灵敏度仿真 [J]. 兵工自动化, 2010, 29(07):90-93.

[168] 刘明辉, 杨峰, 王磊, 等. 基于 SVR 的反舰导弹作战效能探索性评估方法 [J]. 计算机仿真, 2009, 26(08):9-12, 44.

[169] 李盛阳, 张晓武, 邢立宁. 基于灵敏度分析的动态指标选取方法 [J]. 计算机仿真, 2005(03):120-123, 136.

[170] 王严辉, 陆国通, 李加祥. S 型隶属度函数在评估模型可信度中的应用 [J]. 舰船科学技术, 2019, 41(01):76-79.

[171] 乔永杰, 孙亮, 陈兴波, 等. 导弹预警系统作战活动的效能评估 [J]. 火力与指挥控制, 2011, 36(06):120-123.

[172] 庞彦军, 刘立民, 刘开第. 防空通信系统效能评估的新方法 [J]. 辽宁工程技术大学学报 (自然科学版), 2010, 29(05):998-1001.

[173] 崔燕鸣. 基于关联性分析的城市交通评价指标体系研究 [J]. 森林工程, 2009, 25(04):55-57.

[174] 王双川, 贾希胜, 胡起伟, 等. 基于正态灰云模型的装备维修保障系统效能评估 [J]. 系统工程与电子技术, 2019, 41(07):1576-1582.

[175] 张海峰, 韩芳林, 潘长鹏. 基于云模型的无人机对海突击作战效能评估 [J]. 兵工自动化, 2019, 38(04):57-61.

[176] 孙元顺. 通信网络效能评估理论模型与仿真算法研究 [D]. 北京: 北京邮电大学, 2017.

[177] 李刚, 焦亚菲, 刘福炎, 等. 联合采用熵权和灰色系统理论的电力大数据质量综合评估 [J]. 电力建设, 2016, 37(12):24-31.

[178] 刘远, 郝晶晶, 方志耕. 不确定信息下制造系统性能评估的 Petri 网模型 [J]. 计算机集成制造系统, 2014, 20(05):1237-1245.

[179] 李超. 军事通信网络效能稳健评估分析方法研究 [D]. 长沙: 国防科学技术大学, 2011.

[180] 田应元, 任翀. 制导深弹作战效能评估方法 [J]. 四川兵工学报, 2011, 32(08):42-44, 51.

参考文献

[181] 赵新. 面向海军战役分析的动态随机影响图建模与仿真方法研究 [D]. 长沙: 国防科学技术大学, 2011.

[182] 马俊安. 某武器系统效能评估方法研究 [D]. 哈尔滨: 哈尔滨工业大学, 2008.

[183] 陈文奇. 防空导弹武器系统作战效能评估分析 [D]. 厦门: 厦门大学, 2006.

[184] 郭齐胜, 袁益民, 郅志刚. 军事装备效能及其评估方法研究 [J]. 装甲兵工程学院学报, 2004(01):4-8, 12.

[185] 鞠儒生, 蔡子民, 杨妹, 等. 基于主成分分析的仿真结果评估方法 [J]. 系统仿真学报, 2019, 31(12):2678-2684.

[186] 周立锋. 基于主成分分析的测量雷达效能评估方法 [J]. 现代雷达, 2019, 41(02): 7-9, 25.

[187] 刘丹. 基于主成分分析的空域使用效能评价 [D]. 德阳: 中国民用航空飞行学院, 2015.

[188] 王鹏华, 李源, 汪文革. 基于主成分分析的自行火炮作战效能评价 [J]. 兵工自动化, 2009, 28(05):24-25.

[189] 韩维, 李正阳, 苏析超. 基于改进 ANP 和可拓理论的航空保障系统效能评估 [J]. 兵器装备工程学报, 2019, 40(08):100-105, 197.

[190] 张永利, 孙治水, 周荣坤. 基于 AHP-模糊综合评判法的有人机/无人机协同作战效能评估 [J]. 舰船电子对抗, 2015, 38(06):80-84, 92.

[191] 孟雅蕾. 基于 AHP 方法的综合航电系统效能评估应用研究 [D]. 西安: 西安石油大学, 2015.

[192] 丁元明, 贾良陈, 姜大鹏, 等. 基于 AHP——探索法的对潜通信系统效能评估 [J]. 火力与指挥控制, 2012, 37(05):195-198.

[193] 黄波, 张永, 常金达, 等. 基于 AHP 的潜艇鱼雷武器系统效能模糊评估模型 [J]. 四川兵工学报, 2011, 32(12):33-35, 41.

[194] 曹方方, 刘卫东, 李娟丽. 基于水下网络的多 UUV 协同作战效能评估 [J]. 计算机测量与控制, 2011, 19(06):1397-1399, 1402.

[195] 石福丽, 杨峰, 许永平, 等. 基于 ANP 和仿真的武器装备作战能力幂指数评估方法 [J]. 系统工程理论与实践, 2011, 31(06):1086-1094.

[196] 尹津丽. 基于 ADC 方法的预警机系统效能评估及软件平台开发 [D]. 哈尔滨: 哈尔滨工业大学, 2019.

[197] 潘长鹏, 韩玉龙, 庄益夫. 舰载无人机编队协同对海突击作战效能评估指标体系研究 [J]. 战术导弹技术, 2019(02):25-32.

[198] 梁桂林, 周晓纪, 王亚琼. 基于 ADC 模型的遥感卫星地面系统效能评估 [J]. 指挥控制与仿真, 2018, 40(05):62-68.

[199] 王光源, 孙涛, 毛世超, 等. 基于任务协同的有人机/无人机对海攻击作战效能评估研究 [J]. 海军航空工程学院学报, 2017, 32(05):491-495.

[200] 李文, 陈建. 有人机/无人机混合编队协同作战研究综述与展望 [J]. 航天控制, 2017, 35(03):90-96.

[201] 徐冠华, 董彦非, 岳源, 等. 基于察打任务的无人机作战效能评估 [J]. 火力与指挥控制, 2016, 41(07):60-64.

[202] 王晅, 陶禹, 樊丹瑛. 基于 ADC 方法的复杂武器系统效能评估方法 [J]. 火力与指挥控制, 2016, 41(02):113-116.

[203] 秦英祥. 面向侦察任务的无人机编队效能评估模型研究 [D]. 合肥: 合肥工业大学, 2015.

[204] 杨小小, 綦辉, 陈磊. 基于改进 ADC 法的潜艇反潜作战方案效能评估 [J]. 海军航空工程学院学报, 2014, 29(03):285-290, 300.

[205] 黄国庆, 王明绪. 基于 ADC 模型的多机协同作战效能评估 [J]. 火力与指挥控制, 2013, 38(10):126-129.

[206] 刘晓丽, 何维, 黄俊. 无人机双机编队攻击作战效能评估 [J]. 飞机设计, 2013, 33(02):64-67.

[207] 程聪. 无人机协同作战任务分配与攻击效能评估技术 [D]. 南京: 南京航空航天大学, 2013.

[208] 闫永玲, 张庆波, 辛永平. 改进 ADC 法指控系统效能评估的 C 矩阵模型研究 [J]. 火力与指挥控制, 2011, 36(03):71-73, 77.

[209] 栾孝丰, 温瑞. 基于 UML 和 ADC 法的舰载反舰导弹武器系统效能评估 [J]. 计算机与数字工程, 2010, 38(08):135-137, 149.

[210] 梁冬, 陈昶轶, 樊延平, 等. 基于 ADC 的装甲装备体系作战效能评估研究 [J]. 微计算机信息, 2010, 26(03):15-17.

[211] 王世学, 李兆耿. 基于改进 ADC 模型的坦克作战效能评估 [J]. 兵工自动化, 2009, 28(07):14-16.

[212] 赵德才, 汪陆平, 李骥, 等. 基于 ADC 模型对通信系统效能的评估方法 [J]. 舰船电子工程, 2009, 29(06):96-98.

[213] 王伟, 袁卫卫. 基于改进的 ADC 法对 C^4ISR 通信系统的效能评估 [J]. 山西建筑, 2008(24):21-22.

[214] 王君, 周林, 白华珍. 效能评估 ADC 模型中可信赖度矩阵算法探讨 [J]. 系统工程与电子技术, 2008(08):1501-1504.

[215] 潘高田, 周电杰, 王远立, 等. 系统效能评估 ADC 模型研究和应用 [J]. 装甲兵工程学院学报, 2007(02):5-7.

[216] 张峰, 刘筱. 反导预警装备体系贡献率评估研究 [J]. 信息系统工程, 2019(10):139, 142.

[217] 王莹, 师帅, 卜广志, 等. 武器装备体系贡献模型研究 [J]. 现代防御技术, 2019, 47(04):102-107.

[218] 罗承昆, 陈云翔, 项华春, 等. 装备体系贡献率评估方法研究综述 [J]. 系统工程与电子技术, 2019, 41(08):1789-1794.

[219] 罗承昆, 陈云翔, 胡旭, 等. 基于作战环和自信息量的装备体系贡献率评估方法 [J]. 上海交通大学学报, 2019,53(06):741-748.

[220] 李小波, 王维平, 林木, 等. 体系贡献率评估的研究框架、进展与重点方向 [J]. 系统工程理论与实践, 2019,39(06):1623-1634.

[221] 尹荣荣, 尹学良, 崔梦顿, 等. 基于重要度贡献的无标度网络节点评估方法 [J]. 软件学报, 2019, 30(06):1875-1885.

[222] 王涛, 汪刘应, 常雷雷, 等. 基于作战环的导弹作战体系效能动态评估 [J]. 现代防御技术, 2019, 47(03):42-49.

[223] 殷小静, 胡晓峰, 荣明, 等. 体系贡献率评估方法研究综述与展望 [J]. 系统仿真学报, 2019, 31(06):1027-1038.

[224] 林木, 李小波, 王彦锋, 等. 基于 QFD 和组合赋权 TOPSIS 的体系贡献率能效评估 [J]. 系统工程与电子技术, 2019, 41(08):1802-1809.

[225] 彭耿, 周少平, 张绪明, 等. 武器装备体系贡献率计算方法 [J]. 火力与指挥控制, 2019, 44(04):33-36, 43.

[226] 宋敬华, 李亮, 郭齐胜. 武器装备体系贡献率评估方法 [J]. 火力与指挥控制, 2019, 44(03):107-111.

[227] 游雅倩, 姜江, 孙建彬, 等. 基于证据网络的装备体系贡献率评估方法研究 [J]. 系统工程与电子技术, 2019, 41(08):1780-1788.

[228] 杨克巍, 杨志伟, 谭跃进, 等. 面向体系贡献率的装备体系评估方法研究综述 [J]. 系统工程与电子技术, 2019, 41(02):311-321.

[229] 李小波, 林木, 束哲, 等. 体系贡献率能效综合评估方法 [J]. 系统仿真学报, 2018, 30(12):4520-4528, 4535.

[230] 陈立新. 关于装备体系贡献率研究的几点思考 [J]. 军事运筹与系统工程, 2018, 32(03):37-43.

[231] 李崑, 彭洁, 宋爽. 通信装备作战试验评估指标体系研究 [J]. 通信技术, 2018, 51(07):1649-1655.

[232] 陈小卫, 张军奇, 杨永志. 新研装备体系贡献率度量方法分析 [J]. 兵器装备工程学报, 2018, 39(04):19-22.

[233] 罗小明, 朱延雷, 何榕. 基于复杂网络的武器装备体系贡献度评估分析方法 [J]. 火力与指挥控制, 2017, 42(02):83-87.

[234] 杨春周, 滕克难, 程月波. 作战效能评估指标权重的确定 [J]. 计算机仿真, 2008(10):5-7, 11.

[235] 智韬, 王付明, 张松良. 基于主成分的编队级网络对抗效能评估指标体系 [J]. 航天电子对抗, 2008(02):55-58.

[236] 潘长鹏, 韩玉龙, 庄益夫. 舰载无人机编队协同对海突击作战效能评估指标体系研究 [J]. 战术导弹技术, 2019(02):25-32.

[237] 丛红日, 金添, 褚政. 航母编队航渡时反潜巡逻机前方反潜防护搜索方法及其效能评估 [J]. 海军航空工程学院学报, 2018, 33(06):560-566.

[238] 罗凯, 张明智, 吴曦. 基于作战环的空间信息时效网关键节点分析模型 [J]. 系统工程与电子技术, 2016, 38(07):1572-1576.

[239] 胡晓峰, 贺筱媛, 饶德虎. 基于复杂网络的体系作战协同能力分析方法研究 [J]. 复杂系统与复杂性科学, 2015, 12(02):9-17.

[240] 姜志鹏, 张多林, 王乐, 等. 多维约束下指挥网络节点重要度的评估方法 [J]. 解放军理工大学学报 (自然科学版), 2015, 16(03):294-298.

[241] 巴宏欣, 方正, 陈亚飞. 空军网络化指挥信息系统作战效能评估指标体系构建 [J]. 指挥控制与仿真, 2014, 36(06):21-26.

[242] 商慧琳. 武器装备体系作战网络建模及能力评估方法研究 [D]. 长沙: 国防科学技术大学, 2013.

[243] 杨诚, 刘泽平. 基于信息系统的体系作战指挥控制能力评估研究 [J]. 计算机工程与设计, 2013, 34(03):1087-1091, 1107.

[244] 郑保华, 张兆峰, 方光统, 等. 作战系统指控协同效能的影响因素分析 [J]. 火力与指挥控制, 2012, 37(07):70-73.

[245] 曹书成, 王博. 基于信息系统的体系作战炮兵战斗指挥效能评估 [J]. 舰船电子工程, 2011, 31(05):57-58, 123.

[246] 滕克难, 盛安冬. 舰艇编队协同反导作战网络效果度量方法研究 [J]. 兵工学报, 2010, 31(09):1247-1253.

[247] 王志坚. 导弹部队协同作战的组织和效能评价研究 [D]. 哈尔滨: 哈尔滨工业大学, 2010.

[248] 高学强, 杨日杰, 张林琳. 反鱼雷方案对抗效能定量评价模型 [J]. 探测与控制学报, 2010, 32(02):88-91.

[249] 邵锡军, 芦珊珊. 动平台雷达组网系统探测效能评估与仿真 [J]. 现代雷达, 2008(03):11-14.

[250] 卢哲, 王永斌. 基于及时性指标的战术通信系统效能评估方法 [J]. 通信技术, 2008(03):38-39.

[251] 李相民, 张晓康, 李志刚. 编队对地攻击总体作战效能 [J]. 火力与指挥控制, 2007(07):99-102.

[252] 姚灿, 吴国宏, 贾忠湖. 编队对地攻击作战效能分析 [J]. 海军航空工程学院学报, 2007(03):361-364.

[253] 姜涛. 导弹武器系统作战效能评估方法研究 [D]. 哈尔滨: 哈尔滨工业大学, 2006.

[254] 姜军, 罗雪山, 罗爱民. 舰艇协同作战导弹防御模型研究 [J]. 火力与指挥控制, 2006(01):24-26, 29.

[255] 李加祥, 王延章, 赵晓哲. 舰艇作战指挥决策建模研究 [J]. 舰船科学技术, 2005(04):39-42, 46.

[256] 张安, 张耀中. 编队对地攻击航空武器系统效能顶层分析研究 [J]. 系统仿真学报, 2002(09):1225-1228.

[257] 武亮, 左向梅, 邱勇. 基于 SVR 多学科设计优化代理模型技术研究 [J]. 飞行力学, 2020,38(02):23-28, 33.

[258] 翟华伟, 崔立成, 张维石. 一种改进灵敏度分析的在线自适应极限学习机算法 [J]. 小型微型计算机系统, 2019,40(07):1386-1390.

[259] 朱苗苗, 潘伟杰, 刘翔, 等. 基于 BP 神经网络代理模型的交互式遗传算法 [J]. 计算机工程与应用, 2020,56(02):146-151.

[260] 肖宁聪, 袁凯, 王永山. 基于序列代理模型的结构可靠性分析方法 [J]. 电子科技大学学报, 2019,48(01):156-160.

[261] 赵志梅. 基于代理模型和人工免疫系统的特征选择算法 [J]. 计算机工程与设计, 2014,35(06):2174-2178.

[262] 张艳霞, 陈丹琪, 韩莹, 等. 基宽灵敏度分析的径向基神经网络代理模型 [J]. 智能系统学报, 2014,9(02):259-264.

[263] 陆凌云. 基于仿真实验的灵敏度分析方法及工具研究 [D]. 哈尔滨: 哈尔滨工业大学, 2013.

[264] 徐向艺, 雷梁, 刘道华, 等. 非径向对称的广义径向基神经网络的代理模型 [J]. 计算机应用与软件, 2013,30(05):171-173.

[265] 王晓迪. 高维复杂模型的全局敏感度分析 [D]. 上海: 华东师范大学, 2012.

[266] 江振宇, 张为华. 基于预测模型的虚拟试验灵敏度分析 [J]. 系统仿真学报, 2008(11):3059-3061, 3064.

[267] 韩林山, 李向阳, 严大考. 浅析灵敏度分析的几种数学方法 [J]. 中国水运 (下半月), 2008(04):177-178.

[268] 李盛阳, 张晓武, 邢立宁. 基于灵敏度分析的动态指标选取方法 [J]. 计算机仿真, 2005(03):120-123, 136.

[269] 李元左, 杨晓段, 尹向敏, 等. 陆军装备集成体系作战能力的评估方法研究 [J]. 指挥控制与仿真, 2009, 31(04):5-9.

[270] 杨晓段, 李元左, 尹向敏, 等. 陆军武器装备综合集成体系的系统效能评估模型 [J]. 指挥控制与仿真, 2009, 31(06):1-5.